安徽师范大学中国诗学研究中心资助项目

安徽诗人研究文存

吕本中研究文存

丛书主编　刘运好

本书主编　巩本栋

黄山书社

图书在版编目(CIP)数据

安徽诗人研究文存·吕本中研究文存 / 刘运好丛书主编；巩本栋本书主编．— 合肥：黄山书社，2024.4

ISBN 978-7-5737-0935-6

Ⅰ．①安…　Ⅱ．①刘…②巩…　Ⅲ．①吕本中（1084—1145）—诗歌研究　Ⅳ．①I207.22

中国国家版本馆 CIP 数据核字（2023）第 192065 号

安徽诗人研究文存·吕本中研究文存
ANHUI SHIREN YANJIU WENCUN LüBENZHONG YANJIU WENCUN

丛书主编　刘运好
本书主编　巩本栋

出 品 人　葛永波
策　　划　胡传志　汤吟菲
责任编辑　郑　程
装帧设计　观止堂_未　氓
责任印制　李　磊
出版发行　黄山书社
地　　址　安徽省合肥市蜀山区翡翠路 1118 号出版传媒广场 7 层　邮编：230071
印　　刷　安徽新华印刷股份有限公司
版　　次　2024 年 4 月第 1 版
印　　次　2024 年 4 月第 1 次印刷
开　　本　700 mm × 1000 mm　1/16
字　　数　367 千字
印　　张　25.5
书　　号　ISBN 978-7-5737-0935-6
定　　价　98.00 元

服务热线　0551-63533706

销售热线　0551-63533761

官方直营书店（https://hsss.tmall.com）

目　录

总　序

一

安徽地处江淮腹地，江淮文化是安徽历史文化的灵魂。穿越历史的隧道，我们可以发现安徽的历史文化何其辉煌！这里有著名的繁昌人字洞，通过已经发掘的石器，确认了200万年至250万年前早期的人类遗存，将人类在亚洲出现的历史至少提前了30万年，推翻了20世纪初古生物学家马修《气候和演化》所鼓噪的中亚高原是人类摇篮的结论；也有著名的蒙城尉迟寺遗址，是国内目前保存完整、规模宏大、以大汶口文化晚期为主的原始社会聚落，从发掘的实物看，当时养殖、制陶、酿酒等技术都相当发达，这证明安徽农耕文明至迟在公元前5000年左右就已经高度成熟，这在农耕文明史上意义何其重大！当人类蹒跚地走进“轴心时代”，安徽又诞生了老子、庄子，与齐鲁的孔子及西方的苏格拉底、柏拉图，古天竺的释迦牟尼，共同创造了人类文明的高光时刻。

江淮文化在空间分布上主要集中于皖北与皖南。皖北文化以春秋战国的道家为核心。以老庄为代表的皖北道家文化圈与以孔孟为代表的齐鲁儒家文化圈，遥相呼应，双峰并峙，成为耸立于世界文化之林的独特文化景观。儒道思想互补、圆融，不仅有效地化解了人与自然、人与秩序的存在悖论，而且科学地构筑了主体存在与群体聚合、生命自由与社会秩序的互相联结的辩证理论体系。儒道既深刻影响了中华民族的文化心理、自然观念、伦理秩序、政治结构的和谐共生的关系，也对整个人类处理人和自然之间、不同国家之间、强权种族之间，如何和谐相处、规避丛林法则、构建人类命运共同体，贡献了独特的理论架构。

皖南文化以宋代之后的“徽学”为核心，形成了以朱熹为翘楚的新安理学和以戴震为领袖的徽州朴学。朱子不仅将“涵养”“致知”“力行”作为行为准则，凸显修身养性的重要意义，而且以“正心”“诚意”作为修身、齐家、治国、平天下的必要条件，推崇“一心兴邦”的黜私为公的家国情怀。实际上，张载提出的“为天地立心，为生民立命，为往圣继绝学，为万世开太平”，是整个新安理学最为激荡人心的至理名言，也成为中国知识分子历史担当的宏伟理想。在理学笼罩朝野、难与争锋之时，“朴学”也悄然兴起，至清代而蔚为大观。理学谈义理，朴学重考据。从宋代的程大昌到明清之际的黄生、姚际恒，再到乾隆时期的江永、汪绂，徽州朴学成就斐然，戴震则集其大成。朴学从考据学立场出发，重新阐释了儒家“理”“天道”“性”“才”“道”“诚”“权”等一系列哲学范畴，弥合了“灭人欲，存天理”的人为对立，建构了一个情理和谐的宇宙境界和人生境界。无论从学术文化还是从人生境界上说，理学与朴学都构成互补而非对立的关系。皖北的道家和皖南的徽学是支撑“皖学”的两大核心。

二

江淮是吴楚和中原的联结点。兼有中原的理性和吴楚的浪漫，是江淮文化的基本品格。因此不唯学术理性造就了“皖学”的辉煌，浪漫情调也催生了江淮文学的繁荣。只是因为“天下文章莫大乎桐城”——“桐城派”响亮的名头，既给江淮文学戴上令人景仰的桂冠，极大地提升了江淮文学的地位，也部分转移了人们对江淮文学全面审视的视线。以安徽为核心的江淮文学岂是一个桐城派所能代表的！

遥远的历史且不说吧。在汉代，汉代淮南王刘安组织文人撰写《淮南子》，融贯诸子，漫然包容，汪洋博洽，绚丽多彩；梁孝王刘武修建梁园（菟园），孕育了枚乘、邹阳、庄忌和司马相如等一流的汉代辞赋家。如果说辞赋由梁园而鼎盛，尔后辐射京师，造就一代之文学——汉赋，大约也不算言过其实。至魏晋时期，最为辉煌的建安文学也是扎根于江淮沃野的。“三曹”是那个时代文学的标志。鲁迅在《魏晋风度及文章与药及酒之关系》一文中推崇曹操文章清峻、通脱，是“改造文章的祖师”；说曹丕的时代是一个“文学自觉”的时代，因为他以“气”为主，所以华丽、壮大；也称赞曹植“文章做得好”。建安文学不仅是“汉魏风骨”的代表，也是中国文学史发展的转关。此后的正始文学，“嵇志清峻，阮旨遥深”（《文心雕龙·明诗》）。我们常识性的误解是，正始文学以竹林七贤为代表。其实，“阮旨遥深”是曹植后期文学的直接延伸，“嵇志清峻”才是正始文学的独特风格。这一风格恰恰形成于围绕在嵇康周围的嵇喜、刘伶、郭遐叔、郭遐周及以《思旧赋》垂名的向秀等人组成的文学群体。皖籍作家是构成这一文学群体的核心。

唐宋以降，虽然没有出现李白、杜甫那样的双子星座，苏轼、辛弃疾那样的巅峰对决，但是不仅李白、辛弃疾流寓江淮，创作大量诗词，构成安徽诗路的绚丽彩虹，而且也出现了后世诗名不彰、当时声誉极隆的“五言长城”刘长卿，元白新乐府运动的积极倡导者、参与者李绅、张籍，及晚唐“诗旨未能忘救物”（杜荀鹤《自叙》）的现实主义诗人杜荀鹤。宋代则有其诗被陆游称之与欧阳修文、蔡襄书“三者鼎立，各自名家”（《梅圣俞别集》序）的梅尧臣，“文章如大海之起涛澜，泰山之腾云气，倏散倏聚，倏明倏暗”（《张于湖先生集》序）的张孝祥，以及因编撰《江西宗派图》而在文学批评史上声名鹊起的吕本中等。如果以籍贯论，宋代还出现了一位与李清照齐名的歙州词人朱淑真，其《断肠集》至今读来也令人肠断。元、明两代皖籍诗人创作呈现下降趋势，至清代而复振。除了享誉中外的桐城派，其中元代方回虽以《瀛奎律髓》闻名于世，然其诗也“格力苍坚，在江湖诸集之上”（《四库全书简明目录》卷十七），成就显然超越了宋末江湖诗派。明末清初被称为“江左三大家”之一的龚鼎孳、王夫之推崇曰“诗体整健”的钱澄之，以及清代被誉为“南施北宋”的施闰章等，都是有口皆碑的名家。有清一代无论是学术还是文学，几乎集中于江南地区，成为“徽学”的重要研究对象之一。这种现象至现代而大放异彩，仅就新文化运动的旗手陈独秀、学术成就卓著而以《尝试集》开拓新诗天地的胡适而言，就足以振聋发聩了。

面对如此辉煌的安徽文化，如何从学术原典及其学术研究的视角，进一步加以发掘、研究，就非常必要了。《安徽诗人研究文存》也由此而产生。

三

为了落实中共中央办公厅、国务院办公厅《关于实施中华优秀传统文化传承发展工程的意见》以及《安徽新时代古籍工作实施意见》，深入发掘安徽文化底蕴，深化安徽诗人研究，强化安徽文化的认同感与归属感，安徽师范大学中国诗学研究中心由胡传志教授策划，刘运好教授任总主编，约请全国知名专家、学者，组织编写了《安徽诗人研究文存》。

《安徽诗人研究文存》以皖籍诗人研究为收录对象，共收录关于曹操、曹植、嵇康、刘长卿、张籍、梅尧臣、吕本中、张孝祥、方回、钱澄之、胡适等十余人的研究论文。论文收录范围，始于1921年，迄于2021年，以中国学者研究论文为主体，也酌情收录中国学者发表于海外期刊、海外学者发表于中国期刊的论文。所选学术论文必须以问题为核心，“研究综论”“会议纪要”“文坛掌故”之类，一律不予收录；重要学术著作中具有学术论文性质的相关章节也酌情收录。收录文章必须兼顾思想性与学术性两个方面：第一，有明显意识形态问题，或背离社会主义核心价值观的论文、专著章节，一律不予收录；有特定时代标记，但并无政治倾向问题的论文、专著章节，可酌情收录。第二，收录的论文、专著章节注重以下三点：（1）创新性。所选文章必须具有学术创新的特点，观点新、材料新、视角新，或三者皆备，或必具其一。（2）示范性。所选文章必须具有学术示范意义，蕴涵丰富的学术信息以及新的学术生长点。（3）时段性。所选文章在充分注重创新性、示范性的前提下，必须从学术史的角度，兼顾论文发表时段。对于不同诗人的不同研究现状，由分册主编斟酌处理，保留编选者的学术个性。

每一诗人的研究文存独立成册，有前言、正文、主要论文（论著）索引三个部分。（1）前言，由分册主编撰写，虽各有特点，却也要斟酌以下三点：其一，从文学史视角，对所研究的诗人作简要评价；其二，从学术史视角，对历代研究成果略加评说；其三，从前瞻性视角，对所研究的诗人提出若干有学术意义的理论话题。（2）正文，即所选论文、专著章节。体例上遵循以下四点：其一，论文尊重原著，原则上不作修改、删节；论著节选必须是构成独立论文的形式。对于原文表达的语病、引文谬误、错别字等则径改。其二，论文标题一仍原著，论著节选若原文没有标题，可由分册主编增设标题；为了保持全书格式相对统一，所选论文一律不设“内容提要”“关键词”，只录全文。其三，论文注释，早期论文保留原来注释形式，但相对统一，若引古籍须标明作者、著作名称及卷数、篇名，如“《淮南子》卷一《原道训》”；若引期刊须标明期刊名、出版日期或期别，如“《燕京学报》第19期”，一律采用脚注形式。新时期以后论文，无论发表于何种期刊，注释一律采用《文学遗产》论文规范格式。其四，注明文章来源，期刊注明刊名，著作节录注明节录之章节（名称）、出版社及出版年份。（3）主要论文（论著）索引，突出“主要”，不必求全。此外，为了协调丛书各分册规模，便于读者阅读，所选篇幅控制在30万字左右。

相对于辉煌的安徽文化及其深厚的学术研究而言，《安徽诗人研究文存》仅仅是尝鼎一脔。这是一个需要不断努力、不断深化的理论命题。

出于各种原因，截至出版时，我们未能与本套丛书的全部著作权人取得联系。敬请作品的著作权人或与著作权有关的权利人与安徽师范大学中国诗学研究中心联系，以便奉上稿酬和样书。

刘运好

2023年5月

前　言

◎巩本栋

吕本中是中国文学史上优秀的文学批评家和诗人。他编纂的《江西诗社宗派图》最早从整体上对江西诗派这一宋代重要的文学创作群体作了体认和描述；又明确提出诗歌创作的“活法”和“悟入”说，对南宋诗歌的发展产生了深刻影响，在文学史上占有重要地位。自现代以来，对他的研究也集中在《江西诗社宗派图》的编纂与“活法”说的渊源、理论内涵与文学史意义等方面。

较早的对吕本中文学观念和批评的关注，来自文学批评史家。

像20世纪30年代方孝岳先生在《中国文学批评》一文中，就曾指出：“钟嵘、张为、司空图，都曾经依照诗的风格，分别品次，但明明地说出‘派’字，而且专以一个地方风气为主，是从吕居仁这部书开始。”[①]朱东润先生也指出：“山谷、后山之诗，声名既起，流传兹广，然江西诗派之称，至吕本中而始大，风靡一代，自兹起也。”[②]两人都指出了《江西诗社宗派图》的编纂对后人认识这一文学群体和流派所起的重要作用。而对吕本中的“活法”说，方孝岳先生认为：“他（指吕本中）最精的议论，可以代表江西派的观念的，就是他所作的《夏均父集序》。他在《序》中说：‘学诗当识活法。所谓活法者，规矩备具而能出于规矩之

① 方孝岳《中国文学批评》，《中国文学八论》，世界书局，1936年，第73页。

② 朱东润《中国文学批评史大纲》，上海古籍出版社，1983年，第128页。

外，变化不测，而亦不背于规矩也。盖有定法而无定法，知是者可与言活法矣。谢玄晖有言：好诗流转圆美如弹丸，此真活法也。’他这所谓‘活法’，所谓‘流转如弹丸’，是很精美的境界。山谷之精美清奇，学杜而能变杜，正是这样情形。”[①]罗根泽先生也在他的《中国文学批评史》中，设章节讨论吕氏的“活法”与“悟入”说，指出吕本中的“活法”比黄庭坚的“夺胎换骨”更“活泼广阔，可以说是进步的夺胎换骨法。俞成述活法先引程子‘活泼泼地’，大概‘活’字确是来自程子，吕本中也确受程子影响”，又指出：“吕本中的‘悟入’说，当然受李之仪、韩驹的‘禅悟’说的影响。”[②]二人也都对吕本中“活法”说的内涵和思想渊源等，作了富有启发性的论述。

然文学批评家的论述，多时代较早，且限于体例，比较简略。围绕吕本中《江西诗社宗派图》和“活法”说等问题的研究，要到二十世纪八十年代后期，尤其是进入二十一世纪以来，方孝岳逐渐拓展、深化和细化，其焦点则集中在对《江西诗社宗派图》的写作年代和“活法”说的思想渊源、理论内涵及文学史意义的认识上。

首先是吕本中写作《江西诗社宗派图》的年代问题。或以为是其早年所作，或以为是其晚年所作，分歧较大，争论颇多。

龚鹏程先生在其《江西诗社宗派研究》一书中持晚年（即宋高宗绍兴三年，1133年）所作说。其依据是南宋吴曾《能改斋

① 方孝岳《中国文学批评》，《中国文学八论》，世界书局，1936年，第76页。

② 罗根泽《中国文学批评史（三）》，上海古籍出版社，1984年（原中华书局上海编辑所，1962年版），第149—150页。

漫录》的记载和周必大《题山谷与韩子苍帖》的旁证。[1]莫砺锋先生则认为吴曾的记载并不可靠。他认为应据范季随《陵阳先生室中语》、曾季貍《艇斋诗话》等书的记载，判《江西诗社宗派图》为吕本中早年所作，因为范、曾皆得之耳目闻见，自然更为可信。他还根据《江西诗社宗派图》中提及饶节时用俗名而非法号（如璧），推测此图作年应较早，大约在崇宁元年或二年初（1102年或1103年）。[2]谢思炜先生的看法与此相近，但认为其“具体时间应为大观至政和，吕本中三十岁左右的一段时间内”。[3]因为吕本中崇宁年间即与宗派图中的一些诗人有交往，并

① 龚鹏程《江西诗社宗派研究》，台湾文史哲出版社，1983 年，第 265 页。吴曾《能改斋漫录》卷十《议论》“江西宗派”条载：“蕲州人夏均父，名倪，能诗，与吕居仁相善。既没六年，当绍兴癸丑二月一日。其子见居仁岭南，出均父所为诗，属居仁序之，序言其本末尤详。已而居仁自岭外寄居临川，乃绍兴癸丑之夏，因取近世以诗知名者二十五人，谓皆本于山谷，图为江西诗派，均父其一也。然则居仁作《宗派图》时，均父没已六年矣。予近览赣州所刊《百家诗选》，其序均父诗，因及宗派之次第，且云‘夏均父自言以在下为耻’。殊不知均父已没六年，不及见图。斯言之妄，盖可知也。”（上海古籍出版社，1979 年第 280 页）周必大《文忠集》卷十九《题山谷与韩子苍附帖》：“陵阳先生早以诗鸣，苏黄门一见比之储光羲。暨与徐东湖游，遂受知于山谷。晚年或置之江西诗社，乃曰：‘我自学古人，岂所谓鲁一变至于道耶。’”（景印文渊阁《四库全书》，台湾商务印书馆，1985 年，第 1147 册，第 194 页）

② 莫砺锋《吕本中〈江西诗社宗派图〉考辨》，《文史》第 26 辑，1986 年 5 月，又收入其《江西诗派研究》，齐鲁书社，1986 年。

③ 谢思炜《吕本中与江西宗派图》，《文学遗产》1985 年第 3 期，第 46 页。范季随《陵阳先生室中语》：“家父尝具饭，招公（指韩驹）与吕十一郎中昆仲。吕郎中先生至，过仆书室，取案间书读，乃《江西宗派图》也。吕云：‘安得此书，切勿示人，乃少时戏作耳。’他日，公前道此语。公语曰：‘居仁却如此说。’《宗派图》本作一卷，连书诸人姓字，后丰城邑官制石，遂如禅门宗派，高下分为数等，初不尔也。”（陶宗仪纂：《说郛》卷二十七下，《四库全书》第 877 册，第 526 页）曾季貍《艇斋诗话》：“予尝见东莱，自言少时率意而作，不知流传人间，甚悔其少作也。”（《历代诗话续编》本，丁福保辑，中华书局，1983 年，第 296 页）

对其诗歌有所论述，至大观、政和年间作此图，顺理成章。[①]后亦有学者坚持此图作于南宋绍兴初年的观点。如黄宝华先生即认为吴曾所说可信，因为绍兴初，韩驹、吕本中等诗人曾相聚于临川（今江西抚州），吕氏具有撰此图的条件。[②]此外，又有韦海英等先生据南宋孙觌所说，提出建炎初所作的看法，避免了北宋或南宋作之说产生的矛盾和疑点。[③]

大致说来，多数学者倾向于《江西诗社宗派图》作于北宋末年的观点。我们也赞同这一看法。因为，无论他人如何记述和评价，终不若“夫子自道”可信。而且，从文学自身发展的背景看，也可印证此图当产生于北宋末年。伍晓蔓先生就曾注意到北宋大观、政和年间诗坛上出现的两个诗学山谷的群体：一是以徐俯为首的南昌、建昌、临川诗人群，二是以吕本中为核心的符离、临川

① 姚大勇先生据大观、政和间吕本中与徐俯、洪刍、洪炎等曾在豫章（今南昌）诗歌唱和一事，推测此图应作于大观、政和间，参其《〈江西宗派图〉作年考》（《江海学刊》2001 年第 3 期，第 71 页）。伍晓蔓也从大观、政和年间党禁松动，吕本中等人诗歌唱和活动颇繁推断，此图应作于大观、政和间，并提出“作于北宋末，但其流传并发生影响，却是在南宋初期”的看法（参其《〈江西宗派图〉写作年代刍议》，载《四川大学学报》2004 年第 2 期，第 131—136 页），以弥合与南宋初所作说法的矛盾。曾明先生更认为此图的所作时间可确定在政和二年（1112），参其《吕本中“活法”说文本考》一文（《西南民族大学学报》2011 年第 4 期）。

② 黄宝华《〈江西诗社宗派图〉的写定与〈江西诗社〉总集的刊行》，《文学遗产》1999 年第 6 期。

③ 韦海英《关于〈江西诗社宗派图〉的写成时间及次第问题》，附载其所著《江西诗派诸家考论》，北京大学出版社，2005 年，第 256—267 页。李小荣先生亦赞同此说，参其所撰《庐山诗社与江西宗派关系略说》（《文学遗产》2013 年第 4 期，第 86—95 页）。孙觌《鸿庆居士集》卷十二《与曾端伯书》：“吕居仁作《江西宗派》，既云宗派，固有次第。陈无己本学杜子美，后受知于曾南丰，自言‘向来一瓣香，敬为曾南丰’，非其派也。靖康末，吕舜徒作中宪，居仁遇师川于宝凡僧舍，极口诟骂其翁于广座中，居仁俯首不敢出一语。故于《宗派》贬之于祖可、如璧之下，师川固当不平。”（《四库全书》，第 1135 册，第 125 页）卷三十《西山老文集序》：“元祐中，豫章黄鲁直独以诗鸣。当是时，江右人学诗者皆自黄氏。至靖康、建炎间，鲁直之甥徐师川、二洪驹父玉父皆以诗人进居从官大臣之列，一时学士大夫向慕，作为《江西宗派》，如佛氏传心，推次甲乙，绘而为图。凡挂一名其中，有荣辉焉。”（《四库全书》，第 1135 册，第 305 页）

诗人群。二者构成了山谷后学形成和发展的两条主要线索。这两条线索又由于吕本中发起的“东”字韵诗歌唱和而相交叉和勾连。在这种诗学背景下，吕本中《江西诗社宗派图》的出现，就不难理解了。[①]此外，李小荣先生也认为，大观年间出现的庐山诗社，其成员祖可、善权等既多列于诗派之中，在诗禅关系上，又显示出禅学黄龙、诗崇黄庭坚的倾向，也对吕本中撰成此图有影响。[②]这也有助于我们判断此图撰成的时间应在大观、政和间。

其次是对“活法”说的讨论，这主要集中在如下三方面。

一是“活法”说的思想渊源。

论者多注意到“活法”说与禅学的关系。如张晶先生认为，“活法”说从思维方式上看是受禅宗的影响。吕本中等人都受禅悦之风的濡染，以禅论诗的风气在北宋中期已很盛。“活法”说讲求“有法而又超越于法，破除规矩、窠臼给诗歌创作带来的束缚，主张写诗要自然奇逸，变化多端”，这与破弃拘执、变化万方的禅学思维方式是一致的。同时，“诗歌写作中审美创造的随机性与直接汲纳自然所获得的活泼天趣”，也“与禅宗的思维方式有更深刻的、更广泛的精神联系”，与“禅家思维过程的‘无住’‘无缚’，不粘涩于任何外物，而不断流动”，是一致的。“‘活法’说诗讲求诗‘圆成’‘圆活’，即整体的、富有内在生命力的美感，与禅悟的整体性很有内在联系”。[③]由禅学思维方式论“活法”说的来源，视野扩大，认识也

① 伍晓蔓《北宋末山谷后学的双重整合与〈江西宗派图〉》，《文学遗产》2005年第4期，第72—78页。

② 李小荣《庐山诗社与江西宗派关系略说》，《文学遗产》2013年第4期，第86—95页。

③ 张晶《宋诗的“活法”与禅宗思维方式》，《文学遗产》1989年第6期，第87—95页。然其认为“活法”说所表现出的“诗歌写作中审美创造的随机性与直接汲纳自然所获得的活泼天趣”，也“与禅宗的思维方式有更深刻的、更广泛的精神联系”，则不免超出了“活法”说的内涵。

加深了。

其实，从苏轼、黄庭坚就已开始讲“活法”，当然，与吕本中的“活法”说相同，苏、黄的“活法”说也来自禅宗。如，束景南先生就指出，苏轼最早提出了“道信法智”的“活法”说[①]，在此基础上，黄庭坚提出了禅悟的“心法”，在诗书画领域，“把艺术之‘法’看成是一种有法与无法、有定法与无定法相统一的活法”。“活法”的实质，“就是主张重心贵我，师心而不师法，因此活法即心法”。而这种心法，即来自禅宗的“法亦无法，法即是心。所以祖师云：‘会此心法时，法法何曾法。无法无本心，始解心心法。’”黄庭坚所提出的“句法说”，是“活”的句法，像著名的点铁成金、夺胎换骨之说，亦来自禅宗黄龙派的“参活句”“参活禅”。“后来吕本中说的‘活法悟入’，严羽说的‘妙悟熟参’，就是直接从山谷发展而来”。[②]束先生把“活法”说放在佛教审美思想发展的历程中去审视，也超越了纯粹从文学角度所作的研究，而直接将“活法”说归于苏轼和黄庭坚，启发我们应对吕本中“活法”说的定位进行重新思考。

仿佛远有谢朓“好诗流转圆美如弹丸”的话，近有苏轼的“出新意于法度之中，寄妙理于豪放之外”和黄庭坚的“点铁成金”“夺胎换骨”，“活法”说的文学渊源问题就解决了，从文学角度探寻“活法”说的渊源，反而少见。邓国军、曾明两位先生学者则不断探索，指出是胡宿最早提出了诗歌创作的“活法”概念。[③]其根据主要是胡宿的两首诗《谢叔子杨文惠诗》和《又和

① 《东坡志林》卷八：“法而不智，则天下之死法也。道不患不知，患不凝；法不患不立，患不活。以信合道则道凝，以智先法则法活。道凝而法活，虽度世可也。”

② 束景南《黄庭坚的“心法”——江西诗派“活法”美学思想溯源》，载《浙江大学学报》2003 年第 6 期，第 80—87 页。

③ 邓国军、曾明《诗学“活法”说不始于吕本中——兼论胡宿对西昆体的继承与突破》，《文学遗产》2009 年第 5 期，第 44—52 页。

前人》。诗分别为：

老子诗名久废闲，喜君步骤少陵坛。句敲金玉声名远，韵险“车斜”心胆寒。倾出囊中和月露，皎如盘底走珠丸。苦藏难没诗家事，会看尘冠早一弹。

作者傍边好见闻，速来就汝作比邻。诗中活法无多子，眼里知音有几人。尔许精奇花灿笔，岂容尘俗海翻银。老夫幸有千机锦，尚欠江头一浣新。[①]

胡宿属西昆派后期作家，故虽深受杨亿、刘筠、钱惟演等人影响，诗作有堆砌秾丽的一面，然已有所变化，尤其是题写风物自然的诗歌（如《过庐桐》等），写得清丽自然。所以，他这里赞扬杨文惠的诗作“句敲金玉”“皎如盘底走珠丸”，感慨诗坛既知道“步骤少陵”，又懂得“诗中活法”的人太少了。胡宿的确是明确提出“活法”，并有所践行的，只是可惜没有留下更多的论述。[②]邓、曾两位先生把吕本中“活法”说的提出，直接与北宋初西昆派后期的作家胡宿联系起来，这无疑是一个新的见解。

二是“活法”说的理论内涵。

吕本中对其“活法”说的完整表述，主要见于其《远游堂诗集序》（即《夏均父诗集序》）。其曰：

顷岁，尝与学者论学诗当识活法。所谓“活法者”，规矩备具而能出于规矩之外，变化不测而卒亦不背规矩也。是道也，盖有定法而无定法，无定法而有定法。知是者则可以语活法矣。世

① 胡宿《文恭集》卷五，商务印书馆，1935 年，第 55 页。

② 曾明先生又撰有《诗学“活法”考索》一书（商务印书馆，2019 年），把“活法”说作为一种重要的诗学命题，对其历史演进、理论内涵和诗学实践等进行了深入的探讨，可以参看。

之学者知规矩固已甚难，况能遽出规矩之外，而有变化不测乎？谢玄晖有言：“好诗流转圆美如弹丸。”此真活法也。元晖虽未能实践此理，言亦至矣。近世黄鲁直首变前作之弊，而后学者知所趋向，毕精尽知，左规右矩，庶几至于变化不测，而远与古人比，盖皆由此道入也。然予区区浅末之论，皆汉魏以来有意于文者之法，而非无意于文者之法也。孔子曰：“兴于诗。”又曰：“诗可以兴，可以观，可以群，可以怨。迩之事父，远之事君，多识于鸟兽草木之名。”今之为诗者，果可以使人读之而能兴观群怨矣乎？果可以使人读之而能知所以事父事君，而能识鸟兽草木之名乎？为之而不能使人如是，则如勿作。虽然，文犹质也，质犹文也。君子于文，有不得已焉者也。吾友夏均父，蕲人也，贤而有文章。其于诗，盖得所谓规矩备具而出于规矩之外、变化不测者。其天才于流辈独高，众苦不足，而均父常用之若不尽也。①

南宋俞成对吕本中的“活法”说早有解读，他认为“活法”的实质，就是不相蹈袭，善于化用前人的诗句，类似于黄庭坚的“点铁成金”和“夺胎换骨”。他说：“文章一技，要自有活法。若胶古人之陈迹，而不能点化其句语，此乃谓之死法。死法专相蹈袭，则不能生于吾言之外；活法夺胎换骨，则不能毙于吾言之内。毙吾言者生吾言也，故为活法。”②实际上，“点铁成金”和“夺胎换骨”，都还只是“活法”的具体运用，吕本中将“活法”直接表述为：“所谓活法者，规矩备具而能出于规矩之外，变化不测而卒亦不背规矩也。是道也，盖有定法而无定

① 王正德《余师录》卷三引，《历代文话》本，王水照编，复旦大学出版社，2007年，第1册，第385页。

② 俞成《萤雪丛说》卷上，《说郛》，卷十五上，《四库全书》，第876册，第743—744页。

法，无定法而有定法。”这完全是苏轼在《书吴道子画后》中提出的“出新意于法度之中，寄妙理于豪放之外”的翻版或对其说的阐释。所以，罗根泽先生说它“比夺胎换骨活泼广阔，可以说是进步的夺胎换骨法”[①]，束景南先生说它从苏轼、黄庭坚的“心法”（“活法”）而来，张毅先生认为它是“以苏轼主张的出新意妙理于法度之外的自然为文为归趋，是诗歌创作中宗黄与学苏相结合的产物”[②]。蒋凡等先生更认为“其言语表述貌似玄虚，而实具有艺术辩证法因素，因为艺术技巧的运用和艺术形式的创造，正是尊法与活用的紧密结合”[③]。

此后，研究益多，对吕本中“活法”说的阐释也不断拓展、细化。像韩酉山先生就认为，“活法”含义十分丰富，它包括诗要有为而作、待境而生、自立新意、就篇论句论字、追求圆活效果等。而“活法”需要悟入，悟入自功夫中来。“活法”说与悟入说一起，构成了吕本中完整的诗学理论体系。[④]这是一种扩展。曾明先生分析吕本中的“活法”说，指出：“‘活法’的实质，是以黄庭坚为代表的有意于文者之法，而非以苏轼为代表的无意于文者之法。所谓‘有意于文者之法’，指在‘规矩备具而能出于规矩之外，变化不测，而亦不背于规矩’，比较偏重于‘规矩备具’和‘不背规矩’，即通过艰苦的学习过程以掌握作诗的定法，最后达到‘从心所欲不逾矩’之自然境界。而‘无意于文者之法’，则与之相反，它比较偏重于‘出规矩外’和‘变化不测’，而与实践经验和学问积累关系不大，往往从直观的角度、以灵感的方式，创造行云流水般变化不常的‘自然为文’之

① 罗根泽《中国文学批评史（三）》，第 149 页。

② 张毅《论“活法”》，《中国诗学》第 2 辑，第 27 页。

③ 王运熙、顾易生主编《中国文学批评通史》第 4 册（宋金元卷），上海古籍出版社，1996 年，第 238—239 页。

④ 韩酉山《谈吕本中的“活法”》，《江淮论坛》2004 年第 4 期，第 96—103 页。

法，是一种‘不烦绳削而自合’的境界。前者有如后人所说的‘画工’，后者则如‘化工’。”[①]这又是一种细化和深化。

三是关于“活法”说的文学史意义。

对“活法”说的文学史意义，一般都评价较高。如张晶先生认为，一个“活”字，反映了“一种认识了必然以后的自由”，“是江西诗派诗学理论摆脱其自身僵局、谋求生路的产物”[②]。他把“活法”说的提出，放在唐宋诗发展演进的历程中加以审视，认为宋人既向唐人学习，又不断开拓，逐渐形成自己的面貌，而“活法”说的提出，正昭示着这种诗歌创作发展演进的转折，甚至还意味着事物发展由必然走向自由的普遍规律。张毅先生也认为，“活法”说理论，“上承黄庭坚的句法之说和苏轼的自然为文之旨，是以苏、黄为代表的宋诗创作的经验总结；下启杨万里的‘活法诗’而开宗唐之风，是宋诗创作发生重大转折的思想依据。无论从宋代诗风的演变，或宋代诗歌理论批评的发展来看，‘活法’说都具有不可忽视的重要的历史意义”。[③]蒋凡先生亦指出：“吕本中诗论既是对北宋‘中原诸老’创作和理论的继承和总结，同时又是开启南宋江西诗法的理论先锋，在宋代诗论发展的过程中，起了承前启后的作用。”[④]这些研究，都把吕本中的“活法”说放在宋诗发展的进程中去认识，强调其在诗学观念和诗歌创作转变中所起的作用，视野宽广，是很正确的。

吕本中是一位诗人，然而也许是他的《江西宗派图》和“活法”说在文学史上产生的影响较大，多为人重视，他的诗名反为其所掩了。较早关注其诗歌创作的，是莫砺锋和谢思炜两位先生。莫

① 曾明《诗学“活法”考索》，商务印书馆，2019年，第338页。

② 张晶《宋诗的“活法”与禅宗思维方式》，《文学遗产》1989年第6期，第87—95页。

③ 张毅《论“活法”》，《中国诗学》1992年第2辑，第27页。

④ 王运熙、顾易生《中国文学批评通史》，第4册，第244—245页。

砺锋在其所著《江西诗派研究》一书中，设专节讨论了吕本中的诗歌创作成就[①]，认为他与陈与义的创作道路颇为相似，早年受其曾祖吕公著影响，处境并不如意，流连诗酒，诗歌深受黄庭坚影响，推敲琢磨，诗思甚苦，所作多抒发个人情怀。靖康之难，诗人亲眼看见战争的残酷和带给百姓的苦难，并将其表现于诗中，情感沉重，诗风沉郁，取得了独特的成就。南归以后，吕本中虽官至中书舍人，然大致仍南北流寓，其诗作或酬唱赠答，或即事写景，圆活流转和清新自然的倾向更明显了，对当日诗坛产生了广泛影响。谢思炜先生撰《吕本中诗歌创作简论》，对吕氏诗歌创作的成就和所表现出的心性与现实之间的矛盾，做了深入的分析，指出其受家世、诗教和社会思潮的影响，以心性之学求得个人情感与社会伦理原则的矛盾统一，既有成功的一面，也有其缺陷。[②]此思考更进一步。姚大勇先生论述吕本中诗歌创作，能与其“活法”说结合，认为吕本中的诗歌创作虽深受黄庭坚的影响，但与江西诗派中人的创作并不完全相同，在北宋时期已摆脱江西派的生硬之病，展示出流动而不板滞的诗风。靖康之难前后与南渡后的诗风，是他早年诗风的延续，只是多了一层悲慨苍凉之气而已。[③]这同样是很有见地的看法。

然而，在这些研究中我们也不难发现存在一些偏颇。吕本中所说的“规矩备具而能出于规矩之外，变化不测而卒亦不背规矩也。是道也，盖有定法而无定法，无定法而有定法”，如其自道，不过是始则讲究规矩，继则讲求脱化，是“区区浅末之论，皆汉魏以来有意于文者之法，而非无意于文者之法也”。今人对其进行阐释，如前引张晶先生之说，以为“活法”说是讲

---

① 莫砺锋《江西诗派研究》，第 163—169 页。

② 谢思炜《吕本中诗歌创作简论》，《文学遗产》1987 年第 6 期，第 27—35 页。

③ 姚大勇《世业中微谁料理，却收才具入风骚——论吕本中诗歌创作》（《中国韵文学刊》2003 年第 2 期，第 50—55 页。

求“有法而又超越于法，破除规矩、窠臼给诗歌创作带来的束缚，主张写诗要自然奇逸，变化多端”，或认为是从直观的角度、以灵感的方式、率性任情创作的自然为文之法，就不免脱离吕本中话语的原意而引申或过度阐释了。什么是“无意于文者之法”呢？那就是“未始有意于言语之间”，“须于规摹令大，涵养吾气而后可”的文字，是“可以使人读之而能兴观群怨，可以使人读之而能知所以事父事君，而能识鸟兽草木之名”的创作。“有意于文者之法”当然不及“无意于文者之法”，但前者亦不可或缺。

吕本中的“活法”说确实对北宋末、南宋初的诗歌创作产生了很大影响，曾幾、杨万里等皆是其例。然而产生影响的，主要的并不是他的讲求“规矩”和“变化”的“有意于文者之法”本身，而是由此启发诗人们打破拘执，从书斋案头走向社会、自然，从模拟前人走向自由地抒发性情。因此，他的以“活法”说为代表的诗学观念、方法及其在文学批评史上的地位是一事，这种观念和方法在文学史上的影响和地位是又一事。“所谓活法者，规矩备具而能出于规矩之外，变化不测而卒亦不背规矩也”，源于苏轼的“出新意于法度之中，寄妙理于豪放之外”；“须于规摹令大，涵养吾气而后可”的无意于文者之法，则源于韩愈的以“气”论文。从“活法”说本身看，吕本中的诗学观念并没有在苏、黄的基础上有多大突破，但他以苏释黄，在“规矩”中求变化，在批评史和文学史上的影响甚大，其作用就不可小觑了。

关于吕本中的研究，近四十年来学术界取得了丰硕的成果，然若进一步扩大研究视野，综合考察文学内外的多种因素，则该研究似乎仍有较大的拓展空间。

把吕本中《江西宗派图》的编纂，放在北宋更广阔的历史条件和背景下来看，它实际上承续了宋初以来尚“统”的社会思潮和文学结盟的风尚，是这一社会思潮和风尚影响下的产物。正如王水照先生所指出的，在当时的政治、思想文化等领域，几乎都出现过关于“统”的论争。在政治领域，有“君子”“小人”的朋党之争；在思想领域，有“道统”之争；在史学领域有“正统”之争；在佛教领域，有“佛统”之争；在文坛，有“文统”之争。“趋群化和集团性的意识，深深地渗透进宋代知识分子的内心，成为他们一种根深蒂固的观念。”[①]如张方平说：“夫国之大事，莫大于继统。”[②]陈师道也说：“统者，一也。一天下而君之王事也，君子之所贵也。”[③]这种尚“统”的思想观念不仅表现在政治方面，而且在思想学术和文学上也表现得非常突出。柳开就明确地说：“吾之道，孔子、孟轲、韩愈之道；吾之文，孔子、孟轲、韩愈之文。”[④]无论道统还是文统，无不成为士人的崇尚和标志。而要建立“统”绪，就需要盟主。石介大声疾呼接续道统、文统，“故常思得如孟轲、荀、扬、文中子、吏部、崇仪者，推为宗主，使主盟于上，以恢张斯文”[⑤]。于是，欧阳修、苏轼出，宋人终于在唐人之后，开创了文学发展的新生面。苏轼为《欧阳修集》作序云：“自汉以来，道术不出于孔氏，而乱天下者多矣。晋以老庄亡，梁以佛亡，莫或正之。五百余年而后得韩愈，学者以愈配孟子，盖庶几焉。愈之后三百有余年而后得欧阳子。其学推韩愈、孟子，以达于孔氏；著礼乐仁义之实，以合于大道。其言简而明，信而通，引物连类，折之

① 王水照《北宋三大文人集团·序论》，上海古籍出版社，2021年，第10页。王先生早在20世纪90年代初，即撰成《北宋的文学结盟与尚“统”的社会思潮》（文载《宋代文化国际学术研讨会论文集》），后亦收入《王水照自选集》（上海教育出版社）等。本文此处参考了王先生的论述。

② 张方平《君子大居正论》，《乐全先生文集》卷十七，《宋集珍本丛刊》第5册，第455页。

③ 陈师道《正统论》，《后山居士文集》卷七，上海古籍出版社影刊宋本，1984年，第437页。

④ 柳开《应责》，《河东先生集》卷一。

⑤ 石介《与君贶学士书》，《徂徕石先生文集》卷二，中华书局，第181页。

于至理，以服人心。故天下翕然师尊之。自欧阳子之存，世之不说者哗而攻之，能折困其身而不能屈其言，士无贤不肖，不谋而同，曰：'欧阳子，今之韩愈也。'"[①]有欧阳修，而后有王安石、苏轼、曾巩等；有苏轼，而后有"苏门四学士""苏门六君子"。北宋文坛上的文学集团和文学结盟与文学发展的阶段性，若合符契。江西诗派正是苏、黄文学集团的一部分和合乎逻辑的发展与延续。吕本中编撰《江西宗派图》，也正体现了这种尚"统"和文学结盟的观念与意识。

吕氏家族为宋代名宦，思想学术博杂宽闳，师友交游广泛，文献传承有序，故要讨论其诗学思想和创作，也不应离开其特定的家世和思想学术背景。

随着北宋王朝的建立和五代纷乱割据局面的终结，晚唐五代以行伍出身之人为政治、社会中坚的局面也宣告结束，而代之以科举仕进的寒族。北宋吕氏家族就是其中的重要代表之一。

吕氏先世本山东莱州（今山东莱州市）人，唐末徙太原，五代后唐时，其中一支的成员吕梦奇为户部侍郎，又迁洛阳。吕梦奇之子龟图为起居郎，知泗州。子龟祥为殿中丞，知寿州（今安徽寿县），卒于任，遂家寿州。吕氏家族自吕梦奇渐兴。龟图一支，其子吕蒙正，于太宗、真宗两朝三为宰相；龟祥一支，其子蒙亨为大理寺丞，蒙亨子夷简，在仁宗朝三为宰相。夷简子公绰知开封府，进翰林侍读学士，公弼任枢密副使，公著在哲宗朝为相，而公孺亦知开封府，擢户部侍郎。吕氏一门，自宋初"更执国政，三世四人，世家之盛，则未之有也"[②]，真可谓赫赫扬扬，世代冠冕。其后公著子希哲官至右司谏，封荥阳公。希哲子好问，高宗朝为尚书右丞，封东莱郡侯。好问子本中，官中书舍人，兼侍读、直

① 苏轼《六一居士集叙》，《苏轼全集校注》。

② 脱脱等《吕夷简张士逊列传》，《宋史》卷三百十一，中华书局，1985年，第29册，10220页。

学士院。本中侄孙吕祖谦，孝宗朝官国史院编修、实录院检讨，重修《徽宗实录》。其亦可谓世代簪缨，渊源有自了。

吕氏家族不但在政治舞台上扮演着重要角色，而且在思想学术方面亦出现多名宿大儒、饱学之士。如吕夷简，“以儒学起家，列位辅弼”，其子吕公绰“通敏有才”[①]，尤精礼学。公著“幼嗜学，至忘寝食”，“通判颍州，郡守欧阳修与为讲学之友。后修使契丹，契丹主问中国学行之士，首以公著对”。公著“于讲说尤精，语约而理尽。司马光曰：‘每闻晦叔讲，便觉己语为烦。’其为名流所敬如此”[②]。吕希哲“少从焦千之、孙复、石介、胡瑗学，复从程颢、程颐、张载游，闻见由是益广”。范祖禹荐其“经术操行，宜备劝讲”，“晚年名益重，远近皆师尊之”[③]。故黄宗羲、全祖望等人撰《宋元学案》，述吕氏学术渊源，谓：“吕正献公家登《学案》者，七世十七人。”王梓材又详述之。曰：

考正献（吕公著）子希哲、希纯为安定门人，而希哲自为《荥阳学案》。荥阳子切问亦见《学案》。又和问、广问及从子稽中、坚中、弸中，别见《和靖学案》。荥阳孙本中及从子大器、大伦、大猷、大同为《紫微学案》。紫微之从孙祖谦、祖俭、祖泰又别为《东莱学案》。共十七人，凡七世。然荥阳长子好问与弟切问历从当世贤士大夫游，以启紫微，不能不为之立传也。[④]

这为我们了解和认识吕氏家族的思想学术提供了线索。即如

① 脱脱等《吕公绰传》，《宋史》卷三百十一，第 29 册，第 10212 页。
② 脱脱等《吕公著传》，《宋史》卷三百三十六，第 31 册，第 10772、10777 页。
③ 脱脱等《吕希哲传》，《宋史》卷三百三十六，第 31 册，第 10777—10779 页。
④ 黄宗羲著，全祖望补修《范吕诸儒学案》，《宋元学案》卷十九，中华书局，1986 年，第 789 页。

吕本中，承其家风，不名一师，先后从刘安世、杨时、游酢、陈瓘、王苹等学，而以师从尹焞为久。其学以正心诚意为主，重风节，重践履，主张“学问当以《孝经》《论语》《中庸》《大学》《孟子》为本，熟味详究，然后通求之《诗》《书》《易》《春秋》，必有得也。既自做得主张，则诸子百家长处皆为吾用矣”[①]，显示出其思想学术的鲜明的理学倾向。然而与此同时，吕氏学术又十分博杂包容，不立涯岸，对释、道以及北宋其他思想学术派别的观念往往兼容并蓄，多有吸收。比如，吕希哲就主张“德无常师，主善为师”，“不主一门，不私一说”[②]。吕本中也是如此。史称其“闻见习熟，少长，从杨时、游酢、尹焞游。三家或有疑异，未尝苟同”[③]。黄宗羲等撰《宋元学案》，也称吕本中“为荥阳冢嫡，其不名一师，亦家风也。自元祐后，诸名宿如元城、龟山、廌山、了翁、和靖以及王信伯之徒，皆尝从游，多识前言往行以蓄德。而溺于禅，则又家门之流弊乎”[④]。所谓“溺于禅”，即指出吕氏家族受佛学影响的一面。如吕夷简，就曾撰《景祐新修法宝录》二十一卷（今存十四卷）。据徐度《却扫编》记载，吕公著“喜禅氏之学，及为相，务简净，罕与士大夫接，惟能谈禅者多得从容。于是，好进之徒，往往幅巾道袍，日游观寺，随僧斋粥，谈禅理，觊以自售。时人谓之‘禅钻’云”[⑤]。吕本中亦好禅学，自言曾有复王直方信，晁以道见之，“极相称赏，但言不合说得佛学太多”[⑥]。可见其受佛学影响亦大。吕氏家族中的其他人也多是如

① 吕本中著，韩酉山辑校《童蒙训》卷上，《吕本中全集》，韩酉山辑校，中华书局，2019年，第967页。

② 李幼武《宋名臣言行录外集》卷六“吕希哲”条，《四库全书》，台湾商务印书馆，1984年，第449册，第708页。

③ 《宋史》卷三百七十六《吕本中传》，第11635页。

④ 《宋元学案》卷三十六《紫微学案序录》，第1233页。

⑤ 徐度《却扫编》卷上，《四库全书》，第863册，第764页。

⑥ 吕本中《师友杂志》，《吕本中全集》，第1086页。

此。至于苏轼父子的蜀学、王安石新学、刘挚的朔学等，吕氏虽不都认同，但也不完全排斥。

儒家历来重视师友间的学问切磋、琢磨。吕氏家族世代官宦，声名显赫，交游广泛，对师友渊源和学问切磋十分重视。吕本中曾述其曾祖吕公著、祖父吕希哲等交游，曰："正献公交游，本中不能尽知之，其显者范蜀公、司马温公、王荆公、刘原甫也。荥阳公交游，则二程、二张、孙莘老、李公择、王正仲、顾子敦、杨应之、范醇夫、黄安中、邢和叔、王圣美也。东莱公交游，则李君行、田明之、田诚伯、吴坦求、陈端诚、田承君、陈莹中、张才叔、龚彦和及彦和之弟大壮也。"[①]可见吕氏交游之广。后来吕祖谦谈到这一点时，还特别记述过一件事。他说：

先君子（案即吕大器）尝诲某曰：吾家全盛时，与江西诸贤特厚。文靖公（案指吕夷简）与晏公戮力王室。正献公（案指吕公著）静默自守，名实加于上下，盖自欧阳公发之。平生交友，如王荆公、刘侍读、曾舍人，屈指不满十。虽中间以国论与荆公异同，元丰末守广陵，钟山犹有书来，甚惓惓，且有绝江款郡斋之约，会公召归，乃止。已而自讲筵还政路，遂相元祐。二刘、三孔、曾子开、黄鲁直诸公，皆公所甄叙也。侍讲（案指吕希哲）于荆公乃通家子弟。李泰伯入汴，亦尝讲绎焉。绍圣后，始与李君行游。晚节居党籍。右丞（案指吕好问）以管库之禄养亲，虽门可设爵罗，然四方有志之士，多不远千里从公。谢无逸、汪信民、饶德操自临川至，奉几杖，侍左右如子侄。退见右丞，亦卑抑严事，不敢用钧敌之礼。舍人（案指吕本中）以长孙应接宾客，三君一见，折辈行为忘年交。谈赏篇什，闻于天下。是时吾家筐筥琐碎，僮仆能言，诸名胜无不谙

① 吕本中《童蒙训》卷上，《吕本中全集》，第979页。

悉。南渡以来，此事便废。绍兴初，寇贼稍定，舍人与诸父相扶携出桂岭，愒临川，访旧皆隔生死，慨然叹息。乃收聚故人子弟曾懈父、裘父辈，与吾兄弟共学，亲指画，孳孳不怠。既又作诗勉之，今集中寄临川聚学诸生数诗是也。（自“南渡以来”至此，原集有缺文，今据《宋元学案补遗》卷三十六增）自秦氏专国，风俗日益隘狭，吾几案间无江西书札久矣。盖江西人物之盛衰，观人文者将于此乎考。而吾家、江西贤士大夫之疏密，亦门户兴替之一验也。言毕复蹙然久之。某再拜识之，不敢忘。①

由此可见吕氏家族的交游之广，尤其是与王安石等人的关系，足见其思想和生活态度的博大宽闳。朱熹也说过：“《吕氏家传》载荆公当时与申公（按即吕公著）极相好，新法亦皆商量来。故行新法时，甚望申公相助。”②吕本中承其父祖辈的传统，亦重师友交往。比如，上引文献所提到的崇宁初年在宿州与饶节、汪革、黎确、洪炎、谢逸等人的结交。又，大观年间，其以家藏秦观投卷谒张耒，在京师与晁冲之兄弟交往，在南昌与江西诗派中的韩驹、徐俯、潘大临、洪炎、夏倪、谢逸兄弟等人诗歌唱和并结社，政和年间与马涓、任伯雨交往，宣和年间与陈与义、张元幹等人唱和等。故师友相交，切磋琢磨，多识前言往行，实已成为吕氏家族的优良传统。

了解了吕氏家族家世和思想学术与文学的背景，无疑可以加深我们对吕本中《江西宗派图》和“活法”说的理解。

吕本中少有诗才，尊崇山谷，竭思苦吟，为徐师川所称

① 吕祖谦《题伯祖紫微翁与曾通（信）道手简后》，《东莱吕太史文集》卷七，《吕祖谦全集》第1册，第118—119页。友人汪俊教授曾据此论吕氏家族与江西诗派的关系，参其所著《两宋之交诗歌研究》第四章《吕氏家族与江西诗派的关系》，旅游教育出版社，2001年。

② 《朱子语类》卷一百三十，第8册，第3097页。

赏，“以为尽出江西诸人右也”[①]，在北宋崇宁初，就与深受山谷诗歌影响的汪革、饶节等为诗友，大观、政和间，与洪刍兄弟、潘淳等人在南昌诗酒唱和，至政和初，谢逸称其“当今之世，主海内文盟者，惟吾弟一人而已”[②]。加之，吕氏家族一向注重师友渊源，结交广泛，提倡多识前言往行，故由他撰为《江西宗派图》，可谓顺理成章，原不必将其作年推迟到南宋。

吕氏家族在思想学术上既以理学为主，而又不名一师，对不同家数、不同派别的学术思想兼容并蓄。吕本中承其家风，即使是在程氏门中，“或有疑异，未尝苟同”，作诗更主张“遍考精取，悉为吾用”，故又能借用禅学话语和思维方式，明确提出诗歌创作的“活法”和“悟入”说，以苏轼“出新意于法度之中，寄妙理于豪放之外”的文学艺术观念，阐释黄庭坚的“点铁成金”“夺胎换骨”等诗学方法，并将其付诸创作实践，从而融会“苏黄”，深刻影响了南宋诗学理论和创作的发展历程。南宋韩淲曾谓“（吕本中）议论文章，字字皆是中原诸老一二百年酝酿相传而得者”[③]。在某种意义上，吕本中编撰《江西宗派图》并提出“活法”说，实皆是吕氏家风影响下的自然的产物，是其思想学术的一部分，也是元祐学术的一部分。故探讨吕本中“活法”说，亦不必远求，多就吕氏家学探索可矣。

吕本中是一位诗人，今存诗一千二百多首，所作虽深受黄庭坚诗歌的影响，炼字琢句，追求奇趣，然诗风清峭圆活，不似江西派中人。若能与其“活法”说相互参证，无疑亦可加深对其诗法的认识和理解。

我们期待着更多更好的研究成果问世！

---

① 吕本中《师友杂志》，《吕本中全集》，第 1078 页。

② 吕本中《师友杂志》，《吕本中全集》，第 1078 页。

③ 韩淲《涧泉日记》卷下，上海古籍出版社，1993 年，第 37 页。

吕本中《江西诗社宗派图》考辨

◎莫砺锋

在文学史和文学批评史上引起许多议论的“江西诗派”这个名称，是吕本中在他的《江西诗社宗派图》中首先提出来的。可是，吕氏原书早已失传，仅在宋人的一些著作中留下了不完整的记载，所记内容也不尽相同，这就给后人的研究造成了困难。本文试对《江西诗社宗派图》作一初步的考索。

一、写作年代

《江西诗社宗派图》的写作年代是首先需要研究的重要问题。最早记载此图的是南宋胡仔的《苕溪渔隐丛话》前集[①]，其次是赵彦卫的《云麓漫钞》[②]，此后又有王应麟《小学绀珠》和刘克庄《江西诗派小序》等书。各书均未全录吕氏原文，也没有说明此图作于何时。只有吴曾《能改斋漫录》卷十“江西宗派”条中明确地记载说：

蕲州人夏均父，名倪，能诗，与吕居仁相善。既没六年，当绍兴癸丑二月一日，其子见居仁岭南，出均父所为诗，属居仁序

① 《苕溪渔隐丛话》前集成书于绍兴十八年（1148）。

② 《云麓漫钞》成书于开禧二年（1206）。

之。序言其本末尤详。已而居仁自岭外寄居临川，乃绍兴癸丑之夏，因取近世以诗知名者二十五人，谓皆本于山谷。图为江西诗派，均父其一也。

绍兴癸丑即绍兴三年（1133），是年，吕本中已经五十岁，被列入江西诗派的许多人也已经去世。如果此说属实，那么《江西诗社宗派图》就是吕氏晚年所作，而图中所列的许多人都是死后追认入派的。有一本文学史著作中说“南宋初期吕本中作《江西诗社宗派图》”[①]。也许就是根据吴曾的记载。可是，吴曾的这个记载是不实的，现论证如下：

第一，《云麓漫钞》卷十四记载了《江西诗社宗派图》的大意，后面又说“均父又以在下为耻”，也就是说《江西诗社宗派图》作于夏倪去世之前，与吴曾所记不合。

第二，范季随《陵阳先生室中语》中说：

家父尝具饭，招公（指韩驹）与吕十一郎中昆仲。吕郎中先至，过仆书室，取案间书读，乃《江西宗派图》也。吕云：“安得此书？切勿示人，乃少时戏作耳。”他日公前道此语，公曰：“居仁却如此说！”

曾季貍《艇斋诗话》中也说：

东莱作《江西宗派图》，本无诠次，后人妄以为有高下，非也。予尝见东莱自言少时率意而作，不知流传人间，甚悔其作也。

范、曾二人都与吕本中有交往，所记不应有误，所以，《江

① 游国恩等编《中国文学史》第三册，第64页。

西诗社宗派图》为吕本中“少时”所作，似无可疑。而古人所谓“少时”，断断不会迟至五十岁。

第三，南宋初年，江西诗派中已出现了某些流弊。有些诗人亦步亦趋地模仿黄庭坚，在艺术上缺乏创新精神。吕本中对这种情况颇为不满，他在绍兴元年（1131）写信给曾幾说：

《楚辞》、杜、黄，固法度所在，然不若遍考精取，悉为吾用，则姿态横出，不窘一律矣。①

又说：

近世江西之学者，虽左规右矩，不遗余力，而往往不知出此。故百尺竿头，不能更进一步，亦失山谷之旨也。②

而吕本中在作《江西诗社宗派图》时，对黄庭坚及其追随者是一味颂扬、无一贬词的，他说：

元和以后，至国朝，歌诗之作或传者，多依效旧文，未尽所趣。惟豫章始大出而力振之。抑扬反覆，尽兼众体。而后学者同作并和，虽体制或异，要皆所传者一。予故录其名字，以遗来者。③

如果吴曾所记属实，那么《江西诗社宗派图》是作于给曾幾

① 《与曾吉甫论诗第一帖》，见《苕溪渔隐丛话》前集卷四十九。

② 《与曾吉甫论诗第二帖》，见《苕溪渔隐丛话》前集卷四十九。按：曾幾在《东莱先生诗集后序》（《茶山集》拾遗）中说吕本中的这两封信写于“绍兴辛亥”，即绍兴元年。

③ 据《苕溪渔隐丛话》前集卷四十八。按：《云麓漫钞》卷十四中所载大意与此略同。

的信之后。可是，既然吕本中在绍兴元年（1131）已经指出一味仿效黄庭坚所引起的流弊，他怎么会在两年之后又作《江西诗社宗派图》来鼓吹学黄而一字不提这种做法的缺陷呢？这就证明《江西诗社宗派图》不可能作于绍兴元年（1131）之后，也就是说吴曾的记载是不实的。

那么，《江西诗社宗派图》究竟作于何时呢？要回答这个问题，必须对此图本身作一番考察。在宋人著作中所记载的《江西诗社宗派图》名单中都有三个僧人，《苕溪渔隐丛话》前集卷四十八记作“饶节”“僧祖可”“僧善权”；《云麓漫钞》卷十四记作“饶节”[①]“祖可”“善权”；《小学绀珠》卷四和《江西诗派小序》所记《云麓漫钞》同。值得注意的是，图中对祖可和善权两个僧人都称呼他们的法名，唯独对饶节呼其俗名，不称其法名“僧如璧”或“如璧”。根据当时的习俗，对于已经出家为僧的人，大家是不再称其俗名的。吕本中的《东莱先生诗集》中有许多与饶节唱酬的诗，都称之为“璧公”或“璧上人”[②]。所以，我们有理由推论说：《江西诗社宗派图》作于饶节尚未出家之时。在《嘉泰普灯录》卷十二中有《青原第十四世香严海印智月禅师法嗣邓州香严倚松如璧禅师》篇，记饶节生平颇详。据此文所载，饶节曾为丞相曾布客，因上书论新法，曾布不纳，饶节即离去，次年他写信给吕本中，自称于“正月半间瞥然有个省处”，即祝发为僧。[③]据《宋史》卷二一二《宰辅表》三、卷四七一《奸臣传》一，曾布于元符三年（1100）拜相，至崇宁元年（1102）闰六月即被蔡京排挤，出知润州，以后再也没

① 在“饶节”下有小注：“德操，乃如璧也。”此注乃赵彦卫之言，因为后面还说“凡二十五人，居仁其一也”云云，其语气都像是赵彦卫的补充。

② 《东莱先生诗集》中仅有两处例外，即卷一《符离诸贤诗》和《德操、充之皆约九月间见过，今皆未至。扶杖出门，悠然有感》中称饶之字“德操”。

③ 此事宋人书中多有记载，如吕本中《东莱吕紫微师友杂志》、张邦基《墨庄漫录》卷五、晁公武《郡斋读书志》卷十九等，兹不赘录。

有入朝。所以，饶节祝发只可能在建中靖国元年（1101）至崇宁二年（1103）这一段时期内。《嘉泰普灯录》又说饶节卒于建炎三年（1129），“世寿六十有五，夏腊二十有七”。“夏腊”是佛教用语，意即僧人自出家至去世所历的年岁。[①]以此推算，饶节出家应在崇宁二年（1103），与上面的推论相合。所以，吕本中作《江西诗社宗派图》一定在崇宁二年（1103）正月半之前。此外，《云麓漫钞》卷十四在记述了《江西诗社宗派图》大意之后说：“议者以为陈无己为诗高古，使其不死，未必甘为宗派。”这说明《江西诗社宗派图》一定作于陈师道去世之后。今考陈师道卒于建中靖国元年十二月二十九日（1102年1月19日）[②]，则吕本中作图必在其后。至此，我们可以推断，《江西诗社宗派图》作于崇宁元年（1102）或崇宁二年（1103）初，其时吕本中年十九岁或刚满二十岁，这与他自己所说的“少时”是互相印证的。吕本中作图时，列名江西诗社名单中的诗人凡是卒年可考的，只有陈师道已经去世，而吕本中确实还是一个少年。

二、江西诗社名单

吕本中在《江西诗社宗派图》中开列了一份名单，认为这些诗人都是学习黄庭坚的。这份名单在各书中的记载不尽相同，为了便于比较，我们把四种宋人著作中所载名单的序次情况列表如下：

书名 / 姓名 / 序次	《苕溪渔隐丛话》	《云麓漫钞》	《江西诗派小序》	《小学绀珠》
一	陈师道	陈师道	陈师道	陈师道
二	潘大临	潘大临	韩驹	潘大临

① 见《佛学大辞典》第1715页“夏腊”条。

② 魏衍《彭城陈先生集记》，《后山诗注》卷首。

续表

三	谢逸	谢逸	徐俯	谢逸
四	洪刍	洪朋	潘大临	洪朋
五	饶节	洪刍	洪朋	洪刍
六	僧祖可	饶节	洪刍	饶节
七	序俯	祖可	洪炎	祖可
八	洪朋	徐俯	夏倪	徐俯
九	林敏修	林修①	谢逸	林敏修
十	洪炎	洪炎	谢薖	洪炎
十一	汪革	汪革	林敏修	汪革
十二	李錞	李錞	林敏功	李錞
十三	韩驹	韩驹	晁冲之	韩驹
十四	李彭	李彭	汪革	李彭
十五	晁冲之	晁冲之	李彭	晁冲之
十六	江端本	江端本②	饶节	江端本
十七	杨符	杨符	祖可	杨符
十八	谢薖	谢薖	善权	谢薖
十九	夏倪	夏倪	高荷	夏倪
二十	林敏功	林敏功	江端本	林敏功
二十一	潘大观	潘大观	李錞	潘大观
二十二	何觊	王直方	杨符	王直方
二十三	王直方	善权	吕本中	善权
二十四	僧善权	高荷	（何颙）	高荷
二十五	高荷	吕本中	（潘大观）	吕本中
二十六			（王直方）	

《江西诗派小序》所载名单已非吕氏原文，因为刘克庄明言他已有所去取更动："内何人表颙、潘仲达大观，有姓名而无诗"，"王直方诗绝少，无可采"，"派中以东莱居后山上，非也。今以继宗派，庶几不失紫微公初意"。《小学绀珠》的名单与《云麓漫钞》完全相同，又未录吕氏序文，无助于考证。值得注意的是《苕溪渔隐丛话》和《云麓漫钞》两书所载的名单。从

① 恐系"林敏修"之误。

② 此据通行之《涉闻梓旧》本《云麓漫钞》。郭绍虞先生《宋诗话考》第118页谓"《云麓漫钞》所引吕氏序记原作'江端友子我'不作'江端本'"，未知所据何本。

表中可以看出，除了第四位到第八位的序次不同之外，两书的相异之处就是《云麓漫钞》无何觊而有吕本中。我们认为，《苕溪渔隐丛话》的记载更接近于吕氏原文。因为：一，《苕溪渔隐丛话》成书年代较早。二，《云麓漫钞》中说："宗派之祖曰山谷，其次陈师道无己……饶节德操，乃如璧也……高荷子勉，凡二十五人，居仁其一也。"其语气不像是吕氏原文，而像是赵彦卫的说明。所以，吕本中的名字可能是由别人添进去的。

宋以后的著作中所记载的江西诗派名单，大抵同于上述数书，异者或有讹误，如明人彭大翼《山堂肆考》角集卷三一所载名单中有"谢邁"，可能为"谢薖"之误："薖""邁"二字形近而误。又如清人王士禛《带经堂诗话》卷十七所载名单中有"袁颙"，可能为《江西诗派小序》中所云"何人表颙"之误："表""袁"二字形近而误。至于明人李维桢所说"吕居仁、胡元任、马端临辈所称江西诗派，人且满百"[①]和今人所编的一种文学史著作中所说"吕本中作《江西诗社宗派图》，首列黄庭坚、陈师道、陈与义三人"[②]云云，皆不知有何根据，此处暂不置论。

吕本中开列的这张名单，在当时和后来都引起了许多议论，这些议论可分为三类：

一、诗派中人对自己在名单中所占的序次感到不满。例如徐俯"尝不平曰：'吾乃居行间乎？'"[③]夏倪"又以在下为耻"[④]，韩驹也因"吕居仁作《江西宗派图》，置子苍其间"而"不悦"[⑤]。

二、论者对诗派中不尽是江西人有异议。例如刘克庄就指

① 《郭生诗题辞》，《大泌山房集》卷一二七。
② 游国恩等《中国文学史》第二册，第 64 页。
③ 《云麓漫钞》卷十四。
④ 《云麓漫钞》卷十四。
⑤ 《诗隽永》"苏黄门称韩子苍诗"条。

出："派中如陈后山，彭城人。韩子苍，陵阳人。……非皆江西人也。"[①]直到现在还有人说："韩驹很不高兴，是因为他和陈师道不是江西人。而出于吕本中的真正江西诗人曾幾，却没有列入江西诗派。"[②]

三、论者对吕本中的取舍不满。例如胡仔说："所列二十五人，其间知名之士，有诗句传于世、为时所称道者，止数人而已。其余无闻焉，亦滥登其列。居仁此图之作，选择弗精，议论不公，余是以辨之。"[③]曾季貍也诘责说："四洪兄弟皆得山谷句法，而龟父不预，何邪？"[④]清人钱大昕甚至认为："后山与黄同在苏门，诗格亦与涪翁不相似，乃抑之入江西派，诞甚矣。"[⑤]

我们来对这些议论略作考察。

徐俯等人所不满的是他们在诗派名单上所占的名次较后。其实，范季随在《陵阳先生室中语》中说得很清楚："《宗派图》本作一卷，连书诸人姓字。后丰城邑官开石，遂如禅门宗派，高下分为数等，初不尔也。"曾季貍《艇斋诗话》中也说："东莱作《江西宗派图》，本无诠次，后人妄以为有高下，非也。"吕本中并没有对名单中的二十五人进行评骘诠次，所以第一类议论实乃出于误会。

杨万里说："江西宗派诗者，诗江西也，人非皆江西也。人非皆江西，而诗曰江西者何？系之也。系之者何？以味不以形也。"[⑥]这正确地指出了江西诗派并不是以诗人的籍贯地域而划分的。我们认为吕本中的原意大概是因为诗派的开创者黄庭坚是

① 《后村先生大全集》卷九五"江西诗派"条。
② 陈俊山《关于江西诗派》，《星火》1979年第5期。按：这种说法是没有根据的。
③ 《苕溪渔隐丛话》前集卷四八。
④ 《艇斋诗话》。按：各书所载名单中皆有洪朋（龟父），曾氏或指洪羽（鸿父）。
⑤ 《十驾斋养新录》卷十六。
⑥ 《江西宗派诗序》，《诚斋集》卷七九。

江西人，诗派的成员又以江西人为较多[1]，就给它取名为江西诗派。所以第二类议论也是出于误会。

第三类议论是值得研究的。胡仔等人对吕本中的批评不无过激之处。据陈振孙《直斋书录解题》所录，《江西诗社宗派图》所列二十五人中有诗集传世的尚有二十三人，仅潘大观、何觊无集，可证名单中多数人在当时还不是默默无闻的。但是不可否认，二十五人中作品水平较高、名声较大的诗人确实不多。从宋人的记载来看，大概只有陈师道、韩驹、徐俯、晁冲之、饶节等人比较有名，其余的诗人成就皆不甚高。这有几方面的原因：第一，吕氏此图本乃“少时率意而作”，当时他交游、见闻的范围都不够广，所以只能在一个较小的圈子里进行铨选。今存的吕氏著作明确记载着与他有交往的江西派诗人即有韩驹、徐俯、潘大临、洪炎、夏倪、谢逸、谢薖、晁冲之、汪革、李彭、饶节、江端本、王直方等十三人，说明他主要是在自己所熟悉的人中进行铨选，这就难免有所遗漏。第二，吕本中作《江西诗社宗派图》时，还是一个二十来岁的青年，当时他的鉴赏水平还不够高，在铨选时难免有欠妥之处。他后来对自己少时作图一事再三表示后悔，很可能就是意识到了这一点。第三，吕本中选定名单，有一个明确的标准，就是“源流皆出豫章”[2]，即在诗歌创作上受黄庭坚较深的影响，这就使铨选的范围缩得较小。论者往往忽视了这一点，例如清人李树滋诘难说：秦观“日与山谷唱和，胡不入派？”[3]秦观虽与黄庭坚交往甚密，但他的诗风并未受到黄庭坚的影响，当然不该入派。

① 二十五人中可以考定为江西人的有谢逸、谢薖、洪朋、洪刍、洪炎、饶节、徐俯、李彭、汪革、善权等十人。

② 见《云麓漫钞》卷十四所载《江西诗社宗派图》大意。

③ 《石樵诗话》卷一。

三、江西诗派总集

南宋的俞成说："吕居仁尝序江西宗派诗，若言灵均自得之，忽然有入，然后惟意所在，万变不穷，是名活法。"[①]黄昇也说吕本中"尝集江西宗派诗"[②]。据此，则吕本中曾经编订江西诗派的总集。元人所编的《宋史》卷二百九《艺文志·八》还载有"吕本中《江西宗派诗集》一百十五卷"。今人郭绍虞先生更明确地说："吕氏关于论诗之著凡有三种：一为《江西诗社宗派图》，以选集而兼论评，这是江西诗人的总集。"[③]郭先生主编的《中国历代文论选》中也说："吕本中把这些诗人罗列一起，写成《江西诗社宗派图》，同时又有《江西诗派诗集》的编刊。"[④]我们认为这种说法是可以商榷的。

首先，《苕溪渔隐丛话》和《云麓漫钞》在记载《江西诗社宗派图》时，都没有说吕本中曾编订过江西派诗人的总集。《苕溪渔隐丛话》明言"其《宗派图序》数百言，大略云……"又说："所列二十五人，其间知名之士，有诗句传于世，为时所称道者，止数人而已。其余无闻焉，亦滥登其列。"我们知道，《苕溪渔隐丛话》前集成书于绍兴十八年（1148），其时距吕本中作《江西诗社宗派图》只有四十余年。如果吕本中在作图的同时或其后曾编成江西诗派的总集，则这部总集不可能这么快就湮灭无闻。又《陵阳先生室中语》也明言："《宗派图》本作一卷，连书诸人姓字。"据此，吕本中当时仅仅作图排了一份名单，并没有编订他们的诗集。方孝岳先生曾云：吕本中"但作了

① 《萤雪丛说》卷一。
② 《中兴以来绝妙词选》卷二"吕居仁"条。
③ 《中国文学批评史》第252页。
④ 《中国历代文论选》中册第143页。

那个图，至于附录各人的诗，当然是他的后学所为了”[1]。这种说法是接近于事实的。

其次，作为总集的江西派诗集，最早见述于杨万里《江西宗派诗序》。杨万里说：

秘阁修撰给事程公（按：指程叔达），以一世儒先，厌直而帅江西。以政新民，以学赋政。如春而燠，如秋而肃，盖二年如一日也。迨暇，则把酒赋诗，以翩翻乎翼轸，而金玉乎落霞秋水。尝试登滕王阁，望西山，俯章江，问：“双井今无恙乎？”因谓曰：“《江西宗派图》，吕居仁所谱，而豫章自出也。而是派之鼻祖，云仍其诗，往往放逸，非阙欤？”于是以谢幼槃之孙源所刻石本，自山谷外，凡二十有五家，汇而刻之于学官。[2]

杨万里此序作于淳熙十一年（1184），则这部《江西派诗集》即刻于其前后不久。从序中可以看出，当程叔达编刊此集时，江西派诗人的作品已“往往放逸”，而程、杨二人只知道吕本中曾作过《江西诗社宗派图》，根本不知道他编过江西派诗集。至于杨万里序中所说的谢源“所刻石本”，可能就是吕本中的《江西诗社宗派图》，而绝不会是江西派的总集。因为：一，古人把单篇或十数篇的诗歌刻石的事是有的，但把一部总集全部刻成石本，是从未有过的事情。而且在宋人著作中找不到关于谢氏刻成石本的江西派诗集的记载。二，杨万里序中明言，其时江西派诗已“往往放逸”，陆九渊还称道程叔达刻江西派诗是“网罗搜访，出隋珠和璧于草莽泥滓之中”[3]，可见如果江西派诗集仍见存于石本，则杨、陆二人不应有此等语。所以，比较合于

① 《中国文学批评》第 142 页。

② 《江西宗派诗序》，《诚斋集》卷七九。

③ 《与程帅》，《象山先生全集》卷七。

情理的推测是：程叔达根据谢氏所刻石本之江西诗派名单，按图索骥，搜罗其诗，从而汇刻成一部江西诗派的总集。

与杨万里同时的尤袤在《遂初堂书目》中载有《江西诗派》一部总集，然不言其原委，所以无法考知究系何人所编。但如果这是吕本中所编，作为尤袤好友的杨万里不应毫无所闻。揆诸情理，很可能即是指程叔达所编者。

后来，陈振孙《直斋书录解题》卷十五载有“《江西诗派》一百三十七卷，《续派》十三卷”，且言：“自黄山谷而下三十五家，又曾纮、曾思父子诗，详见诗集类。诗派之说本出于吕居仁，前辈多见异论，观者当自得之。”所谓“《续派》十三卷”，就是杨万里为之作序的《江西续派二曾居士诗集》[1]，因为陈录卷二十即载有曾纮《临汉居士集》七卷、曾思《怀岘居士集》六卷，且言“杨诚斋序其诗，以附诗派之后”。至于《江西诗派》一书，陈氏未言究系何人所编。“一百三十七卷”和“三十五家”这两个数字均启后人疑窦。因为陈录卷二十“诗集类”载江西诗派成员的别集如下：林敏功《高隐集》七卷，林敏修《无思集》四卷，潘大临《柯山集》二卷，谢逸《溪堂集》五卷、《补遗》二卷，谢薖《竹友集》七卷，李彭《日涉园集》十卷，洪朋《清虚集》一卷，洪刍《老圃集》一卷，洪炎《西渡集》一卷，韩驹《陵阳集》四卷、《别集》二卷，高荷《还还集》二卷，徐俯《东湖集》三卷，吕本中《东莱集》二十卷、《外集》二卷，晁冲之《具茨集》十卷，汪革《青溪集》一卷，饶节《倚松集》二卷，夏倪《远游堂集》一卷，王直方《归叟集》一卷，李錞《李希声集》一卷，杨符《杨信祖集》一卷，江端本《陈留集》一卷，且于《陈留集》后注明“以上至林子仁皆入诗派”，共计二十一人，九十一卷。如果再加上同卷

① 见《江西续派二曾居士诗集序》，《诚斋集》卷八三。

另载之黄庭坚《山谷集》三十卷、《外集》十一卷、《别集》二卷，陈师道《后山集》六卷、《外集》五卷，僧祖可《瀑泉集》十二卷，僧善权《真隐集》三卷，则共计二十五人，一百六十卷，皆与总集《江西诗派》条下所标人数、卷数不合。清人沈曾植已经注意到这一点[①]，郑振铎先生怀疑陈书所言“三十五家”或为“二十五家”之误[②]，不失为合理的推测。

那么，陈录所记载的这部《江西诗派》总集是不是吕本中所编的呢？回答也是否定的。

首先，陈录卷二十中《东莱集》的题解中说：“后人亦以其诗入派中。”既然这部《江西诗派》总集中的一种是“后人”编的，那么整部总集就不可能是吕本中编的。

其次，陈录所记载的这部《江西诗派》总集，今天尚能睹其遗貌。今存的景宋本或翻刻宋本的江西派诗集有吕本中《东莱诗集》二十卷、韩驹《陵阳先生诗》四卷、饶节《倚松老人诗》二卷，卷数均与陈录著录者同。此外，谢薖《谢幼槃文集》虽为十卷，但其中只有卷一至卷七为诗歌，卷数也与陈录著录之《竹友集》七卷同[③]。据沈曾植说，他所看到的景宋本《陵阳先生诗》和《倚松老人诗》卷首皆有“江西诗派”四字，另外，在上述二集与《东莱诗集》《谢幼槃文集》的卷末都有“庆元己未校官黄汝嘉重刊”一行题记[④]。而《直斋书录解题》卷二十“《山谷集》三十卷、《外集》十一卷、《别集》二卷”条下的题解说：“江西所刻诗派，即豫章前后集中诗也。别集者，庆元中莆田黄汝嘉增刻。”这证明我们今天所看到的这几种江西诗派的诗集就是陈

① 见《重刊〈西江诗派韩饶二集〉叙》，《陵阳先生诗》卷首。

② 《插图本中国文学史》第 512 页。

③ 《直斋书录解题》卷十七另载有《竹友集》十卷，清人朱彝尊说：“《书录解题》两载《竹友集》，一曰十卷，一曰七卷。盖七卷者诗，而十卷者合文言之。”（《竹友集跋》，《曝书亭集》卷五二）该推测合理，可从。

④ 见《重刊〈西江诗派韩饶二集〉叙》，《陵阳先生诗》卷首。

录所著录的《江西诗派》总集的一部分。我们在读这几种诗集时，注意到下面两点情况：

第一，这些诗集中收入了一些写作年代较晚的诗，例如《陵阳先生诗》卷四中有《余为著作郎，如莹为司令，官舍皆在左掖门外高头坊。绍兴四年，如莹持节江西，道抚相访，辄成长句》一诗，作于绍兴四年（1134），又如《东莱先生诗集》卷十九中有《徐师川挽诗三首》，徐俯卒于绍兴十年（1140），这三首诗当作于是年。这说明这些诗集的编订距吕本中作《江西诗社宗派图》已有三四十年。前面说过，吕氏此图本是“少时戏作”，后来“甚悔其作”，他肯定不会在晚年再根据图中的名单编订一部江西诗派总集。

第二，在景宋本《谢幼槃文集》卷首附有吕本中和苗昌言所作的序。吕序作于绍兴三年（1133），序中说：“绍兴三年秋，自岭外北还，过临川，去幼槃之没十八年矣。始尽得幼槃书于其子长讷所，伏读累日……”苗序作于绍兴二十二年（1152），序中说谢逸、谢薖“兄弟以诗鸣江西，有文集，合三十卷。邦之学士欲刊之以贻永久，积数十年而未能也”。并说此集是他“搜访阙遗，以相参订”，“又得幼槃善本于其子敏行”，从而编订付梓的。既然谢薖的遗集到绍兴三年（1133）方为吕本中所见，到绍兴二十二年（1152）方首次编订刊行，而吕本中卒于绍兴十五年（1145），那么我们不但可以断定《直斋书录解题》所著录的《江西诗派》总集不是吕本中所编，而且可以断定吕本中生前根本没有编过包括谢逸、谢薖的诗集在内的《江西诗派》总集。

根据上面的论证，我们认为黄昇和《宋史·艺文志》中关于吕本中编《江西诗派》总集的记载是不可信的。

以上我们从三个方面对《江西诗社宗派图》作了初步的考察，目的是对此图有一个比较接近原貌的了解。至于吕本中在此图中所阐述的文学观点是否正确，我们另有所论，此处就不再重复了。

（原载于《江西诗派研究》，齐鲁书社，1986年）

吕本中与《江西诗社宗派图》

◎谢思炜

吕本中，字居仁，生于宋神宗元丰七年（1084）,卒于宋高宗绍兴十五年（1145）。他是继黄庭坚之后江西诗派的又一位重要代表作家。江西诗派的得名以及正式确立，都应归因于他所作的《江西诗社宗派图》（以下简称《宗派图》）。这张图既总结了黄庭坚影响下江西诗派的形成过程，又反映了吕本中等人活跃于诗坛时江西诗派的发展情况，已成为后代研究江西诗派时必须依据的材料。但围绕着这张图，还存在着一些问题。厘清这些问题，则有助于搞清江西诗派的历史，进而为评价江西诗派的创作及理论打下基础。

《宗派图》的文字歧异

《宗派图》的样式，据范季随《陵阳先生室中语》所说，“本作一卷，连书诸人姓字”[①]。最早记录了《宗派图》内容的是胡仔《苕溪渔隐丛话》前集（绍兴十八年，1148）：

苕溪渔隐曰：吕居仁近时以诗得名，自言传衣江西，尝作《宗派图》。自豫章以降，列陈师道、潘大临、谢逸、洪刍、饶

① 《说郛》本。

节、僧祖可、徐俯、洪朋、林敏修、洪炎、汪革、李錞、韩驹、李彭、晁冲之、江端本、杨符、谢薖、夏倪、林敏功、潘大观、何觊、王直方、僧善权、高荷，合二十五人，以为法嗣，谓其源流皆出豫章也。[①]

以下还载有《宗派图序》的内容。胡仔在记录这张图的同时，又批评它“选择弗精，议论不公”。吕本中的学生曾季貍在《艇斋诗话》中也说：“其图则真非有诠次，若有诠次，则不应如此紊乱。”[②]其后，赵彦卫的《云麓漫钞》（开禧二年，1206，以下简称《漫钞》）又载有《宗派图》，内容有所变化：无何觊，而以吕本中列于图末，又升洪朋于洪刍之上；还附有诸人字，似与范季随所说“连书诸人姓字”相符，所引《宗派图序》也略详于《苕溪渔隐丛话》。此后载有《宗派图》的，《诗人玉屑》《山堂肆考》《豫章志》与《渔隐丛话》相同（个别字有出入）；《小学绀珠》人物、次序则同于《漫钞》。以后，刘克庄作《江西诗派小序》,清代厉鹗作《宋诗纪事》,张泰来作《江西诗社宗派图录》，又对人物去取提出一些意见。后代有的研究者采用《漫钞》本，如张泰来《图录》据称即遵“《小学绀珠》定本”[③]。但以《渔隐丛话》本与《漫钞》本对勘，可以发现三个问题：第一，同时人均认为《宗派图》次序“紊乱”，而《漫钞》升洪朋于其弟洪刍之上,显然有整齐排比的用意。第二，《漫钞》列吕本中入图，揆之事理，吕本中既是作图者，似不应将自己列入。第三，《漫钞》既列入吕本中，为牵合二十五人之数，去掉了何觊。何觊，刘克庄《小序》中作何颙，字人表。关于何觊或何颙，胡仔作《苕溪渔隐丛话》时已不

① 见《前集》卷四十八。
② 《历代诗话续编》本。
③ 王士禛《带经堂诗话》卷十七。

大清楚此人，若《宗派图》中本无此人，胡仔和刘克庄不可能凭空捏造，显然是《漫钞》因其不为人所知而去掉的。张泰来等人或许认为《漫钞》本经过整理，更能代表江西诗派，但为了研究《宗派图》产生的具体背景，还必须尽可能恢复吕本中原图的面貌，当以记录最早的《苕溪渔隐丛话》为准。

何觊，《山堂肆考》《豫章志》作“何颛”，后代诗话称引或作“何颛”，或作“何颙”，均不作“何觊”。“颛”“颙”笔形相近，此字似当从“页”。此人在当时人的诗文中应能找到线索。吕本中《送曾宏甫知黄州》诗云：“潘何子弟能传业，当奉遗书与使君。”[①]“潘”指《宗派图》中的二潘，曾长期生活在黄州；“何”则是指“黄州二何”。潘、何并列，二何似与《宗派图》也有关。黄庭坚《书倦壳轩诗后》记载：“予因邠老（潘大临字）故识二何，二何尝从吾友陈无己学问”[②]；陈师道《次韵答学者四首》诗自注“黄州何郎兄弟”[③]，均是指二何。二何的姓名也可考知。吕本中《紫微诗话》曾提到二何之一：“何斯举颉尝和余诗……斯举即无已诗所谓‘黄尘投老得何郎，准拟明年共我长’者也。然斯举与予初不相识。”[④]何颉，或作“何颉之”，字斯举，又见《道山清话》《藏海诗话》《墨庄漫录》《竹坡诗话》等，章定《名贤氏族言行类稿》卷二十一引曾慥《百家诗选》记其生平较详。其尝从苏、黄问学，与韩驹等人唱和。二何另一人即是刘克庄《小序》中的何颙。李彭《日涉园集》卷六有《喜二何从山谷游》，卷十有《齐安江头别何氏兄弟》，卷八又有《寄何斯举》《戏何人表》二诗，可证斯举、人表为兄弟。刘克庄既以二何之一列入《宗派图》，当有所据，而

① 《东莱先生诗集》卷十九，《四部丛刊》本。

② 《豫章黄先生文集》卷二十。

③ 《后山诗注》卷一。

④ 《历代诗话》本。

别本所列当即是二何另一人。“觊”“颉”，都应是“颉”之误[①]。这个错误大概发生在《宗派图》开始流行时，胡仔也没能作出更正。

洪刍列于洪朋之上，不一定是作者的有意安排。但这个顺序也并非《宗派图》独有。《古今合璧事类备要》前集卷二十七《兄弟》门引《王直方诗话》：“鲁直甥洪刍驹父、洪朋龟父、洪炎玉父、洪羽鸿父四人俱有名，潘邠老作《洪氏倦壳轩》云。”即以洪刍列于洪朋之上。洪刍的诗名也确实要大于洪朋。

至于《宗派图》的名称，当从范季随、曾季貍、胡仔等人所记，为《江西诗社宗派图》。后代称引往往作“江西诗社宗派图”，“诗社”二字首先见于陈岩肖《庚溪诗话》。《宗派图》中人确实经常诗酒酬唱，但并未在一起正式组成过一个统一的“诗社”。

除了赵彦卫等人对《宗派图》的修正外，后代人还曾编过“江西续派”诗集[②]，但都是以《宗派图》为基础，承认《宗派图》代表了江西诗派的主要作家。元代方回却提出“一祖三宗”之说，把与吕本中同时的另一位重要诗人陈与义拉入江西诗派，于是就有了关于江西诗派的第二种说法，“从此混淆了后世文学史家的耳目”[③]。讹上加讹，一部流传很广的文学史说“南宋初期吕本中作《江西诗社宗派图》，首列黄庭坚、陈师道、陈与义三人”[④]，则犯了耳食之误。

---

① 梁昆《宋诗派别论》（商务印书馆 1939 年版）第八章曾猜测：“臆者，何颙何颉，岂山谷所称之二何？”

② 杨万里《诚斋集》卷八十三《江西续派二曾居士持集序》。

③ 见钱锺书《诗选注》，第 147 页。

④ 游国恩等《中国文学史》，1979 年版。

《宗派图》的创作时间

《宗派图》的创作时间，以前论者似未深究。其实，这是理解《宗派图》意义的一个关键问题。而这个问题在当时就有不同说法。范季随《陵阳先生室中语》记载：

家父尝具饭，招公与吕十一郎中昆仲。吕郎中先至，过仆书室，取案间书读，乃《江西宗派图》也。吕云："安得此书？切勿示人，乃少时戏作耳。"

"公"指韩驹。这件事约发生于绍兴三、四年间（1133—1134），吕本中这时由桂州返回，寓居临川，韩驹也住在临川。《艇斋诗话》也说："予尝见东莱自言少时率意而作，不知流传人间，甚悔其作也。"曾季貍也是在临川从吕本中学诗，所以范、曾二人大约在同时得之于亲闻，所述也一致。但同时人孙觌说：

元祐中，豫章黄鲁直独以诗鸣。当是时，江右之学诗者皆自黄氏。至靖康、建炎间，鲁直之甥徐师川，二洪驹父、玉父，皆以诗人进居从官大臣之列，一时学士大夫向慕，作为《江西宗派》，如佛氏传心，推次甲乙，绘而为图。凡挂一名其中，有荣耀焉。[①]

孙觌《与曾端伯书》又说："靖康末，吕舜徒作中宪，居仁遇师川于宝梵佛舍，极口诟骂其翁于广坐中。居仁俯首不敢出一语，故于宗派贬之于祖可、如璧之下，师川固当不平。"据此，《宗派图》当作于建炎间。

① 《鸿庆居士集》卷三十《西山老文集序》，《常州先哲遗书》本。

此后，吴曾《能改斋漫录》又说：《宗派图》作于“绍兴癸丑之夏”，“予近览赣州所刊《百家诗选》……云：‘夏均父自言，以在下列为耻。’殊不知均父没已六年，不及见图”[①]。稍后，周辉《清波杂志》又批评吴说：“吴虎臣《漫录》书居仁作图时，均父没已六年，耻在下列为非。辉亦见前辈云：‘东莱自言宗派本无诠次，后人妄谓有所高下,且悔少作。’是皆党东莱者创此说，以盖时论，非本语也。”[②]

孙、吴、周三人均否认《宗派图》为“少时”所作，但三人的说法又是互相矛盾的。孙觌之说可以证明《宗派图》建炎间就已流行，因此吴曾“作于绍兴癸丑”的说法是站不住脚的。但孙觌揣测吕本中的作图动机也是不可信的，孙与吕氏似有政治上的恩怨，曾攻击吕好问（字舜徒）参与张邦昌僭立，“以蔡攸客本中之父，更进尚书右丞”[③]。徐俯“诟骂”吕好问，大概是因张邦昌僭立事，吕本中的同情虽在其父一方，但绝不至因此挟嫌图报。徐俯在《宗派图》中列第七，虽在饶节、祖可之下，并不能说是贬低，吕本中后来在《师友杂志》,《徐师川挽词》中仍极口称赞徐。孙觌此说尤荒谬。周辉之说则完全出于臆测，更不可信。

又，孙、吴、周三人之说均与当时人对《宗派图》的批评有关，徐俯、夏倪、韩驹等人都对《宗派图》不满，胡仔、曾季貍也认为《宗派图》“选择弗精”。这说明，当南渡初《宗派图》开始流传时人们对其中一些人物的评价已发生变化，对它产生的背景已不甚了解。这倒是证明，《宗派图》不会是当时所作，如果是当时所作，人们不会对它有如此隔膜，以至于连其中一些人物都搞不清（如何颉）。今人还是应当相信范季随等人所记的吕本中亲口之言。

① 卷十《议论》。

② 《清波杂志》卷八，《四部丛刊》本。

③ 《鸿庆居士集》卷三十八《莫俦墓志铭》引莫俦语。

吕本中自言“少时戏作”，所谓“少时”，一般指三十岁之前，最多不能超过四十岁。靖康元年吕本中四十三岁，《宗派图》必作于此之前。也就是说，它产生的时代是北宋末，而不是南宋初。具体时间应是大观至政和年间，吕本中三十岁左右的一段时间内。

吕本中约于崇宁年间开始与《宗派图》中的一些人交往。《师友杂志》记载：“徐俯师川……江西诸人皆从服焉。崇宁初，见予所作诗，大相称赏，以为尽出江西诸人右也。”[①]他的《用前韵寄商老》诗云：“只今江西二三子，可到元和六七公？”“前韵”是指《寄璧公道友》一诗，吕本中用此韵一共写了八首诗，分寄给饶节、谢逸、汪革、李彭以及范温等人[②]。《东莱诗外集》中还有一首《送李惇秀才》：“更约洪谢林汪潘，徐李欲去不作难。倚松闻之亦解颜，我且往矣君且还。”[③]历数《宗派图》中人，其约作于大观三年前（潘大临卒于大观三年）。吕本中在崇宁、大观年间已把“江西诸人”看作气味相投的诗人群，“江西二三子”当是江西宗派的雏形，把他们与“元和六七公”相比并，说明他们也有某种共同倾向。

大观三、四年间（1109—1110），吕本中作《喜章仲孚朝奉见过十韵》诗云：“语道我恨晚，说诗公不迂。丁宁入汉魏，委曲上唐虞。”自注：“山谷论作诗法，当自舜、皋陶《赓歌》及《五子之歌》以下皆当精考。故予论诗，必断自唐虞以下。”[④]自注所言似非泛泛而谈，所谓“断自唐虞以下”与《宗派图序》由先秦而下渐次论述历代诗歌的内容或许有一定联系。自注中自负

① 《丛书集成》本。

② 七首见《东莱先生诗集》卷一，一首见《东莱诗外集》卷二。

③ 宋庆元五年黄汝嘉刻江西诗派本《东莱先生诗集二十卷外集三卷》，存六卷，《外集》全；《藏园群书经眼录》著录，现藏北京图书馆。

④ 《东莱先生诗集》卷三。

的口气与《宗派图序》也十分相像。

《宗派图》中人物与吕本中有交往而结识最晚的，是晁冲之。《师友杂志》记载："大观后，予至京师，始与游。"吕本中至京师的确切时间是政和元年（1111）春，而这以后与吕本中结识的一些诗人（如范寥、张扩）都没有再列入《宗派图》。根据这一点，我们可以把《宗派图》完成的时间定于政和元年（1111）左右，而其酝酿过程则自崇宁、大观年间吕本中提出"江西二三子"时就已经开始了。

《宗派图》收录的人物

确定了《宗派图》的创作时间，就可以进而了解作者为什么收录这些人物。《宗派图》虽然被批评为"紊乱"，但仔细考察，其中并非无线索可寻绎。

图中人物基本可分为两类：一类是黄庭坚的学生，如陈师道、潘大临、三洪、徐俯、李彭、王直方、高荷；一类是吕本中的交游对象，如饶节、二谢、汪革、韩驹、晁冲之、江端本。有些人兼有双重身份，如徐俯、洪炎、李彭。其他人虽不属于二者之列，但与这些人有密切交往，如祖可、二林、夏倪、善权。

按这些人的活动来看，则实际形成过两个相当于"诗社"的、往来酬唱的文人组织。《王直方诗话》记载："癸未正月三日，徐师川、胡少汲、谢夷季、林子仁、潘邠老、吴君裕、饶次守、杨信祖、吴迪吉见过，会饮于赋归堂，亦可为一时之盛"，"洪驹父有诗送余赴官河内……潘邠老每诵而喜之。李希声亦有诗送余……是时绍圣改元之二月"[①]。癸未，即崇宁元

① 郭绍虞《宋诗话辑佚》本。

年（1102）。谢夷季即谢逸[1]，饶次守即饶节[2]。这些人自绍圣至崇宁年间，经常在东京酬唱，实际是一个以王直方为中心的“诗社”。王直方“读书喜宾客”，“客有游京师而不见立之（王直方字），则以为恨已”[3]。《宗派图》中大多数人都与他有交往。吕本中虽未与王直接交往，但曾通过饶节等人与王相知。《师友杂志》记载王直方“崇宁间病废，予初未识也，立之尽以平生书籍图画散之故人朋友，予亦得数种”。当东京的“诗社”逐渐解体后，又在宿州等地以吕家为中心形成了另一个文人组织，其中坚即饶节、谢逸、汪革与吕本中。吕本中的祖父吕希哲崇宁后谪居宿州、真扬等地，饶、谢、汪三人从吕希哲问学，“奉几杖侍左右如子侄”，吕本中“以长孙应接宾客，三君一见，折辈行为忘年交。谈赏篇什，闻于天下”[4]。饶、汪等人曾与吕本中“论文会课，时时作诗”[5]，此后，洪炎、韩驹、谢薖、江端本、晁冲之等人也先后与吕本中往来酬唱。吕本中即是以参加这后一个文人组织的活动为契机，产生了作《宗派图》的打算。

从排列次序来看，潘大临列第二，仅次于陈师道，这是因为在余下诸人中年岁最长，且是饶节等人的师辈。谢、饶、汪三人因与吕本中关系最为密切，分列第三、第五和第十一。汪革稍靠后则是因为“少饶、谢数岁，平生敬事二人如亲父兄”[6]。僧祖可

① 谢薖《谢幼槃文集》卷四《寄饶次守》：“我家阿夷兄，诗有春草句。说君不离口，恨我识君暮。”《渔隐丛话》前集卷五十三：“《雪浪斋日记》云：‘谢夷季，江左知名士也……其弟幼槃……二人以布衣死……’苕溪渔隐曰：夷季、幼槃，容或谢薖之字乎？当俟知者问之。”据此，谢夷季为谢薖兄，当即谢逸。

② 《墨庄漫录》，《四部丛刊》本卷五：“僧如璧，乃江西进士饶节次子也。”鲍校：“子一作守”，作守是。饶节一字次守，取《左传》成公十五年“次守节”之义。

③ 朱弁《风月堂诗话》卷下、晁说之《嵩山文集》卷十九《王立之墓志铭》。

④ 吕祖谦《吕东莱文集》卷六《题伯祖紫微翁与曾信道手简后》。

⑤ 《童蒙训》卷中，《托跋廛丛刻》本。

⑥ 《师友杂志》。

列第六，可能是因徐俯的推赏[①]。徐俯也因此和他列在一起。再往下则是洪炎、晁冲之等吕本中在大观、政和间结识的人，最后则是夏倪、王直方等与吕本中未曾谋面的人[②]。居于图末的高荷则不属于这两个文人组织。他是黄庭坚在荆南的学生，与《宗派图》中其他人都无交往，只是韩驹《赠赵伯鱼》诗中曾提到，“荆州早识高与黄”[③]。由此看来，如果笼统地说《宗派图》“本无诠次”也不确切，作者考虑到了诸人在诗坛上的地位，陈师道、潘大临、徐俯等人的排列位置可证。但作者又并未斤斤计较各人的诗名，大多数人之间的关系只能说是平列的。《宗派图》主要反映了吕本中交游的情况：认识较早、关系密切的多列在前面，认识较晚和间接知道的则列在后面。而因此，《宗派图》也受到吕本中个人闻见的限制，只反映了他政和初之前了解的情况，主观色彩很明显。吕本中自言“少时戏作”“率意而作”，大致是可信的。

此外，《宗派图》中年龄可考者，徐俯最年轻，但也比吕本中大十岁。可见《宗派图》所收只是吕本中的师长辈，而并没有收入与吕本中早有交往并擅长诗文的一些人，如他的表弟赵楠、蔡兴宗，李彭的族叔李忒等。还有吕本中的表叔范温，从黄庭坚学诗，著有《潜溪诗眼》，是江西诗派的重要理论著作，但他与吕本中年岁相仿，亦未被收入。吕本中只是以《宗派图》总结他以前江西诗派的情况。

吕本中并非江西人，但《宗派图》出于他之手也不是偶然的。吕家是北宋“巨室”“冠族”“天下之士，不出于韩，即出

① 见《韵语阳秋》卷四。

② 何颉、王直方与吕本中不相识，分见《紫微诗话》《师友杂志》。吕本中《夏均父集序》（王正德《余师录》卷三、刘克庄《后村先生大全集》卷九十五引）虽称“吾友夏均父”，但据《师友杂志》及吕本中《诗集》考察，吕与夏也无直接交往。

③ 《陵阳先生诗》卷一。

于吕”[①]。吕本中高祖吕夷简、曾祖吕公著都官至宰辅，几代与江西士人都保持密切关系。吕本中从孙吕祖谦对此记载甚详：

先君子尝诲某曰：吾家全盛时，与江西诸贤特厚。文靖公（吕夷简）与晏公戮力王室。正献公（吕公著）静默自守，名实加于上下，盖自欧阳公发之……二刘、三孔、曾子开、黄鲁直诸公，皆公所甄叙也。侍讲（吕希哲）于荆公，乃通家子弟。……晚节居党籍，右丞（吕好问）以管库之禄养亲，虽门可设爵罗，然四方有志之士多不远千里从公，谢无逸、汪信民、饶德操自临川至。……盖江西人物之盛衰，观人文者将于此乎考；而吾家，江西贤士大夫之疏密，亦门户兴替之一验也。[②]

正因有这种密切关系，而吕本中年轻时又颇自负，以文坛主盟者自期："政和初，无逸至京师省试，尝寄予书，极相推重，以为当今之世主海内文盟者，惟吾弟一人而已。"[③]这促使他首立江西宗派。自宋初以来，江西就是一个学者和诗人辈出的地方，晏殊、欧阳修、王安石、曾巩等都是江西人。《宗派图》中虽有十余人不是江西人，但宗派之祖黄庭坚以及公认的黄派诗人徐俯、洪刍等都是江西人，与吕本中交往并被吕当作《宗派图》中坚的饶、谢、汪三人也是江西人，吕本中自然称其所立为江西宗派。宋代的党争派别和学术派别都是以地域来划分的，如洛党、蜀党、朔党，洛学、蜀学、关学之类，党中人也并非全是洛人、蜀人，吕本中也仿效了这种方法。凡是打出"宗派""师友渊源"之类招牌的，往往是为了标榜门户，抬高自己的师友，同时也就抬高了自己。《宗派图》当然也有这种用意。"宗派"二字来源于禅门宗

① 见邵伯温《闻见前录》卷三、王铚《默记》卷上。

② 《吕东莱文集》卷六《题伯祖紫微翁与曾信道手简后》。

③ 《师友杂志》。

派，用这种法嗣传授意味极浓的概念，说明吕本中心目中的江西诗派既有谨严的作者队伍，又有鲜明一致的创作风尚或主张，已不同于前人所谓只是泛指江西一些杰出诗人的“江西诸人诗”。后人附吕本中入江西诗派，也是事出有因的。

《宗派图》与政局的关系

吕本中用《宗派图》的形式排列了一大批诗人，当然，首先是因为这些诗人具有共同的文学主张和创作风尚。吕本中在《宗派图序》中概要地叙述了这种共同点：“……元和以后至国朝，歌诗之作或传者，多依效旧文，未尽所趣。惟豫章始大出而力振之，抑扬反覆，尽兼众体，而后学者同作并和，虽体制或异，要皆所传者一，予故录其名字，以遗来者。”《宗派图》中人与黄庭坚都有或深或浅的师友渊源关系，他们在黄庭坚影响下所形成的共同的创作风格，为当时和后代的批评家所公认。他们的诗风和诗歌理论，在宋代诗坛产生了极大影响，在后代也不乏人响应。对于他们的丰富的诗歌理论，后世亟需认真地整理、继承。但本文暂时无法对这些问题深入探讨，只想依据上面所确定的《宗派图》的创作时间，对一个尚未引起充分注意的问题，即《宗派图》的政治背景问题，作一点探讨。

《宗派图》作于北宋末年的特殊历史时期，它不能不受到这个时代的政治局势的影响。自崇宁年间起，以徽宗、蔡京为首的“绍述”党在思想文化方面实行高压政策，几次下诏禁止传授元祐学术，焚毁苏轼、黄庭坚等人的文集、印版。这种文化专制在政和初年达到了高潮。政和元年（1111），竟有御史李彦章“承望风旨，遂上章论陶渊明、李杜而下皆贬之。因诋黄鲁直、张文潜、晁无咎、秦少游等，请为科禁”。政和二年（1112），“亲试举人，始罢赐诗，改赐箴”，禁止士大夫读史作诗，“著于令，士庶传习诗赋者杖一百，畏谨者至不敢作诗”[①]。《宗派图》就是产生于这样一个时代。不过，政和二年的禁令如此森严，《宗派图》也不大可能作于这之后。

《宗派图》包括的两个文人组织，都是与元祐学术有密切关系的。其中以王直方为中心的“诗社”，多是一些不得志的文人，与元祐党人有这样那样的关系，在绍圣至崇宁年间大多没有仕进。以吕家为中心的文人组织，政治色彩更为浓厚。这里必须说明吕家的特殊地位。吕公著原是旧党元老，地位与司马光不相上下。徽宗初即位时，曾起用旧党人士，即召用吕希哲。吕家在学术思想上则与二程的洛学有密切关系，吕希哲“首以师礼事”程颐，吕本中也曾从杨时等人问学，二人都兼有道学家身份。杨时、谢良佐等人也以师礼事吕希哲[②]。这一时期，“绍述”党对旧党的打击也变本加厉，许多人被贬窜到边远地区。吕希哲被贬到淮泗一带，在宿州、真扬等地居住了十五年。这里是去东南的必经之路，贬谪、量移的元祐党人如陈瓘、张耒等，路经这里都曾拜访吕希哲。吕希哲据说“日读《易》一爻，默坐沉思”，“夜则与子孙评论古今”，此时“名益高”[③]，俨然成为在野旧党分子的领袖人物，因此饶、谢等人才不远千里拜于门下。除了程门弟子继续在洛中讲学外，在宿州、真州等地实际形成了一个以吕家为中心的在野集团。由于“绍述”党排斥异己和大力推行文化专制政策，《宗派图》中人被置于对立地位，因此对现实持严厉的批判态度。谢逸在《祭汪伯更教授文》中说：“呜乎哀哉！廉耻道丧，忠义气塞。乘时射利，变节从俗者，滔滔皆是；乞食墦间，舐痔得车者，面有德色。故谗邪如山，贪墨成市，而莫之救

① 见叶梦得《避暑录话》卷下、葛立方《韵语阳秋》卷五、《能改斋漫录》卷十二、《文献通考》卷三十一等。

② 见《童蒙训》卷上、《师友杂志》、《宋史》卷三百七十六《吕本中传》等。

③ 《三朝名臣言行录》卷八。

药；正人端士，无辜吁天，而无舆明白……居仁书来，欲为伯更立谥，如孟东野。而逸以谓私立名号，递相标榜，恐其祸有不测，如东汉之党锢。”[①]此文也作于政和元年（1111），根据文中内容可以肯定汪伯更即汪革[②]。汪革卒于前一年，因此有“居仁书来”“欲为立谥”之事。此文对于政和初年的严酷的政治气氛作了真实的描绘。《宗派图》正是作于这种政治气氛中，正是为这批“正人端士”“递相标榜”而作的。《宗派图》中人在政宣年间大多又步入仕途，甚或“变节从俗”，但在创作《宗派图》当时尚不失为“一色元祐”“重许与”的角色。吕本中后来还一再称赞饶、谢、汪等人“皆卓然自立一时”，“不为世俗毫发污染，固后进之师也。其文字之好，盖余事尔”[③]。以上足以说明《宗派图》创作当时即有政治标准。

到南渡初，则是《宗派图》开始显示影响的时候。《宗派图》创作当时，由于政和二年（1112）的禁令而不能广泛流传。但到建炎后，则如孙觌所说“凡挂一名其中，有荣耀焉”。绍兴初，吕本中、徐俯、韩驹都收了不少学生。江西诗派影响越来越大，以至于出现“学者率宗江西”[④]的局面。而江西诗派此时的兴盛与其后的变化，也与政局有密切的关系。

高宗即位后，出于政治上的考虑，必然要一反徽宗、蔡京等人的作为，因此在一段时间内曾对元祐学术表现出浓厚的兴趣。他任用以主“伊川说”而著名的赵鼎为相，录用元祐子弟，对苏黄诗文，尤其是黄庭坚的诗文，十分喜爱。曾由洪炎进黄庭坚集，见集中称道其甥徐俯，即命寻找[⑤]。他对黄庭坚的书法

① 《溪堂集》卷十。

② 汪革，一字伯更，取“革，更也”（《论衡·谴告篇》《说文解字》）之意。

③ 见《童蒙训》卷中、《谢幼槃文集》卷首吕本中序。

④ 见《苕溪渔隐丛话》前集卷四十九。

⑤ 见《挥麈后录》卷八、《建炎以来系年要录》卷一百十。

也十分喜好，“高宗初作黄字，天下翕然学黄字”[①]，甚至还评述过吕本中的诗：“本中诗极佳，不减徐俯少时所作。俯晚年学李白，稍放肆矣。”[②]“学者宰宗江西”，自然是因为它适合一般士大夫的口味，但也如同“天下翕然学黄字”一样，与最高统治者的提倡有很大关系，也是政局直接影响的结果。

但这种局面到绍兴六、七年间就开始逆转。朝内先是有赵鼎、张浚之争，接着和战之争又趋于白热化。张浚和主张屈辱求和的秦桧政治立场不同，但二者有一点相同，即都反对元祐学术。绍兴六年（1136）十二月，赵鼎罢相，张浚独相，即有谏官陈公辅上疏力诋伊川学，第二年正月即有旨禁绝伊川学[③]，吕本中因此离朝。但接着淮西兵变发生，张浚罢相，赵鼎再入相，吕本中也再入朝。此后，秦桧渐次得用，赵鼎以及他所依托的元祐学术、元祐子弟又成为秦桧议和的障碍。绍兴八年（1138）十月，赵鼎再罢相。吕本中曾为赵鼎迁特进草制，其词云：“合晋楚之成，不若尊王而贱霸；散牛李之党，未如明是而去非。”秦桧为此深恨之，因此吕本中首先殃及，同月即被秦桧党羽“排击”出朝[④]。此后，秦桧又严禁元祐学术，许多与元祐学术和江西诗派有关的人士因反对议和而被贬谪或罢黜，如曾幾、胡寅、朱翌、张戒、陈渊等。而这时从江西诗派学诗的一些人，则从吕本中、曾幾等前辈身上学到了标举气节、不优游委屈的政治立场，最著名的人物就是陆游。

至此，我们可以总结一下江西诗派的历史：绍圣之后，虽然遭受“绍述”党的压迫，但在黄庭坚的周围和身后仍形成了一个追随他的人品和创作风格的诗人群，其中两个主要的文人团体

① 《诚斋诗话》。

② 见赵鼎《建炎笔录》卷下。

③ 《建炎以来系年要录》卷一百八。

④ 《建炎以来系要录》卷一百二十二、《宋史》卷三百七十六。

被《宗派图》收录，这是江西诗派的第一期，也是发展期；建炎以后，《宗派图》显示了影响，由于最高统治者的提倡，而出现“学者率宗江西”的局面，这是江西诗派的第二期，也是全盛期；绍兴以后，陆游、杨万里等人在江西诗派中经受了政治和技术方面的锤炼，各自走上新的创作道路，江西诗派逐渐分化，这是江西诗派的第三期，也是衰落期①。

至于吕本中“甚悔少作”，不愿《宗派图》流传，可能是不满于《宗派图》的主观武断，不愿卷入由此引起的批评、纠纷。到南渡后，由于诗坛的变化和图中人物的变化，《宗派图》也确实成为不尽适宜的东西。但尽管吕本中本人不满，当时人也有许多批评，可它毕竟是一定历史条件下的产物，真实地反映了江西诗派的历史，人们再谈论江西诗派，也不能脱离它了。

统观江西诗派的历史，可以说它首先是作为元祐学术的一部分、作为“绍述”政治的对立物而发展起来的。以往的一些批评著作似乎过于强调黄庭坚和江西诗派与苏轼的诗风、诗论的对立，以至于把江西诗派的产生看作与苏门分庭抗礼的结果。其实苏、黄两家的诗论与其说是对立的，不如说是补充的。尽管《宗派图》特别强调黄庭坚在诗歌方面的作用，但并无明显贬低苏轼的迹象。江西诗派的诗歌理论著作，如《潜溪诗眼》《王直方诗话》《室中语》以及吕本中的《童蒙训》佚文、《紫微诗话》，都是把苏黄诗论作为一个整体来传授的，其中引用的苏轼言论比比皆是。江西诗派中一些有成就的作家，如陈师道、韩驹、吕本中、曾幾，其诗风都与黄庭坚有明显不同，有些人也明显受到苏轼的影响。总之，苏、黄两家的创作内容、创作风格、审美观点等方面总的一致性，大大超过了他们之间的不

① 此处参考了梁昆《宋诗派别论》的分期方法。

同。当时人把两家传人统称为“元祐正宗”[①]，南宋末严羽的《沧浪诗话》也首列“元祐体，苏黄陈诸公”，其次才列出“江西宗派体”。正因为苏、黄两家是元祐学术的主要代表，因此才共同遭到“绍述”党的禁绝，吕本中在标榜江西宗派、传授苏黄诗说时，也不能不带有政治因素。最后，我们引用吕本中的一首《读东坡诗》[②]来说明江西诗派对苏轼的敬仰和学习：“命代风骚第一功，斯文到底为谁雄？太山北斗攀韩愈，琨玉秋霜敌孔融。不见陆机归洛下，只闻张翰过江东。广陵雅操无人继，六十余年一梦中。”

（原载于《文学遗产》1985年第3期）

① 程洵《尊德性斋小集》卷二《周徽之诗集序》。

② 《东莱诗外集》卷三。

《江西诗社宗派图》的写定与《江西诗派》总集的刊行

◎黄宝华

“江西诗派”这一名称来源于吕本中所作的《江西诗社宗派图》。原作已经佚失，仅在胡仔《苕溪渔隐丛话》、赵彦卫《云麓漫钞》、王应麟《小学绀珠》、刘克庄《江西诗派·总序》等著作中留下片段性的记载。至于此图的写作时间，至今仍是一个有争议的问题。莫砺锋先生在其《江西诗派研究》（齐鲁书社1986年版）一书中考定此图作于崇宁元年（1102）或崇宁二年初，“其时吕本中年十九岁或刚满二十岁，这与他自己所说的‘少时’是互相印证的”。如果深入作一考察，这一结论仍不能尽惬人意。

其实此图的作年，吴曾在《能改斋漫录》卷十已讲得很清楚，文云：

蕲州人夏均父，名倪，能诗，与吕居仁相善。既没六年，当绍兴癸丑（按：绍兴三年，1133）二月一日，其子见居仁岭南，出均父所为诗，属居仁序之。序言其本末尤详。已而居仁自岭外寄居临川，乃绍兴癸丑之夏，因取近世以诗知名者二十五人，谓皆本于山谷，图为“江西诗派”，均父其一也。然则居仁作宗派图时，均父没已六年矣。予近览赣州所刊《百家诗选》，其序均父诗，因及宗派之次第，且云：“夏均父自言以在下列为耻。”殊不知均父没已六年，不及见图。斯言之妄，盖可知矣。

莫砺锋先生认为吴曾的这个记载不实，根据之一是赵彦卫《云麓漫钞》卷十四中记载了《宗派图》的大要后指出了若干诗人对此图所持的异议，其中有“均父又以在下为耻”之语。莫先生据此认为《宗派图》应作于夏氏去世之前，与吴曾所记不合。莫先生也引了吴曾的这段话，但只引到“均父其一也”为止，后半部分的文字不知为何略去。这样一来就给人造成如下的印象：似乎吴氏不知道夏倪所说的话而对《宗派图》的作年妄下结论，如今引出夏倪的话就可以驳倒吴氏的结论。殊不知吴氏在后半部分明确交代了夏倪之说的出处，他的立论正是为了驳正这一说法，他所引夏倪说法的出处也早于《云麓漫钞》。《云麓漫钞》成书较晚，其序下署宁宗开禧二年（1206），已是南宋后期，书中所载江西诗派事乃抄掇旧文而成。《能改斋漫录》成书于宋高宗绍兴二十四年至二十七年（1154—1157），早于《云麓漫钞》五十年左右。据吴氏所称，夏倪之语乃出于曾慥所编《皇宋百家诗选》中《夏倪诗选》之序。周辉《清波杂志》卷八《宋诗选》条也引夏倪此语，并述及曾慥帅江陵时编此诗选的情况。此与《郡斋读书志》卷二十《总集类·皇宋诗选》所言《百家诗选》编于曾慥守赣州、帅荆渚日相符合。考曾慥于绍兴十八年（1148）十二月由秘阁修撰知虔州，移知荆南江陵府，充任荆湖北路安抚使，直至绍兴二十年（1150）九月，见吴廷燮《南宋制抚年表》卷上。其《百家诗选》当于此时成书。《能改斋漫录》之成书稍晚于此，故有驳正曾氏此说的一段言论。值得注意的是，吴曾是在了解到存在夏倪不满于列名江西诗社这一说法的情况下作出这番论述的，他是有为而发，并以确凿的事实为依据驳正了这一说法。最强有力的根据就是吕本中为《夏均父诗集》

所作的序言，可惜这篇序言我们已无法窥其全豹，仅在刘克庄的《江西诗派·吕紫微》中保留了一段（见《后村先生大全集》卷九十五）。如果此序能够保存下来，那将能澄清更多的问题。要之，吴曾立论的严肃性与可靠性是不容我们忽视的。

与此形成对照的是，曾慥这一部《百家诗选》在当时及以后就受到了不少诟病，且不说它的铨选失当（该诗选虽收百家，却不载欧阳修、王安石、苏轼、黄庭坚诗），即其各诗选的小序（与我们讨论的问题有直接关系）也甚粗疏。《清波杂志》卷八称："曾帅江陵日，叔祖为参议官，亲见亟欲《诗选》成，仅得数篇，即撰小序以刊行，旋悟疏略，欲删去而不及。吴虎臣《漫录》书居仁作图时，均父没已六年，'耻在下列'为非。"可见曾氏急于成书，小序草草撰就，疏漏在所难免。不过，周烨行文相当谨慎，正文中引述了夏倪"耻居下列"之语，文后的小字注（即上引文字）中又主吴氏之论，似乎意在两存其说，不遽下决断。陈振孙《直斋书录解题》卷十五《总集类》著录《本朝百家诗选》一百卷，评曰："识见不高，去取无法，如小传略无义类，议论亦凡鄙。"所谓"小传""议论"实指诗选之序。赵与时《宾退录》卷六亦云："端伯（曾慥字）观诗，有《百家诗选》……盖矜多炫博，欲示其于书无所不读，于学无所不能，故未免以不知为知。《诗选》去取殊失精当，前辈多议之。"鉴于此，曾慥序中所云夏倪"耻居下列"之语的可信程度就要打折扣了。

莫砺锋先生认定《宗派图》是吕本中少作的另一个根据是吕本中的自白。范季随《陵阳先生室中语》载：

> 家父尝具饭，招公与吕十一郎中昆仲。吕郎中先至，过仆书室，取案间书读，乃《江西宗派图》也。吕云："安得此书？切勿示人，乃少时戏作耳。"他日，公前道此语，公曰："居仁却如此说。"

曾季貍《艇斋诗话》也称："予尝见东莱自言少时率意而作，不知流传人间，甚悔其作也。"莫砺锋先生据此论定："范、曾二人都与吕本中有交往，所记不应有误，所以《江西诗社宗派图》为吕本中'少时'所作，似无可疑。"但是，问题不在于吕本中是否作过这样的自白，而在于其自白的真实性，即其自白是否真实地表述了此图的写作时间。笔者认为这一点是很可怀疑的。值得注意的是韩驹在当时就表示了这样的怀疑："居仁却如此说！"这是一句不能轻易放过的话。

那么吕居仁为什么要将此图说成"少时戏作"呢？其主要原因恐怕在于此图问世后受到了来自各方的非议。《苕溪渔隐丛话》前集卷四十八称："所列二十五人，其间知名之士、有诗句传于世、为时所称道者，止数人而已，其余无闻焉，亦滥登其列。居仁此图之作，选择弗精，议论不公，余是以辨之。"《清波杂志》称："议者谓陈无已为诗高古，使其不死，未甘为宗派。若徐师川，则固不平列在行间。韩子苍曰：'我自学古人。'"孙觌《与曾端伯书》述此甚详：

吕居仁作《江西宗派》，即云"宗派"，固有次第。陈无己本学杜子美，后受知于曾南丰，自言："向来一瓣香，敬为曾南丰。"非其派也。靖康末，吕舜徒作中宪，居仁遇师川于宝梵佛舍，极口诟骂其翁于广坐中，居仁俯首不敢出一语。故于宗派贬之于祖可、如璧之下，师川固当不平。（《鸿庆居士集》卷十二）

关于徐俯不满的原因，孙氏所论是否属实且当别论，而《宗派图》一出引发各种议论，甚至异议，乃是可以肯定的。徐俯之不以列名派中为然，主要原因当在意图一空依傍、自立门户。《清波杂志》卷五的一段记载颇能说明问题："公（指徐俯）视山谷为外家，晚年欲自立名世，客有贽见，甚称渊源所自，公读之不乐，答以小启曰：‘涪翁之妙天下，君其问诸水滨；斯道之大域中，我独知之濠上。’”其独立不倚之意灼然可见。至于韩驹的不满，其理由亦相类似。韩驹在当时的诗坛上实居于执牛耳的地位（这一点下面具体论及），与吕本中处于伯仲之间，他当然不甘心只是作为派中的一个成员，而且他并不局限于继承黄庭坚的衣钵，苏辙曾评其诗风似唐代的储光羲（见《艇斋诗话》），宜乎其表白：“我自学古人。”（周必大《题山谷与韩子苍帖》，《周益国文忠公集·省斋文稿》卷十九）不管《宗派图》是否有名次先后的安排，名字的排列客观上无疑给人以先后次序的印象。按《苕溪渔隐丛话》前集卷四十八所录，徐俯名列第七，韩驹竟排到了第十三位，而这两位诗人都可以说是南渡后诗坛的重镇，受此待遇，心怀不平是很自然的。面对这样一些议论，吕本中作出“少时戏作”的表白，正是为了对付舆论、淡化此图，有意闪烁其词，难怪韩驹要发出“居仁却如此说”的质疑和惊叹。范季随《陵阳先生室中语》谓：“《宗派图》本作一卷，连书诸人姓字，后丰城邑官开石，遂如禅门宗派，高下分为数等，初不尔也。”《艇斋诗话》云：“东莱作《江西宗派图》，本无诠次，后人妄以为有高下，非也。予尝见东莱自言少时率意而作，不知流传人间，甚悔其作也。然予观其序论古今诗文，其说至矣尽矣，不可以有加矣；其图则真非有诠次，若有诠次，则不应如此紊乱，兼亦有漏落。”揣摩曾氏此中语气，显然对“少作”之说不以为然，语气转折之后的一段话隐然有否定“少作”之意。周煇在《清波杂志》中甚至这样论定：“煇亦见前辈云：东莱自言宗派本无诠次，后人妄谓有所高下，且悔少作（按：周氏此处即转述曾季貍语）。是皆党东莱者创此说以盖时论，非本语也。”周煇断然认为“少作”云云都是为了阴助吕本中对付舆论而编造出来的，其否定更为斩钉截铁。不管此说是否成立，吕本中的“少时戏作”说应是事出有因的，根据它来断定《宗派图》的作年，就不能说无懈可击。

那么《宗派图》为什么会作于南渡以后呢？这要联系当时的政治、文化背景来加以理解和阐释。宋室南渡以后，在最高统治者的倡导下，学术思想得到了反拨，随着元祐党人在政治上获得平反，元祐学术重又受到尊崇。绍兴四年（1134）八月，高宗在与花冲论史事时说：“朕最爱元祐。”（李心传《建炎以来系年要录》卷七十九）最高统治者的态度至为鲜明。王明清《挥麈录·前录》卷三载：“建炎末，赠黄鲁直、秦少游及晁无咎、张文潜俱为直龙图阁。”高宗对黄庭坚的诗文、书法甚为欣赏，且爱屋及乌，将其亲属、后人加以擢拔。绍兴二年（1132）六月“癸巳，颁黄庭坚所书太宗御制《戒石铭》于郡县，命长史刻之庭石，置之座右，以为晨夕之戒”（同上，卷五十五）。庭坚甥洪炎进山谷文集，高宗读后对徐俯其人留下了深刻的印象，又听说他在靖康中立节可嘉（建炎元年，百官班迎伪帝张邦昌，徐俯独不拜），于是徐俯在绍兴二年（1132）被擢为谏议大夫（同上，卷五十一，卷一百十），由执政而翰林学士、参知政事，位致通显。同书卷六十二载：“（绍兴三年）进士李康仲特补将仕郎，康仲之母，黄庭坚女也。始上诏庭坚子相赴行在，至荆渚而死。黄氏请以其夫已命未调之官禄康仲，上特许之。”其下注文中引朱胜非《闲居录》云：“绍兴初，今上偶喜其字画，吕相颐浩因荐渠族弟叔敖，径登琐闼，终于版书。其甥洪炎，以瞶疾久废，亦降诏命……黄氏亲族以至外姻，或迁官，或白身命官，殆无遗余，皆云以庭坚之故也。”以上记载表明黄庭坚的地位在南渡后有了很大的提高。

在这种政治文化氛围中，黄庭坚的诗歌成为诗人们追慕学习的榜样，特别在文人较为集中的江西形成了诗歌创作的一度繁荣，其中心则是抚州临川，主盟诗坛者乃是韩驹。我们可以摘引若干史料文献来勾勒这一盛况。《能改斋漫录》卷十四《类对》载："汪彦章视中书舍人韩公驹子苍，前辈也。绍兴初，韩寄寓临川，汪来守郡，通启曰：'承作者百年之师友，为诗文一代之统盟。'"曾幾《抚州呈韩子苍待制》诗云："一时翰墨颇横流，谁以斯文坐镇浮？后学不虚称吏部，此生曾是识荆州。"（《茶山集》卷五）以上两则材料都有推韩驹为文坛领袖之意。绍兴三年（1133）夏，吕本中自岭南归江西，亦寓居临川，与韩驹遂成双峰对峙之势。周必大这样描述临川的文学传承的统绪：

临川自晏元献公、王文公主文盟于本朝，由是诗人项背相望，近世如谢无逸、幼槃兄弟及饶德操、汪信民，皆杰然拔出者也。南渡以来，又得寓公韩子苍、吕居仁振而作之，四方传为盛事。（《跋抚州郏虡诗》，《周益国文忠公集·平园续稿》卷八）

刘子翚《读韩子苍、吕居仁近诗》也将二人同视为诗坛翘楚，诗云："诗人零落叹才难，二妙风流压建安。已见词锋推晋楚，定应臭味等芝兰。"（《屏山集》卷十八）周必大则从学术文化的变迁方面论述了这场文学复兴，其《跋韩子苍与曾公衮、钱逊叔诸人唱和诗》写道：

崇宁、大观而后，有司取士专用王氏学，甚至欲禁读史作诗，然执牛耳者未尝无人。凡绍兴初以诗名家，皆当日人才也。今读韩子苍与钱逊叔、曾公衮等临川唱酬，略可睹矣。……故子苍诸贤往往不由科举而进，一时如程致道、吕居仁、曾吉甫、朱希真皆是也。（《周益国文忠公集·平园续稿》卷八）

其《跋曾公衮、钱逊叔、韩子苍诸公唱和诗》云：

> 国家数路取人，科举之外多英才。自徽庙迄于中兴，如程致道、吕居仁、曾吉甫、朱希真，诗名藉藉，朝廷赐第显用之。今观曾公衮、钱逊叔、韩子苍诸贤，又皆翰墨雄师，非有司尺度所能得也，绍兴初星聚临川，唱酬妍丽，一时倾慕。（《周益国文忠公集·平园续稿》卷八）

从这些记载中可以看出由北宋末至南宋初学术文化领域风气的转变。崇宁、大观之间，王氏新学主宰科举取士，史学与文学均在排斥之列；至南渡后，元祐学术复兴，诗歌创作再现繁荣的局面。种种记载表明，当时的江西临川正是诗人星聚、创作繁盛的一个中心。而吕本中此时也寓居临川，正是在这样的背景下，吕本中对黄庭坚影响下的一批诗人的创作进行了总结，揭橥“江西诗派”的旗号。揆诸情理，这是顺理成章之事。据吴曾所记，吕本中的《宗派图》作于绍兴三年（1133），正是高宗重倡元祐学术、擢用元祐旧人（包括黄庭坚的亲属及后人）之时，这时也正是临川唱酬的鼎盛时期。以上情况不是时间上的巧合，而是有其内在的联系的。正是在这种变化了的形势的感召下，吕本中才会去总结黄庭坚以来的这一文学传统，以呼应元祐学术的复兴，重续这一文统，达到继往开来的目的。如果说此图作于吕本中少时，或如莫砺锋先生所考的崇宁初，那就难于理解其撰作的动因。当时元祐学术处于被禁的地位，诗歌创作也陷于低谷，他何以要去撰作这样一个建宗立派的图呢？而且崇宁之初为时尚早，一些诗人，尤其是上述的几位主要作家，在此后尚有相当长时间的创作生涯，如徐俯卒于绍兴十年（1140），韩驹卒于绍兴五年（1135），在崇宁之后都还活了三十多年，在崇宁之初，他们的创作成就与特色远未充分展现出来。这就给“少作”说提出了种种疑点。退一步讲，即使此图作于崇宁初，吕本中碍于当时的形势也可能秘而不宣，在社会上自然不会产生反响；而其真正问世是在绍兴年间，因而它会出现在范季随的书桌上，又被刻石传播。由此我们也可以理解为何对《宗派图》讨论的文字都出现在南宋。这里还可举出两条材料为佐证。王十朋《陈郎中公说赠韩子苍集》云："唐宋诗人六七作，李杜韩柳欧苏黄。近来江西立宗派，妙句更推韩子苍。"（《梅溪王先生文集》后集卷二）周必大《题山谷与韩子苍帖》云："陵阳先生早以诗鸣，苏黄门一见，比之储光羲；与徐东湖游，遂受知于山谷。晚年或置之江西诗社。"（《周益国文忠公集·省斋文稿》卷十九）所谓"近来""晚年"，都点出了《宗派图》的问世及其开宗立派是在南渡之后。这些材料都有助于证明吴曾关于《江西诗社宗派图》作年的结论。

随着《宗派图》的提出，南宋时又有《江西诗派》总集的问世，于是诗派的创作成果有了一次集中的展示，不仅扩大了诗派的影响，也有助于学人对其成就得失做进一步的探讨总结。杨万里曾为此总集作序，序称"秘阁修撰给事程公"帅江西，感慨江西诗派之作散逸，"于是以谢幼槃之孙源所刻石本，自山谷外，凡二十有五家，汇而刻之于学官，将以兴发西山章江之秀，激扬江西人物之美，鼓动骚人国风之盛"，文末署"淳熙甲辰十月三日"（《江西宗派诗序》，《诚斋集》卷七十九），是为孝宗淳熙十一年（1184）。又杨万里《答卢谊伯书》云："程帅来觅《江西宗派》诗序，盖渠尽得派中二十六家全集刻之豫章学。"（同上，卷六十六）陆九渊《与程帅书》云："伏蒙宠贶《江西诗派》一部二十家，异时所欲寻绎而不能致者，一旦充室盈几，应接不暇，名章杰句，焜耀心目。"（《象山先生全集》卷七）考程帅即程叔达，字元诚，黟人，绍兴十二年（1142）进士，官至监察御史、华文阁直学士。他于淳熙九年（1182）七月除江西提刑，八月除秘阁修撰，知隆兴府、江南西路安抚使，他在江西帅府任上一直待到淳熙十四年（1187）。[①]《江西诗派》总集印刻于他任江西帅司时。可以说，江西诗派如果仅有吕本中之《宗派图》还是难成气候的，总集的问世无疑给诗派提供了一个载体，使之在南宋诗坛上产生了更大的影响。

那么总集的具体情况又是如何呢？陈振孙《直斋书录解题》卷十五著录："《江西诗派》一百三十七卷，《续派》十三卷：自黄山谷而下二十五家，又曾纮、曾思父子诗。详见《诗集类》。"同书卷二十《诗集类下》著录：林敏功《高隐集》七卷，林敏修《无思集》四卷，潘大临《柯山集》二卷，谢逸《溪堂集》五卷、《补遗》二卷，谢薖《竹友集》七卷，李彭《日涉园集》十卷，洪朋《清虚集》一卷，洪刍《老圃集》一卷，洪炎《西渡集》一卷，韩驹《陵阳集》四卷、《别集》二卷，高荷《还还集》二卷，徐俯《东湖集》三卷，吕本中《东莱集》二十卷、《外集》二卷，晁冲之《具茨集》十卷，汪革《青溪集》一卷，饶节《倚松集》二卷，夏倪《远游堂集》二卷，王直方《归叟集》一卷，李錞《李希声集》一卷，杨符《杨信祖集》一卷，江端本《陈留集》一卷，凡二十一种，九十二卷。《陈留集》下陈振孙注明："以上至林子仁（敏功）皆入诗派。"说明这二十一种诗集原来都属《江西诗派》的总集。那么除此之外的四家情况又如何呢？沈曾植《重刊西江诗派韩饶二集叙》考曰："益以别出之《山谷集》三十卷、外集十一卷、别集二卷，《后山集》六卷、外集五卷，皆明言'诗派'者，已溢出一百三十七卷之外。尚有祖可《瀑泉集》十三卷，善权《无隐集》三卷，都计合于后村总叙二十五家之数，而卷数则为一百六十一卷矣。"（韩驹《陵阳先生诗》卷首）沈氏所列以上四家诚为《江西诗

① 参见吕彼得等编《宋人传记资料索引》第四册，吴廷燮《南宋制抚年表》卷上。

派》总集中的四种，但在卷数统计上有误。《直斋书录解题》卷二十《山谷集》下明言："江西所刻诗派，即豫章前后集中诗也。别集者，庆元中莆田黄汝嘉增刻。"这样看来，收入诗派总集的集子当是从《山谷集》中抽出的诗歌部分，即《内集》卷二至十二、《外集》卷一至卷七及卷十一至十四、《别集》卷一。据此，则陈师道诗集当收录《后山集》中卷一至卷六的诗。黄、陈二家的诗共二十九卷，祖可、善权之诗共十六卷，合前二十一家的九十二卷，正好为一百三十七卷。但是陈振孙著录的《江西诗派》集与程叔达最初刊刻者恐怕也不尽一致，因为杨万里序中称所收集子为"自山谷外凡二十有五家"，又在《答卢谊伯书》中明言"得派中二十六家全集"，然则其间有一家之差。这种差异乃缘于陈氏著录者已是经过庆元己未年间（1199）黄汝嘉重新校刻的本子了。

按胡仔《苕溪渔隐丛话·前集》成书于高宗绍兴十八年（1148），是现存收录《宗派图》的最早文献，所录人名除黄庭坚外，"合二十五人以为法嗣"，其中何颉（《文献通考·经籍考》卷七十六《江西诗派》条下引《苕溪渔隐丛话》作"何颙"，刘克庄《江西诗派·总序》亦作"何颙"）、潘大观二人未被收入《直录解题》，而《书录解题》则多出吕本中一家。赵彦卫《云麓漫钞》自序作于开禧二年（1206），所录有吕本中、潘大观而无何颉。那么诗派总集的初刻与重刻，其所录诗家之异同究竟如何，现在只能据文献做某些推测了。刘克庄《江西诗派·总序》谓《宗派图》"自山谷而下凡二十六人，内何人表颙、潘仲达大观，有姓名而无诗，诗存者凡二十四家"。显然刘氏是根据重刻本得出这一结论的。联系《云麓漫钞》所载来看，则初刻本很可能有潘大观，这样就有了二十六家。

梳理有关的史料，还可以推断，初刻本中当有吕本中的诗集。吕本中诗之结集付印，是在乾道二年（1166），刊刻者为沈度（字公雅），所刻《东莱先生诗集》有二十卷，书后有曾幾之后序，序中交代沈度“以通家子弟从公（本中）游，公称之甚。乾道初元，（曾）幾就养吴郡，时公雅自尚书郎擢守是邦，暇日裒集公诗，略无遗者，次第岁月，为二十通，锓板置之郡斋”。十八年后（淳熙十一年，1184），程叔达刊刻诗派总集时理所当然地要将《东莱诗集》收入其中，因为作为《宗派图》的作者，吕本中虽未将自己列名派中，但他无疑是公认的派中大家。陆九渊在答谢程叔达赠送诗派总集的信中提到“一时如陈、徐、韩、吕、三洪、二谢之流，翕然宗之（山谷），由是江西遂以诗社名天下”，而程氏网罗遗篇，刊刻行世，其功“何可胜赞！是诸君子亦当相与舞抃于斗牛之间，揖箕翼以为主人寿”。所谓“诸君子”中当然包括前面提及之“吕”，据此，则居仁之集当收于总集中。

《东莱诗集》收入重刻之诗派总集时，又增补了《外集》，《直斋书录解题》中有明确著录，但所著录的《外集》卷数“二卷”实为“三卷”之误，《文献通考·经籍考》卷七十二《集部·诗集》著录《东莱集》亦承此误。近代藏书家傅增湘藏有庆元刊本《东莱先生诗集》残本三卷（第十八、十九、二十卷）及《外集》三卷，足证《书录解题》与《文献通考》之讹。傅氏在题跋中称：“每卷首行，书名下空四格，题‘江西诗派’四字”；“外集前有目录四叶，目后题‘庆元己未校官黄汝嘉增刊’一行”（《藏园群书题记》卷十四《集部四·宋别集类二》，上海古籍出版社1989年版）。

据《直斋书录解题》，山谷的《别集》亦为黄汝嘉所增刻。此外增刻者还有《续派》十三卷，即曾纮（伯容）的《临汉居士集》七卷及其子曾思（显道）的《怀岘居士集》六卷，杨万里曾为之作《江西续派二曾居士诗集序》，载《诚斋集》卷八十三。

关于江西诗派作品的结集流布，还应提到刘克庄所编的江西诗派各家的选集，刘氏意图通过这项总结性的工作使江西诗派典型有存。《后村先生大全集》卷九十五载有《江西诗派·总序》及各家的小序。迄今学者一般都只认为它们是独立的单篇论文，无人注意到它们是刘克庄为其所编江西诗派的选集而作的总序及分序。其实《总序》说得很明确："诗存者凡二十四家，王直方诗绝少，无可采，余二十三家部帙稍多。今取其全篇佳者，或一联一句可讽咏者，或对偶工者，各著于编，以便观览。"其明言其所编为作品及佳句选，各家的小序则系于各编之前，这一体例即仿曾慥所编《皇宋百家诗选》。刘氏所收共二十四家，宗派二十六家中的何颙、潘大观、王直方因无诗或诗少而被剔除，最后加上吕本中殿尾。《总序》中还提到曾幾与杨万里虽未列名《宗派图》，却有江西诗家之实，所以后来他又编选了这两家的作品，其《茶山诚斋诗选序》曰："余既以吕紫微附宗派之后，或曰：派诗止此乎？余曰：非也。……比之禅学，山谷，初祖也；吕、曾，南北二宗也；诚斋稍后出，临济德山也。初祖而下止是言句，至棒喝出，尤经揵矣，故又以二家续紫微之后。"（《后村先生大全集》卷九十七）此序证实了上述的论断。

至此，我们已对宋代江西诗派的结集与流布的情况作了钩稽与描述。可惜的是，这部总集今已散佚不全，只能在有限的几部集子中窥豹一斑了；刘克庄所编的选集也已亡佚，仅存其序了。宋乾道刻本的《东莱诗集》二十卷已成吉光片羽，今存日本内阁文库，其影印本由张元济收入《四部丛刊续编》。《四库全书》所著录也是三十卷之《正集》，但依据的是马裕泰所进钞本，故有错讹，其《正集》第十卷竟是《外集》之第一卷。傅增湘以其所藏庆元本《外集》与之相校始发现其误[①]。清咸丰九年吕本中二十四世裔孙吕俊孙重刻《正集》二十卷，讹误甚伙，其中第十卷之误植亦同四库本。诸本相较，益见出傅增湘藏本的珍贵，因为它保存了《外集》，为世所仅见，而且借此可以纠正他本及书目之误。1991年，黄山书社将《正集》与《外集》合而为一，再加上词作，以《东莱诗词集》之名刊行，《东莱诗集》方有了完帙。此外还有若干江西派诗人的集子有幸流传至今，仍保存了总集的旧貌。《四库全书总目提要》卷一百五十四饶节《倚松老人集》的提要云："今所传本与谢薖、韩驹二集行款相同，卷首标目下俱别题'江西诗派'四字，与他诗集不同，或即宋人所编《江西诗派》集一百三十七卷内之三种，旧本残缺，后人析出单行欤？"说明四库所收以上三家的集子保留了诗派总集的原貌。沈曾植《重刊西江诗派韩饶二集叙》称他所见到的饶节、韩驹、晁冲之、谢薖、吕本中等的诗集"皆有'庆元己未校官黄汝嘉校刊'题记一行，得藉知为诗派刻本"，且都标有"江西诗派"字样，然则存世的诗派总集本的诗集中还有晁冲之一家，故沈曾植题诗曰"二十五家佹存五"，即指上述五家（《藏园群书题记》卷十四附《沈乙盦先生题诗》）。尽管如此，这些传本已非原刻本，而只是钞本或仿宋刻本了。

本文通过钩稽与梳理史料，试图澄清江西诗派形成与发展过程中的两个重要问题：《宗派图》的写定时间与诗派总集的刊刻流布。不当之处，还望得到方家的指正。

（原载于《文学遗产》1999年第6期）

① 傅增湘《藏园群书经眼录》第四册卷十四《集部三》，中华书局2009年版，第1029、1030页。

关于《江西诗社宗派图》的写成时间及次第问题

◎韦海英

在研究《宗派图》诸家时，自然涉及《宗派图》本身的问题。当代学者关于《宗派图》的研究，就我所知，有如下的研究著作：合山究《关于吕本中的〈江西诗社宗派图〉》（《九州中国学会报，1970年》）、龚鹏程《江西诗社宗派研究》（台湾文史哲出版社，1983年）、谢思炜《吕本中与〈江西宗派图〉》（《文学遗产》，1985年第3期）、莫砺锋《吕本中〈江西诗社宗派图〉考辨》（《文史》第二十六辑，中华书局，1986年；又见其《江西诗派研究》，齐鲁书社，1986年）、秦寰明《吕本中〈江西诗社宗派图〉创作时间考辨》（《文教资料》，1989年第6期）、孙鲲《〈江西诗社宗派图〉写作年代献疑》（《九江师专学报》，1991年第4期）、黄宝华《〈江西诗社宗派图〉的写定与〈江西诗派〉总集的刊行》（《文学遗产》，1999年第6期）。我在下面的讨论中所引诸先生的观点均出自以上所列论著中，为行文方便，就只称其名氏，不再列著作名及发表年月等项。

一、关于《宗派图》的作成时间

1.关于《宗派图》作成年代的两种说法

关于《宗派图》的写作年代，涉及两个方面的问题：一是吕本中何时有江西宗派的想法；二是他何时作的《宗派图》。

合山究先生的文章对第一个问题做了详细的考察。他的文章表明，吕本中作《江西诗社宗派图》并不是一个偶然的事件，在他心目中很早就隐然有一个江西诗派的观念了。

关于吕本中作《江西诗社宗派图》的时间，过去学术界认为宋人有两种说法：一是作于早年说，二是作于绍兴三年（1133）说。其实还有第三种说法，那就是孙觌的说法，即作于建炎年间说。我以为这种说法应该更可靠。

我们先讨论前两种说法。早年说的根据主要是范季随《陵阳室中语》：

家父尝具饭，招公与吕十一郎中昆仲。吕郎中先至，过仆书室，取案间书读，乃《江西宗派图》也。吕云："安得此书？切勿示人，乃少时戏作耳。"他日，公前道此语，公曰："居仁却如此说。"《宗派图》本作一卷，连书诸人姓字。后丰城邑官开石，遂如禅门宗派，高下分为数等，初不尔也。（《说郛》卷四十三）

这里明确称《江西诗社宗派图》是"少时戏作"。而曾季貍《艇斋诗话》也称："予尝见东莱自言少时率意而作，不知流传人间，甚悔其少作也。"这里所谓"少作"具体是写于什么时间？莫砺锋先生考定此图作于崇宁元年（1102）或崇宁二年初，其时吕本中年十九岁或刚满二十岁。

第二种说法即作于绍兴三年癸丑（1133）。此说的主要依据是吴曾《能改斋漫录》卷十《议论》"江西宗派"条：

蕲州人夏均父，名倪，能诗，与吕居仁相善。既没六年，当绍兴癸丑二月一日，其子见居仁岭南，出均父所为诗，属居仁序之。序言其本末尤详。已而居仁自岭外寄居临川，乃绍兴癸丑之夏。因取近世以诗知名者二十五人，谓皆本于山谷，图为江西诗派，均父其一也。然则居仁作宗派图时，均父没已六年矣。予近览赣州所刊《百家诗选》，其序均父诗，因及宗派之次第。且云："夏均父自言，以在下列为耻。"殊不知均父已没六年，不及见图。斯言之妄，盖可知矣。

绍兴三年（1133）夏，吕居仁自桂林寄居临川。根据吴曾的说法，《江西诗社宗派图》就作于此年。龚鹏程先生、黄宝华先生肯定了这种说法。

我们先看绍兴三年作图说。我认为这个说法是很难站得住的。韩驹绍兴元年（1131）客居临川，至绍兴五年（1135）卒（请参阅本书《韩驹行年考》）。《陵阳室中语》的作者范季随（字周士）乃临川人，陆游《剑南诗稿》卷十二有《乾道初，予自临川归锺陵，李德远、范周士送别于西津……》一诗可证，又，《陵阳室中语》曾记韩驹寄诗云：

仆尝往外邑迎妇，故公有诗见寄云："万里投殊俗，余生老一丘。常怜之子秀，能慰此翁愁。只欲连墙住，胡为下邑留。黄尘诗思尽，乞与四山秋。"……（《诗人玉屑》卷八"用其意"条引）

范季随离开临川前往外地迎娶新妇，韩驹有诗送之。此诗载《陵阳集》卷四，诗题《送范生》，正是作于临川时期。韩诗前两句乃是自谓，言其客居临川度其余生也。范季随《陵阳室中语》所记录韩驹语录正是其绍兴年间在临川时语也。

我们再看吕本中。吕本中于绍兴三年（1133）夏自桂林寄居临川。著名的禅师大慧宗杲也于这一年来到临川，就住在韩驹住所之西斋（《大慧宗杲年谱》绍兴三年谱）。韩、吕二人不仅都与大慧禅师有密切的交往，二人之间也有交往。绍兴四年（1134），吕本中离开临川，韩驹有送行诗（《陵阳集》卷四《即席送吕居仁》）。《陵阳室中语》载二人曾一起论诗：

公（按指韩驹）尝曰：昨尝与吕居仁闲论前辈所作上元诗，居仁曰：晏元献云“梅台冷落收灯夜，花巷清虚扫雪天”最佳。直是说得出，不可及。后见吕郎中有诗云：“江城气候犹含雪，草市人家已挂灯。”岂用晏意耶？（《诗人玉屑》卷之三引）

这里所言即是绍兴三、四年间韩、吕二人在临川论诗。

《陵阳室中语》中载范季随之父招待吕本中兄弟并论及《宗派图》之事正是发生于绍兴三、四年间吕本中在临川期间。何以如此说呢？一是因为范季随父亲是在家招待吕本中兄弟，即在临川；其二，范季随他日即将吕氏之语转告了韩驹，此必三人同住一地。据此，范季随父招待吕本中兄弟必定是绍兴三、四年间在临川之时。

既然范家招待吕本中兄弟是在绍兴三、四年间，那么吕本中与范季随谈及《宗派图》肯定也是在此期间。这样，绍兴三年作图说就难以成立。首先，如果是绍兴三年（1133）在临川作《宗派图》的话，范季随得到此图不能早于绍兴三年（1133）夏，即便我们假定范家招待吕本中兄弟在绍兴四年（1134），那距离作图也就一年左右时间。其既然是在临川做的，范季随又是几乎同时在临川得到的，两人又有交往，吕本中如何能够对范季随说“乃少时戏作呢”？他能瞒得住范季随吗？他不是明显对一个知情人撒谎吗？又根据《陵阳室中语》的记载，范季随对韩驹言及吕本中“少时戏作”说之后，韩驹回答：“居仁却如此说。”这表明韩驹此前至少已经知道有《宗派图》的存在，甚至知道吕本中的这个说法如果《宗派图》是作于绍兴三年（1133）的话，韩驹此时正在临川，二人又曾见面一起论诗，《宗派图》既然能够流传出去，必然是吕本中以此图示人，吕本中既然以韩驹入《宗派图》，能不以此图示韩驹？既然以此图示韩驹，怎能又同时托言是“少时戏作”呢？我们知道，韩驹是对此图有所不满的，韩驹既然有所不满，吕本中何以不删去韩驹？他不删去韩驹，就是他认定自己有道理，而会坚持自己的意见，如果这样的话，何以在范季随家见到此图时却又托言是“少时戏作”呢？

黄宝华先生认为，吕本中之所以说是“少时戏作”，是因为《宗派图》受到了质疑和批评，吕本中借此来淡化此图，以应对舆论的批评。但问题是，如果此图是绍兴三年（1133）所作，范季随在绍兴三、四年间即有此图，吕本中绍兴四年（1134）离开临川，则吕本中对范季随谈论此图亦在此期间（范季随又引及韩驹对吕本中言论的反应，而韩驹卒于绍兴五年，故绝不可能在绍兴五年之后）。而黄先生所引外界的批评之一是《苕溪渔隐丛话》前集中胡仔的批评，按胡仔此书前集成书于绍兴十八年（1148），吕本中卒于绍兴十五年（1145），吕本中何以知晓胡仔的批评呢？黄先生所引的外界批评之二是孙觌的《与曾端伯书》中的议论（《鸿庆居士集》卷十二，后文当详论），但孙氏此书乃是答《皇宋百家诗选》的编者曾慥的，曾氏把此《诗选》送给孙觌，孙觌乃有此答书，而据黄宝华先生本人的考证，曾氏《诗选》编于绍兴十八年（1148）以后，孙氏的答书自然也在此后，而吕本中绍兴十五年（1145）已卒，他何以能在死后知道他们对自己的批评的呢？

根据以上理由，我以为《宗派图》不可能是绍兴三年（1133）所作。我们再看图作于早年的说法。

这种说法的最直接依据就是范季随《陵阳室中语》所载吕

本中自己的说法，即“少时戏作”。莫砺锋先生考证为作于崇宁元年至二年初。其根据主要是《宗派图》中所列三僧诗人，其二人皆称其僧名：祖可、善权，而于饶节，则不称其法名如璧。根据当时习俗，对于出家人，只称法名而不称俗名，故《宗派图》当作于饶节出家前。饶节削发为僧在崇宁元年至二年初，故此图之作年当在此前。又赵彦卫《云麓漫钞》卷十四有“议者以为陈无己为诗高古，使其不死，未必甘为宗派”语，说明《宗派图》作于陈师道卒后，而陈师道卒于建中靖国元年十二月二十九日（1102年1月19日）。于是莫砺锋先生推定，《宗派图》当作于崇宁元年至崇宁二年初。

但这种说法也不可靠，因为吕本中《宗派图》原本已经不存，《宗派图》内容乃是他人转抄、转述的，不能因饶节不称僧名而断定作图时间。而且即便是原图称饶节俗名而非法名，也并不意味此图就作于饶节为僧之前。秦寰明、孙鲲二氏论文已经指出，在饶节为僧之后，吕本中亦称其俗名。如吕本中《紫微诗话》作于饶节出家后，但其称饶节皆是俗名，因而称呼饶节本名并不能证明《宗派图》作于饶节为僧之前。莫砺锋所举《云麓漫钞》言如果陈师道不死，未必甘心入宗派，乃是后人推测之言，并不能以陈师道之卒年作为判断《宗派图》写作时间的依据。

谢思炜则指出《宗派图》的酝酿在大观、崇宁间，其依据是吕本中《用前韵寄李商老》：“只今江西二三子，可到元和六七公。”此诗约作于大观三年（1109）以前。[①]他又指出，《宗派图》的完成在政和元年（1111），其依据是《宗派图》成员中，晁冲之是吕本中最晚认识之人，其相识即在政和元年。但这种说法正如论者所指出的那样显然缺乏说服力，因为《宗派图》成员中，高荷与吕本中并不认识，陈师道亦与吕没有交往。

① 合山究先生已指出此点。

主张《宗派图》作于早年说者还有一个重要依据，即《宗派图》推崇江西，代表吕本中前期思想，而他晚年发现江西诗派弊端，而欲纠正之，其代表就是绍兴元年（1131）《与曾吉甫论诗帖》、绍兴三年（1133）《夏均父集序》，其核心是“活法”说（莫砺锋、秦寰明文）。但是，殊不知“活法”说并非吕本中晚年才提出来的。谢薖《竹友集》卷一《读吕居仁诗》：

居仁相家子，敛退若寒士。学道期日损，哦诗亦能事。自言得活法，尚恐宣城未。

诗中“自言得活法”云云，正是指其“活法”说。而谢薖卒于政和六年（1116），可见“活法”说早在政和六年之前已经提出来，并在友人之间流传了。而政和六年吕本中才三十三岁，正属所谓前期。因而所谓吕本中诗学思想分前后期，以“活法”说为后期思想标志的说法乃是不能成立的，而以此为依据论证《宗派图》作于早年，也是没有说服力的。

谢思炜、莫砺锋诸氏试图把《宗派图》写作时间落实到崇宁或政和年间，其证据都难以成立。

2.孙觌的说法

值得我们注意的是第三种说法，即作于建炎间。

孙觌《鸿庆居士集》卷十二《与曾端伯书》云：

吕居仁作《江西宗派》，既云“宗派”，固有次第。陈无己本学杜子美，后受知于曾南丰，自言：“向来一瓣香，敬为曾南丰。”非其派也。靖康末，吕舜徒作中宪，居仁遇师川于宝梵僧舍，极口诟骂其翁于广坐中，居仁俯首不敢出一语。故于宗派贬之于祖可、如璧之下，师川固当不平。

曾端伯即曾慥。曾慥将其所编《百家诗选》送给孙觌，孙觌的这封信正是针对曾慥诗选所作的评论。我们知道，曾慥《百家诗选》中选夏倪（均父）诗，在小序中言及夏倪不满自己被列入《宗派图》下列。吴曾《能改斋漫录》认为图作于绍兴三年，此时夏倪已卒六年，因而以为曾慥小序乃是妄言。但值得我们注意的是，孙觌也谈到《宗派图》，这显然是针对曾慥《百家诗选》中关于《宗派图》的言论而发的，他没有否认曾慥的说法，而且认为《宗派图》有不合理之处。尤其值得我们注意的是他关于徐俯对《宗派图》不满的原因的说法，这里涉及吕本中作图的时间问题。

这里所说徐俯当着吕居仁的面骂其父亲吕好问之事，乃是指其父靖康二年（1127）在张邦昌政权任职之事。吕好问在靖康元年（1126），由谏议大夫擢御史中丞（《宋史》卷三六二《吕好问传》）。中宪，乃御史中丞之别称。但在靖康二年，金人立张邦昌为帝，以吕好问为事务官，而吕好问又在张邦昌政权里做了门下侍郎。徐俯则不拜庭下，在围城中买婢女，名之曰“昌奴”。这种气节与吕好问之接受“伪命”形成了对照。徐俯在吕本中及众人面前大骂吕好问，就是为此事。宝梵僧舍在汴京[①]，徐俯与吕本中见面时尚未南渡。孙觌认为，吕居仁之列徐俯在祖可、饶节之后，乃是报复徐俯诟骂其父。不管孙觌这种说法是否可信，但孙觌此说表明，他认为《宗派图》作于靖康二年徐俯骂吕本中父亲之后。

这种说法在孙觌的另一篇文章中得到了印证。《鸿庆居士集》卷三十《西山老文集序绍兴戊申八月》云：

① 王明清《挥麈录·三录》卷二：“外祖跋董令升家所藏真草书千文，略云：崇宁初，在零陵见黄九丈鲁直云：元祐中东坡先生、钱四丈穆父饭京师宝梵僧舍，因作草书数纸，东坡赏之不已。”可知宝梵僧舍在京师。

元祐中，豫章黄鲁直独以诗鸣，当是时，江右之学诗者皆自黄氏。至靖康、建炎间，鲁直之甥徐师川、二洪驹父玉父，皆以诗人进居从官、大臣之列，一时学士大夫向慕，作为《江西宗派》，如佛氏传心，推次甲乙，绘而为图，凡挂一名其中，有荣耀焉。①

根据这里的说法，《宗派图》之作乃是在靖康、建炎间，徐俯、洪刍、洪炎都在朝做官之际。徐俯靖康年间官司门郎，而洪刍靖康元年被擢左谏议大夫，制词即是孙觌所起草（见《鸿庆居士集》卷二十四《太子舍人洪刍除左谏议大夫》）。建炎初，洪炎被授秘书少监（《建炎以来系年要录》卷五十九绍兴二年十月壬寅："中大夫洪炎为秘书少监。建炎初，除是官，久不至，及是又申命之。"）。但是洪刍在建炎元年（1127）六月即被罢官，八月被流放。孙觌的这种说法正好与《与曾端伯书》互相印证，在他看来，《宗派图》作于建炎年间。

孙觌以上两节文字，主张早年说者引之，谓其图在建炎间已流行（谢思炜），但是根据孙觌的说法，其图不可能作于建炎以前。这两节文字，主张绍兴三年作图说者亦引之，认为不可能作于早年，但孙觌是认可曾慥有关《宗派图》的意见的，而夏倪卒于建炎三年，何以能对死后数年才出的《宗派图》表示不满？如果按照孙觌的说法来解读，就可以避免以上之问题。《宗派图》当作于建炎元年至二年（夏倪卒前），《宗派图》流传出去，夏倪对其名次在后不满，韩驹也对自己入《宗派图》有所不满，绍兴三年（1133）吕本中与韩驹在临川见面时，谈及此事，吕本中

① 《四库全书》本序首注"绍兴戊申八月"。按绍兴无戊申，文中谓胡直孺卒后二十四年，直孺中子纵以其父集求孙觌序，按胡直孺卒于绍兴元年（见《建炎以来系年要录》卷四十九），其后二十四年当为绍兴二十四年甲戌（1154），"戊申"或为"甲戌"之误。《常州先哲遗书》本作"甲戌"，是。参见孙鲲文注 2。

自称是少时戏作，韩驹不相信，故当范季随向韩驹提及吕本中之解释时，韩驹云“居仁却如此说”。

所以，《宗派图》作于建炎一、二年间，可以避免早年说及绍兴三年说的矛盾，应该是比较合理的。

二、《宗派图》的成员及次第问题

《宗派图》出来之后，其妥当与否，在当时就引起了争议。争议主要集中在两个方面：其一是所列成员是否恰当；其二是《宗派图》所列诸家的排名有没有高下之分，这种高下之分恰当与否。

我们先看第一方面的问题。

首先是陈师道入《宗派图》是否恰当。孙觌《与曾端伯书》说：“陈无己本学杜子美，后受知于曾南丰，自言：‘向来一瓣香，敬为曾南丰。’非其派也。”（《鸿庆居士集》卷十二）赵彦卫《云麓漫钞》卷十四：“议者以谓陈无己为诗高古，使其不死，未必甘为宗派。”孙觌的说法着眼于事实上的师生关系，就这方面而言，陈师道是曾巩的门生。根据《宋史·陈师道传》，苏轼曾想拉陈师道入自己的门下，陈师道赋“向来一瓣香，敬为曾南丰”。陈师道连苏门都不入，更何况黄门？就这种意义而言，孙觌之言有一定的道理。但是，陈师道自言学诗于黄庭坚[①]，其门人魏衍亦如此言[②]。就此而言，吕本中以陈师道入《宗派图》，也自有其道理。至于如果陈师道不死，是否甘入宗派，这确实是个问题。因为就诗学上而言，《宗派图》建立了

① 陈师道《答陈靓书》：“仆于诗，初无师法。……及一见黄豫章，尽焚其稿而学焉。”

② 《彭城陈先生集记》：“初，先生学于曾公，誉望甚伟。及见豫章黄公庭坚诗，爱不舍手，卒从其学，黄亦不让。士或谓先生过之，惟自谓不及也。”（冒广生《后山诗注补笺》，中华书局，1995年）

以黄庭坚为源头的诗歌传统，陈师道是否属于黄庭坚的传统呢？“议者”认为陈师道“为诗高古”，显然倾向于认为陈师道不属于黄庭坚的传统。后来元代的方回对《宗派图》作了修改，提出“一祖三宗”之说，以杜甫为祖，以黄庭坚、陈师道、陈与义为三宗。这种修改把黄庭坚、陈师道并列为二宗，这种调整其实正是对人们关于陈师道地位问题质疑的回应。

其次，其他成员恰当与否的问题。韩驹本人不承认自己诗出黄庭坚，说：“我自学古人。”（《云麓漫钞》卷十四）徐俯本人也不乐意入派，谓：“吾乃居行间乎？”（《云麓漫钞》卷十四）韩驹、徐俯两人何以不愿意入图呢？如果就师承关系看，韩驹曾向苏辙请教，就此而言，韩驹不承认师法黄庭坚固然有一定的道理。但徐俯作为山谷的外甥，其受山谷指教乃是事实，何以也不乐入图呢？孙觌认为那是徐俯不满自己在《宗派图》中的位次。其实问题并非如此简单。山谷诗学是由学古而归于自成一家的。这一点徐俯自然明白。徐俯少年学山谷，但晚年亦欲自成一家。周烨《清波杂志》卷五云：

> 公视山谷为外家，晚年欲自立名世，客有贽见，盛称渊源所自，公读之不乐，答以小启曰：“涪翁之妙天下，君其问诸水滨；斯道之大域中，我独知之濠上。”及观序《修水集》“造车合辙”之语，则知持此论旧矣。

客人称徐俯渊源有自，即谓其承继山谷诗学，徐俯不乐，答书谓：山谷之妙，你不要问我（“问诸水滨”，出自《左传·僖公四年》楚使答齐管仲：“昭王之不复，君其问诸水滨。”）。诗之道甚大，我自知之（“知之濠上”，出自《庄子·秋水篇》，庄子、惠子论知鱼乐）。《修水集》乃山谷旧集，徐俯序文已佚，周烨引其“造车合辙”之语，乃成语“闭门造车，出门合辙”意，用以论诗，乃指自己独作，而又合于前人法度。这正与他不乐于承认自己渊源山谷相一致。由此，正可以说明何以徐俯不愿意入《宗派图》。其实，韩驹不愿意入图，我以为固然有他与山谷确实没有师承关系的原因，同时也出于自成一家的思想。韩驹、徐俯都与大慧宗杲有交往，而受其影响。禅家学禅立志要高，反对寄人篱下，影响到论诗方面，就是反对头上安头，要跳出窠臼，而在《宗派图》中正是寄人篱下，正是在人窠臼中。韩驹、徐俯不乐入《宗派图》，我以为与禅家的影响有一定的关系。

胡仔对《宗派图》亦有不满，他称："所列二十五人，其间知名之士，有诗句传于世，为时所称道者，止数人而已，其余无闻焉，亦滥登其列。"因而认为《宗派图》"选择弗精，议论不公"（《苕溪渔隐丛话》前集卷四十八）。胡仔提出的问题涉及《宗派图》的选择标准，《宗派图》是仅仅表明一种源流关系，即凡是学黄庭坚者都入图呢？还是不仅仅表明源流关系，还有一种价值标准，即学黄庭坚而取得优秀成绩的诗人才入图呢？胡仔显然认为《宗派图》属于后者。

再次，为何遗漏了某些诗人。"四洪"兄弟何以仅"三洪"入《宗派图》？曾季貍认为此不恰当。其《艇斋诗话》谓《宗派图》"亦有漏脱，如四洪兄弟皆得山谷句法，而龟父不预，何耶？""三洪"一般皆谓洪朋、洪刍、洪炎，曾氏此云"龟父（洪朋）不预"，谓洪朋没有入图，不知何故。然无论如何，对于遗漏一位，他始终认为是不恰当的。江端本之兄江端礼诗名远显于端本，然没有入《宗派图》，刘克庄觉得不可理解，他称："子我（江端礼）诗多而上，舍兄而取弟，亦不可晓。岂子我自为家，不肯入社如韩子苍耶？"（《后村先生大全集》卷九十五《江西诗派——江子之》）又曾幾乃江西人，又与吕本中有交往，何以没有入图，刘克庄亦指出此点。其《江西诗派总序》云："同时如曾文清，乃赣人，又与紫薇公以诗往还，而不入派，不知紫薇去取之意云何？”

现在谈第二方面的问题。

《宗派图》所列诸家的排名次序是否有高下的分别，用当时人们的话说是否有次第？这也是有关《宗派图》的重要争议之一。在当时，就有不同的说法。一则认为《宗派图》有次第，一则认为无次第。这个问题在当时之所以重要，之所以会引起争议，乃是因为：首先，它涉及吕本中对于《宗派图》诸家的评价；其次，关系被列入《宗派图》诸家（当时尚存者）对于自己在《宗派图》中位次的看法；再次，关系到当时诗坛对于《宗派图》排列次序的看法。

曾慥显然认为《宗派图》是有次第的。吴曾《能改斋漫录》说：“予近览赣州所刊《百家诗选》，其序均父诗，因及宗派之次第。”根据吴曾的说法，曾慥是在《百家诗选》之夏倪诗选的小序中谈到了宗派的次第问题，并说“夏均父自言，以在下列为耻”。

孙觌也是认为《宗派图》有次第。《与曾端伯书》是就《百家诗选》展开讨论的，他说“既云‘宗派’，固有次第”，显然是对曾慥有次第之说法的回应。他为什么说宗派要有次第呢？这是因为，在当时人看来，《宗派图》是仿照禅家宗派建立起来的，禅家宗派之成立，必然要有祖宗，必然会有个传授的次第，吕本中作《宗派图》，既然云《宗派图》，也应该是如此，否则不能称其为宗派。孙觌就是这样认为的。其《西山老文集序》谓《宗派图》：“如佛氏传心，推次甲乙，绘而为图。”推次甲乙者，正是高下之评列，正是次第。正是因为建立在这种认识的基础上，所以才会有《宗派图》所列人物次序高下的争议。

认为无次第者其根据是范季随《陵阳室中语》的说法：“《宗派图》本作一卷，连书诸人姓字。后丰城邑官开石，遂如禅门宗派，高下分为数等，初不尔也。”又曾季貍《艇斋诗话》云：

东莱作《江西宗派图》，本无诠次，后人妄以为有高下，非也。予尝见东莱自言少时率意而作，不知流传人间，甚悔其作也。……其图则真非有诠次，若有诠次，则不应如此紊乱。

根据范季随的说法，吕本中原图只是“连书诸人姓字”，到丰城县令（丰城县属洪州府）刻石，才分为数等。曾季貍提出的没有“诠次”即高下之顺序的根据是《宗派图》紊乱。但这种说法当时人就不相信，如周辉说“是皆党东莱者创此说以盖时论，非本语也”（《清波杂志》卷八）。

值得注意的是，无论是范季随还是曾季貍，其所谓无次第之说，都是他们自己的判断，而不是直接转述吕本中的说法。范季随主张没有次第的理由是，《宗派图》原本是连书诸人的姓字，但问题是，连书的前后顺序有没有高下的区分呢？比如潘大临、潘大观兄弟，谢逸、谢薖兄弟，林敏修、林敏功兄弟，如果吕本中对他们兄弟没有高下的评判的话，以书写习惯而言，应该兄弟前后连书，但何以没有连书呢？三洪兄弟在胡仔《苕溪渔隐丛话》所引的《宗派图》中也没有连书，而且最年长者洪朋反列在洪刍之后。曾季貍说此图“紊乱”，如果此图的排列顺序不意味着高下的区别的话，那么此图确乎是“紊乱”，但如果此图的排列顺序意味着高下区别的话，那么此图就不紊乱，吕本中这样排列是有自己的看法在其中的。

潘大临在《宗派图》中名列陈师道之后，为第二位，谢逸在潘大临之后，为第三，而饶节在洪刍之后，为第五。此三人排列皆在前面。何以会这样排列呢？《紫微诗话》说：

江西诸人诗，如谢无逸富赡，饶德操萧散，皆不减潘邠老大临精苦也。然德操为僧后，诗更高妙，殆不可及。

这里“江西诸人诗”所指的诗人即便是不能与《宗派图》完全等同，但也大致相当。吕本中将谢逸、饶节与潘大临作比较，认为谢逸、饶节与潘大临相当。这段话可以说明何以谢逸、饶节在《宗派图》中的位置紧邻潘大临。同时，这段话也表明，在吕本中看来，江西诸人诗存在高下之分。他这里说谢逸不减潘大临，而没有提谢逸之弟谢薖，显然在他看来，谢薖诗不能与潘大临比肩，也不能与谢逸并论。由此，也可以说明何以在《宗派图》中谢逸排在第三，而谢薖排在第十八，兄弟两人没有连书。同时，这里吕本中将谢逸、饶节与潘大临相比，而没有提到潘大临之弟潘大观，这也意味着潘大观之诗不能与其兄大临并列，潘大观在《宗派图》中不与潘大临相连，也可以从此得到说明。

当代学者多从范、曾之说，认为《宗派图》没有高下之分。谢思炜认为《宗派图》以“认识较早、关系密切的多列在前面，认识较晚和间接知道的则列在后面”，这种说法缺乏说服力。《宗派图》成员中，吕本中与汪革相识显然早于谢逸（汪革介绍谢逸与吕相识），但何以谢逸排列在汪革前面？吕本中没有与潘大临兄弟见面，何以潘大临列在前，而潘大观在后？这些显然是上述说法不能解释的。

我以为，《宗派图》的排列顺序是有高下的区分的。

（《江西诗派诸家考论》附录二，北京大学出版社，2005年）

北宋末山谷后学的双重整合与《江西宗派图》

◎伍晓蔓

江西宗派得名于吕本中的《江西宗派图》。该图作于大观末、政和初这一时间段[①],尊黄庭坚为诗宗，自黄庭坚以下，列陈师道等二十五人为派，是对存在于北宋末期的一个带文学流派性质的文学群体的总结。江西宗派，后人目之曰江西诗派，是宋代影响最大的诗歌流派，历来就是宋诗研究的热点。但江西宗派是怎么形成的？《宗派图》绘制的基础是什么？关于这些十分重大的问题，迄今似乎并没有完全弄清楚。我们认为，在江西宗派的形成过程中，有两条发展线索、两个领袖人物、两个标志性事件值得留意，这就是本文即将论述的所谓山谷后学的双重整合，以期解读《江西宗派图》产生的基础。

一、以徐俯、吕本中为首的两个山谷后学群体

吕本中《江西宗派图序》云：

古文衰于汉末，先秦古书存者为学士大夫剽窃之资；五言之妙，与《三百篇》《离骚》争烈可也。自李、杜之出，后莫能

① 参见拙文《〈江西宗派图〉写作年代刍议》，《四川大学学报》2004 年第 2 期。

及。韩、柳、孟郊、张籍诸人，自出机杼，别成一家。元和之末，无足论者，衰至唐末极矣。然乐府长短句，有一唱三叹之音。国朝文物大备，穆伯长、尹师鲁始为古文，成于欧阳氏。歌诗至于豫章始大出而力振之，后学者同作并和，尽发千古之秘，亡余蕴矣。[①]

宋兴以来，文学的发展有一个主题，即继续中唐以来古文运动的路子，按照恢复古道的要求，提升文学的品格，实现从内容到形式的脱胎换骨。这一主题反映在古文与诗歌的创作上，后人称之为诗文革新运动。古文革新成于欧阳修，但诗歌的革新，要到苏轼、黄庭坚手中才最后完成。上引吕本中观点，从总体上把握住宋代诗文革新运动的目标与成就，但未免对黄庭坚评价过高，不如他后来推苏、黄“永以为法”[②]的态度来得公允。苏轼、黄庭坚是宋代诗学的两座高峰。苏轼的文学地位高于黄庭坚，但从诗学传承来看，黄庭坚诗歌以治心养气为根基，契合时代精神的走向，加之有法可循，比苏诗更具楷模意义，故其后学尤多。山谷后学“同作并和”并形成流派，是元祐之后的文学特色。以徐俯、吕本中为首的两个诗人群体的出现，反映了山谷后学的初步整合。

1. 南昌—临川—建昌诗人群体

黄庭坚生前好指引青年诗人。在众多诗人中，南昌（今属江西）的青年诗人洪朋、洪刍、洪炎、洪羽、徐俯、潘錞等是其诗学的嫡派。这些诗人年龄相近，兴趣相投，在成长的历程中，他

① 《云麓漫钞》卷十四引，中华书局 1996 年版，第 244 页。

② 陈鹄《耆旧续闻》卷二引《吕东莱赠赵承国论学帖》，中华书局 2002 年版，第 305 页。

们“数能文字集”[①]，或相约于大梵院、邃清阁、秋屏阁等名胜，或相互造访，分韵赋诗。南昌诗人中，四洪与徐俯是山谷的外甥，几人在舅父的关怀下成长。山谷每每寄以近诗，告以作诗之法，品评他们所寄的诗作，其再三强调为人乃作诗的根基，忠信孝友乃人生根本；潘錞等人亦通过洪朋等寄书山谷，得到山谷的热情指点。作为黄庭坚的同乡后学，南昌青年诗人对黄庭坚的感情最厚，受他的教诲最多，深得山谷诗法，他们是日后出现的“江西宗派”最核心也最基础的力量。

在江西及紧邻江西的江东地域，除南昌诗人外，还活动着两个诗人群体。一是以谢逸、谢薖、饶节、汪革、汪莘、吴贺等为主体的临川（今江西抚州）诗人群体。此群体成员众多，他们“每月一会面”[②]，好取前人诗一联分韵赋诗，又每以古人忠义、宽厚事互勉、砥砺品格。另一个是以李彭、李彤等为代表的建昌（今江西永修）诗人群体。李彭兄弟唱酬频繁，又来往于庐山诸寺之间，与祖可、善权等僧人唱和。这两地诗人与黄庭坚有深厚渊源。谢逸曾得到山谷“晁、张流也，恨未识之耳”[③]的评价；李彭兄弟为黄庭坚表侄，受山谷影响甚深；李彭还于崇宁元年（1102）以《上黄太史鲁直诗》正式拜入其门下。临川、建昌诗人诗学黄庭坚的痕迹明显，与南昌诗人一样，为山谷后学的重镇。

建昌、南昌、临川紧邻。三地以南昌为中心，建昌、临川距南昌不过百余里，交通极为便利。洪朋有《送谢无逸还临川》诗云：“昔我未知子，籍甚大江右。”[④]由此可知，南昌、临川诗人声气相通，他们往往闻名思见面，也确实有机会相互往来。从谢逸《寄徐

① 洪朋《立秋日诸公过敝庐得秋字》，《全宋诗》第22册，北京大学出版社1995年版，第14458页。

② 谢逸《游逍遥寺以野寺江天豁山扉花木幽为韵探得山字》，《全宋诗》第22册，第14814页。

③ 惠洪《冷斋夜话》卷七，中华书局1988年版，第58页。

④ 《全宋诗》第22册，第14440页。

师川戏效其体》《赠权师》，谢薖《寄李商老》《寄洪鸿父》，洪刍《次韵谢无逸送谢幼槃》《次韵李商老见怀之什》，李彭《寄临川诸旧兼悲二谢》《自豫章归书斋题壁》，徐俯《次可师韵》等诗来看，三地诗人间保持着密切的交流。共同的诗学趣味与频繁的来往唱酬，使南昌、临川、建昌诗人织成一个交往的网络。从崇宁初开始，出现了“江西诸人”这一概念，先后为徐俯、夏倪、吕本中所提及[①]（建昌在宋代或属江南西路，或属江南东路，但在历史上它一般属于江西地域）。江西诸人，所指即是南昌—临川—建昌诗人群体。在他们中间，徐俯最为山谷生前所推许，诗学成就亦较为卓著，“江西诸人皆从服焉”[②]，成为诸人的领袖。

2.符离—临川诗人群体

以徐俯为首的江西诸人，是北宋末一个有影响力的诗人群体，但光凭这个群体，还不足以形成江西宗派这个概念。江西宗派的形成过程中，另有一条线索，这就是以吕本中为首的符离—临川诗人群体的形成、发展和联络。

吕本中是元祐宰相吕公著的曾孙，理学家吕希哲的孙子。他少有诗名，尝以“春尽茅檐低着燕，日高田水故飞鸥”联，得苏辙“此人他日当以诗名天下”的赞可[③]。崇宁元年（1102）,吕希哲因元祐党事贬官，吕本中随祖父寓居符离（今安徽宿州）。当时汪革为宿州教授，饶节寓居符离，二人拜入吕希哲门下，与吕本中兄弟、黎确等每旬以诗文会课，切磋文艺。符离本陋邦，但因吕希哲祖孙寓居于此，遂为天下士子所向。汪革、饶节在符离

① 吕本中《东莱吕紫微师友杂志》云：“徐俯师川少豪逸出众，江西诸人皆从服焉。崇宁初见予所作诗，大相称赏，以为尽出江西诸人右也。”（《十万卷楼丛书》本）又吕本中《紫微诗话》：“夏均父称张彦实诗出江西诸人。”（何文焕辑《历代诗话》上册，中华书局 1980 年版，第 369 页）

② 《东莱吕紫微师友杂志》。

③ 见林之奇《拙斋文集》卷一，《四库全书》本。

的交往，为临川诗人带来了新的师友渊源。谢薖逸托汪革致书吕希哲祖孙，从此与吕本中保持书信来往；谢薖于乃兄处见吕本中诗甚多，大相敬服；汪革弟汪莘亦从吕氏交游。符离—临川诗人，形成一个新的交往网络①。它使临川诗人在乡里过从外获得一个新的交往维度，也使吕本中等江西诗人外的山谷后学，与江西诸人有了密切联系。

与江西诸人的地缘性整合相比，符离—临川诗人群体的整合更体现了时代风会。元祐时期，诗学与理学不协，苏轼与程颐互相鄙薄。黄庭坚作为苏轼门人，超然于苏、程交恶之外，在内省化的个人修养上具有与理学近似的倾向。绍圣以后，二程理学与苏黄诗学同为禁学，在民间师友渊源的传授中融会沟通。吕本中与汪革、饶节等人在程颐高足吕希哲门下会集到了一起。他们砥砺节操，切磋诗艺，将文学与理学精神打通，反映了对元祐文化的兼收并蓄。如果说，江西诸人因得山谷亲传而传承了山谷句法，符离—临川诗人则更多的是在文化心理和诗学范式意义上对山谷的继承。其中，吕本中的成就最为卓著。大观三年（1109），谢薖有《读吕居仁诗》，言“徐侯南州杰，论文极根柢。读君诗卷终，曰此有余地。期君高无上，二谢以平视”②，予以其诗高度评价。政和元年（1111）,谢逸寄书居仁，推举他为海内文坛的盟主③。大观、政和年间，吕本中已成为山谷后学中另一支线——符离—临川诗人群体的领袖，与徐俯影响略同。

作为山谷后学的两个分支，南昌—临川—建昌与符离—临川诗人并非各行其道。它们有重合的部分：两大群体的诗人有同情

① 后来虽然吕氏离开符离，但吕本中、汪革、饶节、二谢符离交往带来的友谊，一直紧紧地维系着，故即使在吕氏离开符离后，笔者还是用符离、临川这个两个地名的系连来说明吕氏祖孙与临川诗人间的关系。

② 《全宋诗》第 24 册，第 15764 页。

③ 见《东莱吕紫微师友杂志》。

元祐党人、学习苏黄诗学、传承二程理学的共同倾向，本质上有沟通的要求。崇宁初，徐俯见吕本中诗，就大加赞赏[①]；吕本中与李彭兄弟长期保持书信联系；大观间，吕本中、汪革、洪炎于楚州（今江苏淮安）见面，会饮舟中，相得甚欢[②]。在他们周围，还有一帮志趣相投的朋友，如黄州的潘大临兄弟、何颉兄弟；汴京王直方、李錞等。在元祐党禁的时代，这两条地下师友渊源，是团结更多的山谷后学，走向融合的需要。其所等待的，是一个良好的契机。

二、豫章诗社：徐俯诗人群体的整合

以徐俯为领袖的江西诗人的活动，在崇宁年间一度陷入低潮，这与元祐党禁的转严有关。崇宁元年（1102）,朝廷设立元祐党籍碑，以文彦博、苏轼、黄庭坚等二百余人为“奸党”，以御书深刻其罪状，这标志着党禁的升级。崇宁三年（1104）,党籍碑扩大，江西诗人洪羽、洪刍入籍。洪羽除名勒停编管江州（今江西九江），洪刍降两官，监汀州（今福建长汀）酒税，江西诗人的活动大大减少。直到崇宁五年（1106）,因星变，毁元祐党籍碑，洪刍从汀州放归，情况才有所改变。徐俯、李彭以诗来迎。洪刍和诗云：“谪去暂经牛斗分，归来重赋豫章行。”[③]“归来重赋豫章行”，正是南昌诗歌新一轮繁荣的先声。

大观年间，党禁稍弛，江西诸人交往频繁。洪刍、李彭一度寓居临川，与临川诗人深入交往；大观二、三年（1108、1109）后，江西诗人的活动中心由临川移到了南昌。是时前辈诗人退出

① 见《东莱吕紫微师友杂志》。

② 见《东莱吕紫微师友杂志》、洪炎《楚州阻水涨怀汪信民吕居仁二十四言》（《全宋诗》第22册，第14752页）。

③ 《次韵徐师川喜余来还之作》，《全宋诗》第22册，第14491页。

历史舞台，而江西诸人渐入诗歌创作的成熟期，跨入诗坛领袖之列。徐俯、洪刍、李彭三人盘桓南昌，在他们周围，会集着大批诗人，唱酬甚盛，是为豫章诗社。现存洪刍《同师川商老追凉徐贤亭》《同苏伯固游东山寺》，李彭《奉同伯固驹甫师川圣功养直及阿虎寻春因赋问柳寻花到野亭分得野字》，汪藻《次韵洪驹父集东山》等诗，皆为诗社唱和之作。诗社成员张元幹、向子諲后来这样追忆社中的活动：

往在豫章，问句法于东湖先生徐师川。是时洪刍驹父、弟（琰）［炎］玉父、苏坚伯固、子庠养直、潘淳子真、吕本中居仁、汪藻彦（璋）［章］、向子諲伯恭，为同社诗酒之乐。予既冠矣，亦获攘臂其间。大观庚寅、辛卯岁也。[①]

大观庚寅闰八月秋，芗林老、顾子美、汪彦章、蒲庭鉴，时在诸公幕府间。从游者洪驹父、徐师川、苏（仰）［伯］固父子、李商老兄弟。是夕登临，赋咏乐甚。[②]

上列“为同社诗酒之乐”的豫章诗社中人，有“江西诸人”徐俯、洪刍、洪炎、李彭、李彤、潘淳，他们的旧交苏坚、苏庠，江西的后进诗人汪藻、向子諲，以及时游于南昌的青年后学张元幹等人。江西诸人为豫章诗社的核心，而“江西诸人皆从服焉”的徐俯，自然也成为诗社的领袖，汪藻、张元幹都曾向徐俯问作诗句法。诗社的繁荣一直维系到政和初年。在“茫然李杜坛，未免陈蔡厄”[③]的时代，豫章诗社唱和为难得的诗歌繁荣。这标志着以徐俯为领袖的江西诸人超越乡里过从阶段，在更广阔的视野中，以更开放的气势，进行了新的整合。南昌也因此成为山谷后学的主要活动

① 张元幹《苏养直诗帖跋尾六篇·甲卷》，《芦川归来集》卷九，《四库全书》本。
② 向子諲《水调歌头》序，《酒边词》卷上，《四库全书》本。
③ 吕本中《奉送子之还京师》，《全宋诗》第28册，第18055页。

中心和全国诗歌繁荣的温床。值得注意的是，在张元干记载的入社诸人名单中，吕本中亦具名其内。考居仁行踪，这段时期实未至江西，他与豫章诗社的关系，当是遥寄诗入社。

三、“东”字韵唱和诗:吕本中诗人群体的整合

以徐俯豫章诗社的出现为标志，南昌—临川—建昌诗人在大观末、政和初联络紧密，带来了北宋末期难得的诗歌繁荣，这标志着山谷后学整合的初步成功。与此同时，符离—临川诗人也活动频繁。作为山谷后学的另一位领袖，大观时期，吕本中与徐俯、洪刍、李彭、潘大临、王直方等诗人的关系更为密切。他们频频通信，所谓“兰荪无异县，臭味同此举”[①]。书信来往具有超越地域限制、同气相求的优势，大观年间，吕本中遂以“东”字韵诗，以书信来往的方式挑起唱和。

第一首“东”字韵诗是寄给时已出家，法名如璧的饶节，诗云：

符离城里相逢处，酒肉如山放手空。已见神通过鹙子，未应鲜健胜庞公。且寻扇子旧头角，一任杏花能白红。破箬笠前江万里，无人曾识此家风。[②]

如璧很快寄来了和诗：

向来相许济时功，大似频伽饷远空。我已定交木上座，君犹求旧管城公。文章不疗百年老，世事能磨双颊红。好贷夜窗三十

① 李彭《次韵吕居仁见寄》，《全宋诗》第24册，第15862页。

② 《寄璧公道友》，《全宋诗》第28册，第18040页。

刻，胡床趺坐究幡风。[①]

原唱高挺，和作亦健拔。如璧的和诗用典活而有味，善用借代，富有理趣，语言筋骨胜肉，意蕴丰富，很好地反映了江西诗风。也许正是这首和诗的优秀，激发了吕本中挑动诸友唱和的兴趣。他再和、三和如璧诗，并先后作《用前韵寄商老》《又寄无逸信民》《奉答璧公兼简诸友》《得李去言诗次韵答之》《督山伯萧远和诗并示舍弟》《用寄璧上人韵寄范元实赵才仲及从叔知止兼率山伯同赋》等诗寄友，这些诗歌当收到了和作。李彭并有同韵《寄如璧上人》《次韵寄居仁二弟》《次韵寄山伯萧老二弟》诗，与诸友互相唱和。在一次次挑战、一次次应战中，"东"字韵诗唱酬的声势益发壮大，几乎成为山谷后学的一次集体活动，以至于一些未收到寄诗的诗人也积极参与。何颉与吕本中初不相识，从朋友处见其"东"字韵唱和诗，主动寄来和诗[②]；谢薖偶见吕、李唱和诗，亦和作两首补上。其和诗以"渭水流清终异浊，池花变碧旧宁红""似闻讽喻能知白，岂但诗词要比红"[③]为主题，表达了强烈的群体认同感。这次"东"字韵诗唱和，至少有十五人参加。它将同道之友紧紧地联系在一起，其牵涉人员之多、地域之广、意义之大，不亚于同一时期以徐俯为首的豫章诗社。

前述豫章诗社，吕本中作为成员，乃寄诗入社。"东"韵诗唱和，亦可视为吕本中应社方式的一种。他寄李彭"东"字韵诗云："只今江西二三子，可到元和六七公。"[④]对于当时逐渐兴旺的江西诗人唱酬来说，这次活动无疑更是增添了一把火势。它联络了豫

---

① 《次韵答吕居仁》，《全宋诗》第 22 册，第 14574 页。

② 据《紫微诗话》："何斯举颉尝和余诗云：'秋水因君话河伯，接篱持酒对山公。'……然斯举与余初不相识。"（《历代诗话》上册，第 367 页）

③ 《余尝会李商老于海昏识吕本中于符离今已五六年矣，偶见二公唱和诗各次其韵一首》，《全宋诗》第 24 册，第 15804 页。

④ 《用前韵寄商老》，《全宋诗》第 28 册，第 18040 页。

章诗社及南北西东的同道者，使江西诗风不局限于江西地域。

四、《江西宗派图》：山谷后学的再整合与扩充

南昌—临川—建昌诗人和符离—临川诗人是山谷后学中两条主要的线索。以地域为纽带，江西诗人团结了紧邻的淮南诗人：黄冈（今属湖北）的潘大临兄弟、何颉兄弟，蕲春（今属湖北）的林敏功兄弟等；以共同的思想和诗学倾向为纽带，吕本中与晁冲之、江端本等诗人交往密切。大观、政和年间，这两条线因吕本中挑起“东”字韵诗唱和、寄诗入豫章诗社而走向交融，出现了山谷后学“同作并和”的局面。吕本中在这个时候作《江西宗派图》，总结了这一现象，自黄庭坚以下，列举了如下诗人：

陈师道、潘大临、谢逸、洪刍、饶节、僧祖可、徐俯、洪朋、林敏修、洪炎、汪革、李錞、韩驹、李彭、晁冲之、江端本、杨符、谢薖、夏傀[①]、林敏功、潘大观、何觊[②]、王直方、僧

① 《云麓漫钞》卷十四作“夏倪”（第244页），按参与《宗派图》诗人交往的，有“夏倪”而无“夏傀”，此处“夏傀”当为“夏倪”之误。

② 关于《宗派图》著录的何姓诗人之名，一直聚讼纷纭。《苕溪渔隐丛话》作“何觊”，刘克庄《江西诗派·总序》作“何（人表）颙”（《后村先生大全集》卷九十五，《四部丛刊初编》本）。按成书于南宋的《分门集注杜工部诗》卷首“姓氏”著录“何氏觊（人表）”，《集注分类东坡先生诗》卷首“姓氏”亦著录“何氏觊，字人表”（皆见《四部丛刊初编》本）。可见所谓“何觊”“何颙”，所指为同一人，即黄州诗人何颉的弟弟“小何”字“人表”者。黄庭坚集中《寄何人表》，李彭集中《何生用韵寄复答之兼示小何》《戏何人表》等诗，就是与他的唱酬之作。“觊”“颙”二字形近，容易为讹。至于“小何”究竟名“觊”还是名“颙”的问题，“何觊”之名受到《集注分类东坡先生诗》等文献的支持，但如祝尚书师提示，“颙”字有“大”“严肃端正”“景仰”义，与“人表”义合，符合古人依名命字的习惯；又何颉之名“颉”，或其旧名“颃”（见《道山清话》，《四库全书》本），与“颙”字同从“页”，“觊”字却从“见”。“小何”既字“人表”，又为何颉之弟，当名“颙”而非“觊”。此处“何觊”当为“何颙”之误。

善权、高荷，合二十五人以为法嗣。[①]

这是《苕溪渔隐丛话》对《江西宗派图》的引述，《云麓漫钞》卷十四所引稍异，去掉“何（觊）［颙］”，加入了吕本中本人。《苕溪渔隐丛活》说吕本中“自言传衣江西”（第327页），无论吕本中将自己列入《宗派图》与否，他都是他本人命名的“江西宗派”之当然成员。在考察《江西宗派图》名单时，我们不妨共存吕本中与何颙，将黄庭坚以下的江西诸派成员以二十六人计算。这二十六人中，南昌—临川—建昌诗人群体共十一人（谢逸、洪刍、饶节、僧祖可、徐俯、洪朋、洪炎、汪革、李彭、谢邁、僧善权），与他们联系紧密的淮南诗人五人（潘大临、林敏修、林敏功、潘大观、何颙）；符离—临川诗人群体共五人（吕本中、谢逸、饶节、汪革、谢邁，其中四位临川诗人与南昌—临川—建昌诗人重合），与他们联系紧密的京畿诗人二人（晁冲之、江端本）；而李錞、韩驹、杨符、夏倪、王直方，同时与上述两条线索的诗人有密切交往。江西诸派二十六人，除陈师道去世稍早[②]，高荷和他人的关系不可考外，其他诗人正是南昌—临川—建昌诗人和符离—临川诗人这两条线发展、融合和交叉关系中的人物。如果说，徐俯豫章诗社和吕本中“东”字韵唱和诗体现了山谷后学从地缘和诗学思想上的双重整合的话，《江西宗派图》的写作则是吕本中在此基础上对山谷后学的再整合与扩充。他删繁就简，取要举目，选取山谷后学两条主要支线中最有影响的人物，以及与他们志趣相投、交往密切的代表性诗人，图写为“江西宗派”。这体现了江西诗风的时代风会性质，很好地概括了大观末、政和初山谷后学整合的成果。

---

① 《苕溪渔隐丛话》前集卷四十八引，人民文学出版1981年版，第327页。

② 陈师道于建中靖国元年（1101）去世，不及见大观、政和时期山谷后学唱和之盛，但他在世时与饶节、洪刍、吕本中、晁冲之、王直方等诗人颇有来往。

从山谷后学的整合历程及《宗派图》的绘制来看，我们可以这样来理解江西宗派：它是一个经过双重整合，以江西诗人为主体，却又超越狭隘的地缘概念，反映出山谷诗学流派的整体诗风，融会了元祐文化传承多元性等复杂文化现象的全国性诗人群体。同气相求是其整合的动力，故江西宗派诗歌呈现出“诗江西也，人非皆江西也”“系之者何？以味不以形也”（杨万里《江西宗派诗序》，《诚斋集》卷七十九，《四部丛刊初编本》）的整体特征，体现出从思想内蕴到诗学范式上的共同风貌。

（原载于《文学遗产》2005年第4期）

庐山诗社与江西宗派关系略说

◎李小荣

吕本中所作《江西宗派图》[①]中，庐山诗社、豫章诗社的成员占有比较重要的地位，两者相加，竟占江西宗派总数的三分之一（名单见后文）。目前，学术界对豫章诗社的研究成果，相对说来较为丰富[②]；而对庐山诗社的研究，尚不深入，仅有少数论文涉及，且大多只谈其中的部分诗人[③]。有鉴于此，笔者依据阅藏所得材料，在前贤时彦已有成果的基础上，重点对庐山诗社的人员构成、禅学渊源及其与豫章诗社、江西宗派（江西诗社、江西诗派）之关系，拟作初步梳理。不当之处，谨请海内外方家諟正。

---

① 吕本中此图，简称《宗派图》，但南宋中后期有称之为《江西诗社宗派图》者（如陈岩肖《庚溪诗话》卷下、赵彦卫《云麓漫钞》卷一四等）。姚大勇指出，此图本名当作《江西宗派图》（参《〈江西宗派图〉本名考》，《江海学刊》2001年第1期）。

② 比较重要者有欧阳光《徐俯豫章诗社》（《宋元诗社研究丛稿》，广东高等教育出版社1996年版，第189—194页），吴肖丹《豫章诗社成员新考》（《九江学院学报》2010年第3期），吴肖丹、戴伟华《江西诗派主脉——豫章诗社考述》（《南昌大学学报》2011年第1期）等。

③ 如张明华《“流风回雪”与“风雷为舌”——试论庐山僧人祖可与善权的诗》（《五台山研究》2006年第3期）、李军炜《江西诗派“三僧研究”》（鲁东大学硕士论文，2008年），都仅讨论了庐山诗社中的诗僧祖可、善权，而非对庐山诗社的整体研究。目前所见综合性研究，重要论文是罗宁《北宋大观年间庐山诗社考——兼论其与江西诗社之关系》（《九江学院学报》2012年第1期）、《北宋庐山诗社小考》（《文学遗产》2012年第2期。又，二者大同小异，笔者参考的是前者。后同，不赘述）。

众所周知，在两宋诗史上江西诗派永远都是绕不开的话题，而且，世人多把江西诗派与江西宗派、江西诗社等同视之。甚至佛教文献里也有类似记载，如述派中诗僧之一的祖可时，南宋临济宗僧人释晓莹绍兴二十五年（1155）撰出之《云卧纪谭》卷上说："江西宗派中，有僧可正平者，乃果之徒弟也。"[①]天台宗僧人释守伦《法华经科注》卷十则谓庐山僧祖可："幼瞻家学，预江西诗社，与当时贤士为莫逆交，其声藉甚，有《瀑泉集》版行。"[②]同为天台宗的释宗晓（1151—1214）《法华经显应录》卷下"庐山可禅师"条引《注法华经》又说祖可："崇宁中，止庐山。幼瞻家学，预江西诗派，雅思渊才，非古之下。"[③]

一、庐山诗社的成员构成及其禅学渊源

祖可确实结过诗社，王铚《顷在庐山与故友可师为诗社，尝次韵和予诗》："空中千尺堕柳絮，溪上一旗开茗芽。绝爱晴泥翻燕子，未须风雨落梨花。重江碧树远连雁，刺水绿蒲深映沙。想见方舟端取醉，酒酣风帽任欹斜。"后三十年，避地剡溪山中，时可师委蜕，亦二纪矣。灵隐明上人追和此为赠，感念存没，泪落衣巾，因用韵谢之（后文简称《顷在庐山》）："昔访

① 《大藏新纂卍续藏经》（后文简称《续藏经》）第86册，河北省佛教协会2006年版，第668页下。又，此处"可正平"，就是指祖可。其人俗姓苏，名序，字正平，在传世文献中，又称作病可、癞可、可公、可师、可正平、何正平等。其中，"何正平"之"何"为"可"之误，相关论述，请参张福清《释祖可、何正平其人及诗辨正》（《韩山师范学院学报》，2011年第1期）。

② 《续藏经》第30册，第852页上。又，守伦其人，生平事迹不详，俟考。

③ 《续藏经》第78册，第47页下。又，宗晓所谓《注法华经》即守伦《法华经科注》，但他在引用时文字上略有删改。另据楼钥（1137—1213）《法华经显应录序》（参《续藏经》第78册，第21页中），可知宗晓此书至迟撰成于庆元四年（1198）中秋日之前。

庐山惠远家，寻春草木未萌芽。自从柳折烟中色，不寄梅开雪后花。事往泪多添海水，诗来恨满算河沙。惊回三十年前梦，放鹤峰头日未斜。”[①]可为证。

这首诗非常重要，因为只要确定了王铚避地剡溪的时间，便可推算出结社时间及祖可卒年。但对此等问题，学人看法不一：如周裕锴依据《宋会要辑稿·方域》十九之二三所载，认为王铚避地剡溪山中当在建炎四年（1130）十一月“前去浙东”之时。周先生还结合诗题，进而推断该诗作于王铚初到浙东之绍兴元年（1131）春；上推二纪，则祖可卒于大观二年（1108）；上推三十年，则庐山结诗社当在崇宁元年（1102）[②]。张剑则据王铚作品，尤其是《游东山记》“仆以绍兴七年六月往剡中”句，从而推定王铚避地剡溪时在绍兴七年（1137），由此推出祖可卒于政和四年（1114），而结诗社在大观二年（1108）[③]。罗宁前揭论文指出张剑之说较近实际，并结合王铚随父初至江州及惠洪与铚交往的时间悉在大观元年秋天这一事实，从而推定王铚、祖可结社时间当在大观元年（1107）至四年（1110）间。其说较圆通，兹从之。不过，需要说明的是，若依王铚诗题，该诗社应命名为“庐山诗社”。而且，据“昔访庐山惠远家”之句，其结社因缘当是仿东晋慧远莲社而来。宗晓所编《乐邦文类》卷五即引有祖可《庐山十八贤赞》一首，曰：“不能晋室扶倾覆，尽作西方社里人。岂意一时希有事，翻令元亮两眉颦。”[④]其可能是结社期间所作。

说到诗社的成员，除了《顷在庐山》的作者王铚及诗题之可师（祖可）外，至少还有：

① 傅璇琮等主编《全宋诗》第 34 册，北京大学出版社 1998 年版，第 21304 页。

② 参周裕锴《宋僧惠洪行履著述编年总案》，高等教育出版社 2010 年版，第 71 页。

③ 张剑《王铚及其家族事迹考辨》，《中国社会科学院文学研究所学刊》，中国社会科学出版社 2008 年版，第 298—322 页，特别是 304 页。

④ 《大正藏》卷四七，第 223 页中。

1.善权和李彭[1]

北宋著名画家李公麟（1049—1106，字伯时，号龙眠居士）绘有《陶潜归去来兮图》，与王铚、祖可皆有唱和的诗人李彭，撰有题跋云：

> 往在山谷处见伯时所作《归去来》小屏，意趣玄远，与此画气象略相似。……汝阴胜士王性之以此本示余，得以想见归田园之乐，颇觉此老去人未远也。大观四年三月五日山南李彭商老书。[2]

对此图，祖可、善权皆亲眼所见，且分别作有《李伯时作〈渊明归去来图〉，王性之刻于琢玉坊，病僧祖可见而赋诗》《王性之得李伯时所作〈归去来图〉，并自书渊明词，刻石于琢玉坊，为赋长句》。王性之，即王铚，而琢玉坊在九江[3]，则知祖可、善权之诗亦作于结社庐山时。晁公武《郡斋读书志》著录王铚《侍女小名录》并引其序云："大观中居汝阴，与洪炎玉父游，读陆鲁望《小名录》，戏征古今女侍名字。因尽发所藏书纂集，逾月而成焉。"[4]可见王铚大观年间曾回家乡汝阴小住月余。韦海英指出，洪炎出任颍州（汝阴）知县时在大观二年至三年，且李彭大观二年至四年一直在江西活动[5]，故李彭欣赏王铚所藏李龙眠《陶潜归去来图》的地点，应在九江，而非汝阴。以理

① 前引罗宁论文把李彭、向子諲、张元幹算作是庐山诗社的外围成员，可备一说。但笔者更倾向于李彭是社中成员。

② 该跋《全宋文》失收，此引自袁行霈《陶渊明影像——文学史与绘画史之交叉研究》，中华书局2009年版，第13—14页。又，李彭、王铚交往之作，除本篇外，还有《和何思举韵寄元亮，兼简性之》等。

③ 王铚之子王明清《挥麈三录》卷二曰："九江有碑工李仲宁，刻字甚工，黄太史题其居曰琢玉坊。"

④ 孙猛校证《郡斋读书志校证》，上海古籍出版社1990年版，第671页。

⑤ 韦海英《江西诗派诸家考论》，北京大学出版社2005年版，第82、186页。

揆之，祖可、善权的题咏之作，当不会晚于李彭作跋的“大观四年三月五日”，要么同时，要么稍前，而以同时的可能性更大。

而现存李彭诗作中，据诗题推测，属于诗社唱和者有《次正平上座韵赠子充》《奉赠正平上座》《次韵正平见赠道予游山北胜处》等。正平，即祖可。

2.机上人

王铚《忆庐阜寄机上人》云：“忆在东林学夜禅，月中清响听风泉。不须更作庐山梦，鱼鸟相忘二十年。”[①]机上人，即善机，乃善权三兄。从诗中可以看出，庐山诗社的建立与诸人的禅修活动也有极为密切的联系。

3.惠洪（1071—1128）

《赠巽中》云：“道人少小来庐山，水光山色供盘餐。坐令山水秀杰气，缭绕胸中成块抟。……作诗问君觅奇字，留待老年偎日看。”[②]巽中，即善权，本诗既赞颂了善权诗歌杰出的艺术成就，又表明了惠洪向对方学习诗法的真诚态度。《赠癞可》则对祖可大加称扬，同样表达出惠洪学诗的强烈愿望：“可师有奇骨，吐语愕众口。……抱疴亦同粲，视身一尘垢。卧看东溪云，悬瀑激窗牖。庐山久无僧，殿阁空华构。谁知千岩胜，竟入此郎手。我痴世不要，冷落如弊帚。但意君可夺，独能容我不？”[③]所谓“抱疴”“尘垢”云云，当指祖可患癞病之事。“东溪”，即祖可结庵之所。释道璨（1213—1271）《仙东溪诗集序》即载：“癞可结庵鹤鸣峰下山谷，扁曰‘东溪’，打头老屋

① 《全宋诗》第34册，第21322页。
② 《全宋诗》第23册，第15079页。
③ 《全宋诗》第23册，第15093页。

犹在，松声竹色间，断崖流水，至今尚有诗家气象。”[①]可见祖可的修行场所清净幽雅，连后世都认为它易使人生起诗意，难怪诗友李彭评其诗曰：“可师句句是庐山景物。”[②]而惠洪与王铚大观元年秋相识于庐山时的诗作，据罗宁所考，有《赠王性之》《会性之山中二首》《与性之》《次韵性之》等四题五首。罗宁又依《次韵性之》“古人亦何远，安用社中名”句，推测王铚曾邀惠洪入社，但惠洪可能因为无法在当地久住而未入社。不过笔者以为，惠洪也许有过婉拒王铚的行为，然其既有向祖可、善权学诗的强烈愿望（特别是对社中第一人祖可所说“独能容我不”，显然传达出入社之意），又有与王铚等人同游庐山赏山玩水的经历，故入社也在情理之中（即便时间不长，仅大观元年秋至次年之间）。后来，惠洪《次韵性之送其伯氏西上》回忆道“鬓须尚带庐山绿”“锦绣谁同赏云谷”，周裕锴指出，它反映的是惠洪、王铚庐山唱和的情形[③]。

4.徐俯（1075—1141）

其与祖可唱和之诗主要有《次韵可师题于逢辰画山水二首》《再次韵题于生画豹二首》《次可师韵》等。而据《画虎行为吉州假守苏公作》之“忆昔余顽少小时，先生教诵荆公诗。只今耆旧无新语，赖有庐山病可师”[④]句，可知徐俯对祖可喜爱至极。曾季貍《艇斋诗话》亦说：“东湖于近世诗人，专喜癞可。”[⑤]东湖，徐俯之号。

从以上诗社成员之介绍看来，庐山诗社的形成，实是僧俗合

---

① 《全宋文》第 349 册，第 303 页。

② 张泰来《江西诗社宗派图录》“祖可”条引，《丛书集成初编》本。

③ 参周裕锴《宋僧惠洪行履著述编年总案》，第 163 页。但周先生把庐山诗社系于崇宁元年，本文不取。

④ 《全宋诗》第 24 册，第 158 页。

⑤ 丁福保辑《历代诗话续编》上册，中华书局 1983 年版，第 297 页。

作的结果。他们酬唱的题材，除了前举诸诗所及参禅、游山、品画外，又有文物把玩之类。如善权《同王性之游西林，有老衲畜一碧壶，制作甚古，把玩久之。性之求得，欲以相寄，复为瞻明所夺，戏作此》等。而在诗社中起主导作用的，是祖可、善权这两位长期居住于庐山的诗僧，尤其是前者。他们除了与社中成员唱和外，也教僧人写诗。李彭《紫霄道中》自注有云："世未甚知可，而美庆上人者学诗于可。"谢邁《次韵董彦速送珍上座还漳江》"文字宁追权、可游"句中自注又曰："珍云：曾从权、可二诗僧也。"[①]朱熹之父朱松（1097—1143）《求道人示诗，粲然有江湖间道人风味，盖尝得句法于东溪可。今以其韵，作诗送之。时将如瑞峰，期朝夕还吉祥云》则说："癞可溢江滨，觅句负光价。君为东溪客，伏鹄资妙化。……伽陀入三昧，汤史欲凌跨。"[②]求道人诗（伽陀，诗偈也）禅（三昧，定也）一如的观念，显然出于祖可真传，朱松对此赞誉有加。难怪李彭《奉赠正平上座》云："禅余觅佳句，鼎鼐笔能扛。"其评价祖可的视角，与朱松完全一样。

庐山诗社之祖可，深得豫章诗社领袖人物徐俯的推崇。但从张元幹、向子諲之记载[③]看，豫章诗社是纯文人的结社，故庐山诗社之诸僧，祖可、善权、机上人、惠洪悉未加入（祖可父苏坚、兄苏庠，则是活跃成员之一）；世俗文士中，加入者仅有在创作上亲炙过黄庭坚教诲的徐俯、李彭，而王铚因离开江西，故无缘加入。

就庐山诗社诸诗僧而言，其弘法之地，多在庐山。释晓莹

① 《全宋诗》第24册，第15789页。

② 《全宋诗》第33册，第20720页。

③ 按，关于豫章诗社的成员构成，参见张元幹《苏养直诗帖跋尾》（《芦川归来集》，上海古籍出版社1978年版，第173页）及其舅父向子諲《水调歌头》题注（唐圭璋编《全宋词》，中华书局1965年版，第954页）。

《云卧纪谭》卷上载："庐山栖贤真教果禅师……尝注《辅教编》，洪驹父为后序。又题其像曰：'鹤鸣峰前，声闻于天。瀑布之下，思如涌泉。望之毅然，即之温然。双剑屹立，香炉生烟。之人也，之德也，与兹山而俱传。'江西宗派中有僧可正平者，乃果之徒弟也。"[①]洪驹父，即洪刍。结合前引释道璨《仙东溪诗集序》，则知祖可禅修之地与其师一样，都在庐山鹤鸣峰。果禅师法系，史书阙载，若依其所注《辅教篇》之作者契嵩（1007—1072）为云门高僧推断，则其禅学宗旨似倾向于云门宗。不过，周紫芝（1082—1155）《林老借可正平诗编，以诗还之》谓："谁知癞可东溪句，参得涪翁双井禅。"[②]涪翁者，黄庭坚也，其以居士而嗣晦堂祖心（1025—1100）之法[③]，由此则知至少时人认为癞可禅法，不是出自云门，而是源自黄龙慧南（1002—1069，祖心之师）一系[④]。善机、善权兄弟，据惠洪《冯氏墓铭·序》云"初，幼子善权俊发，夫人曰：'此儿非仕林可致也。'施以从石门道人应乾游，以文学之美，致高名于世。第三子善机，亦授笔，与之俱，丛林期以起东林之道"[⑤]，则二人同时出家于石门应乾（1061—1133）门下。应乾虽驻锡洪州泐潭山宝峰禅院，却是庐山东林寺常总（1025—1091）的法嗣。常总，亦嗣黄龙慧南，元丰三年（1080），他奉敕革庐山东林律寺为禅寺，并应命于该寺弘法。惠洪《题庐山》又云："余十五六时，游北山，谒准禅师。……后二十五年，余还自海外，过此，而山川增胜，楼阁如幻出，大钟横撞，净侣戢戢，而真隐

① 《续藏经》第 86 册，第 8 页中—下。

② 《全宋诗》第 26 册，第 17234 页。

③ 参《五灯会元》卷二，见《续藏经》第 80 册，第 362 页中—下。

④ 南宋净善编《禅林宝训》卷二引有癞可《赘疣集》（按，此集世俗文献阙载），其中记有黄鲁直与师兄惟清之事（参《大正藏》卷四八，第 1023 页上），可见癞可对黄庭坚所承黄龙一系的禅法并不陌生。

⑤ 《全宋文》第 141 册，第 10 页。

方开石门道法于此，余乃服其老且衰矣！”[1]惠洪一生，多次出入庐山。准禅师，即其师伯洪准。而惠洪师从真净克文（1025—1102，又，克文、洪准，俱出慧南门下），于禅宗派系言，善权是惠洪的法侄。惠洪所谓“还自海外”，是指政和三年（1113）他在崖州“得旨自便”[2]而北归之事，其过庐山在政和四年秋。此时，真隐（即善权）正把石门（应乾禅师）之法弘于庐山。综上可见，庐山诗社诸僧之禅法，皆源自黄龙慧南。

既然交往的庐山僧人多出于黄龙派，则庐山诗社之世俗文士，所习禅法，亦多与诸僧同。前引王铚《忆庐阜寄机上人》夫子自道，说所学是“东林禅”，此即慧南弟子常总所传也。李彭情况稍微复杂些，但他结社前后接触最多的也是黄龙系禅师[3]，如真净克文及其徒弟惠洪[4]、文准。李彭《日涉记》载有“真净住归宗”[5]事，据《云庵真净和尚行状》，克文绍圣初（1095年左右）至崇宁元年（1102）十月圆寂之前一直驻锡于庐山[6]，李彭与之交往，当在此际。南宋释昙秀辑《人天宝鉴》卷一又曰：“大慧禅师谒湛堂准和尚，指以入道捷径，慧横机无让。准诃之曰：‘汝不悟者，病在意识领会，是为所知障矣。’时逸士李商老参道于准，适有言曰：‘道须神悟，妙在心空，体之不假于聪明，得之顿超于闻见。’李击节曰：‘何必读四库书，然后为学哉。’

① 《全宋文》第140册，第276页。

② 《佛祖统纪》卷四六，参《大正藏》卷四九，第420页中。

③ 李彭《戏次居仁见寄韵》题下有注曰：“居仁见督参雪窦下禅。”（《全宋诗》第24册，第15931页）“雪窦下”指重显（980—1052）法嗣（具体何人，俟考），据此，李彭还参过云门禅法。

④ 按，惠洪与李彭有多首唱和之作，如《次韵李商老匡山道中望天池》《至丰家市读商老诗次韵》等。

⑤ 《禅林宝训》卷一，参《大正藏》卷四八，第1022页上。

⑥ 参释惠洪著、（日本）释廓门贯彻注《注石门文字禅》，中华书局2012年版，第1688页。

以故结为方外友。”[①]大慧禅师，即后来以倡导看话禅而出名的宗杲（1089—1163）。文准圆寂于政和五年（1115）七月二十二日，据祖咏编、宗演校订之《大慧普觉禅师年谱》卷一，宗杲参文准禅师时在政和二年（1112）至五年（1115），该书还明确把杲、彭称为同志[②]。明代圆极居顶编《续传灯录》卷二六之目录，则把李彭商老居士列为文准五法嗣之一。至于徐俯，情况最为复杂，虽说普济《五灯会元》卷一九把他列为临济宗杨岐派高僧克勤（1063—1135）的法嗣，然其前期所参，主要还是黄龙派弟子灵源惟清（？—1117，山谷同门）。如释晓莹《罗湖野录》卷下载有灵源清禅师、徐俯夜话东坡谈禅之掌故并赠徐俯二偈事[③]，元人觉岸编《释氏稽古略》卷四“政和七年”条又谓：“隆兴府黄龙山佛寿灵源禅师，名惟清，得法晦堂室中，至是秋九月十八日入寂。……时伊川居士、徐师川、朱世英、洪驹父皆从之问道。”[④]当然，徐俯与惟清相交，与舅父黄山谷对惟清的推介、赞誉也有一定的关系。而山谷与惟清的直接相识是在诗人丁忧回乡时[⑤]，即元祐六年（1091）六月至八年（1093）九月间。其约作于绍圣五年（1098）至元符三年（1100）谪居戎州时期的《答徐甥师川》云：“太平清老，老夫之师友也。平生所见士大夫，人品未有出此公之右者。方吾甥宴居，不婴于王事，可数至太平研极此事。精于一而万事毕矣。”[⑥]太平，即舒州太平寺，惟清住持该寺在元符二年（1099）[⑦]，则徐俯参之当在此时或稍后。

① 《续藏经》第 87 册，第 16 页上。
② 参《嘉兴大藏经》第 1 册，台北新文丰出版公司 1987 年版，第 794 页中—下。
③ 参《续藏经》第 83 册，第 390 页下。
④ 《大正藏》卷四九，第 883 页下。
⑤ 参龙延《黄庭坚与禅宗》，群言出版社 2005 年版，第 57 页。
⑥ 黄庭坚著、郑永晓整理《黄庭坚全集辑校编年》，江西人民出版社 2011 年版，第 1038 页。
⑦ 参周裕锴《宋僧惠洪行履著述编年总案》，第 46 页。

二、“江西宗派”中“江西”之本义及相关问题辨析

王铚《顷在庐山》自言与祖可在庐山结诗社，按理该社应命名为“庐山诗社”，然守伦《法华经科注》却称之为“江西诗社”，一词之易，有无深义？

为彻底解开此谜底，先引两宋之际且与江西诗派后学交往较多的王庭珪（108—1172）《跋刘伯山诗》如下：

刘伯山诗调清美，不减其父升卿，其源流皆出于江西。近时学诗者悉弃去唐五代以来诗人绳尺，谓之江西社，往往失故步者有之。鲁直之诗虽间出险绝句，而法度森严，卒造平淡，学者罕能到。传法者必于心地法门有见，乃可参焉。伯山方少年，如骏马驹，日欲度骅骝前，异时于江西社中横出一枝，为鲁直拈一瓣香，可乎？①

此跋写作时间虽不可考，但文中所说刘伯山之父刘升卿和王庭珪的关系十分密切，如王氏集中即有酬唱之作《次韵刘升卿惠焦坑寺茶用东坡韵（焦坑，因东坡始见重于时）》。刘伯山，生平事迹不详，然据其与欧阳伯威（1126—1202）、杨万里（1127—1206）交往密切且深得赵蕃（1143—1219）推崇之事实推断，其人大约出生在十二世纪二三十年代左右。王跋谓其年少，则跋约作于绍兴前期，即绍兴十六年（1146，按，绍兴共三十二年）或之前。更为重要的是，该跋三次使用“江西”一词，从上下文判断，它实为借代辞格，以地名代人名，指黄庭

① 《全宋文》第158册，第224页。

坚[1]。易言之，王氏本义是说，刘升卿父子善诗，且诗学渊源悉出于黄山谷。

守伦说祖可“预江西诗社”的情形是“与当时贤士为莫逆交”，但他未具列名单，若据前面分析，它至少应包括庐山诗社的徐俯、李彭和王铚。就庐山诗社的整体特征而言，笔者以为最突出的表现有两点，即禅出黄龙系（这点前文已有分析，不赘），诗崇黄山谷[2]。而能融诗、禅为一体者，在庐山诗社崇拜的前辈诗人中，自然莫过于山谷道人了。如社中之人，山谷表侄之一的李彭《上黄太史鲁直诗》曰：“扆圣当元祐，雄名独擅场。……亲交标鬼录，卜筑近僧坊。……勤我十年梦，持我一瓣香。”[3]孙觌（1081—1169）《西山老文集序》曰：“元祐中，豫章黄鲁直独以诗鸣，当是时，江右人学诗者皆自黄氏。”[4]李洪作于绍兴十六年（1146）的《橛株集序》说：“而释子工诗，代不乏人。豫章流派，学者竞宗，祖可、善权蔚为领袖，其后异才辈出矣。”[5]可见无论僧俗，元祐及其后的学诗者多师法黄氏。释晓莹在《罗湖野录》卷上又对山谷禅法倍加推崇：“若黄太史虽为江西宗派之鼻祖，然见道而知天下无二道，故勤勤恳恳。”[6]山谷之甥洪朋《怀黄太史》则说：“诗家今独步，舅氏大名稀。……禅心元诣绝，世事更忘机。”[7]“诗家”“禅心”之赞，可谓一语中的。

而王庭珪对江西宗派的论述，承吕本中而来。王氏《雷秀才

① 按，姚大勇《江西诗派称谓辨》（《江海学刊》2000年第5期）、王开春《江西诗派释名——以宋人的观察为中心》（《兰州学刊》2008年第1期），皆指出“江西诗派”“江西社”等称谓之“江西”，是指代黄庭坚。另，南宋文献中又有以“豫章”代称黄庭坚者，例见后文李洪《橛株集序》等。

② 关于这一点，前揭罗宁论文已列出不少具体的事例，故不重复。

③ 《全宋诗》第24册，第15926—15927页。

④ 《全宋文》第160册，第318页。

⑤ 《全宋文》第241册，第117页。

⑥ 《续藏经》第83册，第385页中。

⑦ 《全宋诗》第22册，第14464页。

尝学诗于吕居仁，能谈江西宗派中事，辄次居仁韵二绝，赠行》（其一，后文简称《雷秀才》）谓：“逐客归寻溪上居，钓竿犹挂洞庭湖。忽逢雷子谈诗派，传法传衣共一途。”①衣也罢，法也罢，其渊源皆在黄山谷。对此，李光（1078—1159）也表达了相同的看法，其《与善借示鲁直集，雕刻虽精，而非老眼所便，戏成小诗还之》曰：“知君欲嗣江西派，净几明窗付后生。”其自注还旗帜鲜明地指出：“近日吕居仁舍人作《江西宗派序》，以鲁直为宗主也。”②

关于吕本中《江西宗派图》的写作时间，学术界迄今尚未取得一致的看法，笔者更倾向于韦海英依据孙觌《与曾伯端书》等材料而得出的作于建炎一、二年间（1127—1128）的论断③。吕氏建构“江西宗派图”时，从前引王庭珪《雷秀才》可以看出，他有一个重要标准——“传法传衣共一途”。其实，“传衣”就代表“传法”，二者本是同一关系。胡仔《苕溪渔隐丛话》前集卷四八即说：

吕居仁近时以诗得名，自言传衣江西，尝作《宗派图》，自豫章以降，列陈师道、潘大临、谢逸、洪刍、饶节、僧祖可、徐俯、洪朋、林敏修、洪炎、汪革、李錞、韩驹、李彭、晁冲之、江端本、杨符、谢薖、夏倪、林敏功、潘大观、何觊、王直方、僧

① 《全宋诗》第25册，第16858页。又，若对读该诗与《跋刘伯山诗》，知王氏虽然把“江西宗派”“江西社”“江西诗派”等同视之，却最看重“江西（诗）社”，因为在他看来，后者最具诗史意义。

② 《全宋诗》第25册，第16454页。又，据李光《琼士黄与善会友堂课诸生作移竹诗，为赋一首》，则诗题中的“与善”，即黄与善。而李光贬于琼州时在绍兴十五年（1145）三月至二十年（1150）三月（参吕厚艳《李光年谱》，上海大学硕士论文，2007年，第79—89页），则二诗皆可能作于此际。

③ 参韦海英《江西诗派诸家考论》，第261—263页。

善权、高荷，合二十五人以为法嗣，谓其源流皆出豫章也。[①]

吕本中"自言传衣江西"的表白，旨在声明诗歌创作是继承山谷传统而来。事实上，他根本就没有亲聆过山谷教诲。但他这样说，又有什么依据呢？原来，崇宁元年（1102）八月，十九岁的吕本中因祖父吕希哲被贬符离（今安徽宿州），故随之而至。其时，后来被列入《宗派图》的汪革（时任宿州教授）、饶节拜于其祖门下，这两位江西诗人便和吕本中兄弟等结社唱和。更为重要的是吕本中诗名早著，二十岁左右便得到了徐俯的赞赏，《师友杂志》即云："徐俯师川，少豪逸出众，江西诸人皆从服焉。崇宁初，见予所作诗，大相称赏，以为尽出江西诸人右也。"当大观末、政和初徐俯组织豫章诗社时，吕本中亦预焉。既然能得到黄山谷嫡传徐俯的肯定[②]，所以，吕氏就自认"传衣江西"，有资格来编《宗派图》了。

吕氏"传衣传法共一途"的思想内涵，无论就《宗派图》的内在理路而言，还是别人对他的个体评价而言，都落实在"诗""禅"两大层面。如宗晓编《乐邦遗稿》卷二《吕中书病知前路资粮少》云：

《百家诗选》曰：吕本中，字居仁。靖康年擢第，历官及中书舍人，落职奉祠。公平生缘诗以穷，耽禅而病，清癯之甚，若不胜衣者。[③]

---

① 胡仔纂集、廖德明校点《苕溪渔隐丛话》，人民文学出版社 1962 年版，第 327 页。又，"夏傀"当作"夏倪"，"何觊"，他书或作"何颉"，有人认为应作"何颙"（参伍晓蔓《江西宗派研究》，巴蜀书社 2005 年版，第 330 页）。

② 徐俯为山谷嫡传之说，是江西宗派中人比较认可的看法，如李彭《读山谷文》曰："绛帐老生悲湜籍，传灯嫡子有徐洪。"（《全宋诗》第 24 册，第 15968 页）"徐"，即指徐俯。

③ 《大正藏》卷四七，第 248 页上。

《百家诗选》，即曾慥（？—1155）所编《皇宋百家诗选》（也叫《皇宋诗选》《宋百家诗选》）。曾、吕是同时代之人，故记载的可信度高。值得注意的是，明初释心泰（1327—1415）《佛法金汤编》卷一四《吕本中》则谓：

本中，字居仁。绍兴初赐进士第，除中书舍人。平生因诗以穷，耽禅而病，清癯如不胜衣。作《江西传衣诗派图》，推黄山谷为诗祖，列陈无已等凡二十五人为法嗣。①

显而易见，心泰的叙述，既有同于《百家诗选》（或《乐邦遗稿》）者，更有相异处——那就是《宗派图》的名称加了“传衣”二字，此有强化山谷作为诗派宗祖的用义。易言之，心泰作为禅门中人，一眼就看出了吕氏所归纳的江西宗派之传承体系，正是参照禅宗构建宗统的做法而来。此点，大诗人杨万里也看得很透，《送分宁主簿罗宏材秩满人京》曰：“要知诗客参江西，政是禅客参曹溪。不到南华与修水，于何传法更传衣？”②其意是说，诗与禅一样，皆由“参”而来。换句话说，诗有诗统，正如禅有禅（法）统一样，且诗统、禅统是可合而为一的。

无论庐山诗社还是豫章诗社，吕本中在《宗派图》都排除了其中的某些成员。庐山诗社七成员中是惠洪、机上人和王铚，豫章诗社中则为张元幹、向子諲、汪藻、苏坚苏庠父子、顾子美、蒲庭鉴、李彭二弟李彤及堂兄李元亮。原因何在，史无明文，我们只能做些大致的推断。如庐山诗社之善机，据前揭惠洪《冯氏墓铭·序》，他是“赐紫沙门”，社会政治地位高，故与《宗派图》之三僧——祖可、善权、饶节形成鲜明对比，自然被

① 《续藏经》第87册，第433页下。
② 《全宋诗》第42册，第26599页。

排除在外；至于惠洪，有人主张是因其诗歌理念与吕氏不同[①]。豫章诗社之向子諲、张元幹，向来以词名世，诗名相对不彰，潘錞、顾子美、蒲庭鉴、李彤、李元亮，诗名则更低，不入图自在情理中；而汪藻被剔除的原因，可能是他在《宗派图》撰出之前尚未与禅宗建立密切的派别联系，直到绍兴初守湖州时，他才结识慧林、居慧二禅老[②]，最后因绍兴十年（1140）冬参大慧宗杲而被列为士大夫得其道者之一[③]；至若苏坚、苏庠父子，与苏轼关系更密切，故被排除。

庐山诗社被列入《宗派图》的成员是祖可、徐俯、李彭和善权，豫章诗社则为徐俯、李彭（此二人同时参加了庐山诗社和豫章诗社）、洪刍、洪炎、洪朋、谢逸和谢薖[④]。二者相加（去其重复，为九人），竟占《宗派图》二十五法嗣的三分之一强，可见二诗社在吕氏所构建的宗派体系中，作用还是十分突出的[⑤]。

此外，就吕氏所用"江西宗派"一词而言，据今存文献，其最早出自惠洪宣和六年（1124）春撰出的《重修龙王寺记》。文曰："今祖堂王英诸禅师，书江西宗派，亦著隐山之号。"[⑥]

---

① 参林湘华《江西诗派研究》，成功大学中国文学系博士论文，2006年，第246—247页。

② 方星移《汪藻年谱》系此事于绍兴二年（1132），参《宋四家词人年谱》，黑龙江人民出版社2008年版，第268页。按，据《嘉泰普灯录》卷一"慧林"当作"慧琳"，且二人皆为黄龙慧南四世法孙，同嗣东京天宁长灵守卓禅师（参《续藏经》第79册，第373页下—374页上）。

③ 按，此综合《嘉泰普灯录》卷二三（《续藏经》第79册，第430页上—中）、《释氏稽古略》卷四（《大正藏》卷四九，第894页下）而言。

④ 洪朋、谢逸和谢薖参加豫章诗社事，此依欧阳光先生之说，参《宋元诗社研究丛稿》，第191—192页。

⑤ 至于其他十六人列入《宗派图》的原因，限于篇幅，此不一一详述。总体说来，吕氏把二十五人列为山谷法嗣，既有诸人交游与诗学观方面的因素，也有政治学术分化演进之考虑。对此，沈松勤《两宋党争与"江西诗派"》（载《宋代政治与文学研究》，商务印书馆2010年版，第229—254页）有详析可参。

⑥ 释惠洪著、（日本）释廓门贯彻注《注石门文字禅》，第1294页。

当时，惠洪游湖南道林云禅师所住持之龙山龙王寺。结合上下文，可知该寺开山祖师是马祖道一（709—788）的法嗣龙山和尚（隐山），惠洪所谓“江西宗派”，是指道一开创的洪州宗[①]及其衍生派系，在唐五代，有沩仰、临济二宗；至宋，临济又滋生出黄龙、杨岐二派。故笔者颇疑吕本中建构《宗派图》时，可能受此思路影响，推山谷为宗主，意在表明山谷在诗史上的作用恰如马祖在禅史上的作用，是诸家之正源。更何况，山谷本为江西人，禅出黄龙系，许多方面都有可比与契合之处。

守伦作为教内之人，自然清楚“江西”一词所具有的禅学意义，他把“庐山诗社”改称“江西诗社”，旨在揭示“庐山诗社”在诗、禅渊源上与黄山谷（即用“江西”代称黄庭坚）的密切联系。不过，同时或其后的文献，使用“江西诗社”“江西诗”“江西派”等概念时，则多突出诗歌渊源，常忽略了“江西”一词所代表的禅学渊源。此例甚多，除了前引王庭珪《跋刘伯山诗》外，著名的还有倪朴（1105—1195）《筠州投雷教授书》之“至其他能以诗名，如谢无逸、潘邠老、汪信民诸公，号江西诗社者，又不可以一二数”[②]，王十朋（1112—1171）《读东坡诗》之自注“学江西诗者，谓苏不如黄”[③]，王义山（1214—1287）《跋杨中斋诗词集》之“江西派已远，后来无闻人。许大能诗声，来自浙之滨。……来派江西诗，风月浩无垠”[④]等。而吕本中构建《宗派图》时，就使用“江西”之双重含义而言，与守伦是完全相同的。后来陈岩肖《庚溪诗话》卷下、赵彦卫《云麓漫钞》卷一四、王应麟《小学绀珠》卷四等之所以用“江西诗社宗派图”这

① 按，释智愚（1185—1269）《虚堂和尚语录》卷五对“让和尚云：‘道一江西说法，不见寄个消息来’”之话头有颂古曰：“消息得来胡乱后，江西宗派好流通。”（《大正藏》卷四七，第1020页中）与惠洪所说“江西宗派”，其义一也。

② 《倪石陵书》，《民国续金华丛书》本，第11页。

③ 《全宋诗》第36册，第22856页。

④ 《全宋诗》第64册，第40091页。

一看似画蛇添足的概念，可能是想弥补“江西诗社”等概念流行后所导致的意义缺失，意在恢复“江西宗派”所固有的诗、禅之双重含义。方岳（1199—1262）《黄宰致江西诗双井茶》云“黄侯授我以江西诗、禅之宗派”[①]，其诗、禅并称之举，意同此也。

至若吕本中《宗派图》之后才出现的“江西诗派”一语，情况较复杂，在不同的历史阶段，用法也不尽一致。南宋初期，大体与“江西宗派”相似，如贺允中（1090—1168）作于绍兴十九年（1149）仲秋之《江东天籁序》曰：

闻有豫章先生乎？此老句法为江西第一祖宗，而和者始于陈后山。派而为十二家，皆铮铮有名，自号江西诗派。[②]

据韩元吉（1118—1187）撰《资政殿大学士左通议大夫致仕贺公墓志铭》，贺氏绍兴八年（1138）为江西安抚制置大使司参议官，次年，入为仓部郎，并请外除福建路转运副使[③]，结合序中“及予为福建漕回”后而对《江东天籁集》之作者道士刘与机说前引之语的叙述，则知贺允中应在绍兴八年（1138）就比较深入了解江西诗派了。贺氏所说，有两点与吕本中相同：一者都尊山谷为宗主，二者都把陈后山列为派中第一弟子。但其也有显著区别，即所列弟子（法嗣）人数不一，吕为二十五，贺为十二，原因或在吕氏《宗派图》流播以后，有人认为其“选择弗精，议论不公”[④]而精减了一半左右的人数吧。当然“自号江西诗派”者，肯定不是山谷本人（其时黄氏已辞世三十多年），而

① 《全宋诗》第61册，第38468页。
② 《全宋文》第182册，第44页。又，此条材料最先由刘文刚先生揭出并作出解释，参《一则关于江西诗派的新材料》（《文学遗产》1988年第3期）。
③ 参《全宋文》第216册，第277页。
④ 胡仔《苕溪渔隐丛话》，第328页。

是其后学。到南宋中后期，“江西诗派”则和倪朴等人所谓“江西诗社”基本一致，都在强调诗学的渊源与规范，如陈藻《寄黄景咏》之“柳下和风今有惠，江西诗派又传黄”[①]，岳珂（1183—1243）《宝真斋法书赞》卷一五曰：“右《山谷先生诗稿真迹》，凡九幅。论江西诗派，先生为称首。”卷二五曰：“右江西诗派日涉居士李公彭，字商老，《酬答诗帖真迹》一卷。”[②]尤其陆九渊（1139—1192）《与程帅》云：“伏蒙宠贶《江西诗派》一部二十家，异时所欲寻绎而不能致者，一旦充室盈几，应接不暇，名章杰句，焜耀心目……一时如陈徐韩吕，三洪二谢之流，翕然宗之，由是江西遂以诗社名天下。”[③]于此，“江西诗派”“江西诗社”简直就是同义替换了。

综上所述，庐山诗社存在时间虽然不长，但由于诸成员在诗、禅关系的认识上有两大特点即禅出黄龙系、诗崇黄山谷，而后来吕本中在整合山谷后学（如豫章诗社等）构建《江西宗派图》时，对此认识又有所深化，并且特别突出了“江西”一词所具有的诗、禅之双重含义[④]。正是从这个角度看，庐山诗社在两宋诗史上的作用还是值得深入研究的[⑤]。

（原载于《文学遗产》2013年第4期）

① 《全宋诗》第50册，第31336页。

② 《文渊阁四库全书》第813册，第739页下、871页上。

③ 陆九渊著、钟哲点校《陆九渊集》，中华书局1980年版，第103—104页。又，“吕”指吕本中，把他列入江西诗派，是南宋中后期大多数人的共识，如赵彦卫《云麓漫钞》、王应麟《小学绀珠》等。

④ 关于黄庭坚江西诗派之诗、禅关系的梳理，参（韩国）朴永焕《黄庭坚及江西诗派之禅诗研究》（《佛学研究》2000年卷，第310—334页）。

⑤ 其实，庐山是两宋最值得重视的佛教名山之一，单就苏、黄两大诗人在该地的文学创作与禅事活动而言，庐山就已具有十分典型的示范意义。

黄庭坚的“心法”

——江西诗派“活法”美学思想溯源

◎束景南

一

宋代是一个禅宗美学思想转型的时代。江西诗派的“活法悟入”思想与严羽的“妙悟兴趣”思想，就是宋代禅宗美学思想转型的标志。从苏轼、黄庭坚到吕本中、严羽，展现了宋代“活法”美学思想的形成发展历程。苏轼第一个初步提出了“活法”思想。他在《信道智法说》中说：

法而不智，则天下之死法也。道不患不知，患不凝；法不患不立，患不活。以信合道，则道凝；以智先法，则法活。道凝而法活，虽度世可也，况延寿乎？①

苏轼是从“心智”（心悟）上把“法”看成一种有定法、无定法的活法。作为江西诗派“宗主”的黄庭坚，正是从苏轼“道信法智”的“活法”说出发，进一步提出了心悟的“心法”，把

① 苏轼《东坡志林》卷三，《传世藏书·杂记》第一册，海南国际新闻出版中心1995年版，第18—19页。

艺术之“法”看成一种有法与无法、有定法与无定法相统一的活法。他首先在书画领域里提出了“无法之法”。在《答王云子飞》中，他宣称：“鄙书无法。”《书家弟幼安作草后》亦说：“来求法于老夫。老夫之书本无法也，但观世间万缘……不择笔墨，遇纸则书，纸尽则已。”《楞严经》中，香岩童子曾说：“我诸比丘浇水沉香，香气寂然来入鼻中，非木非空，非烟非火，去无所着，来无所从，由是意销，发明无漏，得阿罗汉。”对于佛家这种离真空门无一法建立的思想，山谷极加赞赏，所谓“法从空处见，人向鼻头参”（《谢王炳之惠右香鼎》）。他就是用佛家这种法空观念来总结苏东坡书法艺术上的“活法”境界的：

东坡书随大小真行，皆有妩媚可喜处。今俗子喜讥评东坡，彼盖用翰林侍书之绳墨尺度，是岂知法之意哉？[①]

士大夫多讥东坡用笔不合古法，彼盖不知古法从何出尔！杜周云：“三尺安出哉？前王所是以为律，后王所示以为令。”予尝以此论书，而东坡绝倒也。[②]

这里用杜周论法典故，来说明书法无成法、法应随时变更的道理。山谷赞赏东坡书法任心自如，不受法缚，所谓“作字疏疏密密，随意缓急而字间妍媚百出”（《跋东坡书帖后》）。对宋代死摹拓本的《遗教经》，山谷说：“小字莫作痴冻蝇，《乐毅论》胜《遗教经》。”（《以右军书数种赠丘十四》），这表明了他对师守死法、僵化不活的批判。在《论书》中，他批评学书拘于法度，而称赞右军的不为法缚：

① 黄庭坚《山谷题跋》卷五，上海远东出版社1999年版，第139页。

② 《山谷题跋》卷五，第32页。

学书端正，则窘于法度；侧笔取妍，往往工左尚病右。正书如右军《霜寒表》、大令《乞解台职状》、张长史《郎官厅壁记》，皆不为法度病其风神。[1]

既讲遵守法，又讲超越法，无法从有法中得，这是要求对艺术之法加以辩证的把握。在《论作字》中，他说：

晁美叔尝背议予书唯有韵耳，至于右军波戈点画一笔无也。有附予者传若言于陈留，余笑之曰：“若美叔书即与右军合者，优孟抵掌谈说，乃是孙叔敖耶？”往尝有丘敬和者，摹放右军书，笔意亦润泽，但为绳墨所缚，不得左右。予尝赠之诗，中有句云：“字身藏颖秀劲清，问谁学之果《兰亭》。大字无过《瘗鹤铭》，晚有石崖颂《中兴》。小字莫作痴冻蝇，《乐毅论》胜《遗教经》。随人作计终后人，自成一家始逼真。”[2]

拘守王羲之的笔法不过是优孟衣冠，得其形而遗其神，只有既学古法而又不拘守古法，方能写出好字。所以他称赞颜真卿字说：“颜鲁公书，虽自成一家，然曲折求之，皆合右军父子笔法。”（《跋洪驹父诸家书》）“余尝评颜鲁公书，体制百变，无不可入，真行草隶皆得右军父子笔势。”（《题颜鲁公麻姑坛记》）山谷把这种由“有法”入于自由的“无法”境界称为“入神”的化境（神化）：“大多要取古书细看，令入神，乃到妙处。惟用心不杂，乃是入神要路。”（《书赠福州陈继月》）“古人学书不尽临摹，张古人书于壁间，观之入神，则下笔时随人意。”（《跋与张载熙书卷尾》）这种“入神”境界就是一种“心不知手，手不知

① 《山谷题跋》卷七，第184页。

② 黄庭坚《山谷别集》卷六，《四库全书萃要·集部》第三十七册，世界书局1997年版，第416—417页。

心”（《论黔州时字》）、“心不知手，手不知笔”（《书十棕心扇因自评之》）的“无法”“超法”的境界。山谷认为“心悟”来自熟参悟入，他称自己的书法便是熟参怀素而得：

元祐初，山谷与东坡、钱穆父同游京师宝梵寺……山谷作草书数纸……穆父从旁观曰：“鲁直之字近于俗。”山谷曰：“何故？”穆父曰：“无他，但未见怀素真迹尔。”……绍圣中谪居涪陵，始见怀素《自叙》于石扬休家，因借之以归，摹临累日，几废寝食，自此顿悟草法，下笔飞动。[①]

这同他说的“凡作字须熟观魏晋人书，会之于心，自得古人笔法也。欲学草书，须精真书，知下笔向背，则识草书法，草书不难工矣”（《跋》）一样，都是指一种活参悟。后来吕本中说的“活法悟入”，严羽说的“妙悟熟参”，就是直接从山谷此说发展而来。

二

在绘画方面，山谷同样主张无法之法，提出了“意在法外”的意韵说。《答王道济寺丞观许道宁山水图》一诗对无法可依、“原是天机非笔力”的画风倍加称扬，所谓“举杯意气欲翻盆，倒卧虚樽将八九。醉拈枯笔墨淋浪，势若山崩不停手”。其说周子舟作画也是“笔利如锥”，是“千变万化皆天机”（《戏咏子舟画竹两鹤鸡》）。黄山谷推重的是宋代以来兴起的文人画，而文人画正是后来董其昌说的绘画中重心贵意、活法心悟

① 曾敏行《独醒杂志》卷二，《文渊阁四库全书》第1039册，台湾商务印书馆1985年版，第536页。

的南宗画（见下）。山谷在《题赵佑画》中说：“余初未尝识画，然参禅而知无功之功，学道而知至道不烦。”“参禅”指参悟，“无功之功”即无法之法。禅道与画境是相通的。山谷对绘画艺术提出了“韵”的最高美学标准：

凡书画当观韵。[①]

往时在都下，驸马都尉王晋卿时时送书画来作题品，辄贬剥令一钱不直，晋卿以为过。某曰：“书画以韵为主，足下囊中物无不以千金购取，所病者韵耳。”[②]

不着绳尺而有魏晋风气……笔墨各系其人，工拙要须其韵胜耳。病在此处，笔墨虽工，终不近也。[③]

天然之“韵”对笔墨之“工”而言，“韵”出绳墨之外（无法），“工”在法度之中（有法）。所以山谷反对“规摹古人”而主张“天然之工，笔圆而韵胜”（《题东坡字后》）。“若论工不论韵，则王著优于季海……若论韵胜，则右军、大令之门，谁不服膺。”（《书徐浩题经后》）而“韵”来自胸中之“意”，他说，“陈元达……惜乎创业作画者胸中无千载韵耳”（《题摹锁谏图》），“有成竹于胸中，则笔墨与物俱化”（《题杨道孚画竹》）。可见山谷说的“韵”作为一种审美范畴，并不是一般传统绘画“六法”所说的“气韵”，而是指“意韵”。范温（秦少游婿，学诗于黄庭坚）在他的《潜溪诗眼》中记载，王偁问学于山谷，山谷回答说“书画以韵为主”，王偁不理解，范温解释说“韵”就是余意不尽：“有余意之谓韵”，这也就是山谷在《跋东坡书远景楼赋后》中说的“法之意”。这

① 《山谷题跋》卷三，第73页。
② 《山谷题跋》补编，第291页。
③ 《山谷题跋》卷七，第183—184页。

种“韵”来自“意”对“法”的超越，余意之韵就是意在法外：“观颜鲁公书，回视欧、虞、褚、薛，皆为法度所拘……夫惟曲尽法度，而妙在法度之外，其韵自远。”（《潜溪诗眼》）范温的说法正本自山谷，山谷在《题颜鲁公帖》中即说：

观鲁公此帖，奇伟秀拔，奄有魏晋隋唐以来风流气骨。回视欧、虞、褚、薛、徐、沈辈，皆为法度所窘，岂如鲁公萧然出于绳墨之外而卒与之合哉！①

可见从审美上说，意韵说就是活法说，活法即意韵，有定法则一无余意——无“韵”，无定法才余意无穷——有“韵”，“法”死则“意”尽，“法”活则“意”远，有无穷韵味。郭若虚《图画闻见志》论绘画用笔之法云“乃是自始及终，笔有朝揖，连绵相属，气脉不断，所以意存笔先，笔周意内，画尽意在，像应神全”（卷一《论用笔得失》），也是指这种“画尽意在”的意韵。山谷在《用前韵谢子舟为予作风雨竹》中说：

小山苍苔面，突兀谢憎爱。风斜兼雨重，意出笔墨外。吾闻绝一源，战胜自十倍。荣枯转时机，生死付交态。狙公倒七茅，勿用嗔喜对。此物当更工，请以小喻大。②

一幅写意竹石画是意在笔法绳墨之外，所以有韵。这种“胸中韵”即意韵，是在超越法的“活法”审美中获得的。故他说：“意之所到，辄能用笔。”（意超法外）“无意为文，夫无意而意已至。”（《大雅堂记》）

① 《山谷题跋》卷四，第120页。
② 黄庭坚《山谷诗集注》卷十二，《黄庭坚诗集注》，中华书局2003年版，第454页。

其实黄庭坚在诗、书、画艺术领域都主张这种活法的“意韵”，他称杜甫诗“妙处乃在无意于文，夫无意而意已至”，也是指诗的“意韵”。因此山谷把书法、绘画上的“无法”精神自然地贯彻到诗文创作当中。他要求诗文创作任运由我、直抒胸臆，要“声随器形转，安可一律调”（《几复读庄子戏赠》），即不可拟古不化，为法所缚。《晋书·陶渊明传》说渊明不解音律，常蓄无弦素琴一张，每酒酣即抚弄以寄意。这实际上是对师依成法定规的一种反叛。而山谷对渊明无弦之音（韵）推崇备至，屡屡言及，所谓“君岂有意师无弦”（《戏用题元上人此君轩》），“琴为无弦方见心”（《送陈萧县》）。他把斤斤守法视为“按牛吃草，乃是道眼不明”（《答朱时发》），因而加以批判，云：

追逐前人，不能出其范围，虽班孟坚之《宾戏》，崔伯庭之《达旨》，蔡伯喈之《释诲》，仅可观焉，况下者乎！[①]

《兰亭》虽是真行书之宗，然不必一笔一画以为准。[②]

不随当世师章句，颇识扬雄善读书。[③]

这说明他遵法、重法而又反对为法所缚，求脱不得，所谓“方圆付自尔，规矩为疮疣”（《戏赠陈季张》），“为人自缚非天黥”（《杂言赠罗茂衡》）。他批评王观复作诗“左准绳右规矩”而不能“从容中玉佩之音”（《跋柳子厚诗》）。可见黄庭坚论法而意不在法，而是在超越法的“无法”，即活法。如郭绍虞先生所言，“山谷论诗始于法而终于神”，是“一方面

① 《山谷题跋》卷八，第217页。

② 《山谷题跋》卷四，第96页。

③ 黄庭坚《山谷诗外集补》卷三，《黄庭坚诗集注》，中华书局2003年版，第1638页。

要学杜，学其‘钩深入神’；一方面又要宗陶，取其‘和光同尘’。于杜则学其法，于陶则取其超于法。得于法而后工，超于法而后妙”（《中国文学批评史》）。“神”和“妙”代表了山谷所追求的繁华落尽、自然入神的无法艺术境界，这正是活法艺术精神的体现，即先由法入，有法可循，后由法出，达到“不烦绳削而自合”的活法境界。不刻意守法而又与法高度弥合，仿佛是“无功之功”，不思而至。

三

黄庭坚对法与非法之间内在关系的辩证把握，是从两个相反相成的审美维度，即“无法”审美维度和“有法”审美维度，来构建其活法美学思想的。从“无法”的维度，是讲如何“出法度”，即如何摆脱法缚的问题。对此，山谷主张以心驭法，不为法役，做到法入（有法）而能法出（无法）。他要求“入则重规迭矩（法），出则奔轶绝尘（无法）”（《跋唐道人编予草稿》），应“不为法度病其风神”（《论书》）。《答王观复》云：“杜子美到夔州后古律诗便得句法，简易而大巧出焉，平淡而山高水深，似欲不可企及。文章成就，更无斧凿痕，乃为佳作耳。”从“有法”审美维度，是讲如何“入法度”，即在任情直抒、恣逸纵横的情况下又能与艺术审美法则高度弥合。苏轼曾言：“诗以奇趣为宗，反常合道为趣。”（《围炉诗话》引东坡语）山谷主张创作时翰墨淋漓、技巧上又符合法度要求的无法而法的思想，也可概括为“反常而合道”。这在书法理论上尤为突出，他说：

（张长史）姿性颠逸……其书字字入法度中也。[①]

① 《山谷题跋》卷四，第123页。

（颜鲁公）虽自成一家，然曲折求之，皆合右军父子笔法。[1]

回视欧、虞、褚、薛、徐、沈辈，皆为法度所窘，岂如鲁公萧然出于绳墨之外而卒与之合哉！（《题颜鲁公帖》）[2]

因此他要求草书“放笔自然成行草，则虽草而笔意端正”（《与宜春朱和叔》）。按常理是楷书重规矩，草书可以任意挥洒。但山谷认为：“楷法欲如快马斫阵，草法欲左规右矩，此古人妙处也。”（《与人》）这就是一种反常合道、反法合道。这种思想也同样贯穿在他的诗歌理论中。如他说陶渊明：“然无所拘系（无法），而依依规矩准绳之间（合法）。”（《梁上吟序》）评杜甫诗：“以少陵渊蓄云萃，变态百出（无法），虽数十百韵，格律益严（有法），盖操制诗家法度如此！”（《古今诗话》引山谷语）

他说新禅师“信手斫方圆，规矩一一中”（《代书寄翠岩新禅师》），因此主张在“唐律中作活计”（《古今诗论》记山谷言），“不独求夸前辈，要须前辈中擅场”（《王直方诗话》记山谷语）。对于这种创作时纵情挥洒、无拘无束而最终又能与审美法则相吻合的境界，山谷喻为“闭户造车（无法），出门合辙（合法）”（《跋唐道人编余草稿》），是“不烦绳削而自合”（《题意可诗后》）。这句话出自韩愈《南阳樊绍述墓志铭》。东坡《南行前集序》表达的也是这个意思，所谓“昔之为文者，非能为之为工，乃不能不为之为工也，山川之有云雾，草木之有华实，充满勃郁而见于外，夫虽欲无有，其可得耶？”所谓“不烦绳削而自合”，具体说来就是指文章表面上看不出雕琢之迹，而骨子里却极富法度，是一种自然无法的境界。所以他说：

① 《山谷题跋》卷四，第 128 页。

② 《山谷题跋》卷四，第 184 页。

谢康乐、庾义成之于诗，炉锤之功不遗力也。然陶彭泽之墙数仞，谢、庾未能窥者，何哉？盖二子有意于俗人赞毁其工拙，渊明直寄焉耳。①

（杜诗）妙处乃在无意于文，夫无意而意已至。②

观子美到夔州后诗，退之自潮州还朝后文，皆不烦绳削而自合矣。③

李白诗如黄帝张乐于洞庭之野，无首无尾，不主故常……其行草……盖所谓不烦绳削而自合者欤！④

他要求学诗者"从容以致琢磨之工"（《答王秀才》），这就体现了法与非法的辩证统一。他称之为"无功之功"，说"无功之功，乃得妙耳"（《与人》），"参禅而知无功之功"（《题赵公佑画》）。有法而无法、有功而无功的活法美学思想，归根到底就是主张重心贵"我"，师心而不师法，因此活法即心法，山谷由此提出了"心法"。他在《东坡墨戏赋》中说：

东坡居士游戏于管城子楮先生之间，作枯槎寿木，丛篆断山。笔力跌宕于风烟无人之境，盖道人之所易，而画工之所难。如印印泥，霜枝风叶，先成于胸次者欤？……夫惟天才逸群，心法无轨。笔与心机，释冰为水。立之南荣，视其胸中，无有畦畛，八面玲珑者也。⑤

山谷的"心法"来自禅宗。禅宗说的心心相传的"心法"就

① 《山谷题跋》卷七，第184页。

② 黄庭坚《豫章黄先生文集》卷十七，《四部丛刊初编》，上海书店1989年版，第23页。

③ 《豫章黄先生文集》卷十九，《四部丛刊初编》，第29页。

④ 《山谷题跋》卷二，第35页。

⑤ 《豫章黄先生文集》卷一，《四部丛刊初编》，第10—15页。

是一种有法无法、有定法无定法、有功无功的活法。《双峰山曹侯溪宝林传》中有八首偈论这种有法无法的“心法”说：

> 法本法无法，无法法亦法。今付无法时，法法何曾法？
> 本来付有法，付了言无法。各各自须悟，悟了无无法。
> 非法亦非心，非心亦非法。说是心法时，是法非心法。
> 心自本来心，本心非有法。有法有本心，非心非本法。
> 通达本法心，无法无非法。悟了同未悟，无心亦无法。
> 无心无可得，说得不明得。若了心非法，始解心心法。
> 心同虚空界，示同虚空法。证得虚空时，无是无非法。
> 虚空有内外，心法亦如此。若了虚空故，是达真如理。①

禅宗不仅认为心即是佛，而且认为心即是法，所以称“心法”。“法亦无法，法即是心。所以祖师云：‘会此心法时，法法何曾法？无法无本心，始解心心法。’”（《宛陵录》，《古尊宿语录》卷三）心法来自心悟。“千方诸佛出世，只共说一心法，所以佛密付与摩诃大迦叶。此一心法体尽虚空，遍法界……法岂是汝于言句上解得他，亦不是于一机一境上见得他此意，唯是默契得者……但知无心忽悟即得，若用心拟学取，即转远。”（同上）“心法”是一种自然无为之法，任“心”而行，不执定法。所以“心法无执”，“不用将定入定，不用将禅想禅，不用将佛觅佛，如云法不求法，法不得法，法不行法，法不见法，自然得法，不以得更得。”（《百丈怀海语录》）山谷描述种自然无为的心法说：

> 张长史折钗股，颜太师屋漏法，王右军锥画沙、印印泥，怀素飞鸟出林、惊蛇入草，索靖银钩虿尾，同是一笔心不知手、手

① 智炬《双峰山曹侯溪宝林传》卷二，《佛藏要籍选刊》第十四册，上海古籍出版社 1994 年版，第 10—15 页。

不知心法耳。[①]

因为“心”是活的，所以心法即活法，活法有定无定。《赵州真际语录》有云：“问：‘如何是定？’师云：‘不定’。学云：‘为什么不定？’师云：‘活物，活物。’”（《古尊宿语录》卷十三）这个有定无定、有执无执的“活物”就是“心”。“问：‘心不停不住时如何？’师云：‘是活物。’”（《赵州真际语录之余》）所以这种“心法”是以心为法，苏东坡即把他心智开悟的“活法”看成即心是法：“古之真人，以心为法。”（《广东东莞县资福寺舍利塔铭》）而被视作黄龙传人的苏辙也比黄庭坚更早提出了“心法”。他在《宝峰云庵真净禅师语录序》中说：

心藏于人，见于百骸，视听言动，皆心也。古之达人推而通之，大而天地山河，细而秋毫微尘，此心无所不在，无所不见。是以小中见大，大中见小；一为千万，千万为一，皆心尔。法然而非有所造也，故其指心法以示人也……心地既明，出语皆法。[②]

心即是法，“心地既明，出语皆法”。这就是大珠慧海所说的心悟的心法：“是以解道者，行住坐卧，无非是道；悟法者，纵横自在，无非是法。”（《大珠禅师语录》卷下）禅宗说的“心法”也就是指“心传”的活法，“心法”即“心传”，黄庭坚也引王梵志的诗说此“心法”云：“妙性及灵台，何曾受熏炼？……将功用功，展转冥蒙。取即不得，不取自通。吾有一言，绝虑忘缘。巧说不得，只用心传。……细极毫末，大无方所。本自圆成，不劳机杼。”（《江村消夏录》卷二）故他又把这种“心法”

① 《豫章黄先生文集》卷十七，《四部丛刊初编》，第148页。

② 赜藏《古尊宿语录》卷四十四，上海古籍出版社1991年版，第561—562页。

称为“心术”：“文章本心术，万古无辙迹”（《寄晁元忠》十首之五），“心术妙解通神明”（《赠赵言》）。心传靠心悟，心法在悟入，故有法而无法、无法而有法当从心得，法之活源于心之活，法之解粘去缚要靠心之悟入。所以，山谷论诗重心悟，他特别突出心的地位，认为：

不识心而云解《论语》章句，吾不信也。①

心能转腕，手能转笔，书字便如人意。②

绝妙推心得。③

吴生之超其师，得之于心也，故无不妙。……欲得妙于笔，当得妙于心。④

重心主悟的思想可推源至《金刚经》，但直接启发来自苏东坡。东坡《信道智法说》中的“法而不智，则天下之死法也”，就是认为心智开悟，才能法活。山谷也意识到了这一点。其《寄李次翁》诗云：“胸中重妙觉，岁晚期心获。”《赠陈师道》诗云：“陈侯学诗如学道。”其颂扬后山平日积累，一旦彻悟，即脱胎换骨，臻于妙境。当然苏轼虽然提出心智开悟以求法活，但关于如何通过心智来开悟，他没有进一步论述。黄庭坚勾勒了一个由心识到妙悟的活法过程，将心、识、悟三者统一起来。他认为“至神惟顺心”，“欲得妙于笔，当得妙于心”，是因为山谷深悉心具“识”的功能，由“识”可以获得“殆非世智下聪所及，要须得之心地”（《答徐师川》）的心

① 《山谷题跋》卷一，第18页。

② 《山谷题跋》卷四，第106页。

③ 黄庭坚《山谷外集诗注》卷九，《黄庭坚诗集注》，中华书局2003年版，第1005页。

④ 《豫章黄先生文集》卷十六，《四部丛刊初编》，第28—29页。

智，以此开悟。《潜溪诗眼》引黄庭坚语云："学者要先以识为主，如禅家所谓正法眼者，直须具此眼目，方可入道。"这就说明他把"识"当作心悟的关键，认为"应物而神，唯识而已"（《题石供奉金神像》）。惟"识"才能窥见古人之用意，只有先识而后才能妙悟。所以山谷论及学书时云：

须熟观魏晋人书，会之于心，自得古人笔法也。①
张古人书于壁间，观之入神，则下笔时随人意。②
但观古人行笔意耳。③
得古人笔意……窥笔法之妙。④

论及诗文创作时云：

须精治一经，知古人关捩子，然后所见书传，知其旨趣。⑤

可见山谷所谓的"识"，包括"观""看""味""窥"等，实质上就是指"熟参"的功夫学力，是在对前人成功艺术经验的学习借鉴中领悟文法。看重功夫学力，所谓"学要尽工夫"（《再次韵杨明权》），认为"为学功夫，以多读书贯穿，自当造平淡"（《与洪驹父书》）。目的是要求积累功夫，渊蓄学力，以期到达一定程度后，心有所悟，豁然贯通，然后惟意所出，变化无穷，进入得心应手、应物而神的活法境界——这就是他的参"活句"说。黄庭坚的无法而法的"心

① 《山谷题跋》卷五，第146页。
② 《山谷题跋》卷五，第146页。
③ 《山谷题跋》卷五，第140页。
④ 《山谷题跋》卷七，第194页。
⑤ 《山谷别集》卷十七，《四库全书萃要·集部》第三十七册，第540页。

法”，便具体表现在他的诗歌语言技法的“活句”说上。黄庭坚十分注重“句法”：“诗来清吹拂衣巾，句法词锋觉有神”（《次韵奉答少激纪赠二首》），“一洗万古凡马空，句法如此今谁工”（《题韦偃马》）。“句法”又称为“句律”，不仅指语言句法的问题，实际还包括了诗歌的结构、格律、技巧、诗体、风格等问题，因此“句法”“句律”实质上还是一个艺术之“法”（以诗歌语言技法为核心）的问题。

四

黄庭坚提出的“句法”是一种活“句法”，正来自黄龙派的参“活句”。他师法临济宗下的黄龙派，而黄龙派的心法禅悟专讲参“活句”。死心禅师说：“参玄上士，须参活句。直得万刃崖前，腾自捕不碎，始是活句。若不如是，尽是意根下纽捏将来，他时异日，涅盘堂内手脚怕乱。”（《黄龙死心新禅师语录》）《五灯会元》上就具体讲到德山缘密的参活句：

鼎州德山缘密圆明禅师，上堂：“僧堂前事，时人知有。佛殿后事作么生？”上堂：“我有三句语示汝诸人：一句函盖乾坤，一句截断众流，一句随波逐浪。作么生辨？若辨得出，有参学分；若辨不出，长安路上辊辊地。”……上堂：“但参活句，莫参死句。活句下荐得，永劫无滞。一尘一佛国，一叶一释迦，是死句。扬眉瞬目，举指竖拂，是死句。山河大地，更无淆讹，是死句。”时有僧问：“如何是活句？”师曰：“波斯仰面看。”[①]

① 普济《五灯会元》卷十五，《卍续藏经》第一三八册，新文丰出版公司1995年版，第561页。

所谓参“活句”，就是一种禅家的活参、活禅、活法参悟，是把“句”（法）看成活句（法），通过心的熟参，以心悟入。所谓：“有法授人死词也，死语岂能活人乎？”（《五灯会元》卷十七）“活句下荐得，堪与佛祖为师；死句下荐得，自救不了。”（《禅家龟鉴》）因此“若会，死句也是活句；若不会，活句也是死句。”（《从容庵录》）句（法）是有定句而无定句、有定法而无定法，是定句与无定句、定法与无定法的统一。这种参“活句”后来发展成为宗杲的看话禅，是一种活法的心悟。

黄庭坚说的“句法”“句律”，就是“活句”“活法”的艺术技法。张戒曾指出：“往在桐庐，见吕舍人居仁，余问：‘鲁直得子美之髓乎？’居仁曰：‘然。’‘其佳处焉在？’居仁曰：‘禅家所谓死蛇弄得活。’”（《岁寒堂诗话》卷上）这就是川禅师说的“是法非法不是法，死水藏龙活泼泼”，无住禅师说的“无为无相活泼泼”，葛天民说的“参禅学诗无两法，死蛇解弄活泼泼”（《寄杨诚斋》）。“死蛇弄活”是对文学语言技巧、表现手法的活用，不落死语、死法。后来章冠之说“人入江西杜，诗参活句禅”（《自鸣集》卷四《送谢王梦得示诗卷》），就是指黄庭坚的“活句”的“句法”。

黄庭坚的“活句”审美方式集中表现在他的“夺胎换骨、点铁成金”上。他在《答洪驹父书》中说：

> 自作语最难。老杜作诗，退之作文，无一字无来处。盖后人读书少，故谓韩、杜自作此语耳。古之为文章者，真能陶冶万物，虽取古人之陈言入于翰墨，如灵丹一粒，点铁成金也。①

点铁成金原为道教外丹烧炼的点化术，但禅宗也用它来论

① 《豫章黄先生文集》卷十九，《四部丛刊初编》，第23页。

述自己的参“活句”（参活禅）。《景德传灯录》记载某僧问雪峰法嗣龙华灵照：“还丹一粒，点铁成金；至理一言，点凡成圣，请师一点。”灵照回答：“还知齐云点金成铁么？”（卷十八）又《龙门佛眼语录》：“如来出世，指出涅槃妙心，常乐我净。譬如还丹一粒，点铁成金，至理一言，转凡成圣。”（《古尊宿语录》卷二十七）黄龙派最讲这种点铁成金。《五灯元会》记叙了黄龙慧南与悦禅师的一次对话：

（黄龙慧南）偶同云峰悦禅师游西山，夜话云门法道，峰曰：“澄公虽是云门之后，法道异矣。”师诘其所以异，峰曰：“云门如九转丹砂，点铁成金。澄公药汞银徒可玩，入锻则流去。”师怒，以枕投之。明日，峰谢过。又曰：“云门气宇如王，甘死语下乎？澄公有法授人，死语也。死语，其能活人乎？”①

可见所谓“点铁成金”原来就是禅家的参“活句”，而黄庭坚的“夺胎换骨、点铁成金”显然是来自黄龙派。

“夺胎换骨”也同“点铁成金”一样，实际也是禅家所说的“活参”。惠洪《冷斋夜话》中记云：

山谷云：诗意无穷，而人之才有限，以有限之才追无穷之思，虽渊明、少陵不得工也。然不易其意而造其语，谓之换骨法；窥入其意而形容之，谓之夺胎法。②

禅宗用脱胎换骨表示心悟的深浅，如说达摩付法，慧可得髓，道育得骨，尼总持得肉。宗杲的大弟子道谦从长沙悟

① 《五灯会元》卷十七，《卍续藏经》第一三八册，第650页。

② 惠洪《日本五山版冷斋夜话》卷一，张伯伟编校《稀见本宋人诗话四种》，江苏古籍出版社2002年版，第17页。

归，宗杲看到他说："这汉和骨都换也！"（《大慧宗杲年谱》）黄庭坚说的"换骨法""夺胎法"，都是一种参"活句"的心悟法，在诗歌创作中，对前人的句法、句律、典故、艺术之法加以熟参，以心悟入，化为我用。这里以诗歌的"意"喻"胎"，以诗歌的"语"喻"骨"，不变换其"意"而造新"语"就叫"换骨法"；变化其"意"，而用原"语"形容，就叫"夺胎法"。这种参"活句"就是一种活法悟入的审美创造。无怪后来曾季貍明确把黄庭坚、陈师道、韩驹等江西诗派说的"夺胎换骨，点铁成金"说成是吕本中的"活法"："后山论诗说换骨，东湖论诗说中的，东莱论诗说活法，子苍论诗说饱参，入处虽不同，然其实皆一关捩，要知非悟入不可。"

参"活句"涉及的是一个前人"法"（句法、句律）的问题。对于学诗者，前人的作品也就是一种"法"，也存在着一个"法"碍表现与离"法"无准的矛盾，因而也有一个法入而后法出的新变过程，即借"古"（法）入悟，而后摆脱前人规模，自成一家，达到"不求与古人合而不能不合，不求与古人异而不能不异"（《白石道人诗集序》）的活法艺术境界。黄庭坚的"夺胎换骨""点铁成金"说，在精神上与此一脉相通，它是山谷的活法美学思想在表现手法上的要求，因而实质上也体现了由学至悟的活法精神。

［原载于《浙江大学学报（人文社会科学版）》2003年第11期］

宋诗的“活法”与禅宗的思维方式

◎张　晶

一

诗乃艺术，禅乃宗教。而在中国的文化土壤中，二者交融互渗，结出了奇特之花。诗与禅之间的影响是双向的，诗的禅化与禅的诗化是并存的。而禅对于诗的渗透，除了那种渊静空寂的禅味、禅境外，更多的是禅的思维方式对诗歌创作及诗歌理论的浸渗。

倘若我们稍加留意，就不难发现，宋诗的状貌及其发展嬗变的轨迹，都与禅有着密不可分的联系。如果说，唐诗中禅的影响还止于王维《辋川集》、常建《题破山寺后禅院》、柳宗元《渔翁》等诗中那种空寂而富有生命感的禅境，那么，宋诗中禅的渗透，则通过诗论的中介，深刻地影响了宋诗发展的进程。从北宋而南宋，诗坛总的流向可以说是由必然走向自由。在这个转机中，禅发挥了巨大的助力。

二

相对于唐以前的诗史，宋诗是一个新的螺旋，这个螺旋更多地凝聚着宋代诗人们偏于思辨的理性思维素质。对于诗歌创作本身，宋代的诗人及诗论家们有着更多的自省意识。唐代的诗学著述多止于诗格法式一类，如皎然《诗式》、徐衍《风骚要式》、旧题白居易《金针诗格》等。宋代的诗论一方面继承了唐人关于诗歌形式要素的丰富遗产，另一方面更多地探赜诗歌的内在艺术规律以及审美特质。一方面礼拜前贤，对杜甫等大诗人极尽倾服，奉为祖师；另一方面，又要有所超越，破除窠臼，自成面目。这些都构成了宋诗的二重性及宋代诗论在整体上的悖论性质。然而，总的趋势是由必然走向新的自由，这是一个动态的过程。在这个不断的动态建构中，宋诗形成了独特的风貌。恰如清人吴之振所言："宋人之诗，变化于唐，而出其所自得，皮毛落尽，精神独存。"（《宋诗钞》序）

在由必然走向自由的诗学进程中，理论上代表这种转折的，可以拈出"活法"。"活法"由江西派诗人吕本中提出，它概括了宋诗发展中决定性的转机及流变之趋势。"活法"这个范畴本身也许在诗论实践上并没有那样举足轻重的地位。但我认为，宋代诗论中的许多现象都可以归结到"活法"的理论概括之下，而呈现其有机的内在联系，举此一纲，可挈众目，挽住"活法"，可以洞悉宋诗转变之大势，又可观照宋代诗论中许多说法的共同基质。因此，本文所论的"活法"，乃是展开于一个更为广阔的背景之下的，议论禅宗的思维方式对"活法"的影响，也主要是揭示禅对于宋诗由必然走向自由这个转机的深刻作用。

吕本中在《夏均父集序》中正面提出"活法"，他说：

学诗当识活法。所谓活法者，规矩备具而能出于规矩之外，变化不测而亦不背于规矩也。是道也，盖有定法而无定法，无定法而有定法。知是者，则可以与语活法矣。

所谓"活法"，并非对法的抛弃，而是在自由驾驭法的基础上超越法。因而首先要"规矩备"，要全面地、熟练地掌握诗歌创作的规矩法度。然而，“活法”又强调一个“活”字，也就是不能死于法下。只有十分纯熟地驾驭了法，才能从心所欲不逾矩，变化莫测，游刃有余，从而进入一种艺术创造的自由境界。这是一种认识了必然以后的自由。黑格尔认为自由是对必然的认识，恩格斯非常赞许这种自由观，他推崇黑格尔第一个正确地论述了自由与必然之间的关系，从而论述道：“自由不在于梦想中摆脱自然规律而独立，而在于认识这些规律，从而可能有计划地利用自然规律为一定的目的服务。”（《马恩选集》第三卷，第229页）吕本中所倡“活法”，实际上正是这样一种认识了规律的自由。

“活法”是江西诗派诗学理论摆脱其自身僵局、谋求生路的产物。倡导“活法”或以“活法”作诗而著称的人，恰恰是江西派圈子里或与江西派关系甚深的人。吕本中、杨万里等都是如此。吕本中作《江西诗社宗派图》，是江西诗派这一流派名称的创始者。他虽然未将自己列入江西诗社之中，但实际上他是江西诗派的重要人物。吕氏诗论中有足够的“江西味”，如说“文章无警策则不足以传世，盖不能竦动世人，如老杜及唐人诸诗，无不如此”，“诗词高深要从学问中来”（均见《童蒙诗训》）。这些都是典型的“江西腔儿”。以“活法”作诗而著称的杨诚斋，亦是从江西派入手学诗，曾自言“予之诗，始学江西诸君子”（《荆溪集序》）。正是他们在理论与实践上对江西派的超越，宋诗的主流才由风靡诗坛的江西诗风所带来的委顿走向新的生机。

以黄庭坚为代表的江西诗派，集中继承了唐代诗论中艺术技巧方面的遗产，总的精神是重绳墨法度，以门径示人。“句法”“诗眼”成为江西诗人们的追求目标。江西派奉杜甫为祖，主要是从规矩法度上取径于杜甫。山谷诲人学杜：“但熟观杜子美到夔州后古律诗，便得句法。”（《与胡少汲书》）所谓

“夺胎换骨”“点铁成金”，也都有一定的套路，如山谷所举以示人的范例。郑谷《十日菊》有“自缘今日人心别，未必秋香一夜衰”之句，“此意甚佳，而病在气不长”。王安石借鉴其诗意，写出“千花万卉凋零后，始见闲人把一枝”，充实进峭健的气骨，这便是所谓“换骨法”。白居易诗：“临风杪秋树，对酒长年身。醉貌如霜叶，虽红不是春。”苏轼“窥入其意而形容之”，写出“儿童误喜朱颜在，一笑哪知是酒红”的诗句，这便是所谓“夺胎法”（见《冷斋夜话》）。这种对前人诗语的借鉴其始未必不佳，而形成一定的模式后，作为“不二法门”到处套用，互为因袭，使诗人们只知按一定的法式改造利用前人诗语，而忽视创造那种独创的、原生的美，这也便是江西之弊。吕本中虽然心仪山谷，但更多的是弘扬山谷诗论中力主自成一家的一面，主张变化多方，反对拘执于一定的模式、窠臼。他说：

《楚辞》、杜、黄，固法度所在，然不若遍考精取，悉为吾用，则姿态横生，不窘一律矣。如东坡、太白，虽规摹宏大，学者难依，然读之使人敢道，澡雪滞思，无穷苦艰难之状，亦一助矣。（《与曾吉甫论诗第一帖》）

黄庭坚一直是以杜甫为旗帜，处处诲人以杜诗圭臬，正是因为杜甫“老来渐于诗律细”，在诗的语言锤炼上达到了炉火纯青、间不容发的境界。而杜甫夔州以后的律诗并不单纯是艺术技巧讲求的结果，而是由诗人那种博大的襟怀、沉郁悲壮的情感，和着高妙细密的诗歌技巧孕化而出的奇葩。山谷诲人学杜则偏重于“诗眼”“句法”，并提取一些模式来，以之为方便法门。这固然给学诗者带来有门径可寻的喜悦，却又往往使诗人堕入某些窠臼轨范。吕本中推崇山谷，但又主张变化，反对规摹旧作，因此，他更提倡从天马行空、随物赋形的太白、东坡诗中汲取“自由的元素”，而达到“姿态横生，不窘一律”的境地。从这个视点出发，吕本中十分欣赏张耒的诗：“文潜诗，自然奇逸，非他人可及。如‘秋明树外天’，‘客灯青映壁，城角冷吟霜’，‘浅山寒带水，早日白吹风’，‘川坞半夜雨，卧冷五更秋’之类，迥出时流，虽是天姿，亦学可及。学者若能常玩味此等语，自然有变化处也。”（《童蒙诗训》）以提出“活法”而在诗论史上著称的吕本中的这些议论，都说明了“活法”的基本内涵，就是有法而又超越于法，破除规矩、窠臼给诗歌创作带来的束缚，主张写诗要自然奇逸，变化多端。

破弃拘执，变化万方，是禅的一个基本特征。在禅宗的基本教义中，“不立文字，以心传心”，是至关重要的一点。“不立文字”，并非是说完全废弃语言文字的功能，而是说要突破语言文字的外壳对思维的束缚作用，打破名言概念所带来的有限性及思维僵局。禅宗经典《坛经》云：“若大乘人，若最上乘人，闻说《金刚经》，心开悟解，故知本性自有般若之智，自用智慧，常观照故，不假文字。”就是说，禅体悟佛教“终极真理”，是用自身所有的般若智慧，反观自性，而不能通过名言概念的途径。禅宗的重要文献、黄檗希运禅师所著的《传心法要》中也说：“超过一切限量、名言踪迹对待，当体便是，动念即乖。”也就是要破除名言概念的拘执，因为一运用概念的知性分析，便与佛理背道而驰。禅宗以公案为启悟僧徒之具。公案问答之间，没有逻辑上的联系，不能以正常的理性思维进行推理判断，而是机锋百出、变化莫测，令人感到匪夷所思。略举一二例即可见出禅家公案的此种特点。“僧问大梅：‘如何是西来意？’大梅曰：‘西来无意。’师闻乃曰：‘一个棺材，两个死汉。’”“僧问：‘如何是佛？’师曰：‘猫儿上露柱。’”“如何是正法眼？师曰：拄杖孔。”“僧问：如何是祖师西来意？师曰：三尺杖子破瓦盆。”（以上均见《五灯会元》）这便是禅家的师徒传授。问答之间，没有任何逻辑联系，只是随机应答。这种貌似胡言乱语的问答之中，闪烁着禅家破除束缚、反对拘执、变化无常的精神特质。所答非所问，就是要破除头脑中的理性联系，而以风马牛不相及之语作为启悟佛性的符号。

禅宗的这种思维方式与宋诗的“活法”论之间不仅是有简单的可比性联系，实际上，吕本中、杨万里等人都深受禅悦之风濡染。而以禅论诗之风在北宋中期便很盛行。吴可、赵章泉、龚相等人以禅论诗，虽然没有像吕本中那样标举“活法”，而其旨归与吕氏无异，同声相应，正可视为“活法”说的先声。吴可公然说：“学诗浑似学参禅，头上安头不足传。跳出少陵窠臼外，丈夫志气本冲天。”（《学诗诗》）赵章泉《学诗诗》亦云：“学诗浑似学参禅，束缚宁论句与联。四海九州何历历，千秋万岁孰传传。”宋代士大夫染禅者甚众，无数操觚弄翰、弈棋分茶的士人，都浸染于禅风之中，亦禅亦诗，方才潇洒。而禅与诗在直觉观照的思维方式的切近，使诗人们往往以参禅悟道来比拟诗学规律，这在宋代诗论中形成一条显而易见的线索。到南宋的严羽可谓集其大成。此处所举的吴可、赵章泉的《学诗诗》都是以禅家精神比拟作诗要破除窠臼，富于变化。我们说“活法”并不局限于这个范畴自身，而是代表了宋诗由必然走向自由的趋势。“活法”说正是吴可等人诗学观的必然发展和理论概括，其间诗与禅的关系是显而易见的。吕本中本人提出“活法”，也是深受禅宗启悟的。张戒在《岁寒堂诗话》中透露出此中消息：“往在桐庐见吕舍人居仁，余问：‘鲁直得子美之髓乎？’居仁曰：‘然。’‘其佳处焉在？’居仁曰：‘禅家所谓死蛇弄得活。’”山谷标举杜诗以“诗眼”“句法”，主要就是诗歌技巧方面的规矩法度。吕本中眼里的杜甫和黄庭坚，“佳处”则主要在于“活法”。“死蛇弄活”是禅家的著名比喻，也是“活法”

说重要的思想来源。

三

与前述内容有密切的内在联系，“活法”说还包括这样的内涵，即诗歌写作中审美创造的随机性与直接汲纳自然所获得的活泼天趣。在这方面，“活法”说与禅宗的思维方式有更深刻、更广泛的精神联系。

作为江西诗派经典诗论的“夺胎换骨”“点铁成金”“无一字无来处”，其实质是以前人的文学遗产作为诗材。尽管诗人的最终目的还是抒写自己此时此地的特定感受，但过多的成典故实，成为诗歌与现实生活的一层“挡板”，多了一个中间层次，而缺少了直接的血亲关系。这也正是江西诗论遭人诟病的一个原因。“活法”说则更多地要求诗歌创作在现实生活与大自然中“直寻”，而不满于“补假”。吕本中论诗主张立意清新，认为作诗“不可循习陈言，只规摹旧作也”（《童蒙诗训》），也是主张诗歌与现实生活的“骨血之亲”。“活法”作诗的杨万里，更多的是从大自然的朝晖夕阴、高山流水中取材，因而作品中充溢着无限的活泼天趣。他自述其创作体会说：“每过午，吏散庭空，即携一便面，步后园，登古城，采撷杞菊，攀翻花竹，万象毕来献予诗材。盖麾之不去，前者未雠，而后者已迫，涣然未觉作诗之难也。”（《荆溪集序》）这种诗思的来源是在现实生活和大自然的变化中随机触发的，而不是先有了立意再去寻找诗材。这种随机触发诗思，是“活法”说的一个内涵。杨万里的诗作，大都是在自然界与社会生活中随所感触，捕捉诗思，因而显得极为活泼。如这样的小诗：“初疑夜雨忽朝晴，乃是山泉终夜鸣。流到前溪无半语，在山做得许多声！”（《宿灵鹫禅寺》）“绿杨接叶杏交花，嫩水新生尚露沙。过了春江偶回首，隔江一岸好人家。”（《二月一日晓渡太和江》）其诗味清新，意象明丽，而诗的构思全是从自然景物中随机触发的。这也就是苏轼所说的“随物赋形”。江西诗论中“夺胎换骨”“点铁成金”的法式，往往使诗人规摹前人旧作，通过改造前人诗语来构思自己的诗作，因此刻意求奇者多，天然自得者少。“活法”说则强调诗思在于随机触发，而不能搞“主题先行”。张戒概括得很准确：“诗人之工，特在一时情味，固不可预设法式也。”（《岁寒堂诗话》）“预设法式”是“活法”所忌讳的。叶梦得在这方面有深入而精辟的论述。他认为诗之妙，应是情景相遭，自然而得，而冥思苦索之句未必为佳。他以谢灵运的名句“池塘生春草，园柳变鸣禽”为例来说明之：“世多不解此语为工，盖欲以奇求之耳。此语之工，正在无所用意，猝然与景相遇，借以成章，不假绳削，故非常情所能到。诗家妙处，当须以此为根本，而思苦言难者，往往不悟。”（《石林诗话》）王安石晚年退居钟山，诗风一变，由早年的雄健峭拔、颇有理思变而为即景遣怀、清新隽永，叶石林对王荆公晚年之作尤为欣赏，便在于其“意与言会，言随意遣，浑然天成，殆不见牵率排比处”（《石林诗话》）。

这种应物斯感、随机触发的诗思，比起“预设法式”来，更符合审美创造的规律。审美创造是一种直觉思维（当然这种直觉并不排除理性积淀），而不是以逻辑思维作为思维方式，“既不是以概念为其基础也不是以概念为其目的”，而是一种无目的的合目的性。审美体验应该是审美主体对感性表象所生起的体验，恰如英国美学家鲍桑葵所说的“审美态度的对象只能是表象”（《美学三讲》），中国古典美学讲“澄怀味象”（宗炳《画山水序》）都说明了这样一个基本事实，审美活动的对象只能是大千世界使审美主体生成的表象，而那种预设概念、从固定的主题出发来进行诗歌写作，往往缺少审美韵味。大自然所提供的审美契机是变幻万千的，在大自然中所随机感发的诗思显得格外清新。康德说：“想象力（作为生产的认识机能）是强有力地从真的自然所提供给它的素材里创造一个像似另一自然来。当经验对我呈现得太陈腐的时候，我们同自然界相交谈。”（《判断力批判》上卷）在诗歌创作中，主张诗思触发的随机性，是对江西诗论中那种“规摹古人”理论的一个反拨。

这种诗思触发的随机性，给诗歌带来了鸢飞鱼跃的活泼天趣与内在的生命力。以古人论诗之语形容之，前者如“弹丸脱手”，后者如“初日芙渠”。活法为诗，活泼流转，没有蹇涩之感。北宋时期，虽然尚未提出“活法”的概念，但在理论与实践中，都已有许多东西与“活法”说的精神一致，源流相承。大诗人苏轼的许多诗作都显示出极为活泼流走的天趣。东坡之诗“放笔快意，一泻千里”，“随笔所至，自成创句，所谓‘风行水上，自然成文’”（赵翼《瓯北诗话》）。随手略举一二例：“船上看山如走马，倏忽过去数百群。前山槎牙忽变态，后岭杂沓如惊奔。仰看微径斜缭绕，上有行人高缥缈。舟中举手欲与言，孤帆南去如飞鸟。”（《江上看山》）“横风吹雨入楼斜，壮观应须好句夸。雨过潮平江海碧，电光时掣紫金蛇。”（《望海楼晚景》）从这类诗作中不难感受到东坡诗中那种活泼流转、浑然天成的气格。东坡谈自己的创作体会说：“冲口出常言，法度法前轨。人言非妙处，妙处在于是。”（《诗颂》）他十分欣赏谢朓“好诗圆美流转如弹丸”（见《南史·王筠传》）之说，他称赞王巩的诗：“新诗如弹丸，脱手不暂停。”（《次韵答王巩》）苏轼这种对活泼流转之趣的赞赏以及苏诗的活泼天成，都给后来吕本中的“活法”提供了极大启示。曾季貍《艇斋诗话》绍述吕本中诗教之处甚多，从中可以看到吕本中最为心仪苏诗，也最“喜令人读东坡诗”，可以说苏诗是“活法”的典范之作。

南宋诗人杨万里，以“活法”为诗而著称。“诚斋体”的活泼流转，迅捷飞动更是有名的。方回评诚斋诗“飞动驰掷”。刘克庄也从活泼流转这个角度评诚斋：“后来诚斋出，真得所谓活法，所谓流转圆美如弹丸者，恨紫微公不及见耳。”（《江西诗派小序》）诚斋作诗，多在纷纭变化的大自然中直接撷取诗思，而摆去拘挛，变化曲折，十分活泼。尤其是一些七言绝句，更是生机盎然，圆美流转。如：“却是春残景更佳，诗人须记许生涯。平田涨绿村村麦，嫩水浮红岸岸花。”（《三月三日雨作遣闷》）“嫩水春来别样光，草芽绿甚却成黄。东风似与行人便，吹尽寒云放夕阳。”（《丁亥正月新晴晚步》）这些诗都“活泼剌底，人难及也。”（李纯甫评诚斋语，见《归潜志》）钱锺书先生论诚斋诗极为中肯：“诚斋则如摄影之快镜，兔起鹘落，鸢飞鱼跃，稍纵即逝及其未逝，转瞬即改而当其未改，眼明手捷，踪矢蹑风，此诚斋之所独也。”（《谈艺录》）可以说把诚斋诗活泼流转的特质形容得淋漓尽致！

“活法”说包括的随机触发诗思的内涵以及活法作诗所表现出的活泼流转，充溢着内在的生命力，与禅宗的思维方式既有理论上的同构性，又有实际的亲缘关系。

禅宗悟道在思维方式有这样三个信条，即“无念为宗，无相为体，无住为本”（《坛经》）。所谓“无念”，就是破除名言概念的束缚，“无相”是“于相而离相”，虽然不排斥表象的接引作用，但强调通过表象作为悟道契机后超越表象，直接体悟佛性。而“无住为本”，就是强调思维的流动性，不能停留在一点上。“念念时中，于一切法上无住，一念若住，念念即住，名系缚；于一切上，念念不住，即无缚也，此是以无住为本。”（《坛经》）思维不停流动，才能不受拘缚，随方悟道。禅家悟道常以“鸢飞鱼跃”为喻，正是说禅家思维过程的“无住”“无缚”，不黏涩于任何外物，而不断流动。“活法”要求诗歌创作的活泼天趣，正是深受禅宗启示的。杨诚斋诗云：“学诗须透脱，信手自孤高。”（《和李天麟》）又说“参时且柏树，悟罢岂桃花？”（《和李天麟》）借用禅典来说明作诗不能拘束执着。所谓“透脱”，即是指“识度、胸襟的通达超豁，不缚于世俗情见，心境活泼，机趣骏利，不执着，不粘涩”（周汝昌释语，见《杨万里选集》）。可见“活法”之活，正与禅家相通。

“活法”强调诗思触发的随机性，与禅宗的观念也有密切关系。禅宗带有浓厚的泛神论色彩。它认为真如佛性遍在于万法之中。禅宗在前期，还只是认为佛性遍于一切有情，后来则推而广之，认为一切无情之物也都含有佛性。“青青翠竹，尽是法身；郁郁黄花，无非般若”，这样著名的禅家话头，正是体现了禅的泛神特质。这种思想可能受了道家哲学“道无所不在”的命题的影响，并且融合了华严宗“法界缘起”论的思想方法。既然一切事物都内蕴着真如佛性，那么，无论拈引什么事物都可以作为昭示佛理的工具。禅家传道充满了随机性，只要悟透了禅机，那就无往而非佛。“是以解道者，行住坐卧，无非是道。悟法者，纵横自在，无非是法。”（《五灯会元》）禅家师徒，以机锋棒喝相传授，多是即境示人，随机拈取某种事物作为接引之具。如问：“如何是祖师西来意？师曰：砖头瓦片。”“如何是佛法大意？师曰：洞庭湖里浪淘天。”（均见《五灯会元》）再就是拳打棒喝，无非是当机煞活，催人猛省顿悟，为学人解粘去缚。“活法”说论诗颇受此种禅悟方式影响。叶梦得就曾以禅宗三种境界喻诗，其一便是“随波逐浪句，谓随物应机，不主故常”（《石林诗话》）。“随遇皆道，触处可悟。”（钱锺书语，见《谈艺录》）在“活法”论者看来，诗境正应如此。

四

与正统的江西诗论相比，“活法”说突出了创作者的主体意识，张扬了艺术个性。山谷论诗，讲“夺胎换骨”“点铁成金”“无一字无来处”，强调以古人语为“材料因”。江西诗派以杜甫为偶像，顶礼膜拜，处处强调以杜诗的“句法”为圭臬，致使金代诗论家诋山谷为“特剽窃之黠耳”（《滹南诗话》）。平心而论，山谷用古人语是能够“陶冶万物”的，因而自有其鲜明的艺术个性。而死守句法，只知在书本中讨生活的江西派末流，则处处依傍前贤，缺乏艺术个性。“活法”说则有意识地针对这点提出异议，突出诗人的主体意识。吴可在《学诗诗》中大声疾呼“跳出少陵窠臼外，丈夫志气本冲天”，大有呵佛骂祖的气概。吕本中着重弘扬黄庭坚诗论中自成一家的主张，他说：“鲁直云‘随人作计终后人’，又云‘文章最忌随人后’，此自鲁直见处也。近世人学老杜多矣，左规右矩，不能稍出新意，终成屋下架屋，无所取长。……如陈无己（师道）力尽规摹，已少变化。”他又通过转述徐师川“作诗自立意，不可蹈袭前人”的论诗之语，表明自己的观点。他称赞秦观“过岭后诗，严重高古，自成一家”（《童蒙诗训》），突出地强调“自成一家”，张扬艺术个性，这是主体意识进一步自省的表现。姜夔论诗也讲“活法”，说作诗“胜处要自悟”（《白石道人诗说》），言下之意，是反对依傍他人。严沧浪以禅喻诗，以“妙悟”作为其诗论的核心范畴，指出“禅道在妙悟，诗道亦在妙悟”（《沧浪诗话·诗辨》）。“悟”是禅宗的基本概念，指学佛者对佛教终极真理的体认，“顿悟成佛”，是禅的基本信条。悟者自悟，于自性中顿见佛性，非由外力所致。“悟”这个概念本身，便充满了主体性的色彩。“活法”诗论者往往借禅谈诗，而其中诗禅可以相通的关键则在于“悟”。龚相《学诗诗》云：“学诗浑似学参禅，悟了方知岁是年。点铁成金犹是妄，高山流水自依然。”韩驹《赠赵伯鱼诗》也说：“学诗当如初学禅，未悟且遍参诸方。一朝悟罢正法眼，信手拈出皆成章。”可以说，悟是创作主体由必然而进入自由的关键。未悟之时，遍参诸家、转益多师；经过主体之“悟”，熔百家于一炉，变成自己的独得，进入从心所欲不逾矩的自由境界。其间之“悟”，就是主体的陶钧熔冶过程。吴可也说得甚为明白：“凡作诗如参禅，须有悟门。”（《藏海诗话》）吕本中倡导“活法”，明确地把“活法”建立在主题之“悟”的基础上，他说：“作文（包括诗）要悟入处，悟入必自工夫中来，非侥幸可得也。”（《童蒙诗训》）

在佛教诸宗派中，禅宗是以否定外在权威，突出心本体的地位为特征的。禅宗认为佛并不是外在于众人的崇拜偶像，佛就在众人的自性之中。禅宗公案中，呵佛骂祖之事屡见不鲜。有僧问云门：“如何是佛？”答曰：“干屎橛。”义玄禅师竟至喊出“逢佛杀佛，逢祖杀祖”来。丹霞烧木佛像而取火。（均见《五灯会元》）否定权威，打破偶像，是禅家独有的精神！

与此相联系的另一面，便是对主体地位的高扬。禅宗“顿悟成佛”理论的基点就在于，佛性就在众生的自性之中，禅家之“悟”，就是运用般若智慧，近观自心，顿现自身具有的真如佛性。未悟之时，“犹如大云，盖覆于日，不得风吹，日无能现”。倘若向外觅佛，则路头差矣。“外修觅佛，未悟本性。”所以成佛与否，就在于能否省悟自己心中的佛性。“故知不悟，即是佛是众生；一念若悟，即众生是佛。故知一切万法，尽在自身中，何不从于自心顿现真如本性。”禅宗从其唯心主义宗教世界观出发，把心作为世界万物的本体，认为一切事物都可以包容于心中。“心生则种种法生，心灭则种种法灭。”“心量广大，犹如虚空……虚空能含日月星辰、大地山河、一切草木、恶人善人、恶法善法、天堂地狱，尽在空中。”（以上均见《坛经》）正因为把心作为派生万法的本体，禅宗才得出“顿悟成佛”的结论。从认识论讲，这是唯心主义之谬见，但它突出心本体的地位，实际上强调了主体意识，对诗歌创作是起了推动作用的。正是在这点上，禅宗给了宋诗由必然走向自由以有力的推动。宋代诗论中借禅喻诗，实际上主要在于主体之“悟”。诗之悟即在于由规摹他人、遍参诸方而转换为自得。“要到自得处方是诗。”（《诗人玉屑》）

五

正统的江西诗论强调“诗眼”“句眼”，认为好诗应是诗中有警句，句中下卓异生辉之字方是好诗！山谷推崇杜诗：“拾遗句中有眼。”（《赠高子勉》）又诲人云：“用一事如军中之令，置一字如关门之键。”（《跋高子勉诗》）强调警句奇字在诗中的关键作用。范温诗论即以“诗眼”名其书，多是介绍、叙述山谷的论诗主张。其曾云：“句法以一字为工，自然颖异不凡，如灵丹一粒，点铁成金也。”（《潜溪诗眼》）这强调警策固然不错，但忽略了浑然天成之整体美，往往导致有句无篇。“活法”说则更为偏重于强调“圆活”“圆成”，重视诗的整体之美。吴可《学诗诗》推崇“圆成”之作：“学诗浑似学参禅，自古圆成有几联。春草池塘一句子，惊天动地至今传。”谢灵运的名句“池塘生春草，园柳变鸣禽”，很难指出某字为“诗眼”，却生动地展现出大自然的勃勃生机，意境浑然而“圆成”。杨万里的诗境也都有一种浑然全整之美，而不以“诗眼”见长。严羽明确推崇气象浑成之作：“建安之作，全在气象，不可寻枝摘叶”，“《胡笳十八拍》浑然天成，绝无痕迹”，“汉魏古诗，气象混沌，难以句摘”（均见《沧浪诗话·诗评》），都重在强调诗的整体美感与内在的生命力。

这一点亦与禅家的“灵犀一点”相通。禅宗“顿悟成佛”说的根据还在于佛教终极真理是整一不可分的。禅宗的理论先驱、南朝佛学大师竺道生首倡“顿悟成佛”说，其根据就在于佛理的整一不可分性。慧达《肇论疏》述道生之论云：“夫称顿者，明理不可分、悟悟极照，以不二之悟，符不分之理。”禅悟本身必然是不可分析、不言阶渐的整体性感悟。禅宗明确反对对佛理做肢解性的分析认识。禅学大师玄觉在《永嘉证道歌》里说：“直截根源佛所印，摘叶寻枝我不能。”“摘叶寻枝”即指拘执于字句的分析性理解。雪峰义存禅师对其徒众教诲道：“我若东道西道，汝则寻言逐句；我若羚羊挂角，汝向什么处扪摸？”（《五灯会元》）“寻言逐句”的理解方式是禅家所不屑为的，整体的感悟是禅悟的必要条件。而“活法”说讲求诗的“圆成”“圆活”，即整体的、富有内在生命力的美感，与禅悟的整体性有一定内在联系。

六

宋诗中的“活法”是对江西诗风、诗论的反拨，同时也是江西派内部新质的再生。“活法”并非一个流派的理论，而是一种思潮。“活法”本身就是在江西诗论里生长出来的，表现了江西诗论的转机。本文所谈及的“活法”不仅指吕本中一个人的诗论，而且包容了如吴可、赵章泉、严羽、杨万里等持论相近的诗人与诗论家的主张。吕本中本人一方面正面揭示“活法”，界定了它的内涵，为这类主张超越法度、反对拘执、提倡变化的诗论，做了一个明确的理论概括；另一方面，吕本中诗论中的江西派的味道又是十足的。讲究法度与提倡变化是统一于他的诗论中的。吕本中最推崇的诗人有两位，一是苏东坡，一是黄山谷。他说：“自古以来语文章之妙，广备众体，出奇无穷者，唯东坡一人；极风雅之变，尽比兴之体，包括众作，本以新意者，唯豫章一人，此二者当永以为法。”（《童蒙诗训》）苏东坡之“出奇无穷”与黄山谷“包括众作”，都为吕氏所推重，当然他更重前者。他对山谷诗作的评价，对山谷诗论的介绍叙述，都重在其自成一家这点上。因此，“活法”说反映出宋诗变化的轨迹，代表着诗歌创作由必然走向自由的趋势。

“活法”说所代表的文学思潮的兴起，的确与禅宗的普泛化甚有关联。吴可、赵章泉、严羽等人以禅喻诗，旨在说明诗歌写作否定窠臼、自由驰骋而又深合诗歌艺术规律的境界。葛天民所说的“参禅学诗无两法，死蛇解弄活泼泼”（《无怀小集》）最能集中说明禅与“活法”说的关系。而从思维方式这一层面来观照二者的联系，可以使许多问题得到较为深入的解释。当然，“活法”说主要还是就诗歌语言形式的变化而论，缺少更为内在的探索，因此使一些诗歌流入轻滑而少厚重感。杨万里的诗就往往给人以此种印象。然而，无论怎样，“活法”标志着宋诗由必然走向自由的转折，这是没有疑问的。“活法”给宋诗带来的是生机，而不是萎缩。屡经曲折，宋诗终于走出了一条自己的道路！

（原载于《文学遗产》1989年第6期）

吕本中“活法”说文本考

◎曾　明

我们曾经撰文指出最先提出“活法”说的是北宋天圣二年（1024）登进士第的后期西昆体诗人胡宿（996—1067），而非南北宋之交的吕本中（1084—1145）[①]。但是，必须指出，吕本中虽然不是中国诗学“活法”说的首创者，可他对中国诗学“活法”说所做出的巨大贡献，在某些方面，仍是他人无可比拟的。这主要体现在以下五个方面：第一，他给“活法”下了一个通达的定义；第二，他给“活法”充实了应有的内容；第三，他给“活法”的运用指出可行的道路；第四，他为“活法”说探得了准确的来源；第五，他让“活法”产生了巨大的影响。可以说，中国诗论中的“活法”说，正是到了吕本中这里才趋于完备，有了正统诗法的地位。直到目前，中外学者对吕本中“活法”说的研究仍有一些问题没有定论，仍值得做进一步的探讨。其中，吕本中“活法”说之文本流传，吕本中阐述“活法”说言论之引述，便是一个需要厘清和考索的内容。

① 邓国军、曾明《诗学“活法”说不始于吕本中——兼论胡宿对西昆体的继承与突破》，《文学遗产》2009 年第 5 期；曾明《胡宿诗学“活法”说探源》，《文学评论》2011 年第 2 期。

一、吕本中"活法"说之文本《江西宗派图》考论

（一）《江西宗派图》之流传考论

体现吕本中"活法"说之文献，首先是《江西宗派图》。但是，后世引用《江西宗派图》，所引内容经常出现较大的差异。今试论之。

南宋俞成的《萤雪丛说》卷一云：

"文章一技，要自有活法。若胶古人之陈迹，而不能点化其句语，此乃谓之死法。死法专祖蹈袭，则不能生于吾言之外；活法夺胎换骨，则不能毙于吾言之内。"毙吾言者，故为死法；生吾言者，故为活法。伊川先生尝说：《中庸》"鸢飞戾天"，须知天上更有天；"鱼跃于渊"，须知渊中更有地。会得这个道理，便活泼泼地。"吴处厚尝作《剪刀赋》第五格对："去爪为牺，救汤王之旱岁；断须烧药，活唐帝之功臣。"当时屡窜易"唐帝"上一字，不妥帖，因看游鳞，顿悟"活"字，不觉手舞足蹈。"吕居仁尝序江西宗派诗，若言："灵均自得之，忽然有入，然后惟意所在，万变不穷，是名活法。"杨万里又从而序之，若曰："学者属文，当悟活法。所谓活法者，要当优游厌饫。"是皆有得于"活法"也如此。吁！有胸中之"活法"，蒙于伊川之说得之；有纸上之活法，蒙于处厚、居仁、万里之说得之。

俞成所谓"吕居仁尝序江西宗派诗"，当指吕氏所著《江西宗派图》。今考《四库全书总目提要》卷一百二十七《萤雪丛说》二卷云："成字元德，东阳人，前有庆元庚申自序，称'年四十后，即不应科举，优游黄卷，考究讨论，付之书记，囊萤映雪，无

所不为，尘积日久，遂成一编，目曰《萤雪丛说》’。”[①]今人王大鹏等编《中国历代诗话选》据此而云《萤雪丛说》之《序》成书于庆元庚申——“庆元六年（1200年）”[②]。但该书有“矢鱼于棠”一条云：“辛酉秋，因入鄱阳，阅三十二家《春秋解》。”辛酉为庆元七年亦即嘉泰元年（1201）。然则，《序》成之后，尚有增补。庆元、嘉泰距《宗派图序》作者吕本中之卒绍兴十五年（1145），不到六十年，其对吕本中《宗派图序》之引用，当不会无中生有！何况俞成此作，还是经过他“考究讨论”（见上）而后抄录的呢！因此，这段引文应该是可信度很高的同时资料[③]。

但是，最早引录吕本中《宗派图序》的成书于绍兴十八年（1148）前之胡仔《苕溪渔隐丛话》前集卷四十八及后于胡仔的赵卫彦《云麓漫钞》卷十四之所载，却无俞成所引吕本中“灵均自得之，忽然有入，然后惟意所出，万变不穷，是名活法”这段文字，反而有另外一大段吕本中在《宗派图序》中的话（而这段话又不见于俞成《萤雪丛说》卷一）。胡仔云：

吕居仁近时以诗得名，自言传衣江西，尝作《宗派图》，自豫章以降，列陈师道、潘大临、谢逸、洪刍、饶节、僧祖可、徐俯、洪朋、林敏修、洪炎、汪革、李錞、韩驹、李彭、晁冲之、江端本、杨符、谢薖、夏倪（当为倪字）、林敏功、潘大观、何觊、王直方、僧善权、高荷，合二十五人以为法嗣，谓其

① 永瑢等《四库全书总目》卷一二七，中华书局 1965 年版，第 1094 页。

② 王大鹏等编《中国历代诗话选》，岳麓书社 1985 年版，第 596 页。

③ 梁启超言及史料之可信度，有一段文字颇可参考，梁氏指出：“同一史迹而史料矛盾，当何所适从耶？论原则，自当以最先、最近者为最可信。先者以时代言，谓距史迹发生时愈近者，其所制成传流之史料愈可信也。近者以地方言，亦以人的关系言，谓距史迹发生地愈近，且其记述之人与本史迹关系愈深者，则其所言愈可近也。”（梁启超《中国历史研究法》，上海古籍出版社 1998 年，第 82 页）又可参考日本学者太田辰夫在《中国语历史文法·跋》中关于“同时资料”和“后时资料”的论述。（蒋绍愚、徐昌华译，北京大学出版社 2003 年版）

源流，皆出豫章也。其《宗派图序》数百言，大略云："唐自李、杜之出，焜耀一世，后之言诗者，皆莫能及。至韩、柳、孟郊、张籍诸人，激昂奋厉，终不能与前作者并。元和以后至国朝，歌诗之作或传者，多依效旧文，未尽所趣。惟豫章始大出而力振之，抑扬反复，尽兼众体（《竹庄诗话》卷十引从'国朝'起至此止），而后学者同作并和，虽体制或异，要皆所传者一，予故录其名字，以遗来者。"

而赵彦卫云：

吕居仁作《江西诗社宗派图》，其略云："古文衰于汉末，先秦古书存者为学士大夫剽窃之资，五言之妙，与《三百篇》《离骚》争烈可也。自李杜之出，后莫能及。韩、柳、孟郊、张籍诸人，自出机杼，别成一家。元和之末，无足论者，衰至唐末极矣。然乐府长短句，有一唱三叹之音。至国朝文物大备，穆伯长、尹师鲁始为古文，成于欧阳氏，歌诗至豫章始大出而力振之，后学者同作并和，尽发千古之秘，亡余蕴矣。录其名字，曰江西宗派，其源流皆出豫章也。"宗派之祖曰山谷，其次陈师道无己、潘大临邠老、谢逸无逸、洪朋龟父、洪刍驹父、饶节德操乃如璧也、祖可正平、徐俯师川、林（当补"敏"字）修子仁、洪炎玉父、汪革信民、李錞希声、韩驹子苍、李彭商老、晁冲之叔用、江端本子之、杨符信祖、谢迈（当作"薖"字）幼槃、夏倪均父、林敏功、潘大观、王直方立之、善权巽中、高荷子勉，凡二十五人，居仁其一也。

我们比较胡仔、赵彦卫二人所录文字，亦可发现，二者不仅引录《宗派图序》内容多少不同，就是"宗派"中人也有小异。其中如所列人名除却误字漏字外，胡仔所录有何觊[①]，而赵彦卫所录则无之；胡仔所录若含吕居仁为二十六人（刘克庄亦作二十六人——含居仁），而赵彦卫所录则是“凡二十五人，居仁其一也”[②]。舒邦佐（1138—1214）亦云：“吕居仁作《江西宗派图》，自黄山谷、陈无己以下才二十五人。巽中与东溪可正平诗名相齐，人目为‘瘦权病可’。”[③]另外，其所排之名次，还有如刘克庄言者：“派诗旧本，以（吕）东莱居（陈）后山上。”

凡此可见，《宗派图》在流传过程当中有多种本子。这还可从下面的一些记载中得到证实。曾季貍《艇斋诗话》云：

东莱作《江西宗派图》，本无诠次，后人妄以为有高下，非也。予尝见东莱自言少时率意而作，不知流传人间，甚悔其作也。然予观其序，论古今诗文，其说至矣尽矣，不可以有加矣。其图则真非有诠次，若有诠次，则不应如此紊乱，兼亦有漏落。如四洪兄弟皆得山谷句法，而龟父不预，何邪[④]？

曾季貍是吕本中于绍兴三年（1133）寓居临川时收的弟子，其记述应是可信的。又范季随所记《陵阳室中语》云：

家父尝具饭，招公与吕十一郎中昆仲。吕郎中先至，过仆书室，取案间书读，乃《江西宗派图》也。吕云：“安得此书？切勿示人，乃少时戏作耳。”他日，公前道此语。公曰：“居仁却

① 据伍晓蔓《江西宗派研究》，似当从刘克庄《江西诗派小序》作“何颙”（巴蜀书社2005年版，第24页）。

② 郭子章《豫章诗话》卷四所列二十五人与胡仔同，然其中“谢薖”误作“谢邁”；所列名字顺序亦有异。所据为《豫章丛书》本。

③ 《真隐诗集序》，《双峰猥稿》卷九，上海图书馆藏咸丰戊午舒氏重刻本。

④ 曾季貍《艇斋诗话》，吴文治主编《宋诗话全编》，江苏古籍出版社1998年版，第三册，第2636页。

如此说！”《宗派图》本作一卷，连书诸人姓字。后丰城邑官开石，遂如禅门宗派，高下分为数等。初不尔也[①]。

《语》中“家父”指范季随之父；“公”指季随之师韩子苍；“吕郎中昆仲”指《宗派图》作者吕本中兄弟。按此事当发生在韩驹、吕本中二人俱寓居临川的绍兴三年（1133）秋季稍后[②]。从其叙述中可知：《宗派图》原本与后来刻石本有所不同。原本未分等第，而石刻却有高下数等之分；曾季貍、范季随都是亲自见过吕居仁并拥有《宗派图》原本的。因此，根据范季随之记，《宗派图》在绍兴三年前就有了。后人在引述时有的可能据原本，有的则据石刻本或其他本。而且他们必然要各取所需地加以删节呢！如俞成，他就在论“活法”时只引述其中有关论“活法”的内容，至于其他的就不管了。而胡仔只引录论诗者，赵彦卫则论诗论文的内容皆照录不误。比较而言，赵录稍备。曾季貍云：“东莱《江西宗派序》所论本朝古文，始于穆伯长，成于欧阳公，此论诚当。但论诗不及梅圣俞，似可恨也。诗之有圣俞，犹文之有穆伯长也。”[③]此可证胡仔所录不全也。

过去研究吕本中“活法”说者，有的不关注俞成所引吕本中《宗派图》、杨万里《序》中有关“活法”之论，从而生出一些误说，如或谓“杨万里本人并没有对活法表示过什么意见”[④]；或言“杨诚斋本人论诗之语……未提到活法二字”[⑤]等等。今证以俞

① 陶宗仪《说郛》卷四三，《四库全书》本。

② 张毅《宋代文学思想史》云：“据范季随《陵阳先生室中语》所载：绍兴三、四年间，吕本中与韩驹曾在范家相集。”（中华书局 2006 年版，第 129 页）

③ 《艇斋诗话》，第 2636 页。

④ 张毅《宋代文学思想史》，中华书局 2006 年版，第 170 页。此书为教育部研究生办公室推荐之研究生教学用书；又见张毅《论“活法”》，原载于《中国诗学》1992 年第二辑，后收入《中国文艺思想史论集——张毅自选集》，南开大学出版社 2004 年版，第 70 页。

⑤ 敏泽《中国文学思想史》（下卷），湖南教育出版社 2004 年版，第 69 页。

成之引文，谓杨万里本人并“未提到活法二字”云云，就是无根之论了。

又考清张泰来《江西诗社宗派图录》云：

吕居仁作《江西诗社宗派图》，自黄山谷而下，列陈后山等凡二十五人：陈师道、潘大临、谢逸、洪朋、洪刍、饶节、祖可、徐俯、林敏修、洪炎、汪革、李錞、韩驹、李彭、晁冲之、江端友、扬符（廷博按：扬原作杨，今据刻刘后村集改正）、谢薖、夏倪、林敏功、潘大观、王直方、善权、高荷、吕本中。此浚仪王伯厚（即王应麟）《小学绀珠》（按见《绀珠》卷四《艺文类》，《四库全书》本）定本也。胡氏《苕溪渔隐》与《山堂肆考》有何觊，无高荷，又列洪朋于徐俯之后；《豫章志》有高荷、何颙，无何觊，吕本中复不在二十五人之中。……吕公自序有云：“同作并和，虽体制或异，要皆所传者一。”……举二十五人之姓氏……人各立一小传，编次成帙，名曰《江西诗社宗派图录》，俾后之学诗者，得以览焉。……吕本中：本中，字居仁，寿春人。……家学渊源，有中原文献之目。……尝序《诗社宗派图》，谓：“诗有活法，若灵均自得，忽然有入，然后惟意所出，万变不穷。”杨诚斋又从而序之，亦以“学者属文，当优游厌饫，以悟活法”。①

所引吕氏《图序》之语，即见于胡仔、俞成之录；所录《图》中人氏，亦可证流传版本之多有不一也。

今再考俞成、赵彦卫、胡仔三家所引吕本中《图序》论诗之起的内容，亦各有不同，俞成起自《离骚》，赵彦卫起自汉末五言，胡仔起自唐之李、杜诗歌。应该说，三家之引皆有未备，即

① 丁福保辑《清诗话》，上海古籍出版社 1978 年版，第 48 页。

如吕氏所谓“匆匆或半途”也。其实，吕本中论诗法之统，自谓“断自唐虞以下”。赵蕃亦云“唐虞紫微论，苏李少陵师”（《饭后独立寺门颇见摇落之境欲收以诗大费弹压仅得二首》之一，《东莱诗集》卷十一，《四库全书》本）。吕氏《喜章仲孚朝奉见过十韵》即云：

语道我恨晚，说诗公不迂。丁宁入汉魏，委曲上唐虞。历历有全体，匆匆或半途。（原注：山谷论作诗法当自舜皋陶《赓歌》《五子之歌》以下，皆当精考，故予论诗必断自唐虞以下）

又《童蒙诗训》第25条云：

大概学诗，须以《三百篇》《楚辞》及汉、魏间人诗为主，方见古人妙处，自无齐梁间绮靡气味也。（中华书局《宋诗话辑佚》本，下同）

又第33条论《载驰》《蒹葭》，47条引张文潜论《七月》，亦皆是论先秦之证。又《与曾吉甫论诗第一帖》亦云：

《楚辞》、杜、黄，固法度所在，然不遍考精取，悉为吾用，则姿态横生，不窘一律矣。（《苕溪渔隐丛话》卷49）

所以，我们认为，吕本中所论诗之起，当自唐虞之际。其诗法正统之绪当为：唐虞《赓歌》《五子之歌》→《诗经》→《离骚》→汉末五言→唐之李、杜→宋之豫章→江西诗派。因此，三家之引，亦皆是《图序》中应具之内容，而不可不认也。若只以胡仔所引为准，则赵彦卫所录之“汉末五言”云云、“古文”云云，亦当否定了。这样做，显然不对。

（二）《江西宗派图》所作时间考辨

迄今为止，学界对《宗派图》所作时间殆有三说：1.崇宁元、二年（1102、1103）说[①]；2.绍兴三年（1133）说[②]；3.政和元年（1111）说[③]。

以上三说，都有一定的道理。但笔者通过研究后的比较，当以第三说即政和元年（1111）近是，然尚须小作修订。我们的结论是：《宗派图》及《序》，当作于政和初年以后之政和二年，而广泛流传和发生影响却在绍兴初年。政和二年（1112），生于元丰七年（1084，伍晓蔓作1085，误）的吕本中，正二十九岁，还未至“而立”之年，正与曾季貍、范季随所记的吕本中“少时戏作”之说相合。“少时”殆与“早年”等意同，而与“老年”相对。[④]如史述某“早卒”，即早年死去之

① 南京大学教授莫砺锋《江西诗派研究》（齐鲁书社 1986 年版），在吕本中“少时戏作”的基础上，通过对饶节出家的时间为崇宁二年正月半的考论，定《宗派图》作于崇宁元、二年。

② 此论出自吴曾《能改斋漫录》卷十，后李光、王十朋、周必大至清代的纪昀、朱彝尊等都支持此说。今人孙鲲及黄宝华等也相继撰文重申之：孙文《江西宗派图写作年代质疑》，载《九江师专学报》1991 年 4 期；黄文《〈江西诗社宗派图〉的写定与〈江西诗派〉总集的刊行》，载《文学遗产》1999 年 6 期。而王兆鹏《吕本中年谱》亦于绍兴三年下云：“初秋，北还至临川，作《江西诗社宗派图》”，“吴曾所载时间、地点颇具体，姑从其论，以俟确考”。（《两宋词人年谱》，文津出版社 1994 年版，第 396 页）

③ 谢思炜载于《文学遗产》1985 年第 3 期的《吕本中与江西宗派图》、姚大勇载于《江海学刊》2001 年第 3 期的《江西宗派图作年考》、伍晓蔓《江西宗派研究》（巴蜀书社 2005 年版），皆持此说。张毅《宋代文学思想史》也说：“大观庚寅、辛卯岁（1110—1111），正是吕本中作《江西宗派图》的大致时间。”（中华书局 2006 年版，第 123 页）。

④ 可以比较“少年”。古称青年男子为“少年”，与“老年”相对。三国魏曹植《送应氏》诗之一：“不见旧耆老，但睹新少年。”最有代表性的是岳飞《满江红》：“三十功名尘与土，八千里路云和月。莫等闲，白了少年头，空悲切。”此处之“少年”正好与前文之“三十”相互映衬。“少年”指三十或之前之年龄。

意，“一般都指二十几岁就死去”[①]。“少时戏作”犹“早年戏作”也。绍兴三年，吕本中已近“知命”之年，此时他说自己二十年前的著作为“少时”之作或“早年”所作，不亦宜乎！

不过当时，出于各种原因，如政治环境的关系，《宗派图》不敢大肆流传，或者，根本就不敢署名，也未可知。因此，吕本中在连本人也“不知流传人间”的情况下，而看到范季随书桌上的自己二十年前的大著后，也颇感惊讶。绍兴初，政治环境发生变化，署名吕本中的《宗派图》才得以广泛流传，而吴曾遂以为是始出，便在《能改斋漫录》中著录见时为始出之时：“绍兴癸丑夏”（绍兴三年，即公元1133年）。著作不敢署名，在当时并非绝无仅有[②]。

又考王兆鹏《吕本中年谱》云：政和二年，居仁客居京师开封，谢无逸推居仁为诗坛盟主。其引居仁《师友杂志》云：

谢无逸因汪信民献书荥阳公，致师事之礼，且与予父子交。政和初，无逸至京师省试，尝寄予书，极相推重，以为“当今之世，主海内文盟者，惟吾弟一人而已”。又与外弟赵才仲云：“以居仁诗似老杜、山谷，非也。杜诗自是杜诗，黄诗自是黄诗，居仁诗自是居仁诗也。”[③]

所以此时的吕本中亦有资格作《宗派图序》。

① 王发国《诗品考索》，转引自曹道衡《晋代作家六考》，成都科技大学出版社1993年版，第108页。

② 如吴曾《能改斋漫录》之异名《复斋漫录》，胡仔《苕溪渔隐丛话》后集卷三三《陈履常》条下云：“乙酉（按乾道元年）余归苕上，才获《复斋漫录》。”但在同书卷二二《邵康节》条下却云：“《童蒙训》，吕居仁作也。《复斋漫录》不载姓名，不知何人作也。二书所记，有二十余事全篇相同，莫辨谁作；然《童蒙训》已锓版行世，姑取以为证耳。”《复斋漫录》不敢载作者姓名而流传一事，或可与吕居仁《图序》早期流传的情况同观。

③ 《两宋词人年谱》，第342页。

二、吕本中“活法”说之文本《外弟赵才仲数以书来论诗因作此答之》与《别后寄舍弟三十韵》等诗作所作时间考辨

体现吕本中“活法”说之文本，还有《外弟赵才仲数以书来论诗因作此诗答之》与《别后寄舍弟三十韵》。前首云：

君才如长刀，大窾当一割。正须耆其锋，却立望容发。平生江海念，不救文字渴。茫然揽辔来，六骥仰朝秣。病夫百无用，念子故疏阔。未能即山林，颇复便裘褐。前时少年累，如烛今见跋。胸中尘埃去，渐喜诗语活。孰知一杯水，已见千里豁。初如弹丸转，忽如秋兔脱。旁观不知妙，可受不可夺。君看掷白卢，乃是中箭筈。不闻铁甲利，及畏强弩末。舆薪遵大路，过眼有未察。君能探虎穴，不但须可捋。[1]

后首云：

还家日已短，况此独行情。客路三年别，秋帆十日程。小船携手上，斜柳纵篙撑。岸失乖龙蛰，窗留素月萦。重回召伯埭，虚住广陵城。破屋仍坚坐，残莺只强鸣。江犹渺漭去，草欲蔓延生。水缩蛙蟆斗，场空雾雨横。土风治疟疠，民俗混蛮荆。岂识排门入，兼无倒屣迎。好诗思共读，薄酒念同倾。枕席烦团扇，膏油乏短檠。可无道里念，或恐梦魂惊。惟昔交朋聚，相期文字盟。笔头传活法，胸次即圆成。孔剑犹宵练，隋

① 《东莱诗集》卷三，《四库全书》本。原注云：“才仲，佳士也。年十七八时，随其父演在定州，子开及晁四诸人比其文柳子厚。”又《紫微诗话》第十条云：“外弟赵材仲少时得‘夕阳绿涧明’等句，精确可喜。材仲少学柳文，曾内相肇、晁丈以道说之，皆以材仲能为古人语也。”

珠有夜明。英华仰前辈，廓落到诸卿。敢计千金重，尝叨一字荣。因观剑器舞，复悟担夫争。物固藏妙理，世谁能独亨。乾坤在苍莽，日月付峥嵘。凛凛曹刘上，容容沈谢并。直须用款款，未可笑平平。有弟能知我，他年肯过兄？初非强点灼，略不费讥评。短句《箜篌引》，长歌《逼侧行》。力探加润泽，极取更经营。径就波澜阔，勿求盆盎清。吾衰足欿憾，汝大不欹倾。莫以东南路，而无伊洛声。[1]

前首诗，伍晓蔓谓约作于大观末[2]。近是。后首约作于政和三年去广陵——扬州途中。诗中“重回召伯埭，虚住广陵城”，可证[3]。

又检吕本中《大雪不出寄阳翟宁陵》云：

簿书终岁忙，风雪一日静。……微官不能归，但见日月竞……诸郎何时逢，相作玉树映。文章有活法，得与前古并。默念智与成，犹能愈吾病。（同上，卷七）

按：此诗在曹南作，政和五年（1115）也。时为济阴主簿。历代论本中“活法”者，少及此诗。

又检《临川王坦夫，故从溪堂先生谢无逸学，北行过广陵，见余，意甚勤，其行也，作诗送之》云：

王郎别我春已晚，索我题诗敢辞懒。读书万卷君所闻，只要躬行不相反。圣人遗言凛可畏，小事未免书之简。衣冠瞻视有

① 《东莱诗集》卷六，《四库全书》本。

② 伍晓蔓《江西宗派研究》，巴蜀书社 2005 年版，第 419 页。

③ 《明一统志》卷一二《扬州府》之《山川》云：“召伯埭：在江都县东北四十五里。晋谢安镇广陵时所筑，民思其德，比于召公，故名。又名召伯堰。”（《四库全书》本）

法则，何独文章要偏刬。譬如逆风曳长舰，竭力正在千夫挽。君行念此须饱参，即是溪堂句中眼。（原注：无逸尚有送吴君诗，云：“问我句中眼。”[①]）

按：吕本中此诗约作于政和三年，时在扬州（王兆鹏《年谱》第345页归此为作于政和四年在扬州而无具体时间可考者类）[②]。

又吕本中《赠益谦兄弟》云：

范郎走微官，清固不绝俗。家常四壁立，腹有万卷读。尔来所为文，深若泉万斛。纡徐风过水，宛转虫蛀木。（《东莱诗集》，卷十一）

按：此诗王兆鹏《年谱》归于宣和元年至六年间所作而难以系年者类。

又吕本中《永州西亭》云：

说诗到雅、颂，论文参诰盘。快若箭破的，圆于珠在盘。此乐固可乐，此盟安得寒。（同上，卷十三）

按：王兆鹏《年谱》系于绍兴三年。近是。

又吕本中《和范仲雄舜元游橘园见梅》云：

笔头有眼方知妙，句里忘言始绝埃。（同上，卷十四）

① 《东莱诗集》卷六。

② 谢逸弟谢薖《竹友集》卷一有《王坦夫静寄斋》诗云：“冥观静黟异，洞见万物清。镜以静如明，水以静故平。兹言置左右，可配崔瑗铭。”（《四库全书》本）谢薖又有《静寄斋观文忠公墨迹》云：“后来谁评新丽体，出公一头子苏子。”（同上）二诗皆写王坦夫也。王《谱》未能录以同参。

按：此诗王《谱》未作系年。殆约作于绍兴年间。

又吕本中《吴傅朋游丝书》云：

未似只今上饶守，静写游丝不停手。非烟非云断复续，缓步徐行不拘束。断崖一落千丈滑，远望笔行如一发。鬼神竭力觑不见，铁矿消亡网作线。线舞飞扬不自由，纵横自在胜银钩。知君此意非安排，妙处不从笔下来。心疑形释万事去，信手却立无纤埃。满堂回头莫见猜，我自悟此忘胸怀。操舟相马在事外，颜氏识此由心斋。如君下笔少有意，锦绣宁不误剪裁。君惟无心故若此，秋毫自可缠风雷。锺、王敛手谢不敏，长史、怀素惭衰颓。病夫睹此心目开，向来穷愁安在哉！（同上，卷二十）

按：曾幾《茶山集》卷三有《吴傅朋出游丝书求诗》云："尝闻扫垩生雪白，颠草亲承担夫力。世间妙处不可传，心手应时须自得。"吕诗和曾作，有可能写于绍兴十一年（1141）以后。王《谱》系之于绍兴十五年，并认为是吕本中绝笔，近是。从绍兴十一年起至绍兴十五年，吕本中寓居信州（上饶郡）茶山广教寺，和于绍兴十二年亦来信州寓居的自己的学生曾幾等交游。故有同题之作。

《茶山集》卷二又有《东轩小室即事五首》之四云"烹茗破睡境，炷香玩诗篇。问诗谁所作，其人久沉泉。工部百世祖，涪翁一灯传。闲无用心处，参此如参禅"等。后首重申了吕本中提出的"活法"诗统。

三、吕本中"活法"说之文本《远游堂诗集序》流传考论

《远游堂诗集序》，即刘后村所谓之《夏均父集序》（本

文以下所引出自王正德《余师录》卷三《吕居仁》条）。据王正德《余师录》前王氏原序，该书作于绍熙四年（1193）冬至日前。此时，生于1188年的刘克庄年仅七岁。故王录早于刘录。

考夏均父即夏倪，原名倴，字均父。宣和元年（1119）八月，以事自府曹谪祁阳，次年三月抵达，馆于灵泉寺，筑堂寺西，名“远游堂”。好友惠洪从长沙来聚，为作《远游堂记》。惠洪《石门文字禅》卷二十二所载《记》云：

宣和元年（1119）秋八月，朝奉郎夏公自天府谪官祁阳。明年三月至自三岘，馆于灵泉寺。寺临大江，江流湍急，断岸千尺，万峰环之，如趋如揖，如翔如集。公构堂其西，尽收其形胜，靖深以宜茂林修竹，虚明以隔嚣声尘氛，而名之远游。重九后二日，余从公登焉。对立凝睇，晴岚夕晖，浮动乎绿疏青琐之上；促榻对语，笑响散落乎千岩万壑之间。于是隐几，枵然忘言。盖其倚功名于忧患之外，玩云川以自娱，心饱新得，百想俱灭。然知国知兵，百未一施，而沉冥小邑，如对彭泽之狄梁公、通泉之郭代公，乃名所居之堂为“远游”，何哉？嗟乎！世之识真者寡，所从来旧矣。袁天纲识武后于襁褓，惊曰：“贵武氏者，此儿也。”使天纲果识真，当曰“亡武氏”可也。贺知章果识真，当曰“游仙”可也。夫一尘翳目，天地四方易位。袁、贺方眩梦幻，以其祸为贵，以游为谪，要不足怪也。公今去国之远，而能酬酢风月，安乐泉石，酒后耳热，侍儿扶掖而歌，则忘其身之为逆旅，谓之谪，可乎？公尝首肯余论，属余为之记。公讳倪，字均甫。其先江南人，为嘉祐名臣之后，凛凛有祖风者也。

吕本中《远游堂诗集序》云：

顷岁，尝与学者论（刘后村引吕紫微公所作《夏均父集序》

无以上七字。以下刘本和此不同者用括号标出）：学诗当识活法。所谓活法者，规矩备具，而能出于规矩之外；变化不测，而卒（刘本“卒”作“亦”）不背（刘本“背”后有“于”字）规矩也。是道也，盖有定法而无定法，无定法而有定法。知是者则可以（刘本“以”后有“与”字）语活法矣。世之学者，知规矩固已甚难，况能遽出规矩之外，而有变化不测乎？（刘本无“世之学者”至“而有变化不测乎”数句）谢玄（按，原作元，是吕本中为避宋圣祖名讳玄朗而改作者，今改回。但刘本作“玄”则非是，因刘克庄亦当避宋讳）晖有言“好诗流转圆美如弹丸”，此真活法也。玄（原作“元”，今改回）晖虽未能实践此理，言已至矣（刘本无“玄晖”至言“已至矣”二句）。近世黄鲁直（刘本“黄鲁直”作“惟豫章黄公”，当从之）首变前作之弊，而后学者知所趋向，毕精尽智，左规右矩，庶几至于变化不测，而远与古人比，盖皆由此道入也。（刘本无“而远与古人比，盖皆由此道也”二句）然予（“予”刘本作“余”）区区浅末之论，皆汉、魏以来有意于文者之法，而非无意于文者之法也。孔子曰：“兴于诗。”又曰：“诗可以兴，可以观，可以群，可以怨；迩之事父，远之事君，多识于鸟兽草木之名。”今之为诗者（刘本在“今之为诗者”下，有“读之果可使人兴起其为善之心乎”一句），果可以（刘本无此“以”字）使人读之（刘本无“读之”二字）而能（刘本无“而能”二字）兴观群怨矣（刘本无“矣”字）乎？果可以使人读之而能（刘本无“读之而能”四字）知所以（刘本无“所以”二字）事父事君而能识鸟兽草木之名（刘本在“之名”后有“之理”二字）乎？为之而不能使人如是，则如勿作。虽然，文犹质也，质犹文也。君子于文有不得已焉者也（刘本无“虽然”至“已焉者也”数句）。吾友夏均父，蕲人也（刘本无此三字），贤而有文章，其于诗，盖得所谓规矩备具，而出于规矩之外，变化不测者。其天才于流辈独高，众苦不足，而均父常用之若不尽也。（王引《序》文至此完，刘本无“其天才”至“若不尽也”数句，而却在“变化不测者”之后紧接王本所无的“后果多从先生长者游，闻圣人之所以言诗者而得其要妙，所谓无意于文之文，而非有意于文之文也”数句以作结。文中所用以校王氏引文者，见《四部丛刊》影旧钞本《后村先生大全集》卷九五《江西诗派引》）

两种文本大同小异，各有千秋，当结合以观，方得完璧。可惜的是，今之论吕本中“活法”者，对王氏《余师录》所引录《远游堂诗集序》皆不留意而不加引用，出现了只引刘克庄所录《夏均父集序》的“一边倒”的现象。

王氏引文之后，因受《余师录》体例之限——只是“采集众说，不参论断”（《四库全书总目提要》），而刘氏则加按语有所论议。刘氏在引文完结之后接着云：

余尝以为此《序》天下之至言也。然均父所作似未能然，往往紫微公自道耳。所引谢宣城“好诗流转圆美如弹丸”之语，余以宣城诗考之，如锦工机锦，玉人琢玉，极天下之巧妙。穷极巧妙，然后能流转圆美。近时学者往往误认弹丸之喻而趋于易。故放翁诗云：“弹丸之论方误人。”又朱文公云：“紫微论诗，欲字字响，其晚年诗多哑了。”然则欲知紫微诗者，以《均父集序》观之，则知弹丸之语非主于易。又以文公之语验之，则所谓字字响者，果不可以退惰矣。（刘集卷一百九十八《方元吉诗》亦云：“昔曾茶山以诗示吕紫微，吕病其无新意。朱晦庵读吕诗，则曰：‘居仁论诗要字字响，后来诗却都哑了。’君试以此二说，就丛稿中择其无新意者、哑者、不似此诗境父子者，去之又去之，去之尽，则有新意者、字字响者、似诗境父子者出矣。”）

这也是刘本广泛流传的一个原因。

对于吕本中《远游堂诗集序》或《夏均父诗集序》之所从出，今人亦有误说者。如中华书局2006年第三次印刷本张毅《宋代文学思想史》修订本第141页谓出于“吴曾《能改斋漫录》卷十”，按：此书为教育部研究生工作办公室推荐的“研究生教学用书”。又：湖南教育出版社2004年版敏泽主编《中国文学思想史》下册第68页注（4）谓出于“吕本中《能改斋漫录》卷十，中华书局1960年排印本”。其误比前者更厉害。他甚至把吴曾《能改斋漫录》也断给吕本中了。实际上，吴曾《能改斋漫录》卷十根本就未著录《集序》文字，而只言《集序》写作缘起、时间和辩证《图序》写作时间等。其云：

蕲州人夏均父，名倪，能诗，与吕居仁相善。既没六年，当绍兴癸丑二月一日，其子见居仁岭南，出均父所为诗，属居仁序之大概。序言其本末尤详。居仁出自岭外，寄居临川，乃绍兴癸丑之夏。因取近世以诗知名者二十五人，谓皆本于山谷，图为《江西宗派》，均父其一也。然则居仁作《宗派图》时，均父没已六年矣，予近览赣州所刊《百家诗选》，其序均父诗，因及宗派之次第。且云：“夏均父自言，以在下列为耻。”殊不知均父没已六年，不及见图。斯言之妄，盖可知矣。

全文仅此而已，岂有它哉！从吴曾之说中可知，吕居仁《夏均父集序》作于夏均父“既没六年”之绍兴癸丑即绍兴三年（1133）。他在《序》中，借机系统地阐释了由大观以来逐步完善的关于“活法”的理论。吴曾还说，吕本中于绍兴三年夏寄居临川。吕居仁所作《谢幼槃文集跋》说自己在寄居临川期间，得谢薖文集于其子谢讷处，为之作《跋》。

谢薖（1074—1116）是宗派图中人。他的《读吕居仁诗》有云："吾宗宣城守，诗压颜鲍辈。其间警拔句，江练与霞绮。居仁相家子，敛退若寒士。学道期日损，哦诗亦能事。自言得活法，尚恐宣城未。今晨开草堂，草帙乱无次。探囊得君诗，疾读过三四。浅诗如蜜甜，中边本无二。好诗初无奇，把玩久弥丽。有如庵摩勒，苦尽得甘味。徐侯南州杰，论文极根柢。读君诗卷终，曰此有余地。期君高无上，二谢以平视。要当掣鲸鱼，岂但看翡翠。"（《竹友集》卷一，《四库全书》文渊阁影印本）

从此诗可知，吕本中"活法"说的提出不当晚于政和六年（1116）。

四、吕本中"活法"说之文本《童蒙诗训》流传考论

吕本中《童蒙诗训》中涉及"活法"的论述有：

潘邠老言："七言诗第五字要响，如'返照入江翻石壁，归云拥树失山村'，'翻'字、'失'字是响字也。五言诗第三字要响，如'圆荷浮小叶，细麦落轻花'，'浮'字、'落'字是响字也。所谓响者，致力处也。"予窃以为字字当活，活则字字自响。（第8条）

作文必要悟入处，悟入必自工夫中来，非侥幸可得也。如老苏之于文，鲁直之于诗，盖尽此理也。（第28条）

除此二条外，《童蒙诗训》中还有多条涉及具体的"立意""构思""字法""句法"等问题，兹不赘引。有学者谓此书作于吕本中晚年。如《宋金元文学批评史》的作者即云："《江西诗社宗派图》是其少作，而《童蒙训》则是南渡之后的晚期之

作。”[①]但今所见者，已不是本中原本，是后人陆续辑录者。如第60条之“吕居仁”云云，显然就是辑录者之语气。又如从第61条至69条及第52条之“西汉自王褒以下”至“此学者所宜深戒”数句，见陈鹄《耆旧续闻》卷二引，是本中于政和三年离京至扬州过宝应，与外弟赵承国相遇，应赵之请而作的《赠赵承国论学帖》十七则中的几则。不过，《论学帖》还当从《童蒙诗训》之第60条起。其“吕居仁”云云，当包括从第60条至第69条的全部文字。因为第70条，标的就是“欧阳公谓”了。这十数条文字是：

吕居仁云：

文章须要说尽事情，如《韩非》诸书大略可见，至一唱三叹有遗音者，则非有所养不能也。（此条不见《耆旧续闻》，今据《童蒙诗训》补入）

韩退之《答李翊书》、老泉《上欧阳公书》，最见为文养气之妙。（此条和下条，《耆旧续闻》合为一条，今分置）

西汉自王褒以下，文字专事词藻，不复简古，而谷永等书，杂引经传，无复己见，而古学远矣。此学者所宜深戒。（此条在《童蒙诗训》中属第52条之一段，今据《耆旧续闻》录出）

韩退之文浑大广远，难窥测，柳子厚文分明见规模次第。学者当先学柳文，后熟读韩文，则功夫自见。

学文须熟看韩、柳、欧、苏，先见文字体式，然后更考古人用意下句处。

学诗须熟看老杜、苏、黄，亦先见体式，然后遍考他诗，自然工夫度越过人。（此条和上条在《童蒙诗训》及《耆旧续闻》中皆合为一条，今分置）

① 顾易生、蒋凡、刘明今《宋金元文学批评史》，上海古籍出版社1996年版，第244页。

学者须做有用文字，不可尽力虚言。有用文字，议论文字是也。议论文字，须以董仲舒、刘向为主，《周礼》及《新序》《说苑》之类，皆当贯串熟考，则做一日便有一日工夫。近世文字如曾子固诸序，尤须详味。（此条之“近世”以下文字，《耆旧续闻》无，今据《童蒙诗训》补入）

作文不可强为，要须遇事而作。须是发于既溢之余，流于已足之后，方是极头，所谓“既溢”“已足”者，必从学问该博中来也。

后生为学，必须严定课程，必须数年劳苦，虽道途、疾病亦不可少渝也。若是未能深晓，且须广以文字，淹渍久久之间，自然成熟。

自古以来语文章之妙，广备众体，出奇无穷者，唯东坡一人。极风、雅之变，尽比兴之体，包括众作，本以新意者，唯豫章一人。此二者，当永以为法。（首两字《耆旧续闻》作“古来”）

老杜歌行，并长韵律诗，切宜留意。

老苏作文，真所谓意尽而言止也，学者亦当细观。（此条和上条在《耆旧续闻》中顺序颠倒，今据《童蒙诗训》先后顺序而录）

周必大《跋吕居仁〈论学帖〉》云：

紫薇舍人吕十一丈，在政和初，春秋鼎盛，且方崇尚王氏学，以苏、黄为异端，而手书立身为学作文之法乃如此，其师友渊源，固有所自，而特立独行之操，谁能及之？（周必大《文忠集》卷十八，《四库全书》本）

周《跋》的“政和初”，《耆旧续闻》作政和三年。其引吕居仁之《论学帖·序》云：

外弟赵承国至诚乐善，同辈殆未见其比……政和三年四月相遇于楚州宝应，求余论为学之道甚勤。因录予之闻于先生长者本末告之。（《四库全书》本）

政和三年（1113），居仁三十岁，正“春秋鼎盛”，而非晚年。

五、吕本中“活法”说之文本《与曾吉甫论诗第一帖》《与曾吉甫论诗第二帖》流传考论

体现吕本中“活法”说之文献，还有《与曾吉甫论诗第一帖》《与曾吉甫论诗第二帖》。

《与曾吉甫论诗第一帖》云：

宠谕作诗次第，此道不讲久矣。如本中何足以知之。或励精潜思，不便下笔；或遇事因感，时时举扬，工夫一也。古之作者，正如是耳。惟不可凿空强作，出于牵强，如小儿就学，俯就课程耳。《楚辞》、杜、黄，固法度所在，然不若遍考精取，悉为吾用，则姿态横出，不窘一律矣。如东坡、太白，虽规模广大，学者难依，然读之使人敢道，澡雪滞思，无穷苦艰难之状，亦一助也。要之，此事须令有所悟入，则自然越度诸子。悟入之理，正在工夫勤惰间耳。如张长史见公孙大娘舞剑，顿悟笔法。如张者，专意此事，未尝少忘胸中，故能遇事有得，遂造神妙；使它人观舞剑，有何干涉。非独作文学书而然也。和章固佳，然本中犹以为少新意也。近世次韵之妙，无出苏、黄，虽失古人唱酬之本意，然亦用韵之工，使事之精，有不可及者。（《苕溪渔隐丛话》前集卷四十九）

《与曾吉甫论诗第二帖》云：

诗卷熟读，深慰寂寞。蒙问加勤，尤见乐善之切，不独为诗贺也。其间大概皆好，然以本中观之，治择功夫已胜，而波澜尚未阔。欲波澜之阔，必须于规模令大，涵养吾气而后可；规摹既大，波澜自阔，少加治择，功夫已倍于古矣。试取东坡黄州以后诗，如《种松》《医眼》之类，及杜子美歌行及长韵近体诗看，便可见。若未如此，而事治择，恐易就而难远也。退之云：“气，水也；言，浮物也。水大，则物之浮者，大小毕浮。气之与言，犹是也。气盛，则言之长短，与声之高下皆宜。”如此，则知所以为文矣。曹子建《七哀》诗之类，宏大深远，非复作诗者所能及此，盖未始有意于语言之间也。近世江西之学者，虽左规右矩，不遗余力，而往往不知出此，故百尺竿头，不能更进一步，亦失山谷之意也。（《苕溪渔隐丛话》前集卷四十九）

此二帖作于绍兴元年（1131）。其时，吕本中正在桂州避乱。曾幾（1084—1166）亦寓居于柳州，闻本中诗名，前来请教。曾幾题于乾道二年（1166）的《东莱诗集后序》即云：

窃自伏念与公皆生于元丰甲子，又相与有连，雅相好也。绍兴辛亥，幾避地柳州，公在桂林，是时年皆未五十，公之诗固已独步海内，幾亦妄意学作诗。公一日寄近诗来，幾次其韵，因作书请问句律，公察我至诚，教我甚至，且曰：“和章固佳，本中犹窃以为少新意。”又曰：“诗卷熟读，治择功夫已胜，而波澜尚未阔，欲波澜之阔，须令规模宏放，以涵养吾气而后可。规模既大，波澜自阔，少加治择，功已倍于古矣。”幾受而书诸绅，今三十有六年，顾视少作，多可愧悔，既老且病，无复新功，而公之墓木拱矣，观遗文，为之绝叹。因记公教我之言于篇末，使后生知前辈相与情实如此，且以见幾于公之言，虽老不忘也。

殆从绍兴元年起，曾幾即和吕本中成为师生兼友生了。二帖所论的重点并不相同。第一帖主要论“悟入”；第二帖主要论“养气”。其所用以示曾幾的如“波澜”“规摹”“左规右矩”等用语，并不新鲜，殆皆出于黄山谷。山谷《与王庠周彦书》云：“所寄诗文，反复读之，如对谈笑也。意所主张，甚近古人，但其波澜枝叶不若古人耳。意亦是读建安作者之诗与渊明子美所作，未入神耳。”（《豫章文集》卷十九，《四部丛刊》本）又《跋书柳子厚诗》云：“予友生王观复作诗有古人态度，虽气格已超俗，但未能从容中玉佩之音，左准绳右规矩尔。意者读书未破万卷，观古人之文章未能尽得其规摹，及所总揽笼络，但知玩其山龙黼黻成章耶？故手书柳子厚诗数篇遗之，欲知子厚如此学渊明，乃为能近之耳。”（同上，卷二十六）《后序》引吕本中语“和章固佳，本中伏窃以为少新意”，见《与曾吉甫论诗第一帖》；而“诗卷熟读，治择功夫已胜，而波澜尚未阔，欲波澜之阔，须令规模宏放，以涵养吾气而后可。规模既大，波澜自阔，少加治择，功已倍于古矣”，则见《与曾吉甫论诗第二帖》[①]。后来，赵蕃又将曾幾

① 张毅《宋代文学思想史》却将两《帖》内容混在一起引述，非是。其云：“绍兴元年（1131），他（按指吕本中）在《与曾吉甫论诗第一帖》里明确提出，作诗除了学习杜甫、黄庭坚以知‘法度所在’和‘治择功夫’而外，还须‘波澜之阔’和‘规模令大’。他说：‘如东坡、太白诗，虽规摹广大，学者难依。然读之使人敢道，澡雪滞思，无穷苦艰难之状，亦一助也。要之，此事须令有所悟入，则自然越度诸子。’他还说：‘近世江西之学者，虽左规右矩，不遗余力，而往往不能知出此。故百尺竿头，不能更进一步，亦失山谷之旨也。’”（《苕溪渔隐丛话》前集卷四九，中华书局2006年版，第128—129页）按：这段文字中的引文，“法度所在”及“如东坡、太白诗……则自然度越诸子”等，见《与曾吉甫论诗第一帖》；“治择功夫”，“波澜之阔”，“规模令大”，“近世江西之学者……亦失山谷之旨也”，见《第二帖》。二《帖》内容不可混为一谈。另外，他的单篇论文《论“活法”》，也是将二《帖》混引。（原载于《中国诗学》第二辑，南京大学出版社1998年版，后收入《中国文艺思想史论集——张毅自选集》，南开大学出版社2004年版，第62—63页）

《后序》记东莱语作为四十字诗以便告来问诗法者。其云：

赣川曾文清公题吴郡所刊东莱吕居仁公诗后语云：“诗卷熟读，治择公夫已胜，而波澜尚未阔，欲波澜之阔，须令规模宏放，以涵养吾气而后可，规摹既大，波澜自阔，少加治择，功已倍于古矣。”蕃尝苦人来问诗。答之费辞。一日阅东莱诗，以此语为四十字，异日有来问者，当誊以示之。云：“若欲波澜阔，规模须放弘。端由吾气养，匪自历阶升。勿漫工（《宋诗话全编》第七册《赵蕃诗话》第7354页引作二，误。按《全编》《赵蕃诗话》第18条引《诗人玉屑》卷一所录《赵章泉诗法》云：‘或文诗法于晏叟，因以五十六字答之，云：“问诗端合如何作，待欲学耶？毋用学。今一秃翁曾总角学，竟无方。作无略。欲从鄙律，恐坐缚力。若不加，还病弱眼前草树。聊渠若子结成阴花自落。”’双引号中的五十六字是一首七律，编者不知，竟作如此断句，真是岂有此理）夫觅，况于治择能！斯言谁语汝，吕昔告于曾。”（《赵章泉谓规模既大波澜自阔》，魏庆之《诗人玉屑》卷一）

可见吕本中此论影响之大。

绍兴四年（1134）或五年（1135）吕本中居福州，曾幾又以《读吕居仁旧诗有怀其人作诗寄之》（陈起《前贤小集拾遗》卷四，《四库全书》本《茶山集》漏收）为题，总结吕本中诗学“活法”论的要义。其云：

学诗如参禅，慎勿参死句。纵横无不可，乃在欢喜处。又如学仙子，辛苦终不遇。忽然毛骨换，正用口诀故。居仁说活法，大意欲人悟。常言古作者，一一从此略。岂惟如是说，实亦造佳处。其圆如金弹，所向若脱兔。风吹春空云，顷刻多态度。锵然奏琴筑，间以八珍具。人谁无口耳，宁不起欣慕。一编落吾手，贪读不能去。尝疑君胸中，食饮但风露。经年阙亲近，方寸满尘务。足音何时来，招唤亦云屡。贱子当为君，移家七闽住。

《宋金元文学批评史》论曾幾此诗云："传统江西诗论，如诗律句法，脱胎换骨诸说，曾幾承传无误。但是，他更多的是宣扬吕本中的'活法''悟入'之说，并且以禅喻诗，影响甚巨。所称'其圆如金弹，所向若脱兔'，提倡诗歌的圆美自然，上承吕本中《夏均父集序》，下开叶梦得《石林诗话》，承上启下之功不可没。所称'风吹春空云，顷刻多态度'，则是继承唐代韩愈《醉赠张秘书》'君诗多态度，霭霭春空云'之言……"（上海古籍出版社1996年版，第259页）按：此论有数义可商：（1）谓曾幾之论，上承吕本中，下开叶梦得云云。曾幾上承吕本中，其说虽是，但说他下开叶梦得，则未必。考曾幾生卒为1084至1186年，叶梦得为1077至1148年。两人都有赞美诗如"弹丸"之语，可从二人的生卒年看，显然叶梦得的生卒年比曾幾稍早，因此，在未考证出二人提出此说的具体时间前，很难判断说是生卒稍晚者反而影响生卒稍早者。（2）《石林诗话》卷下赞美诗如"弹丸"条亦有云："韩退之《赠张籍》云：'君诗多态度，霭霭春空云。'司空图记戴叔伦语云：'诗人之辞，如蓝田日暖，良玉生烟。'亦是形似之微妙者，但学者不能味其言耳。"可见二者之相同处不止在同时提倡诗歌的圆美自然，《批评史》之论断，并不全面。

六、吕本中"活法"说之其他相关言论考论

张戒《岁寒堂诗话》卷上第30条云：

往在桐庐见吕舍人居仁，余问：“鲁直得子美之髓乎？”居仁曰：“然。”“其佳处焉在？”居仁曰：“禅家所谓死蛇弄得活。”余曰：“活则活矣，如子美‘不见旻公三十年，封书寄与泪潺湲（张毅引作“缓”，误）。旧来好事今能否？老去新诗谁与传’（《因许八奉寄江宁旻上人》，仇注卷六）此等句，鲁直少日能之。‘方丈涉海费时节，元圃寻河知有无。桃源人家易制度，橘州田土仍膏腴’（《岳麓山道林二寺行》）此等句，鲁直晚年能之。至于子美‘客从南溟来’（《客从》），‘朝行青泥上’（《泥功山》，仇注卷八），《壮游》《北征》，鲁直能之乎？如‘莫自使眼枯，收汝泪纵横。眼枯却见骨，天地终无情’（《新安吏》仇注卷七）此等句，鲁直能到乎？”居仁沉吟久之曰：“子美诗有可学者，有不可学者。”

卷上第35条云：王介甫只知巧语之为诗，而不知拙语亦诗也。山谷只知奇语之为诗，而不知常语亦诗也。欧阳公诗专以快意为主，苏端明诗专以新（有作“刻”字者，非）意为工，李义山诗只知有金玉龙凤，杜牧之诗只知有绮罗脂粉，李长吉诗只知有花草蜂蝶，而不知世间一切皆诗也。惟杜子美则不然，在山林则山林，在廊庙则廊庙，遇巧则巧，遇拙则拙，遇奇则奇，遇俗则俗，或放或收，或新或旧，一切物，一切事，一切意，无非诗者。故曰“吟多意有余”（《复愁十二首》之十二），又曰“诗尽人间兴”（《西阁二首》之二），诚哉是言。

又第1条云：近世苏、黄亦喜用俗语，然时用之，亦颇安排勉强，不能如子美胸襟流出也。

又第10条云：子瞻以议论作诗，鲁直又专以补缀奇字，学者未得所长而先得其所短，诗人之意扫地矣。

又第12条云：山谷《登快阁》诗云：“落木千山天远大，澄江一道月分明。”此但以“远大”“分明”之语为新奇，而究其实，乃小儿语也。

又第36条云：自建安七子、六朝、有唐及近世诸人，思无邪者，惟陶渊明、杜子美耳，余皆不免落邪思也。六朝颜、鲍、徐、庾，唐李义山，国朝黄鲁直，乃邪思之尤者。鲁直虽不多说妇人，然其韵度矜持，冶容太甚，读之足以荡人心魄，此正所谓邪思也。鲁直专学子美，然子美诗，读之使人凛然兴起，肃然生敬，《诗序》所谓“经夫妇、成孝敬、厚人伦、美教化、移风俗”者也，岂可与鲁直诗同年而语耶！

此可与上论互参。又何薳《春渚纪闻》卷七云：“后山诗评云：诗欲其好，则不能好。王介甫以工，苏子瞻以新，黄鲁直以奇，独子美之诗，奇常、工易、新陈无不好者。”（何之引文见《后山诗话》第24条）

殆言“常”者不可学也。

张毅谓吕、张之会在绍兴初。按：据王兆鹏《吕本中年谱》，吕本中曾两次至严州。绍兴六年（1136）七月，召本中赴行在，特赐进士出身，擢起居舍人。但宣诏时，吕本中“未入见”，因为他还未到行在，而正在途中——严州。此有《严州九日坐上赠胡明仲、常子正》诗可证。胡明仲，即胡寅，是年知严州；常子正即常同，时闲居于与严州相邻的衢州。故三人能在严州相会。桐庐县即属严州。此为第一次也。本中至京师后，曾引疾奉祠，不许。十一月二十二日，兼权中书舍人。七年四月，本中直龙图阁知台州，不就，而主管（江州）太平观。闰十月初二，以赵鼎荐，召为太常少卿。吕本中上书乞宫观，不允。高宗云：“本中诗极佳，不减徐俯少时所作。俯晚年学李白，稍放肆矣。”八年二月，迁中书舍人；三月，兼侍讲；六月，兼权直学士院；八月，兼史馆修撰。十月底落职，提举太平观。仲冬，溯富春江而上至桐庐，寓居严州。九年秋，离严州赴衢州［伍晓蔓作衛州，见《江西宗派研究》第441页，乃手民之误。衛州在今河北省内，当时为金人所辖。吕本中《东莱诗集》卷十六有

《予将为三衢之行下塔僧惠道求诗留题因成绝句遗之》《将适三衢而七弟欲往临安临行作诗奉送》《衢州路中》等可证。时间当在绍兴九年（1139）九月。因在《衢州路中》前有《己未重阳》诗也。但第417页叙吕本中生平时作衢州，则是］，而终于信州。八年十一月，本中有《舟行至桐庐》诗。诗云：“乘舟待潮发，一日到桐庐。物色寒初甚，溪山画不如。往来真是梦，亲旧不须书。犹胜鸱夷在，时容托后车。”这表明本中至桐庐，正在绍兴八年（1138）之仲冬。此为第二次也。那张戒和吕本中之在桐庐相见，讨论诗法问题是绍兴六年还是绍兴八年呢？据考，张戒在桐庐是在绍兴七年秋。据熊克《中兴小纪》卷二十四云：“（绍兴八年五月），监察御史张戒入对，因言诸将权太重……”原注：“张戒《默记》曰：初，淮西之变，时秘书省在临安……是秋，（张）戒新除福建提举官，待次严陵。待制常同因过戒，问曰：‘诸将权太重……’”“是秋”，指绍兴七年秋。严陵即严陵山的省称，在桐庐县内。据此，则二人之相见，当在绍兴八年。故陈应鸾《岁寒堂诗话笺注》之《前言》和注一再言之。其注云：“《建炎以来系年要录》卷一百十二载：绍兴七年七月丙寅。‘秘书省张戒提举福建路茶事。’《中兴小纪》卷二十二载：绍兴七年七月，‘戒请补外，遂除提举福建市舶’。所以，张戒见吕本中的时间当在绍兴七年七月丙寅之后不久。”（四川大学出版社1990年版，第100页）不过，陈说也有可非处。因为张戒与吕本中相见是在绍兴八年仲冬，此时离绍兴七年七月，已有一年多，用“不久”一词，就不那么恰当了。

吕本中著作中论及“活法”的诗、文及他书所载之言论，大致如此。

现在，我们可根据上面的考证，对吕本中“活法”说形成的大致过程作一个简单描述。

大约在大观末、政和初，吕本中在《外弟赵才仲数以书来论诗因作此答之》中说“平生江海念，不救文字渴”，谓在政治高压下，过去少年时的隐居之思、江海之志，并不能使饥渴欲死的文坛获得解救，从而指出：“前时少年累，如烛今见跋。胸中尘埃去，渐喜诗语活。孰知一杯水，已见千里豁。初如弹丸转，忽如秋兔脱。旁观不知妙，可爱不可夺。君看掷白卢，乃是中前筈。不闻铁甲利，反畏强弩末。”这是说，现在不同了，如今已认识到少年时的错误，而洞见了解救“文字渴”的根本[1]。什么是解救“文字渴”的根本呢？“胸中尘埃去，渐喜诗语活”等十二句就是回答。而这十二句所说的不是别的什么，便是如俞成所说的“胸中之活法”。总之，一句话，就是要用“胸中活法”之水，以救文字之渴。在这十二句话中，虽还未用活法之名，但已有活法之实。它几乎囊括了“活法”说的全部内容。“胸中尘埃去，渐喜诗语活”是说“活法”不仅仅是诗学，更是心学，只有心地清明，才能诗语主“活”。意为：“诗中之活法”，须先有“胸中之活法”，方能有“纸上之活法”（俞成语，见上）。其与《别后寄舍弟三十韵》中的“笔头传活法，胸次即圆成”相同。“胸次即圆成”，即“胸中尘埃去”后之境。“孰知一杯水，已见千里豁”，以水为喻，说“胸中尘埃去”就能波澜阔大，即便是如“一杯水”也能使之汹涌澎湃于千里之外，真有“尺水波澜”或“咫尺万里”之势。“欲波澜之阔去，须于规摹令大，涵养吾气”，亦见于作于绍兴元年的《与曾吉甫论诗第二帖》。同时，后来写的“直须识根柢，始是极波澜”（《寄唐充之二十韵》），“径就波澜阔，勿求盆盎清”（《别后寄舍弟三十韵》，见上），“愿为江海深，莫作盆盎浅”（《闻大伦与三曾二范聚学寄夏三十一四首》之一，同上，卷十五），也都是此意。“初如弹丸转，忽若秋兔脱”及“君看掷白卢，乃是中前

① 《礼记·曲礼上》：“烛不见跋。”注：“跋，本也。”“见跋”即“见本”。

筈”等，是对“活法”诗体的比喻说法，其中“中前筈”与徐师川之“中的说”同①。“中的”云云，亦屡见于吕本中后来的其他诗文。如《永州西亭》之“快若箭破的，圆于珠在盘”②。“旁观不知妙，可受不可夺”是说“活法”之妙，还在于不可强取，这为后来提出“悟入”说埋下了“伏笔”。

由这些内容可见，吕本中的“活法”说一提出，就比较完备。它虽然未用“活法”之名，但已“体”“用”并论，且从根本上论及“活法”之学理层面。当然，由于是首次论及，有的问题如“悟入”说、“活法”诗之统序等，就未明确提出。这些就要靠后来的一些论述来加以补充、丰富了。

吕本中诗中最早明确用“活法”一词者，是他大约作于政和二年（1112）的《江西诗社宗派图》和政和三年写的《别后寄舍弟三十韵》。其首次提出“活法”的诗句是：“惟昔交朋聚，相期文字盟。笔头传活法，胸次即圆成。”它再一次论及“笔头活法”（即俞成“纸上活法”）与“胸中活法”的关系。另外，此诗还说：“因观剑器舞，复悟担夫争。”此则是以张旭“始见公主担夫争道，又闻鼓吹而得笔法意，观倡公孙舞剑器得其神”（《新唐书》卷二百二《张旭传》）为例说明“活法”必须“悟入”。此和《与曾吉甫论诗第一帖》“要之，此事须令有所悟入，则自然越度诸子。悟入之理，正在工夫勤惰间耳。如张长史见公孙大娘舞剑，顿悟笔法。如张者，专意此事，未尝少忘胸中，故能遇事有得，遂造神妙。使它人观舞剑，有何干涉？非独

① 参考曾季貍《艇斋诗话》。但徐说已不可考。今按：徐说来于杜甫《敬赠郑谏议十韵》之“谏官非不达，诗义早知名。破的由来事，先锋孰敢争。思飘云物动，律中鬼神惊。毫发无遗憾，波澜独老成”。又考《世说新语·品藻》云：“刘尹至王长史许清言，时苟子（脩）年十三，倚床边听。既去，问父曰：‘刘尹语何如尊？’长史曰：‘韶音令行不如我，往辄破的胜我。’”又考《晋书·谢尚传》云：“尝与（庾）翼共射，翼曰：‘卿若破的，当以鼓吹相赏。’”二书之义不同。

② 《远游堂诗集序》之引谢朓“好诗流转圆美如弹丸”后说：“此真活法也。”

作文学书而然也”及《吴傅朋游丝书》“我自悟此忘胸怀”之意正同。又大约作于政和三年的《临川王坦夫，故从溪堂先生谢无逸学，北行过广陵见余，意甚勤，其行也，作诗送之》之“君行念此须饱参，即是溪堂句中眼”，则进一步提出“饱参”及诗法中的“句眼”问题。

吕本中《江西诗社宗派图》对“活法”说的承传统系和历史作了发掘，明确指出黄庭坚为历代“活法”的正统传人。作于政和四年之《赠赵承国论为学帖》，则有以苏补黄之意。政和五年所作的《大雪不出寄阳翟宁陵》又提出“文章有活法，得与前古并”。其言掌握了“活法”，所作诗文才能与古作相配，承袭诗文正统。所以后来曾幾据此而云：“居仁说活法，大意欲人悟。常言古作者，一一从此路。”（《读吕居仁旧诗有怀其人作诗寄之》）

以上当为“活法”提出的第一阶段——北宋大观末至政和年间，可名之曰形成期[①]。

第二阶段为南宋建炎时代，可名之曰拓变期。其《赠益谦兄弟》云：“尔来所为文，深若泉万斛。纡余风过水，宛转虫蛀木。”以“风过水”“万斛泉”喻文，是苏轼论“活法”的著名比喻。而“虫蛀木”也是说的自然成文之意。同于“虫食木”和“虫蚀木”，出于皎然《偶然五首》之二[②]。“以虫蛀木”喻自然纹理之美，可谓善于形容，但有些似韩、孟诗派

① 张毅说，绍兴初年吕本中在桐庐见张戒时，正值其“活法”说形成之时。张毅著《论“活法”》，原载于《中国诗学》第二辑，南京大学出版社 1992 年版，后收入《中国文艺思想史论集——张毅自选集》（南开大学出版社 2004 年版，第 64 页）证以上论，则此说非是。

② 其云：“偶然寂无喧，吾心了性源。可嫌虫食木，不笑鸟能言。”（《全唐诗》卷八二〇，第二十三册，中华书局 1960 年版，第 9252 页）朱弁《风月堂诗话》作“虫蚀木”。朱云：“此老（按指杜甫）妙处，浑然天成，如虫蚀木，不待刻雕，自成文理。其鼓铸熔泻，殆不用世间橐籥，近古以还，无出其右，真诗人之冠冕也。”

的“以丑为美”之意。考“虫蚀木”之语源出于卒于元和九年（814）的那个以劳动入禅的禅师怀海。一次，怀海和徒灵祐一起“作务”，怀海问：“有火也无？”灵祐云：“有。”师云：“有什么处？”灵祐把一枝木吹三两气过与师。师云：“如虫蚀木。”[①]韩愈《送僧澄观》也有“丁丁啄门疑啄木”[②]之句。江西诗社中人韩驹《赠赵伯鱼》首句“昔君叩门如啄木”，即由韩诗而来。由此可知，吕本中其论活法，已从宗黄“字字有来处”而拓变至学苏。其《永州西亭》有云：“说诗到雅、颂，论文参诰、盘。快若箭破的，圆于珠在盘。”则是将“活法”的历史由《宗派图序》拓展到《诗》之《雅》《颂》和《尚书》之《周诰》《殷盘》。其《和范仲熊舜元游橘园见梅》云：“笔头有眼方知妙，句里忘言始绝埃。”亦表明“活法”已从“有法”（即“有眼”）拓展到“无法”（即“忘言”）的境地。

第三阶段是绍兴以来，可名之曰成熟期。其中包括绍兴元年之《与曾吉甫论诗第一帖》《与曾吉甫论诗第二帖》、绍兴三年的《远游堂诗集序》、绍兴七年之与张戒的对话、绍兴十五年作的《吴传朋游丝书》及《童蒙诗训》等。在此期间，吕本中完成了“活法”由宗黄而及学苏并以苏补黄和从有意于文者之法至无意于文者之法的拓展。看来，吕本中的“活法”说，也是与时俱进的。

（原载于《西南民族大学学报》2011年第4期）

① 转引自杜继文、魏道儒《中国禅宗通史》，江苏人民出版社2007年版，第281页。
② 《全唐诗》第十册，第3831页，诗中有“人言澄观乃诗人，一座竞吟诗句新”句。

诗学“活法”说不始于吕本中

——兼论胡宿对西昆体的继承与突破

◎邓国军　曾　明

在中国诗论中，“活法”说是一个重要的理论话题。有人说：“宋代诗论中的许多现象都可以归纳到‘活法’的理论概括之下，而呈现其有机的内在联系。举此一纲，可挈众目，挽住‘活法’，可以洞悉宋诗转变之大势，又可观照宋代诗论中许多说法的共同基质。”[①]对于它的起源问题，几乎是古今同声，都以为由两宋之交的吕本中（1084—1145）最先提出，而无任何异议。的确，吕本中在崇宁元年（1102）或二年（1103）[②]所作的《江西诗社宗派图》中就说：“灵均自得之，忽然有入，然后惟意所出，万变不穷，是名活法。”[③]后又于绍兴三年（1133）作的《夏均父集序》中说：“学诗当识活法。所谓活法者，规矩备具，而能出于规矩之外；变化不测，而亦不背于规矩也。是道

① 张晶《宋代的“活法”与禅宗的思维方式》，载《文学遗产》1989年第6期，第87—88页。

② 详参莫砺锋《江西诗派研究》，齐鲁书社1986年版，第306—309页。游国恩、龚鹏程等认为《江西诗社宗派图》应作于南宋初年，而黄宝华认为应作于南宋绍兴三年（参游国恩等编《中国文学史》，人民文学出版社1964年版；龚鹏程《江西诗社宗派研究》，台北文史哲出版社1983年版；黄宝华《〈江西诗社宗派图〉的写定与〈江西诗派〉总集的刊行》，载《文学遗产》1999年第6期）。今从莫先生之说。

③ 王大鹏等编《中国历代诗话选》，岳麓书社1985年版，第559页。

也，盖有定法而无定法，无定法而有定法。知是者则可以与语活法矣。谢玄晖有言‘好诗流转圆美如弹丸’，此真活法也。近世惟豫章黄公首变前作之弊，而后学者知所趣向，毕精尽知，左规右矩，庶几至于变化不测。然余区区浅末之论，皆汉魏以来有意于文者之法，而非无意于文者之法也。……吾友夏均父，贤而有文章，其于诗，盖得所谓规矩备具，而出于规矩之外，变化不测者。后更多从先生长者游，闻人之所以言诗者而得其要妙，所谓无意于文之文，而非有意于文之文也。”[①]因此，与吕本中同时的人一般把“活法”说的发明权归于吕本中，如谢薖（？—1116）《读吕居仁诗》即云：“吾宗宣城守，诗压颜鲍辈。其间警拔句，江练与霞绮。居仁相家子，敛退若寒士。学道期日损，哦诗亦能事。自言得活法，尚恐宣城未……”[②]而曾幾（1084—1166）《读吕居仁旧诗有怀其人作诗寄之》亦云：“学诗如参禅，慎勿参死句。纵横无不可，乃在欢喜处。又如学仙子，辛苦终不遇。忽然毛骨换，正用口诀故。居仁说活法，大意欲人悟。常言古作者，一一从此路。岂惟如是说，实亦造佳处。其圆如金弹，所向若脱兔。”[③]其他如曾季貍等人皆认为“活法”出于吕本中。曾季貍云：“后山论诗说换骨，东湖论诗说中的，东莱论诗说活法，子苍论诗说饱参，入处虽不同，然其实皆一关捩，要知非悟入不可。”[④]赵蕃云：“东莱老先生，曾作江西派。平生论活法，到底无窒碍。微言虽可想，恨不床下拜。欲收一日功，要出

① 上海书店1989年据商务印书馆1926年版重印《四部丛刊》初编第213册《后村先生大全集》卷九五，第14—15页。上引文字，张毅《宋代文学思想史》（中华书局1995年版，第172页）作引自《能改斋漫录》卷一〇，误。

② 《竹友集》卷一，上海古籍出版社1987年影印文渊阁《四库全书》第1122册，第562页。

③ 谢薖、曾幾、吕本中都被视为江西诗派中人，特别是曾幾曾向吕本中请教诗法，谢、曾二人推崇吕之“活法”具有权威性，后来人们言本中之“活法”之盛，实赖谢、曾推波助澜之力。

④ 曾季貍《艇斋诗话》，《历代诗话续编》，中华书局1983年版，第296页。

文字外。”[①]又云：“活法端知自结融，可须琢刻见玲珑。涪翁不作东莱死，安得斯文日再中。”[②]今人钱锺书在论杨万里的“活法”说时云：“‘活法’是江西诗派吕本中提出来的口号，意思是要诗人又不破坏规矩，又能够变化不测，给读者以圆转而‘不费力’的印象。”[③]而郭绍虞、王文生亦云：“（吕本中）提出的‘学诗当识活法’的主张，是宋人诗论中的一个著名论点。”[④]又说：“活法”是“用司空图所谓‘超以象外，得其环中’及苏轼所谓‘吾文如万斛泉源，不择地而出……常行于所当行，常止于不可不止’的说法，并非尽出于禅家。又他所谓‘有意于文者之法’，与‘无意于文者之法’，也近于苏轼所谓‘随物赋形而不可知’，本非玄妙之谈。”[⑤]罗根泽也是这样，他认为“编《江西诗社宗派图》的吕本中（绍兴进士），标举‘活法’与‘悟入’”[⑥]。

以上所引诸人所论，表明吕本中“活法”说深入人心之大略情形。“活法”说真的是吕本中首创的吗？

一

《四库全书总目提要》云：胡宿（996—1067），“字武平，常州晋陵人，天圣二年进士。历官两浙转运使，召修《起居注》，知制诰，由翰林学士拜枢密副使，以太子少师致仕。文

① 赵蕃《淳熙稿》卷四《论诗寄硕父五首》之四，上海古籍出版社1987年影印文渊阁《四库全书》第1155册，第64页。

② 赵蕃《淳熙稿》卷一七《琛卿论诗用前韵示之》，上海古籍出版社1987年影印文渊阁《四库全书》第1155册，第278页。

③ 钱锺书《宋诗选注》，人民文学出版社1958年版，第179页。

④ 郭绍虞、王文生《历代文论选》，上海古籍出版社1979年版，第二册，第368页。

⑤ 《历代文论选》，第二册，第368页。

⑥ 参考罗根泽《中国文学批评史》之第六编《两宋文学批评史》第七章《江西派的诗文方法·吕本中的活法与悟入》，上海古籍出版社1984年版。

恭，其谥也。……宿立朝以廉直著，而学问亦极该博。当时文格未变，尚沿四六骈偶之习，而宿于是体尤工。所为朝廷大制作，典重赡丽，追踪六朝。其五七言律诗，波澜壮阔，声律铿訇，亦可仿佛盛唐遗响”[①]。其对胡宿文学流派和成就的认定和把握十分准确。胡宿《文恭集》卷五《又和前人》诗云：

作者傍边好见闻，速来就汝作比邻。诗中活法无多子，眼里知音有几人？尔许精奇花灿笔，岂容尘俗海翻银？老夫幸有千机锦，尚欠江头一浣新。[②]

这是一首论诗诗。其中的“诗中活法无多子，眼里知音有几人”言“诗中活法”比吕本中提出“活法”早几十年。在这两句描写诗坛“见闻”的诗句里，胡宿表现出对当时诗歌创作界和评论界的强烈不满。“尔许”二句，表面上看是在写所谓“尔”即诗题中的“前人”的主张：称赞灿笔如花的“精奇”之作，而不容许“镶金嵌玉”的“尘俗”之诗泛滥诗坛。而实际亦是夫子自道。最后两句，则写对自己诗作的评价：我在诗坛有幸写出了许多如花似锦的艳丽之作，但随着时间的推移，这些诗作已显得陈旧俗套而需要“浣洗”一新了。此中有自负，更有自责；有肯定，更有否定。正是在对诗作的自责和对诗坛的否定中，胡宿求新求变的“活法”论出炉了[③]！胡宿殆已认识到，当日的诗坛和自

① 永瑢等《四库全书总目提要》卷一五二，中华书局1965年版，第1310页。

② 上海古籍出版社1987年影印文渊阁《四库全书》第1088册，第650页。

③ 与胡宿作为后期西昆体重要诗人力图改变西昆颓弱诗风相似的是，吕本中是后期江西诗派重要的诗论家，也对后期江西诗风有新变的主张。因此，吕本中有可能受到胡宿的影响而提出他的“活法”说。当然，他们都受到禅宗“活法”的影响是不言而喻的。目前学界对胡宿的诗歌与诗论关注非常不够，只有陶文鹏先生在《北京大学学报》（哲学社会科学版）2006年第1期上撰文探讨过，但对胡氏“活法”说未提及。

己的创作都需要以“活法”之水，加以“洗涤”[①]。

胡宿提出了“活法”说，其创作实际如何呢？下面再略作探索[②]：

胡宿生活在北宋真宗、仁宗、英宗三朝。北宋自真宗朝起，诗坛流派迭兴，诗作日富。当时活跃于诗坛者主要有以潘阆（？—1009）、林逋（867—1018）、寇准（961—1023）等为代表的宗法唐末贾岛、姚合的晚唐派以及以杨亿（974—1021）、刘筠（971—1031）、钱惟演（977—1034）、晏殊（991—1055）等为代表的宗法李商隐的西昆派。《四库全书总目提要·西昆酬唱集》云：“其诗宗法唐李商隐，词取妍华，而不乏兴象，效之者渐失本真，惟工组织，于是有优伶挦扯之戏。石介至作《怪说》以刺之，而祥符中，遂下诏禁文体浮艳。……其后，欧、梅继作，坡、谷迭起，而杨、刘之派，遂不绝如线。要其取材博赡，练词精整，非学有根柢，亦不能熔铸变化，自名一家，固亦未可轻诋。”[③]胡宿与宋庠（996—1066）、宋祁（998—1062）兄弟于天圣二年（1024）同为进士，共登诗坛。其时，杨亿已死，钱、刘垂老，但这并不妨碍胡宿、二宋对西昆派后期重要诗人晏殊的倾慕。相反，他们为奄奄一息的西昆诗坛注入了新的活力，被称为后期西昆体诗人[④]。据欧阳修《胡公墓志铭》云：杨亿还在世时，“杨文公亿得其诗，题于秘

① 正如清人冯舒、冯班评杨亿《无题》昆体所云“西昆毕竟高，又非后人所及，然用事少新意”（冯舒语）、“效玉溪，然有新事而少新意，富丽有余而新艳不足”（冯班语）。二冯之言引自李庆甲《瀛奎律髓汇评》卷七，上海古籍出版社 2005 年版，第 294—295 页。

② 陶文鹏在《论胡宿的诗学观与诗歌创作》中分析过胡宿诗歌对西昆体的突破与创新，载《北京大学学报》（哲学社会科学版）2006 年第 1 期，可参看。我们从“活法”说的角度进一步分析胡氏对西昆体的继承与创新。

③ 永瑢等《四库全书总目提要》卷一八六，第 1693 页。

④ 遗憾的是，多种中国文学史中只有少数几种把胡宿定为后期西昆体诗人并加以评述，如钱基博《中国文学史》（中华书局 1993 年版），程千帆、吴新雷《两宋文学史》（上海古籍出版社 1991 年版）。

阁，叹曰：‘吾恨未识此人’”[1]。即视胡宿为“昆体”同人。无怪乎清人王士禛要说：“宋人诗，至欧、梅、苏、黄、王介甫而波澜始大。前此杨、刘、钱思公、文潞公、胡文恭、赵清献辈，皆沿西昆体。……然予观宋景文近体，无一字无来历，而对仗精确，非读万卷者不能，迥非南渡以后所及。”[2]又云：“世人谓宋初学西昆体有杨文公、钱思公、刘子仪，而不知其后更有文忠烈、赵清献（抃）、胡文恭（宿）三家，其工丽妍妙不减前人。”[3]还云：“宋初诸公竞尚西昆体，世但知杨、刘、钱思公耳，如文忠烈、赵清献诗，最工此体，人多不知。……观李于田（衮）《艺圃集》载胡文恭武平（宿）诗二十八首，亦昆体之工丽者，惜未见其全，聊摘录数联于左……‘西北浮云连魏阙，东南初日照秦楼。’（《津亭》）……风调与二公（按：指文、赵二人，参上引‘文忠烈、赵清献诗，最工此体，人多不知’）可相伯仲，起结尤多得义山神理。”[4]而翁方纲亦云：“胡武平（宿）、王君玉（琪）皆堪与晏、宋方驾。大约宋初诸公，多自晚唐出耳。宋元宪（庠）、景文（祁）、王君玉，并游晏元献之门，其诗格皆不免杨、刘之遗。”[5]又云：“入宋之初，杨文公辈虽主西昆，然亦自有神致，何可尽祧去之？而晏元献、宋元宪、宋景文、胡文恭、王君玉、文潞公，皆继往开来，肇起欧、王、苏、黄盛大之渐，必以不取浓丽，专尚天然为事。”[6]王士禛、翁方纲谓胡宿等人为后期西昆体诗人的代表，对宋代诗坛有“继往开来”的作用，并非无根之论、过誉之词。早在元、明，就有人作如是观了。由宋入元的

---

① 上海书店 1989 年据商务印书馆 1926 年版重印《四部丛刊》初编第 149 册《欧阳文忠公集·居士集》卷三四，第 13 页。

② 王士禛《带经堂诗话》，人民文学出版社 1963 年版，第 43 页。

③ 王士禛《带经堂诗话》，第 211 页。

④ 王士禛《带经堂诗话》，第 213—214 页。

⑤ 翁方纲《石洲诗话》卷三，《清诗话续编》，上海古籍出版社 1983 年版，第 1402 页。

⑥ 翁方纲《石洲诗话》卷三，第 1403 页。

方回在《瀛奎律髓》中选胡宿诗三首：《公子》《飞将》《过桐庐》。其中，《公子》是仿杨亿、刘筠、钱惟演之同名诗作的。诗云：

北第当衢戟有衣，巾帏鲜媚仆如犀。万钱供箸鸣钟沸，三组垂腰佩玉低。座上赋鹦穷处士，楼前盘马小征西。去天尺五城南路，此去青云别有梯。

此诗首句显系仿钱惟演《公子》首句"莲勺交衢接荻园"。方回评云："胡武平笔端高爽，似陆农师。"[1]陆农师即陆佃（1042—1102），乃陆游祖父，有《陶山集》。又方回《恢大山西山小序》云："别有一派曰昆体，始于李义山，至杨、刘及陆佃绝矣。"[2]可见方回是把陆佃和胡宿都当作昆体派诗人看待的。受方评影响，清人冯班亦云："后四句'昆体'佳境。"[3]而不满昆体的纪昀则云："此效'昆体'而不成。"[4]另一首《飞将》云："曾从嫖姚立战功，胡雏犹畏紫髯翁。雕戈夜统千庐会，缇骑秋畋五柞宫。后殿拜恩金印重，北堂开宴玉壶空。从来敌国威名大，麾下多称黑稍公。"方回评曰："壮丽。凡诗读上一句，初不知下一句作如何对。必所对胜上句，令人不测乃佳。此篇是也。"[5]纪昀则云："句格尚健，别无可取。"[6]按：此诗写"飞将"持"雕戈"，率"缇骑"，或抵御外侮，屡建奇功，威名远播；或夜卫京城，或扈从"秋畋"，大受重用，深沐"皇恩"。于

① 李庆甲《瀛奎律髓汇评》卷四六，上海古籍出版社 2005 年版，第 1618 页。

② 方回《桐江续集》卷三三，上海古籍出版社 1987 年影印文渊阁《四库全书》第 1193 册，第 683 页。

③ 《瀛奎律髓汇评》卷四六，第 1618 页。

④ 《瀛奎律髓汇评》卷四六，第 1618 页。

⑤ 《瀛奎律髓汇评》卷四六，第 1618 页。

⑥ 《瀛奎律髓汇评》卷三〇，第 1336 页。

此，一个威武雄壮的飞将军形象便横空而出了。从这个意义上看，此诗勉强可堪方回“壮丽”之评。但此诗似是写汉飞将军李广（见《史记·李将军列传》）。然而，李广何曾如此威风八面，汉皇对他又哪有如此浩荡皇恩？因此，这样的描写，就难脱“粉饰太平”之嫌。同时，亦如冯班所评：“‘黑稍公’事未切。”[1]因为“黑稍公”指于栗磾，事见《魏书》卷三一本传。而“紫髯翁”则指孙权，事见裴松之《三国志·吴书·吴主传》注引《献帝春秋》[2]，更是比拟不伦，用事牵合失当。“用富贵语”以“粉饰太平”，正是西昆体的重要特征；为用事而用事，也是西昆体之弊端。对《过桐庐》一首，方回等则有确评。诗云：

两岸山花中有溪，山花红白遍高低。灵源忽若乘槎到，仙洞还同采药迷。二月辛夷犹未落，五更鸦臼最先啼。茶烟渔火遥堪画，一片人家在水西。

方回评曰：“武平此诗妙甚，八句五十六字无一字不佳，形容桐庐尽矣。起句十四字并尾句，可作《竹枝歌》讴也。”[3]受方回影响，查慎行评云：“睦州青江景致逼真。”[4]而连最不满昆体的纪昀也说：“风韵绝人，只三四格调稍复耳。”[5]平心而论，此诗确如诸人所评。特别是首尾四句，不用典故和奇字，只用常语和口语，以白描手法平实写出自己经过桐庐时所见到的景色，一反昆体之雕涩典丽，显得闲淡流畅，清新自然，有民歌风味。即置之盛唐太白集中，亦可乱真。其“山花红白”一句，还

① 《瀛奎律髓汇评》卷三〇，第1336页。
② 卢弼《三国志集解》卷四七，中华书局1982年版，第899页。
③ 《瀛奎律髓汇评》卷三〇，第1405页。
④ 《瀛奎律髓汇评》卷三〇，第1405页。
⑤ 《瀛奎律髓汇评》卷三〇，第1405页。

使人想到杜牧写宣州水西寺的诗句“红白花开山雨中”（《念惜游三首》之三“李白题诗水西寺”）。不过，也正如纪昀所评：“三四格调稍复。”“灵源”难道不是和“仙洞”一样的意思吗？这是为了形成对偶而不惜以一意而在一联之内前后迭出，其后果则是语义重复，事倍功半。从方回所选录的胡宿的这三首诗来看，其中既有昆体手段，也有后来欧阳修之流畅、梅尧臣之平淡、苏舜钦之豪壮。从这个意义来看，翁方纲谓胡宿等后期西昆体诗人于宋诗的发展有“继往开来”的作用。

胡应麟亦有承方回之说而称誉胡宿诗作之言，其《诗薮》云：“胡武平：‘西北浮云连魏阙，东南初日满秦楼。’上句用‘西北有高楼，上与浮云齐’语，下句用‘日出东南隅，照我秦氏楼’语，联合成句，词意天然，读之绝不类引用昔人者。而兴象高远，优入盛唐。盖梅句（按：指梅昌言询《送夏子乔招讨西夏》‘亚夫金鼓从天落，韩信旌旗背水陈’二句。胡氏《诗薮》谓其‘冠裳伟丽，字字天然，此用事第一法门也。惜其语与开元不类’）虽极精严，而犹若有意，此则无迹可寻矣。高氏因《鼓吹》误收（按：《四库全书总目提要·文恭集》云：‘金元好问选《唐诗鼓吹》误编入宿诗二十余首，说者遂以为唐末之人，爵里未详。今考好问所录诸诗，大半在《文恭集》内。……好问乃不能考证，舛错至此。’其说本此），列晚唐末，不知咸通后安得此调耳。宿诗尚散见宋诸选。《飞将》《少年》二律俱工。”[①]胡应麟所称誉之诗句见胡宿《津亭》颔联，后王士禛亦录以评之。胡氏从用事角度指出胡宿诗有“兴象高远，优入盛唐”者。这也就是说，胡宿诗在用事上有变西昆体者。胡应麟曾说：“凡用事用语，虽千锤百炼，若黄金在冶，至铸形成体之后，妙夺化工，无复丝毫痕迹，乃为至佳。藉读之少令人疑似，便落第

① 胡应麟《诗薮·外编》卷五，中华书局1962年版，第223页。

二义，况颛搜隐僻，巧作形模，昆体之所以失也。”[①]而胡宿那两句便和昆体不同，它“词意天然”，“无迹可寻”，是“兴象高远，优入盛唐”的佳句。因此，即以用事而论，胡宿诗中也有纠昆体“颛搜隐僻，巧作形模”之处。后来，卢文弨在《胡方平文恭集书后》中亦云：“诗丰缛而不失气骨，置唐中盛间，诚无所让。”[②]疑即从方回和胡应麟之评而来。胡宿《文恭集》卷二有一首《近郊》诗：“信马斗城外，芳郊秋物多。丹叶惊岁晏，华黍喜时和。野老醉相话，牧童闲自歌。牛羊稍觉晚，一一下层坡。”此诗和北宋最早师法白居易的王禹偁《村行》相较，也更显得“兴象高远”，“词意天然”。特别是后四句，用王维《渭川田家》“斜阳照墟落，穷巷牛羊归。野老念牧童，倚杖候荆扉”及《诗经·王风·君子于役》“日之夕矣，牛羊下来”等语意，而不使人觉，可谓“妙夺化工”也。

不过，在胡宿集中，有不少“压缩典故”的昆体诗。钱锺书先生认为这种“压缩典故”的修辞是唐人类书《初学记》滋长的习气，更是模仿李商隐的流弊[③]。如《初学记》把魏武帝曹操作过“乌雀南飞”一句诗那件事缩成“魏雀”；李商隐《圣女祠》把楚怀王梦见巫山神女那件事缩成“楚国梦”[④]；晏殊《赋得秋雨》又把它缩成“楚梦”；胡宿把老子讲过“如登春台”那件事缩成“老台”（《文恭集》卷六《漫成》“不敢将春上老台”）等。据钱先生说，胡宿这种“压缩典故”的昆体流弊，比晏殊更

---

① 《诗薮·外编》，卷五，第 222 页。

② 卢文弨《抱经堂文集》卷一三，上海书店 1989 年据商务印书馆 1926 年版重印《四部丛刊》初编第 300 册，第 56 页。

③ 见钱锺书《宋诗选注》，第 14 页。

④ 李商隐还生造了诸如“弘阁”“董帷”“曹蝇”“韩蝶”之类的缩语。“弘阁”“董帷”见《全唐诗》卷五四一（中华书局 1960 年版，第 6237 页）之《咏怀寄秘阁旧僚二十六韵》“奋迹登弘阁，摧心对董帷”，“曹蝇”“韩蝶”见《全唐诗》卷五三九（第 6158 页）之《韩蝶鸡麝鸾凤等成篇》“韩蝶翻罗幕，曹蝇拂绮窗”。

甚。今举数例：如《浮石寺》“数刻尽牛香”（《文恭集》卷三）。《四库全书》原校云：“‘牛香’二字，不经见，《法苑珠林》有云：‘牛头之香生于海岸。’此殆节用之。”再如《送曹生归临江别墅》“丽赋凭乌有，清篇托畔牢”（《文恭集》卷三）。《四库全书》原校云：“‘畔牢’二字，不经见，《汉书·扬雄传》有云：‘书名《畔牢愁》。’此殆节用之。”又如《远思》“空对霜葭惊远别，忍题云叶寄《牢愁》”（《文恭集》卷三）。按：“牢愁”二字，亦和上例“畔牢”出处同。胡宿这种为了对偶声律而“压缩典故”的做法，可以说是受李商隐以骈文手法入诗影响的结果。

总之，在胡宿的诗歌创作实践中，就其诗作的风格言，既有僻涩难解、艳丽凝重的一面，也有平淡简远、清新自然的一面[①]；就写作手法言，既有割裂古事、堆砌丽藻的做法，也有直写所见所闻所感的白描手法的运用，呈现出诗风转变时期的复杂性。这殆如翁方纲所说，确实起着一种“继往开来”的作用。而其中，风格的僻涩艳丽，手法上对典事的频繁使用、割裂简缩，以及对丽词的过分追求，是“继”昆体之“往”；白描手法的运用和平淡清新的诗风，则是“开来”——预示了新一代诗体的来临。而“活法”的提出，正是胡宿能“继往开来”“承上启下”的保证。

二

胡宿不仅提出了“活法”说、以“活法”作诗，还用内涵丰富的“珠走盘”比喻对其“活法”说进行阐释。

钱锺书先生论吕本中“活法”云：“《艇斋诗话》记吕东莱论诗尝引孙子论兵语：‘始如处女，终如脱兔。’……曾茶

① 参见陶文鹏《论胡宿的诗学观与诗歌创作》。

山《读吕居仁旧诗有怀其人作诗寄之》有云：‘……居仁说活法，大意欲人悟。常言古作者，一一从此路。岂惟如是说，实亦造佳处。其圆若金弹，所向若脱兔。’‘脱兔’正与‘金弹’同归，而‘活法’复与‘圆’一致。‘圆’言其‘体’，譬如‘金弹’；‘活’言其‘用’，譬如‘脱兔’。”[①]胡宿论诗也“体”“用”并言，“圆”“活”兼用，而且更加恰当，其《谢叔子杨文惠诗》云：

老子诗名久废闲，喜君步骤少陵坛。句敲金玉声名远，韵险车斜心胆寒。倾出囊中和月露，皎如盘底走珠丸。苦藏难没诗家事，会看尘冠早一弹。[②]

此诗颈联“倾出囊中和月露，皎如盘底走珠丸”，称赞杨文惠之诗体，如圆月露珠一样清亮润泽、似弹丸走盘一样圆熟响亮。当然，这也当是胡宿对诗歌体式的美学追求。这一主张也是和昆体之“僻涩呕哑”“滞碍蹇艾”背道而驰、针锋相对的。

以“弹丸”喻诗，始于南齐谢朓。《南史·王筠传》即载沈约引谢朓语：“好诗流美圆转如弹丸。”尔后，此类语意便屡见不鲜[③]。但是，其间论诗者却多单言珠而少有如胡宿这样言“珠走盘”的。考“珠走盘”之喻，最早见唐杜牧论《孙子兵法》。其《注孙子序》云：“后之人，有读武书予解者，因而学之，犹盘中走丸，丸之走盘，横斜圆直，计于临时，不可尽知；其必可知者，是知丸不能出于盘也。”[④]而用以描写音乐，则见于白居易

① 钱锺书《谈艺录》，中华书局1984年版，第438页。

② 《文恭集》卷五，上海古籍出版社1987年影印文渊阁《四库全书》第1088册，第650页。

③ 参见钱锺书《谈艺录》，第112—117页、432—439页。

④ 董诰等编《全唐文》卷七五三，上海古籍出版社1990年版，第3460—3461页。

那首有名的《琵琶行》之“大珠小珠落玉盘”。大概是在谢朓“好诗流美圆转如弹丸”及杜牧“丸之走盘”、白居易“珠落玉盘”等说的启示下，胡宿提出了“珠走盘”用以形容诗歌之美，配合自己提出的“活法”之论。自胡宿之后至北宋灭亡，中无一人以“珠走盘”言诗者（其中张耒《赠李德载》有“晁论峥嵘走珠玉”句，但仍无“盘”字）。至南宋初，才有曾幾云：“今晨出数篇，秀色若可餐。清妍梅著雪，圆美珠走盘。”①

胡宿从声、形角度言“珠走盘”论诗与以单言“弹”（丸）或“珠”论诗相较，所显现的内容有全、偏之别，层次亦有高、下之异。“弹”（丸）或“珠”，只言其“圆”虽能“转”，然尚未“转”于“盘”，仅为有色无声之形。胡宿言“珠走盘”就不同了：它“圆”而“转”于“盘”，“明珠”与“玉盘”相叩而发出铿锵悦耳之声。它不仅是有色之形，而且有动听之声；它亦由静而动，由“死”而“活”，由“活”而“响”，从而声形并茂、形象鲜明，使人如见其形、如视其色、如闻其声——而这正可与诗歌的声韵、形式之美相譬喻。众所周知，诗歌不同于散文之处，就在于诗歌有更高要求的声形之美。

陆机《文赋》云：“诗缘情而绮靡。”“绮”指色，“靡”指声。刘勰云：“吟咏之间，吐纳珠玉之声；眉睫之前，卷舒风云之色。”②严羽云：“下字贵响，造语贵圆。”③陶明浚《诗说杂记》释此云：“以音韵言之，必求其响；以色泽言之，必求其圆。响对于哑而言，圆对于涩而言。”④李东阳云：“诗必有具眼，亦必有具耳。眼主格，耳主声。”⑤以上诸人都认

① 曾幾《茶山集》卷一《赠空上人》，上海古籍出版社1987年影印文渊阁《四库全书》第1136册，第479页。

② 范文澜《文心雕龙注》，人民文学出版社1963年版，第493页。

③ 郭绍虞《沧浪诗话校释》，人民文学出版社1983年版，第118页。

④ 转引自郭绍虞《沧浪诗话校释》，第119页。

⑤ 李东阳《麓堂诗话》，《历代诗话续编》，第1371页。

为：“色”“声”二义，缺一不可。如此，则单以“弹”（丸）或“珠”喻诗，尚不足以表达出对诗歌本体特征的完整认识和全面要求。只有“明珠”和“玉盘”相叩，即“明珠走玉盘”之喻，才足以言诗歌本体之美。因此，谢朓“好诗流美圆转如弹丸”之说，是有缺陷的，它当改为“好诗流美圆转如弹丸走盘”，才既“有具眼”又“有具耳”。又吕居仁云：“谢玄晖有言‘好诗流转圆美如弹丸’，此真活法也。”笔者以为，亦当改为“好诗流转圆美如弹丸走盘”，才是真言活法。“盘”为诗规，即诗歌应具的内容和形式方面的最基本的特征。“弹”如诗句，它一方面必须行于“盘”中而不能出于“盘”外，即每诗都必合于人们对诗歌的基本要求，而不能超出诗之为诗的界定，如出于“盘”，则不是诗；另一方面，“弹”于“盘”中行走的路线、快慢，发出声音的高低、长短、清浊等等，却又变化莫测，因人而异、因时而异、因地而异。这就是“活法”的真谛！与闻一多先生“戴着镣铐跳舞”之主张相比，胡氏“盘”之喻显得更圆融无碍，将诗歌之为诗歌的规定性浑然无迹地融合到“珠走盘”的比喻中，从而使“珠走盘”之“体”与“活法”之“用”圆融地结合起来，为中国古代诗学增添了一个富有表现力的命题。后来苏轼所说的“常行于所当行，常止于不可不止”（《答谢民师书》）、吕本中所说的“有定法而无定法，无定法而有定法”正是对这种圆融比喻的理论概括。他们的概括抽象有余而生动不足。可以说，胡宿从声、形角度提出的“珠走盘”之说，才是宋人对“活法”说内涵的最佳比喻，才能做到在诗中“状物无遁形，抒情有至乐”（《文恭集》卷一）。

在《文恭集》中，有些诗作确实具有“明珠走玉盘”的特色。如《寄芜湖吴殿丞》（卷四）云：

大花滩外忆琴堂，西北山长水更长。缩地何曾人有术，摩天不及鸟能翔。寒梅弄脸英英态，腊瓮蒸醅满满香。怅望未休还怅望，夜来庭下月如霜。

此诗殆写于江浙任上。作者在地处东南的大花滩外想起远居于西北芜湖琴堂的密友吴殿丞，真想自己有化远为近的缩地之术，像鸟儿一样摩天飞去，和他一起欣赏俊俏似美女之脸一样的寒梅、品味香气四溢的腊酒。但是，这一切都是不可能的，自己缩地无术，摩天少翅，只能在庭院之中，踏着如霜的月色，往友人所在方向的上空“怅望未休还怅望”罢了。诗情深挚，格调清新，用语浅近，全无昆体深涩典丽之弊。尤当称道的是，诗人在首联对句（西北山长水更长）、尾联对句（怅望未休还怅望）及颈联（寒梅弄脸英英态，腊瓮蒸醅满满香）中，或一词复用（如二“长”、二“怅望”），或对用叠字（如出句之“英英”、对句之“满满”），使诗“流转圆美如弹丸走盘”，回环往复，铿锵婉转。其他如“美哉山与河，河流急于马”（《文恭集》卷一《碧楼》）、“一哀吊罢颓阳暮，江南江北尽是山”（《文恭集》卷四《过李白坟》）、“睡魂顿消清到骨，一成僧味似僧家”（《文恭集》卷六《斋祠小饮资政吴侍郎以真如茶二绝句为寄》之二）、“两岸山花中有溪，山花红白遍高低”（见上引《过桐庐》）等，也都可作“一词复用”的佳例。这些诗句，或上下两句之间互相勾连（如“美哉山与河，河流急于马”“两岸山花中有溪，山花红白遍高低”），或在一句之内重沓回环（如“西北山长水更长”“怅望未休还怅望”“江南江北尽是山”“一成僧味似僧家”），不仅显现出胡宿所用修辞手法的不拘一格，而且使上下诗句联系紧密，整首诗作流动圆转，有“贯玉联珠”之美。不过，似《寄芜湖吴殿丞》这样具有“明珠走玉盘”风格的语短情长之诗，在《文恭集》中并不多见。但“动人春色不须多”，因为此诗大似一枝“报春花”，有了“东风第一枝”，“满园春色”将离我们不远了。不是吗？在胡宿之后不久，由欧阳修等人倡导的诗文革新运动，便以摧枯拉朽之势，给昆体来了个大扫除，他们在诗歌这个“大盘”之内，任意滚动，更加畅所欲言，变胡宿“以骈文为诗”的成法而“以散文为诗”，直至“从心所欲而不逾矩”。

三

胡宿还有一些变革西昆体的主张，与其“活法”说的精神一脉相承。

针对昆体的“句敲金玉”“雕绘满眼”，他提出诗歌应当平淡、自然、不加雕饰。胡宿在《读僧长吉诗》中盛赞僧长吉“作诗三百篇，平淡犹古乐。于言虽未忘，在理已能觉。天质自然美，亦如和氏璞”（《文恭集》卷一）。这里，胡宿用“古乐”喻“平淡”之诗，以“和氏璞”比喻“自然”之美的诗。所谓“古乐”，指《礼记·乐记》中的与“新乐”相对的音乐。它平淡无奇，节奏舒缓，“雅而不悲”，使人昏昏欲睡；而“新乐”则与之相反，它“好滥淫志”，刺激性灵，“悲而不雅”，使人听不知倦[①]。胡宿殆有以“好滥淫志”的“新乐”比当代昆体之意。“和氏璞”比“自然美”，《韩非子·解老》云：“和氏之璧，不饰以五采；隋侯之珠，不饰以银黄，其质至美，物不足以饰之。夫物之待饰而后行者，其质不美也。”胡宿用此之意甚明，谓像和氏璧那样具有“天质自然美”的诗歌不是雕琢而成的。其对以“镶金嵌玉”为能事的昆体功夫的否定之意，不言而喻。后来山谷《赠晁无咎诗》云：“执持荆山玉，要我雕琢

① 参见王发国、熊启靖《曹操文艺思想初探（下）》，载《许昌学院学报》2007年第3期。

之。”与胡宿之意正相反。又《太傅致仕邓国公张公行状》云：“公缀文根道，尤邃于诗，峻整平淡，通有二体。”（《文恭集》卷四○）亦以“平淡”誉张公之诗。

针对昆体之“浓得化不开”的现象，胡宿提出诗句当“清丽”。《送显忠上人归吴郡》云“禅通少林默，诗得杼山清”（《文恭集》卷二）；《送曹生归临江别墅》云“丽赋凭乌有，清篇托畔牢”（《文恭集》卷三）；《览朱表臣卷》云“井边禁树开龙凤，笔下清才坠乌云”（《文恭集》卷四）；《送吴推官》云“秀极武夷峰，清才气所融”“大对承三道，清篇滞半通”（《文恭集》卷五）；《郑文肃公墓志铭》云“攻诗出于余力，尤极清丽”（《文恭集》卷三六）；《李公墓志铭》云“诗笔清婉，殊有思致”（《文恭集》卷三七）；《蒋公神道碑》云“有高情，富清藻，多所缀述，尤邃于诗，其间所得，往往清绝”（《文恭集》卷三九）；《太傅致仕邓国公张公行状》云“暇日，后车载客相从，文酒雅题探赋，清篇赓属，野兴所适，或累日忘返”“酷爱张水部籍诗，尝评之曰‘语虽似近，思致清远，浅于诗者，不足游其藩阀’”（《文恭集》卷四○）等等。其中，有单言“清”者，亦有合言“清篇”“清才”“清丽”“清婉”“清远”“清藻”“清绝”者。就具体内容而论，它们或言诗才（如清才），或言诗作（如清篇），或言辞藻（如清藻），或言诗风（如清丽），或言诗情（如清远），或言声韵（如清婉），或言“清”的程度（如清绝）；如此等等，不一而足。充分表现了胡宿对“清”的偏爱。

针对昆体之靡弱，胡宿表现出对豪壮有力的诗作的推崇。《太尉文肃郑公挽词三首之二》云“辞锋横剑戟，诗笔走风雷”（《文恭集》卷二）；《翰林南阳叶公挽词三首》之一云“辞源长万里，笔力重千钧”（《文恭集》卷二）；《集贤石学士出守符离》云“巴郡辞人才藻壮，汉家循吏教条宽”（《文恭集》卷四）；《送次道学士倅洛中》云“一代策书承世学，三川风月属诗豪”（《文恭集》卷四）；《石曼卿学士挽词》云“才出群英表，文推一代雄。灵蛇操掌上，云梦纳胸中。醉墨千峰立，吟毫八极空”（《文恭集》卷五）；《郑文肃公墓志铭》云“才高而兼华实，文雄而有气骨；盖人伦之华衮，而材林之杰藻也”（《文恭集》卷三六）等等是其证。

胡宿的这些主张都是为了矫正西昆体之弊，富有变革精神，与其圆融无碍的“活法”说精神一脉相承。换言之，其“活法”说的题中应有之义正是“变革精神”，而这种变革精神正是“宋代诗论中的许多现象都可以归纳到‘活法’的理论概括之下”的一根红线。

综上所述，诗学上的“活法”说是胡宿最先提出的。胡宿用生动恰当的比喻——“珠走盘”阐释了“活法”说丰富的内涵——将“珠走盘”之“体”与“活法”之“用”圆融无碍地结合起来，从而使其“活法”说成为中国古典诗学的一个富有表现力的命题。尽管胡氏诗歌创作与其理论主张还有一定距离，但其“活法”论的革新价值取向应该得到充分的肯定。研究胡宿的“活法”说，不仅是探究“活法”说的发明权的需要，更是对后期西昆体诗人的革新努力进行肯定以及对北宋诗坛进一步进行评价的需要。

（原载于《文学遗产》2009年第5期）

论“活法”

◎张　毅

北宋末和南宋初，是诗歌创作中江西诗风盛行的时代，同时诗歌理论批评也极为繁荣，现存的宋人诗话多数产生于此时。[①]这个时期出现的“活法”理论，上承黄庭坚的句法之说和苏轼的自然为文之旨，是以对苏、黄为代表的宋诗创作的经验总结；下启杨万里的“活法诗”而开宗唐之风，是宋诗创作发生重大转折的思想依据。无论从宋代诗风的演变，或宋代诗歌理论批评的发展来看，“活法”说都具有不可忽视的重要的历史意义。

本文拟对“活法”说产生的原因，“活法”与“悟入”的关系，以及“活法”在宋诗演变过程中的作用及其理论发展等问题，作一较为全面的论述。

一

“活法”作为一种诗法理论，与江西诗派宗主的黄庭坚的句法之学有不可分割的联系，但它的提出是为了使当时的诗歌创作从“有定法”而进入“无定法”之境，以苏轼主张的出新意妙理于法度之外的自然为文为归趋，是诗歌创作中宗黄与学苏相结合

① 参见郭绍虞《宋诗话考》（中华书局，1979年）。本文所引宋人诗话，除单独注明出处者外，均见于中华书局出版的《宋诗话辑佚》（1980年），《历代诗话》（1981年），《历代诗话续编》（1983年）。

的产物。

江西诗派得名于吕本中北宋政和年间所作的《江西宗派图》。当时在江西豫章存在着一个以黄庭坚为学习榜样的诗社组织。张元幹《苏养直诗帖跋尾六篇》回忆早年学诗时的情形说：“往在豫章，问句法于东湖先生徐师川。是时洪刍驹父、弟炎玉父、苏坚伯固、子庠养直、潘淳子真、吕本中居仁、汪藻彦章、向子諲伯恭，为同社诗酒之乐，予既冠矣，亦获攘臂其间，大观庚寅、辛卯岁也。”[①]辛卯岁即政和元年（1111），正是吕本中作宗派图的大致时间。从张元幹参加诗社活动的自述中可看出，“句法”在江西派诗学中占十分突出的位置。魏泰《临汉隐居诗话》谈到诗人造句之法贵峻洁不凡时，曾举杜甫“美名人不及，佳句法如何”为例。但真正把句法作为诗歌创作的中心问题予以强调的是黄庭坚。他在《次韵文潜立春日三绝句》中说：“传得黄州新句法，老夫端欲把降幡。”《寄陈适用》云：“寄我五言诗，句法窥鲍谢。”《赠高子勉》云：“拾遗句中有眼，彭泽意在无弦。”《再用前韵赠子勉四首》：“句法俊逸清新，词源广大精神。”[②]山谷诗学的一个特点是将诗歌创作中较难把握的气、韵、意、味等落实到具体的诗歌句法上，通过炼字炼句来体现。普闻《诗论》说：“诗家云炼字莫如炼句，炼句莫若得格，格高本乎琢句，句高则格胜矣。天下之诗，莫出于二句，一曰意句，二曰境句。境句则易琢，意句难制。境句人皆得之，独意不得其妙者，盖不知其旨也。所以鲁直、荆公之诗出于流辈者，以其得意句之妙也。”所谓“得意句之妙”，普闻举黄诗《寄黄几复》中的“桃李春风一杯酒，江湖夜雨十年灯”为例，认为“春风桃李但一杯，而想象无聊屡空为甚，飘蓬寒雨十

① 《芦川归来集》卷九（上海古籍出版社，1978 年）。

② 分别见于《山谷集》卷十一、《山谷外集》卷四、《山谷集》卷十二（《四库全书》本）。

年灯之下，未见青云得路之便，其羁孤未遇之叹具见矣。其意句亦就境中宣出。桃李春风，江湖夜雨，皆境也，昧者不知，直谓境句，谬矣”。[①]就诗的“意句”而言，除了“亦就境中宣出”者外，山谷诗还有句上求远、语有余意的特点。如《听宋宗儒摘阮歌》：“寒虫催织月笼秋，独雁叫群天拍水。”《弈棋二首呈任公渐》：“心似蛛丝游碧落，身如蜩甲化枯枝。”《光山道中》：“梦幻百年随逝水，劳歌一曲对青山。”[②]这些诗句，平易而立意精深。推源其用心，不外乎标新立异，出奇制胜。因此，黄诗在用词造句和音律运用方面也力求不同凡俗。如五言诗的正格是上二下三。而黄诗则有上一下四或上三下二的句式：“吞——五湖三江”，“牛砺角——尚可。”这种通过句子组织上的变更而使文气反常的句子称为“拗句”，此外还有“拗律”，即在一句之中使平仄互换，造成音调的突兀。在黄庭坚的三百一十余首七律里，拗体就占了一百五十余首，达总数的一半以上。这说明，句法不仅是黄庭坚学习前人艺术经验的入口，也是他自己在创作中推陈出新的重要方面。

黄庭坚对句法问题的重视和强调，对江西诗学的形成和宋诗的发展有极深刻的影响。范温《潜溪诗眼》用“有余意之谓韵”发挥黄庭坚“句中有眼”的思想，偏重于从创作主体的命意立格谈诗，强调学诗“要先以识为主”。只有能见出诗人命意运思的深密之处，方能概考作诗法度。但他又说：“句法之学，自是一家工夫。”“句法以一字为工，自然颖异不凡，如灵丹一粒，点铁成金也。”这样就把诗人的命意和运思归结为具体的句法结构和精当字词的选择。其积极意义在于，学诗者通过句式的变换或新警字眼，可消除因句式和意象沿袭而产生的思维惰性，重

① 《说郛》卷六十七，见《说郛三种》（上海古籍出版社，1988 年）。

② 分别见于《山谷集》卷四，《山谷外集》卷七、卷十二。

新获得对表现对象和诗歌语言的新鲜感受，在艺术表现上翻新出奇。但这种倾向也蕴含着一种危险，即单纯从语句的表现功能方面看待诗歌创作，过分注重炼字琢句和使事用典，而忽略了诗歌意味的追求。惠洪《冷斋夜话》说：“山谷云：诗意无穷而人之才有限，以有限之才，追无穷之意，虽渊明、少陵，不得工也。然不易其意而造其语，谓之换骨法；窥入其意而形容之，谓之夺胎法。”所谓“换骨”“夺胎”，基本上是就用典时如何化用前人成词着眼，偏重于从用语造句方面来谈论诗歌创作。惠洪说：“句法欲老健有英气，当间用方俗言为妙。”又说：“用事琢句，妙在言其用，而不言其名耳。”这被称为“象外句”。还有“对句法”。诗人穷其变，不过以事以意以出处具备，谓之妙。[①]此外，他还总结出了词序倒置的“错综句法”，未咏落叶而人一见之自然知为落叶的“影略句法”等。[②]这样一来，所谓“句法”，就偏于有关用词造句的纯语言形式的表现技巧了。

这种诗学理论上的倾斜亦在创作中体现出来。江西诗派自吕本中作宗派图后，作诗奉守“无一字无来处”和“点铁成金”的师训，习惯于由黄庭坚上窥杜甫。山谷诗讲究瘦硬，有具体的句法和“拗句”“拗律”“换骨”“夺胎”等规则可遵循，便于学习，易形成风格相近的诗派。但也极易让人受法的束缚，亦步亦趋，不离规矩。而且江西派作诗有避世倾向，讲究淡泊自甘的格高，上者平淡奇峭，冷然世外，次者琢刻字句，尖巧僻涩。琢句愈工，离真性情愈远，失却作诗的本意。关于这种江西诗风在社会上流行而带来的弊端，南北宋之际的不少诗话著作都有批评。叶梦得在《石林诗话》中说：“诗人以一字为工，世固知之，惟老杜变化开阖，出奇无穷，殆不可以形迹捕。……今人多

① 《冷斋夜话》卷一、卷四，见《笔记小说大观》第八册（江苏广陵古籍刻印社，1983年）。

② 见《诗人玉屑》卷三“句法”条（上海古籍出版社，1978年）。

取其已用字模放用之，偃蹇狭陋，尽成死法。不知意与境会，言中其节，凡字皆可用也。”这种对“死法”的批评，已开启了在诗歌创作中重“活法”的先声。吴可《藏海诗话》亦云：“用工夫体学杜之妙处恐难到，用功而效少。”他主张“学诗当以杜为体，以苏黄为用，拂拭之则自然波峻，读之铿锵。盖杜之妙处藏于内，苏黄之妙发于外”。也就是说，作诗除宗黄外，还要学苏，否则易流于滞涩生硬。

正是有鉴于江西派诗人无人不谈句法而尽成死法，追求瘦硬而流于尖生僻涩，吕本中晚年称宗派图“乃少时戏作耳”，颇有后悔之意。[①]与早年一味宗黄不同，他强调作诗文要向苏轼学习，因为苏轼那种极富才情的清旷放达的创作风格，能使人摆脱各种法的束缚。曾季貍《艇斋诗话》说：“吕东莱喜人读东坡诗。”吕本中南渡后作诗即以苏诗那种自然浑度、不见斧凿痕为榜样，追求自然清新和流转圆美，与当时规行矩步学山谷的江西诗风形成对照，透露出南宋诗风转变的消息。陈岩肖《庚溪诗话》说：“吕居仁作《江西诗社宗派图》，以山谷为祖，宜其规行矩步，必踵其迹。今观东莱诗，多浑厚平夷，时出雄伟，不见斧凿痕。”陆游《吕居仁集序》也说吕本中“诗文汪洋闳肆，兼备众体，间出新意，愈奇而愈浑厚，震耀耳目，而不失高古，一时学士宗焉”[②]。南宋绍兴年间，吕本中已成为诗坛执牛耳的领袖人物。绍兴元年（1131），他在《与曾吉甫论诗第一帖》里向曾幾传授诗法时指出；作诗除了学杜甫、黄庭坚以知“法度所在”和“治择工夫”外，还须“波澜之阔”和“规模令大”。他说：“如东坡、太白诗，虽规摹广大，学者难依。然读之使人敢道，澡雪滞思，无穷苦艰难之状，亦一助也。要之，此事须令

① 范季随《陵阳先生室中语》，见《说郛》卷四十三。

② 《渭南文集》卷十四，见《陆游集》（中华书局，1977 年）。

有所悟入，则自然越度诸子。”又说：“近世江西之学者，虽左规右矩，不遗余力，而往往不知出此，故百尺竿头，不能更进一步，亦失山谷之旨也。”[①]主张通过类于黄诗那种知法度所在的句法训练而达到“悟入”之后苏诗那种波澜壮阔、无丝毫艰涩之状的自然为文之境，已初步体现出了其“活法”说的基本精神。

促使吕本中进一步提出较为完整的“活法”理论的一个直接原因，是张戒对江西诗风的彻底批判。张戒论诗不谈句法而力主言志，重情味而归于思无邪，有正本清源的深意。其《岁寒堂诗话》对江西诗法深致不满，认为“诗人之工，特在一时情味，固不可预设法式也”。批判的矛头越过学生而直指老师。他说：“诗妙于子建，成于李杜，而坏于苏黄。余之此论，固未易为俗人言也。子瞻以议论作诗，鲁直又专以补缀奇字。学者未得其所长，而先得其所短，诗人之意扫地矣。”这种主张虽语涉过激，但确有惊时骇众之效，刺激了吕本中对“活法”的深入思考。这一点，在《岁寒堂诗话》里即有反映，张戒在谈到“子美诗，得山谷而后发明”时说：

往在桐庐见吕舍人居仁，余问：“鲁直得子美之髓乎？”居仁曰：“然。”“其佳处焉在？”居仁曰：“禅家所谓死蛇弄得活。”余曰：“活则活矣，如子美‘不见旻公三十年，封书寄与泪潺缓，旧来好事今能否？老去新诗谁与传’。此等句鲁直少日能之。‘方丈涉海费时节，元圃寻河知有无。桃源人家易制度，橘州田土仍膏腴。’此等句鲁直晚年能之。至于子美‘客从南溟来，朝行青泥上’，《壮游》《北征》，鲁直能之乎？如‘莫自使眼枯，收汝泪纵横。眼枯却见骨，天地终无情’。此等句鲁直能到乎？”居仁沈吟久之曰：“子美诗有可学者，有不可学者。”

① 见《苕溪渔隐丛话》前集卷四十九（人民文学出版社，1962年）。

张戒在桐庐见吕本中时为绍兴初年，正值吕本中“活法”说形成之时。吕本中所说的“死蛇弄得活”，指黄庭坚作诗善于吸收前人句法精髓而翻空出奇，规矩备具而能出于规矩之外。但这还只是其“活法”说的一个层面，即有定法而“可学者”的一面。江西诗派作诗大多停留在这个层面上。通过与张戒的交锋，吕本中意识到诗还有无定法而“不可学者”，即诗之韵气，它自诗人胸臆流出，产生于作诗时的一时情味，不可预设法式。如陈与义《春日二首》所言：“忽有好诗生眼底，安排句法已难寻。”[①]吕本中在《童蒙诗训》里也说作诗“惟不可凿空强作，出于牵强，如小儿就学，俯就课程耳”。江西派诗人潘大临认为“七言诗第五言要响”，“五言诗第三字要响”。吕本中则说：“窃以为字字当活，活则字字自响。”诗中某一字响，可以通过炼字琢句来实现，字字响则需气韵贯注，无定法可言。所谓无定法实际上是指创作主体对诗法的超越，以达率情任性、变化不测而不背于规矩的自然为文之境。这是吕本中“活法”说的更深一层的内容。对此把握得较准确的是张元幹，他在吕本中去世后写的《亦乐居士文集序》里说：“前辈尝云诗句当法子美，其他述作无出退之。韩杜门庭，风行水上，自然成文，俱名活法。”其《跋苏诏君赠王道士诗后》又说：“文章盖自造化窟中来，元气融结胸次，古今谓之活法。所以血脉贯穿，首尾俱应，如常山蛇势；又如风行水上，自然成文。”[②]在宋代诗人里，苏轼那种自由挥洒、随物赋形的创作个性，最能体现这种自然成文的活法。故吕本中一再强调要学苏轼。

“活法”说的完整表述，见于绍兴三年（1133）吕本中所作的《夏均父集序》：

---

① 《陈与义集》卷十（中华书局，1982 年）。

② 《芦川归来集》卷九。

学诗当识活法。所谓活法者，规矩备具而能出于规矩之外，变化不测而亦不背于规矩也。是道也，盖有定法而无定法，无定法而有定法，知是者则可以与语活法矣。谢玄晖有言："好诗流转圆美如弹丸。”此真活法也。近世惟豫章黄公首变前作之弊，而后学者知所趣向，毕精尽知，左规右矩，庶几至于变化不测。然余区区浅末之论，皆汉魏以来有意于文者之法，而非无意于文者之法也。[1]

自北宋末年起，江西诗派作诗专以黄庭坚为宗，故有别于苏诗，但到了南宋绍兴年间，宋诗创作发展的实践证明苏、黄是不可分的。黄诗那种规矩备具、用功深刻的诗格，若无苏诗那种变化不测的自然气韵贯穿，很容易流于尖巧生涩。事实上，黄庭坚作诗也以苏轼那种无意为文的自然境界为努力方向，既讲“句中有眼”，复云“意在无弦”。以有规矩入，成无规矩出，是其“句法”理论的两个重要环节。苏轼的“出新意于法度之中，寄妙理于豪放之外”[2]，也并非完全没有规矩法度。苏轼的自然为文只是创作主体获得创作自由后对规矩法度的一种超越。苏、黄诗学，同源而异流，亦应殊途同归。吕本中“活法”说的提出，满足了宋代诗学发展的这种要求。它将以黄诗代表的江西诗派的“有意于文者之法”，和苏轼在创作中体现出来的“无意于文者之法”辩证地统一起来：既讲“规矩具备”的诗法，也讲反映主体创造精神的“变化不测”；承认作诗“有定法”的一面，也不否定其“无定法”的一面，比较全面地反映了以苏、黄为代表的宋代诗学的精神，预示着此后诗歌创作的发展方向。

① 见《能改斋漫录》卷十（上海古籍出版社，1979年）。

② 《书吴道子画后》，《苏轼文集》卷七十（中华书局，1986年）。

二

“活法”乃相对于“死法”或“死句”而言。所谓“活”与“死”，关键在于学诗或作诗过程中是否能有所“悟入”。曾幾《读吕居仁旧诗有怀其人作诗寄之》云：“学诗如参禅，慎勿参死句。纵横无不可，乃在欢喜处。又如学仙子，辛苦终不遇。忽然毛骨换，正用口诀故。居仁说活法，大意欲人悟。常言古作者，一一从此路。”[①]由此可见，“活法”与“悟入”是连在一起的，而且语意都源于禅宗。要理解“活法”的精神实质，必须从当时盛行的以禅喻诗的思想文化背景入手。从受不同禅门宗风影响的诗人“悟入”方式的差异，或可看出学诗与作诗的不同，有所依傍和自家做主的区别，从而加深对“活法”性质的理解。

许颉在南宋建炎二年（1128）所撰的《许彦周诗话》里说：“诗话者，辨句法，备古今，纪盛德，录异事，正讹误也。”这个有关诗话的最简明的定义，把“辨句法”作为诗话的首要内容提出来，表明此时的诗话著作与早期诗话那种记录诗人轶文趣事以资闲谈的随笔已有所不同，由述事记言转为考辞论意，着重于探讨学诗和作诗的句法问题。因此，尽管活法说的正式提出比较晚，但活法理论的两种基本要求：规矩备具而能出于规矩之外，和变化不测亦不背于规矩，实际早已在两宋之际的许多诗话作者“辨句法”的批评实践中有所体现。与此相关，“悟入”说亦成为当时诗歌批评的重要内容和有机组成部分。曾季貍《艇斋诗话》说：

> 后山论诗说“换骨”，东湖论诗说“中的”，东莱论诗说“话法”，子苍论诗说“饱参”，入处虽不同，然其实皆一关

① 《两宋名贤小集》卷一百九十（《四库全书》本）。

捩，要知非“悟入”不可。

两宋之际，论诗讲悟入的远不止上述诸人，惠洪、范温、叶梦得、王直方、吴可、周紫芝等一批诗话作者也都把悟入作为学诗的条件或目的。当时佛学的禅宗思想已直接渗入社会生活和思想文化的各个领域，外儒内佛成为许多文人学士的基本精神风貌，居士佛在士大夫阶层十分流行，为诗人的以禅入诗和以禅喻诗创造了条件。宋初以来禅文学的发展，诗僧的不断涌现，文字禅的流行，也从另一个方面加深了人们对诗与禅关系的认识。如云门宗的雪窦重显禅师编《颂古集》，用诗偈的形式对被称为公案或古则的禅问答进行解释，从文字上追求禅意。其后临济宗杨歧派禅师克勤编《碧岩录》，对《颂古集》里的“颂古百则”作出提示，加以评唱，自撰颂语，进一步使禅宗走向舞文弄墨之途，揭示了习禅与作诗的内在联系。这些对于诗歌批评中的以禅喻诗也有促进作用。

禅宗对文学批评的影响是多方面的，江西诗派的建立就受禅宗分门别派的影响。这种宗门意识体现在诗歌批评上就是强调师友渊源的重要性，而这种渊源关系主要通过句法的传授和印可来体现。徐俯的诗歌创作成就并不高，但在江西诗派里有较高的声誉，当时许多人作诗向他请教句法。原因在于他曾亲炙山谷，受到过黄庭坚的表彰。韩驹说：“作诗文当得文人印可，乃不自疑。”[①]这是句法之学受到高度重视的一个重要因素。曾幾《李商叟秀才求斋名于王元渤以养源名之求诗》云：“老杜诗家初祖，涪翁句法曹溪。尚论渊源师友，他时派列江西。”[②]其以杜甫比达摩，黄庭坚比惠能。后来方回的江西诗派一祖三宗之说

① 《能改斋漫录》卷十。

② 《茶山集》卷七（《丛书集成初编》本）。

即导源于此。张表臣《珊瑚钩诗话》举杜甫诗“惟有摩尼珠，可照浊水源”“欲闻第一义，回向心地初”，认为此“乃佛乘之义耶”。其实，真正能在文学创作中发挥佛乘之义的不是杜甫，而是苏轼。黄庭坚评苏轼游庐山东林作的《题西林壁》等诗时说：“此老人于般若横说竖说，了无剩（一作刺）语，非岂笔端有口，亦安能吐此不传之妙。”[①]值得注意的是，苏轼、黄庭坚、秦观等元祐文人所交往的高僧都属临济宗，他们亦被视为本宗的俗弟子。黄庭坚就是在临济宗的黄龙山僧舍临摹古人法帖，忽然领悟“草书三昧”而创“句中有眼”之说的。但是，吕本中所作江西宗派图里的诗人多受云门宗的影响。如饶节《寄夏均父二首》云：“故人若问别来事，举似云门第二关。”[②]韩驹《谢彰上人远自云门见访》说：“君参云门禅，不远为君说。”[③]吕本中本人参禅学道也主要接受云门宗的影响。周紫芝《竹坡诗话》说：“吕舍人作江西宗派图，自是云门、临济始分矣。”

临济、云门同出曹溪南宗禅，思想渊源基本相同，但由于接引后学的方式有差异而形成不同的宗风。以此或可看出受不同宗门禅学影响的诗人在“悟入”方式上的差别。

临济的宗风是大机大用，单刀直入，常用棒喝的形式使人猛然自悟。它发扬了马祖“平常心是道”的思想，把禅悟加以彻底的主体化、行为化、世俗化，看作现实人生行为的直观体认。如临济宗黄龙派的“黄龙三关”，即是在提出“人人尽有生缘，上座生缘在何处”的问题后，用伸手垂脚的方式问：“我手何似佛手？”“我脚何似驴脚？”[④]意在用奇特的动作和峻烈的机锋语使人自己触机顿悟。这种悟不假修持，毫无依傍，灵心一动，头头

① 见《苕溪渔隐丛话》前集卷三十九。

② 《倚松老人诗集》卷二（清宣统庚戌刻本）。

③ 《陵阳先生诗》卷二（清宣统癸丑刻本）。

④ 《五灯会元》卷十九（中华书局，1984 年）。

是道。通之于诗，正可以用来说明诗人“悟入”时灵感涌现，达到一通百通的自由创造境界。如《冷斋夜话》评陶渊明诗：“大率才高意远，则所寓得其妙，造语精到之至，遂能如此。似大匠运斤，不见斧凿之痕。不知者困疲精力，至死不之悟。”《潜溪诗眼》评杜甫《樱桃》诗说：“如禅家所谓信手拈来，头头是道者。直书目前所见，平易委曲，得人心所同然。但他人艰难，不能发耳。”《石林诗话》评谢灵运诗“池塘生春草，园柳变鸣禽”时说：“此语之工，正在无所用意，猝然与景相遇，藉以成章，不假绳削，故非常情所能到。诗家妙处，当须以此为根本，而思苦言难者，往往不悟。”这些诗评里所讲的悟，如大匠运斤，信手拈来，不假绳削等形容的都是创作主体那种破弃拘执，随机触发，活泼天然，变化多方的自主精神。正如《临济录》所言：“向外作工夫，总是痴顽汉，你且随处作主，立处皆真。”[①]周紫芝《竹坡诗话》所记苏轼论作诗之语：“冲口出常言，法度法前轨。人言非妙处，妙处在于是。”这体现的正是这种临济宗风。黄庭坚的句法之学、点铁成金之论，被后学奉为作诗的法式窠臼，但在他自己原是力主自成一家、超凡入圣的。张元幹《跋山谷诗稿》说：“山谷老人此四篇之稿，初意虽大同，观所改定，要是点化金丹手段。又如本分衲子参禅，一旦悟入，举止神色顿觉有异，超凡入圣，只在心念间，不外求也。句中有眼，学者领取。”[②]

“只在心念间，不外求”的句中有眼，对于一般钝根的学诗者来说是很难理解的。惠洪就曾有“句中眼者，世尤不能解”的感叹。范温用“韵”来解说句中眼，认为“山谷之悟入在韵，故开辟此妙，成一家之学，宜乎取捷径而迳造也。如释氏所谓一超

① 《大正新修大藏经》第四十七卷（日本大正一切经刊行会刊印本）。
② 《芦川归来集》卷七。

直入如来地者”。这讲的是顿悟。但他告诫学的是有依傍、有渐次的“悟门”。他说：“识文章者，当如禅家有悟门。夫法门百千差别，要须自一转语悟入。如古人文章，且须先悟得一处，乃可通其他妙处。”这实际上讲的是一种渐悟了。叶梦得《石林诗话》用云门宗的“云门三种语”喻杜诗，也含有示人以门径、层层悟入的意思。他说：

禅宗论云门有三种语：其一为随波逐浪句，谓随物应机，不主故常；其二为截断众流句，谓超出言外，非情识所到；其三为函盖乾坤句，谓泯然皆契，无间可伺。其深浅以是为序。余尝戏为学子言，老杜诗亦有此三种语，但先后不同。以“波漂菰米沉云黑，露冷莲房坠粉红”当为函盖乾坤句；以“落花游丝白日静，鸣鸠乳燕青春深”为随波逐浪句；以“百年地僻柴门迥，五月江深草阁寒”为截断众流句。若有解此，当与渠同参。

“云门三句”，是云门宗的开宗禅师文偃用来启悟后学的接引方式。他说：“我有三句语示汝诸人：一句函盖乾坤，一句截断众流，一句随波逐浪。怎么生辨？若辨得出，有参学分；若辨不出，长安路上辊辊地。”[①]意思是只要能辨出这三句的含义，即可求得解悟。但这三句含义的浅深是不同的，需要一个“参”的过程。与临济宗直接借助生活中的动作和机锋语截断常识的情解而使人触机顿悟不同，云门宗用诗的形象性和象征性语言暗示某种禅理，人们可以借助它提供的语言形象获得内心的神秘感悟。但禅悟讲究是以心传心，言语断道。故文偃在讲述了云门三句后即告诫道：“便参活句，莫参死句。”[②]所谓“活句”，类

① 《五灯会元》卷十五。关于“云门三句”和叶梦得举“云门三句”论杜诗，张伯伟在《禅学与诗话》一文中有深入细致的分析。见《禅与诗学》（浙江人民出版社，1992年）。

② 《五灯会元》卷十五。

于后来吕本中讲的“活法”。正如吕本中讲活法是教人不受诗法规矩的束缚而有所自得一样，“参活句”也是要人摆脱语言的牢笼而自悟。得鱼忘筌，舍筏登岸。但既言“参”，则这种自悟并不废学的功夫。这是云门宗与临济宗的不同之处，吕本中《童蒙诗训》说：“作文必要悟入处，悟入必自工夫中来，非侥幸可得也。”正可用来解释“参活句”。江西派诗人学诗讲“饱参”，以此作为解句法和悟入的方式，这种做法可以说是从云门宗来的。

由此我们可见出诗人“悟入”方式的不同。一种是无所依傍，自家作主的顿悟。眼处生心句自神，故能在诗歌创作中独树一帜，自成一格，为后人留下无数作诗法门。另一种是有所依傍，真积力久的渐悟，即在向前人学习的过程中领悟作诗之道而有所成就。这也是作诗与学诗的不同。作诗须自家作主，学诗则不妨有所依傍，但两者间并无严格界限。宋人作诗，除极少数一开始就能凭借天才，随机触发，兴到诗成外，多数都要经历一个向前人学习，由工夫中悟入的渐修阶段，学诗过程也就是作诗过程，本不易强加分别。所以当时诗人用禅学的“悟入”喻诗，乃兼指顿悟与渐悟，作诗与学诗而言。更何况禅宗发展到这时已趋于整合，临济、云门两派悟入方式的不同在临济宗的杨岐派那里已合二为一，如克勤的《碧岩录》即是在云门宗禅师重显的“颂古百则”的基础上编撰的。书中既体现了临济宗那种随处作主、触机顿悟的思想，也讲“须参活句，莫参死句。活句下荐得，永劫不忘；死句下荐得，自救不了”[①]。江西诗论的总结者方回在为此书作序时认为，其中“有深得吾诗家活法者”[②]。南宋诗家在以禅喻诗的过程中多把“参”与“悟”连在一起，也体现了

① 《大正新修大藏经》第四十八卷。

② 《大正新修大藏经》第四十八卷。

融云门、临济为一体的思想倾向。如韩驹在《赠赵伯鱼》中说："学诗当如初学禅，未悟且遍参诸方。一朝悟罢正法眼，信手拈出皆成章。"[①]再如吴可的《学诗诗》：

学诗浑似学参禅，竹榻蒲团不计年。直待自家都了得，等闲拈出便超然。

学诗浑似学参禅，头上安头不足传。跳出少陵窠臼处，丈夫志气本冲天。

学诗浑似学参禅，自古圆成有几联。春草池塘一句子，惊天动地至今传。[②]

这三首论诗诗可视为与"活法"相连的"悟入"说的全面概括。第一首讲学诗的"悟入"需建立在熟悉诗歌定法而又能超越定法的基础之上；第二首强调学诗者的"悟入"应具有自己作主的创造精神，反对因袭模拟；第三首认为作诗要有随机触发的圆成顿悟，这样才能文成法立，为后人树立榜样。

在学诗过程中，要规矩备具而出于规矩之外，需要遍参诸方并有所"悟入"。诗人在创作中要进入变化不测亦不背于规矩的自由境界，更需"悟入"。吴可《藏海诗话》说："凡作诗如参禅，须有悟门。"无论学诗和参禅，"悟"都是一种具有实践性的行为，是一种直接的感受而非抽象的理论玄想，它只对具体的现实的东西感兴趣。禅学自五代后，已不再向思想方面发展了。从具体事物而不是从既定原理出发开始思考，是宋以后佛学的思维特点。宋代流行的大量僧人语录或传灯录即为僧人日常对话的片段汇集。在《景德传灯录》一类的僧人著作里，思想并非

① 《陵阳先生诗》卷一。

② 《诗人玉屑》卷一。

抽象的概念存在，而是寓于日常事务之中，体用不分，用中见体。耐人寻味的是，这种思维方式亦体现在这个时期出现的大量诗话和诗歌批评中。批评家的论诗宗旨是通过具体的“辨句法”体现出来的，贯穿于最寻常的与学诗或作诗相关的实践性行为的片段描述中，没有建立理论体系所必需的概念抽象过程。诗歌思想没有体系的逻辑，只有实践的逻辑，而实践的作用是使人“悟入”。除此之外，并无其他思想形式。因此，“活法”说并非抽象玄想的诗歌理论，而是一种具有实践性品格的诗学方法。它要求作诗者在具体的学诗过程中掌握诗歌创作的定法，并通过参“活句”获得启悟，从而在诗歌创作中能摆脱依傍，妙悟天成而自出机杼，进入无定法的自由境界。其关键在于作者是否真能在实践中有所“悟入”，有悟则成活法，无悟尽为死句。

三

诗人的“悟入”虽须从工夫中来，是“饱参”的结果，但最根本的在于作诗时的妙悟天成，自得于心。这对于克服严羽在《沧浪诗话》里批评的宋人“以文字为诗，以才学为诗，以议论为诗”而产生的非诗之诗的弊端，使诗歌创作由重才学功力转向强调自然天成，由主气格重理趣变为重情感尚兴趣，无疑具有十分重要的作用。以“悟入”为关键的“活法”说的提出，不仅是宋诗发展到成熟阶段的产物，也是此后诗歌创作发生重大变化的依据。南宋中兴时期有成就的作家，能走出以江西诗派为代表的宋诗旧格而各自树立，均得力于前辈作家吕本中倡导的“活法”说。

就南宋异军突起的豪放派作家而言，其作品已体现了重天成自得的活法精神。张孝祥《题杨梦锡客亭类稿后》：“为文有活法，拘泥者窒之，则能今而不能古。”[①]辛弃疾在《水调歌头·赋松菊堂》里也有“诗句得活法，日月有新功”[②]的说法。陆游《赠应秀才》诗云：“我得茶山一转语，文章切忌参死句。”[③]忌参死句，也就是说要悟活法。他们的创作突破了以往宋人作诗讲究才学功力的限制，向注重自然天成方面发展。韩元吉为张孝祥所作的《张安国诗集序》说：“自唐以来诗人寖盛，有得于天才之自然者，有资于学问而成之者。……呜呼，若吾安国之诗，其几于天才之自然者欤！”[④]谢尧仁《张于湖先生集序》也说：“文章有以天才胜，有以人力胜。出于人者可以勉也，出于天者不可强也。”所谓以天才胜，就是在创作中重天成、重自然。情之所至，一挥而就，心手相得，势若风雨。如辛弃疾《满江红》词所说：“天与文章，看万斛，龙文笔力。”[⑤]相同的意思，陆游在诗中亦屡屡道及，如《文章》：“文章本天成，妙手偶得之。”《即事》：“诗情随处有，信笔自成章。”《题庐陵萧彦毓秀才诗卷后》：“法不孤生自古同，痴人乃欲镂虚空。君诗妙处吾能识，正在山程水驿中。”[⑥]只有在实际生活中有所悟入而自得于心，方能触眼生机，兴会标举，写景叙事言情毫不费力，给人以自然天成之感。故陆游在《颐庵居士集序》中说：“文章之妙，在有自得处，而诗其尤者也。舍此一法，虽穷工极思，直可欺不知者，有识者一观，百败并出矣。”[⑦]

在此创作思想和诗风转变之际，被我们公认为实践了吕本中活法思想，在诗歌创作中别开生面的，是以杨万里诚斋体为代表

① 《于湖居士文集》卷二十八（《四部丛刊》本）。
② 《稼轩词编年笺注》卷五（上海古籍出版社，1978 年）。
③ 《剑南诗稿校注》卷三十一（上海古籍出版社，1985 年）。
④ 见《于湖居士文集》卷首。
⑤ 《稼轩词编年笺注》卷一。
⑥ 分别见于《剑南诗稿校注》卷八十三、卷六十四、卷五十。
⑦ 见《渭南文集》附录。

的“活法诗”。张镃《携杨秘监诗一编登舟因成二绝》云：“造化精神无尽期，跳腾踔厉即时追。目前言句知多少，罕有先生活法诗。”他在《诚斋以南海、朝天两集见惠因书卷末》中又说：“笔端有口古来稀，妙悟奚烦用力追。南纪山川题欲遍，中朝文物写无遗。”①用“妙悟”来形容诚斋诗的活法，可谓别具慧眼。刘克庄在《江西诗派·总序》里也说：“后来诚斋出，真得所谓活法，所谓流转圆美如弹丸者，恨紫微公不及见耳。”②尽管杨万里本人并没有直接对活法表示什么意见，但他创作的那些充满活泼天机和幽默风趣的作品，却实在是深悟活法，并因之走出江西的最好说明。如《小池》：

泉眼无声惜细流，树阴照水爱晴柔。小荷才露尖尖角，早有蜻蜓立上头。

《晓行望云山》：

霁天欲晓未明间，满目奇峰总可观。却有一峰忽然长，方知不动是真山。③

用主观色彩很淡的自然的眼光观察日常生活和身边景物，触物起兴，自出机杼，敏捷地捕捉到别人未曾注意到的新奇点，兔起鹘落，手到擒来。活泼的思绪造成语流的跳跃，畅快、灵活，描景叙事言情浑然一片，不时爆发出机智幽默的火花。这种妙悟天成的“活法诗”的出现，改变了宋诗主气格重理趣的旧格，给诗坛带来一股充满日常生活小情趣和兴致的新鲜空气。

---

① 《南湖集》卷七、卷六（《知不足斋丛书》本）。
② 《后村先生大全集》卷九十五（《四部丛刊》本）。
③ 分别见于《诚斋集》卷七、卷三十二、卷八十（《四部丛刊》本）。

杨万里的活法诗表明，活法有可能赋予作家一种自辟新境的创作自由。可要达此境，首先得经过一番艺术上的多方学习和艰苦探索。杨万里《诚斋荆溪集序》云："予之诗始学江西诸君子，既又学后山五字律，既又学半山老人七字绝句，晚乃学绝句于唐人，学之愈力，作之愈寡。……戊戌三朝时节赐告少公事，是日即作诗，忽若有悟，于是辞谢唐人，及王、陈、江西诸君子皆不敢学，而后欣如也。"[①]从绍兴壬午（1162）开始，杨万里将自己少时所作的千余篇江西体诗付之一炬，又经过十多年的多方学习探索，至淳熙戊戌（1178）方才忽若有悟而获得创作上随心所欲而不逾矩的"欣如"。自此，杨万里的诗歌创作就进入了独具面目、自成一家的成熟阶段，被人们称为"诚斋体"。诚斋体的突出特点是：活、新、奇、趣。不仅七律短章充满跳动明快的勃勃生机，较长的五、七言古体诗也写得迅疾飞动，层次曲折而变化莫测，仿佛笔端有口，想怎么写就怎么写，给人以自然圆转、毫不费力的感觉，为时人所神往。周必大《跋杨廷秀石人峰长篇》认为这是"真积力久，乃入悟门"[②]的缘故。

真积力久的学习，只是获得创作自由的一个必要的入门步骤。作诗者若要真能在创作中"悟入"，还需具备"自作诗中祖"的独创精神，能直接从生活和自然中获得属于自己的艺术发现。杨万里《和李天麟二首》云："学诗须透脱，信手自孤高。衣钵无千古，丘山只一毛。"又："句法天难秘，工夫子但加。参时且柏树，悟罢岂桃花？"[③]诚斋体的"活"，主要体现为摆脱一切依傍和执着，不受前人句法的影响，以透脱的胸襟和自然的眼光直接从现实生活中获取灵感。他在《下横山滩头望金华山》里说："闭

① 分别见于《诚斋集》卷七、卷三十二、卷八十（《四部丛刊》本）。

② 《文忠集》卷四十九（《四库全书》本）。

③ 《诚斋集》卷四（《四部丛刊》本）。

门觅句非诗法，只自征行自有诗。”[1]故杨万里论作诗，特别强调“兴”的重要。《答建康府大军库监门徐达书》说：

大抵诗之作也，兴上也，赋次也，赓和不得已也。我初无意于作是诗，而是物是事适然触乎我，我之意亦适然感乎是物是事，触先焉，感随焉，而是诗出焉，我何与哉？天也。斯之谓兴。[2]

杨万里讲“兴”，专意于“出乎天”，故一则曰：“我初无意于作是诗。”二则曰：“我何与哉？天也。”这种以自然天机为贵的“兴”，能恢复诗人感官的天真状态，便于诗人作诗时直接从日常生活和身边景物“悟入”，获取创作灵感，不依傍前人陈言，彻底摆脱各种诗歌定法的束缚，物触感随，妙悟天成，进入笔端有口，想怎么写就怎么写的自由创造之境，表现属于作者自己独特的艺术发现和生活情趣。这种重感兴、尚情趣的作诗态度和方法，与以往宋人以意为诗和以才学为诗时的主气格重理趣不同，更近于唐人的以兴趣为诗。故杨万里在《读唐人及半山诗》中说“半山便遣能参透，犹有唐人是一关”[3]，较早地明确提出向唐人学习的问题。但应该注意到杨万里这里所说的“唐人”，实际上是指晚唐诗人，其《答徐子材谈绝句》中“受业初参且半山，终须投换晚唐间”[4]即可为证。学唐人而偏于晚唐，原因在于代表唐诗最高成就的盛唐兴趣，是处于国势衰弱、时运不济的宋代诗人根本无法企及的，而“夕阳无限好，只是近黄昏”一类的晚唐诗的情思和韵味却较为切合宋人心境。杨万里对晚唐

① 《诚斋集》卷二十六。
② 《诚斋集》卷六十七。
③ 《诚斋集》卷八。
④ 《诚斋集》卷三十五。

诗人陆龟蒙淡泊情思中饶有缥缈韵味的诗作极为欣赏，他在《读笠泽丛书》中说："笠泽诗名千载香，一回一读断人肠。晚唐异味同谁赏？近日诗人轻晚唐。"①

在南宋"中兴四大家"（尤袤、范成大、杨万里、陆游）的诗歌创作中，只有陆游一人善为悲壮，诗风豪放，其他两位的创作风格和审美趣味与杨万里十分接近。范成大的代表作《四时田园杂兴》，在重感兴、尚情趣方面与杨万里的活法诗别无二致。如："梅子金黄杏子肥，麦花雪白菜花稀。日长篱落无人过，惟有蜻蜓蛱蝶飞。"②诗人物触兴起，以思绪的游动牵动语流，熨帖出即目所见的村居情事，清新活泼浅近，在写法和语言风格上都与诚斋体相类。这反映了当时人们的一种共同的艺术追求，因而受到了人们的普遍推崇。姜特立《谢杨诚斋惠长句》说："今日诗坛谁是主？诚斋诗律正施行。"③可见诚斋诗的地位和影响。陆游《谢王子林判院惠诗编》也说："文章有定价，议论有至公。我不如诚斋，此评天下同。"④在南宋中后期诗风和创作思想的演变过程中，杨万里的诚斋体"活法诗"及论诗主张起了关键性的作用，那就是以妙悟天成走出江西诗派代表的宋诗旧格，又因追求兴趣韵味入于晚唐。从光宗绍熙元年（1190），杨万里在《朝天续集》里感叹"晚唐异味谁同赏"起，到宁宗嘉定四年（1211），叶适于《徐道晖墓志铭》中表彰"四灵"学唐诗，不过二十余年光景，晚唐诗风即风靡诗坛。此后的江湖诗派，也多以唐人为学习榜样，宗唐之风愈甚。本属江湖诗人的严羽在其诗论著作《沧浪诗话》里，一方面对以江西诗派为代表的宋诗进行批判，一方面提出作诗要以盛唐为法，尊唐抑宋之旨甚

① 《诚斋集》卷二十七。

② 《范石湖集》卷二十七（上海古籍出版社，1981年）。

③ 《梅山续稿》卷一（《四库全书》本）。

④ 《剑南诗稿校注》卷五十三。

为明显。

这种由体现了活法精神的杨万里的活法诗创作及论诗主张所引起的南宋诗风和创作思想的一系列巨大变化，是“活法”说的倡导者吕本中所未能想见的。但从宋代诗歌理论的发展来看，从“活法”说的提出，两宋之际诗话作者对与活法相关的“悟入”说的普遍重视，到妙悟天成的诚斋体“活法诗”所体现的创作风格和作诗态度的重大转变，再到严羽《沧浪诗话》以“妙悟”说和“兴趣”说为核心建立的诗歌理论体系，其发展演变的脉络是十分清楚的。即作为宋诗创作经验总结的“活法”理论推动了诗歌创作的发展变化，而诗歌创作的发展变化又产生出新的以唐人为法的诗歌理论。但由于过去人们对“活法”说的重要性及其在诗歌创作中的作用注意不够，孤立地研究宋人诗话，而在诗话中又只强调《沧浪诗话》，把它直接与司空图的《二十四诗品》相联系，没有看到严羽诗论实际上是对宋诗创作和理论批评的批判性总结。他所讲的“妙悟”和“兴趣”，与其说是承司空图而来，不如说是宋代诗歌理论自身发展的结果。在宋代诗歌理论的发展过程中，“活法”说无疑具有十分重要的承上启下的地位和作用。[①]

（此文原载于《中国诗学》1992年第2辑）

① 活法与禅悟的关系，张晶《宋诗的“活法”与禅宗的思维方式》一文中已有论说。见《文学遗产》1989 年第 6 期，可参阅。

谈吕本中的“活法”

◎韩酉山

江西派诗人，自黄庭坚开始，喜谈“句法”。吕本中后出，传江西衣钵，作为《江西诗社宗派图》的作者，他把“句法”研究发展为诗法研究。其影响最为深远的是，“活法”和“悟入”问题。所谓“活法”，即如何灵活运用诗歌的创作方法指导创作。而如何掌握“活法”？他认为，其门径在于“悟入”。这个问题的提出，本是为了挽救江西诗派已经形成的颓风，客观上却引发了诗坛的一次思想解放运动，对于摆脱江西诗派成规的束缚，推进南宋前期诗歌的变革，起到了先导作用。

一

“活法”，是由佛教禅宗所谓的参“死句”、参“活句”的说法演化而来的。《五灯会元》卷十五载德山圆明禅师云：“但参活句，莫参死句。”又《林间录》上卷载洞山初禅师云：“语中有语，名为死句。语中无语，名为活句。”大意是有固定含义的话是死句，无固定含义的话是活句。参“活句”，就是从不确定的话语中参悟出禅机。江西诗人多以此借喻“句法”，吕本中把“句法”研究推进到诗法研究，改“活句”为“活法”，拓宽了它的内涵。他不满意有些江西派诗人死守成法，虽左规右矩，不遗余力，但“百尺竿头，不能更进一步”；认为只有摆脱这些成法的束缚，掌握“活法”，诗歌创作才能走出一片新的天地。他毕生都致力于研究这一问题，早期如《外弟赵才仲数以书来论诗因作此答之》《别后寄舍弟三十韵》等诗中，就提出“活法”问题。稍后，序江西派诗，则将能否掌握“活法”，视为诗人创作是否成熟的标志①。晚作《童蒙诗训》《紫微诗话》《紫微杂说》《与曾吉甫论诗》②二帖等，都从不同侧面探讨了这一问题。而较为完整的表述，则是在岭南时期所作的《夏均父集序》③。序中说：

学诗当识活法。所谓活法者，规矩具备，而能出于规矩之外；变化不测，而亦不背于规矩也。是道也，盖有定法而无定法，而（疑衍）无定法而有定法。知是者，则可以与语活法矣。谢玄晖有言：好诗流转圆美如弹丸，此真活法也。近世惟豫章黄公，首变前作之弊，而后学者知所趣向，毕精尽知，左规右矩，庶几至于变化不测。然余区区浅末之论，皆汉、魏以来有意于文者之法，而非无意于文者之法也。子曰：“兴于诗，诗可以兴，可以观，可以群，可以怨；迩之事父，远之事君，多识于鸟兽草木之名。”今之为诗者，读之果可使人兴起其为善之心乎，果可使人兴、观、群、怨乎？果可使人知事父事君而能识鸟兽草木之名之理乎？为之而不能使人如是，则如勿作。

这里，我们首先注意到的是，吕氏对讨论“活法”的范围作了严格的界定。他说：“然余区区浅末之论，皆汉、魏以来有意于文者之法，而非无意于文者之法也。”宋人认为文章有以天才胜，有以学问胜。以天才胜者，如苏轼所说的，作文“如万斛

① 俞成《萤雪丛说》卷一：“吕居仁尝序江西诗社宗派诗，若言灵均自得之，忽然有入，然后惟意所出，万变不穷，是名活法。”

② 胡仔《苕溪渔隐丛话》前集卷四十九。

③ 刘克庄《后村先生大全集》卷九十五《江西诗派》引。

泉源，不择地而出”，“常行于所当行，而止于不可不止”，则近于“无意为文”，也近于无法，难以把握。所以，吕本中把讨论“活法”的问题，限制在“汉魏以来有意于文者”的范围之内，并非一概而论诗的“活法”。

关于“活法”的含义，他解释说：“规矩具备，而能出于规矩之外；变化不测，而亦不背于规矩也。”用现在的话说，就是辩证地对待规矩或法则，既要遵循创作的规矩或法则，又不能被规矩或法则束缚死了；既要千变万化，又不能背离规矩。现在，我们联系他的其他一些论述，对“活法”所包含的基本内容做如下简略的归纳。

一是诗须有为而作，不能背弃兴、观、群、怨的基本要求。这本是孔子提出来的，吕本中重申这一问题，却有现实的针对性。北宋诗坛自“乌台诗案”后，许多诗人，尤其是江西派诗人产生了避祸自全的心理，创作上由关注现实转向表现自我。黄庭坚即是如此，他批评苏轼：“其发为讪谤侵陵，引颈以承戈，披襟而受矢，以快一朝之忿者，人皆以为诗之祸。”[①]陈师道甚至劝苏轼：“士大夫视天下不平之事，不当怀不平之意。平居愤愤，切齿扼腕，诚非为己。一旦当事而发之，如决江、河，其可御耶？”[②]《吕氏童蒙训》中有这样一则记载：“崇宁间，饶德操节、黎介然确、汪信民革同寓宿州，论文会课，时时作诗，亦有略诋及时事者。荥阳公闻之，深不以为然。时公疾病方愈，为作《麦熟》《缫丝》等曲诗，歌咏当世，以讽止饶、黎诸公。诸公得诗惭惧，遽诣公谢且皆和公诗，如公之意，自此不复有前作矣。”很显然，他的祖父吕希哲也是出于这种心理。吕本中早期无疑是受到这种思想的影响，但随着国家和民族危机的加深和自

① 黄庭坚《山谷集》卷二十六《书王知载朐山杂咏后》。

② 陈师道《后山集》卷九《上苏公书》。

己阅历的丰富，他逐步认识到这种思想对诗歌创作的危害性。所以，在《夏均父集序》中，他把兴、群、观、怨作为掌握“活法”的基本要求提出来，认为作诗而不能使人兴起向善之心，不能使人兴、观、群、怨，“则如勿作”。在兴、观、群、怨中，他最重视的是一个“怨”字。所谓“怨”，就是敢于面对现实，揭露时政的弊端，批评为政者的不善行为，反映百姓的不满情绪。《诗经》中有一篇诗叫《抑》，汉儒认为是卫武公刺周厉王的。欧阳修不同意这种解释，在《诗本义》中认为“遍考古人，未有谓君为小子者，言小子者，武公自谓也”。而吕本中呢，又不同意欧阳修的看法，在《紫微杂说》中借题发挥说：

孔子曰：“诗可以怨。”然则怨者，乃所以甚爱其君也。此固忠孝之道，无所不用其极，有不能忘于心者也。故思之深，则怨之切；念之甚，则痛之深，于常人有是乎？欧公既未察此义。人君习见秦汉以来以怨望为大罪，遂以为常，违君臣规戒相与之道，而启佞人怀利谬敬以事君之心，且使后世庸主督察臣下无复人理，使不得议己，皆此等议论有以发之，不得不详辨也。

他认为“思之深，则怨之切”，“念之甚，则痛之深”，能“怨”，才是真正的爱君的具体表现，才是一种对天下国家负责任的具体表现。一个自外于君、不关心现实的人，是不可能有这种表现的。而且，一味地歌功颂德、粉饰太平，就会导致两大恶果：其一，使人君误以为以“怨望”治人之罪是天经地义的，其实，这是违背“君臣规戒相与”之道的。其二，容易让心怀叵测的奸佞之人钻空子。奸佞之人以“谬敬”欺蒙昏庸的君主，假借君主的名义谋取私利，因为人们担心以“怨望”获罪，就不敢揭发他们的罪恶。问题提得非常尖锐。

二是诗须“待境而生”，不能“凿空强作”。在《与曾吉甫论诗第一帖》中强调作诗“不可凿空强作，出于牵强，如小儿就学，俯就课程”。在《童蒙诗训》中，他又说：

作文不可强为，要须遇事乃作，须是发于既溢之余，流于已足之后，方是极头。

山谷云：“诗文唯不造空强作，待境而生，便自工耳。”

当时一些所谓的诗人，既不敢面对现实，又缺乏生活感受，“为作新诗强说愁”，作出来的诗，只能是无病呻吟，牵强附会，空洞无物，像学童的窗课，不能称作文艺创作。所以，他一再强调“遇事乃作”，“待境而生”。也就是说，诗歌创作一定要对客观事物有感于胸，形成鲜明的境象，而又不得不发的时候（“发于既溢之余”“流于已足之后”），才有可能写出好的作品来。就是我们通常所说的，是“为情而造文”，而不是“为文而造情”。“情动于中而行于言”，“情”是作品的灵魂，有了灵魂，作品才会生气流注，才会有震撼力和感染力。

三是诗须“自立新意”，不能“只规模古人”。吕本中是提倡学习前人的，但反对简单地模仿，主张“出新意于法度，表前贤所未到”。即在继承传统的基础上，要有创新。在《与曾吉甫论诗第一帖》中，他说曾幾的“和章”固然写得很好，但“少新意”，也就是缺乏创新。又在《童蒙诗训》中说：

老杜诗云“诗清立意新”，最是作诗用力处。盖不可循习陈言，只规摹旧作也。鲁直云“随人作诗终后人”，又云“文章切忌随人后”，此自鲁直见处也。近世人学老杜多矣，左规右矩，不能稍出新意，终成屋下架屋，无所取长。独鲁直下语，未尝似前人而卒与之合，此为善学。如陈无己，力尽规摹，已少变化。

所谓“自立新意”，即要有新的思想，新的意境，新的表现手法。诗人在“情动于中而行于言”，进入创作状态时，对所要表现的事物，必须有不同于前人的思索和感受，必须有不同于前人的思想情感表达方式，这样才有可能形成自己的独特风格。如果一味地模仿前人的作品，“循习陈言”，“规摹旧作”，雷同前人的思想，模仿前人的表现手法，就永远走不出前人的阴影。他批评那些一味“规摹前人”的作者，犹如“屋下架屋”，规模只能越来越小，永远不可能超越前人。陈师道被江西诗人奉为学杜的榜样，吕本中说他“力尽规摹，已少变化”，其他等而下之的，情况可想而知。在《师友杂志》中，有这样一则记载：“政和初，无逸至京师省试，尝寄予书，极相推重……又语外弟赵才仲云：‘以居仁诗似老杜、山谷，非也。杜诗自是杜诗，黄诗自是黄诗，居仁诗自是居仁诗也。’”谢逸称赞他的诗能自成风格，他引以自慰，其道理也就在这里。

四是诗须就篇论句、论字，不能孤立地讨论“句法”。江西诗人重视句法研究，当然不能一概否定。篇是由句构成的，无句则无诗；字句的优劣，对作品的成败有重要的作用。但脱离篇章，孤立地讨论句法，就是本末倒置，往往会有句而无篇，首尾不能连贯，也不是成功的作品。吕本中也很重视研究“句法”的，但在讲“句法”时，是就如何激“活”全篇而论的。如：

陆士衡《文赋》云：“立片言以居要，乃一篇之警策。”此要论也。文章无警策则不足以传世，盖不能竦动世人。如老杜及唐人诸诗，无不如此。但晋、宋间人，专致力于此，故失于绮靡而无高古气味。老杜诗云：“语不惊人死不休。”所谓惊人语，即警策也。（《童蒙诗训》）

这是讲“警策”对诗文的重要性。吕本中认为无“警策”，则不能“竦动世人”，不足以“传世”。但不在立意谋篇上用气力，专意在“警策”上下功夫，就会重蹈晋、宋间有些诗人的覆辙，失之绮靡，缺乏高古浑厚的气韵。又如引徐师川言：

作诗回头一句最为难道，如山谷诗所谓“忽思钟陵江十里”之类是也。他人岂如此，尤见句法安壮。山谷平日诗多用此格。（《童蒙诗训》）

黄庭坚《次韵李任道晚饮锁江亭》的前四句是：“西来雪浪如庖烹，两涯一苇乃可横。忽思钟陵江十里，白蘋风起縠纹生。”[①]这是黄庭坚被贬时，在戎州（今四川宜宾）锁江亭看到蜀江奔腾西来的情景有感而发的。诗句说蜀江江面狭窄，一苇可横，但水流湍急，浪花就像煮沸的水一样翻腾汹涌；由此忽然想到金陵江面宽阔，微风吹来就像细绢起了少许的皱纹。一个“回头句”，大起大落，既增加了诗的跌宕起伏，又强化了所要表达的感情色彩。这是讲“回头句”在篇中的作用，并非孤立地讨论“回头句”的技巧。再如：

潘邠老言：“七言诗第五字要响，如‘返照入江翻石壁，归云拥树失江村’，‘翻’字、‘失’字是响字也。五言诗第三字要响，如‘圆荷浮小叶，细麦落轻花’，‘浮’字、‘落’字是响字也。所谓响者，致力处也。”予窃以为字字当活，活则字字自响。（《童蒙诗训》）

他对“响”字的理解与潘大临的不同。他认为“活”是关键，“活”则响，字字活，则字字自响。这大体上都是就篇论

① 黄庭坚《山谷诗集注》内集卷十三《次韵李任道晚饮锁江亭》。

句、论字的。

五是追求“流转圆美”的艺术效果，摆脱生硬枯涩的诗风。黄庭坚、陈师道的诗作总体呈现生、新、硬、健的审美效果，因此江西诗人作品的总体风貌都有这一特点。但有些人不能自出新意，往往只从形式上亦步亦趋地模仿，以至于愈下愈滥，不可收拾，其末流则表现为生硬枯涩种种流弊。针对这一流弊，吕本中提出了“好诗流转圆美如弹丸”的审美要求。这是他对是否掌握“活法”所确定的评价标准。它不仅要求语言平易流畅，而且要求意象深邃，含蕴丰富，声律和美。他在《童蒙诗训》中说：

读《古诗十九首》及曹子建诗，如“明月入我牖，流光正徘徊”之类，诗皆思深远而有余意，言有尽而意无穷也。

义山《雨诗》“摵摵度瓜园，依依傍水轩”，此不待说雨，自然知是雨也。后来鲁直、无己诸人，多用此体，作咏物诗不待分明说尽，只仿佛形容，便见妙处。

文潜诗，自然奇逸，非他人可及。如“秋明树外天”，“客灯青映壁，城角冷吟霜”，“浅山寒带水，早日白吹风”，“川鸣半夜雨，卧冷五更秋”之类，迥出时流，虽是天资，亦学可及。学者若能常玩味此等语，自然有变化处也。

“思深远而有余意，言有尽而意无穷”，“不待分明说尽，只仿佛形容，便见妙处”，“自然奇逸”云云，讲的都是诗歌的艺术特征，在具体作品中体现出这些特征，当然就符合“流转圆美如弹丸”的评价标准了，也就是吕本中所说的“真活法”。从严格的意义上说，这已不是江西诗派的审美取向了。

其他，如告诫初学诗者“径就波澜阔，勿求盆盎清”，“宁失之野，不可失之靡丽；失之野不害气质，失之靡丽不可复整顿”等，都与“活法”有联系。这些问题，都是针对当时诗坛的流弊提出来的，其核心贯穿一个“变”字，既不悖于规矩，又不滞于规矩，力求千变万化，自成风格。

二

如何掌握“活法”？吕本中认为，“须令有所悟入”。“悟入”一语，也是来源于禅学。宋代士大夫谈禅之风特盛，以至于渗入道学和诗学，而江西诗人尤甚，所以，金人刘迎说：“诗到江西别是禅。”[①]陈师道对从之学诗的晁载之兄弟说：“端能过我三冬学，可复参依一味禅。”[②]韩驹也对弟子赵伯鱼说：“学诗当如初学禅，未悟且遍参诸方。一朝悟罢正法眼，信手拈出皆成章。”[③]本中讲“悟入”，当然也受到这种风气的影响。他作为道学家，谈到学道时强调“悟入”；而作为诗论家，讲掌握“活法”时，同样强调“悟入”。

怎样“悟入”呢？禅宗讲“人人都有佛性”，“迷即佛众生，悟即众生佛”。关键是个“悟”字。如何得“悟”？有“北渐”“南顿”之分。北宗讲“拂尘看净，方便通经”的“渐修”法门，注重修持；南宗讲的“直显心性”的“顿悟”法门，认为“一切善恶都莫思量”，即可见性成佛。吕氏家族有“溺佛”的传统，吕本中一生结交过很多佛门朋友，其中如宗杲虽然出自南宗，但反对默然静坐的默照禅，逐步向北宗靠近，提倡“看话禅”，又叫“看话头”。即抓住一个“话头”，不断参究，“须是行也提撕（提醒、琢磨），坐也提撕，喜怒哀乐时，应用酬酢时，总是提撕时节。提撕来，提撕去，没滋味，心头恰如一团

① 《中州集》卷三刘迎《题吴彦高诗集后》。

② 《后山诗注》卷四《寄晁载之兄弟》。

③ 韩驹《陵阳集》卷一《赠赵伯鱼》。

热铁相似，那时便是好处不得放舍，忽然，‘心华发明，照十方刹’，便能‘于一毛端现宝王刹，坐微尘里转大法轮’”[1]，达到“悟”的境界。这种参禅的方法，对吕本中影响很大。他把这种方法，作为“学道”“悟道”的门径，又把这种门径引进了诗论。正因为如此，吕本中所谓的“悟入”，与韩驹所说的“一朝悟罢正法眼，信手拈出皆成章”，是有区别的。韩驹接近于“顿悟”，而吕本中则接近于“渐悟”。所以，他讲的“悟入”，没有一点神秘色彩，实际是一个积累的、渐进的过程，由量变到质变的过程。大体上是从三个方面实现的：

第一，悟入必自工夫中来。他说：“作文必要悟入处，悟入必自工夫中来，非侥幸可得也。如老苏之于文，鲁直之于诗，盖尽此理也。”在《紫微杂说》中，他说：

天下万物一理。苟致力于一事，必得之理，无不通也。张长史见公主担夫争道，及公孙氏舞剑，遂悟草书法。盖存心于此，遇事则得之。以此知天下之理本一也。如使长史无意于草书，则见争道、舞剑，有何交涉？学以致道者亦然。一意于此，忽然遇事得之，非智巧所能知也。德成而上，艺成而下。其愿学者虽不同，其用力以有得则一也。学者盍以张长史学书之志而学道乎！

他在《与曾吉甫论诗第一帖》中说：

悟入之理，正在工夫勤惰间耳。如张长史见公孙大娘舞剑，顿悟笔法。如张者，专意此事，未尝少忘胸中，故能遇事有得，遂造神妙；使它人观舞剑，有何干涉？非独作文学书而然也。

① 《大慧普觉禅师语录》卷十八。

在《别后寄舍弟三十韵》中说：

因观剑器舞，复悟担夫争。物固藏妙理，世谁能独亨。

他反反复复地以张旭学书为例，讲一个道理："悟入"没有捷径，不能靠先天的"巧智"侥幸获得，而要靠后天的刻苦学习和探索才能得到。他认为，世界的万事万物，所蕴含的道理都是相通的。人作为认识的主体，领悟其中的道理，并非某一个天才人物的"专利"，每个人都有这种可能。只要你能够专心致志、心无旁骛、日琢月磨，必能遇事有得、触类旁通，达到豁然开朗的境界。学道是这样，学书是这样，学诗也是这样。所以，他特别强调："后生为学，必须严定课程，必须数年劳苦，虽道途疾病，亦不可少渝也。若是未能深晓，且须广以文字淹渍，久久之间，自然成熟。"（《童蒙诗训》）吕本中少年时代刻苦学诗，以至于呕血而成终身羸疾，但从来都没有松懈过。

第二，强调继承古代诗歌的优良传统，广泛吸取各个流派的创作经验。吕本中继承吕氏家学传统，在学术思想上，主张"不名一师""不私一说"。他几乎遍游当时各个学派代表人物之间，求师问道，不拒绝他认为有益的学术思想，也不拘泥于一家之说，"或有疑异，未尝苟同"。对诗歌创作，他同样采取这种态度。当时一般江西诗人学诗，只局限于学杜甫和黄庭坚，而又不能得杜、黄的真髓，路子越走越窄，吕本中深不以为意。他在《喜章仲孚朝奉见过十韵》中说：

语道我恨晚，说诗公不迂。丁宁入汉魏，委曲上唐虞。历历有全体，匆匆或半途。真当置度外，不敢望庭隅。日月换新岁，江山非故吾。他年佳句在，与画密庵图。

自注：“山谷论作诗法，当自舜皋陶《赓歌》及《五子之歌》以下，皆当精考。故予论诗，必断自唐虞以下。”在《童蒙诗训》中，他说：“大概学诗，须以《三百篇》《楚辞》及汉、魏间人诗为主，方见古人妙处，自无齐、梁间绮靡气味也。”又在《别后寄舍弟三十韵》中说：“英华仰前辈，廓落到诸卿”；“凛凛曹刘上，容容沈谢并”。吕本中主张从纵、横两个方向遍考而精取，纵向是对唐虞以下的古代优秀诗人和优秀作品都要研究，从“全体”把握诗歌的发展变化规律，摘其“英华”；横向则是要拓宽视野，了解同时代各个流派诗人的创作情况，不拒绝吸收任何有益的经验。特别值得注意的，吕本中虽然把讨论的问题限制在“有意为文”的范围，但并不排斥学习“无意为文”者的优秀作品。他说：“读《庄子》令人意宽思大敢作。读《左传》便使人入法度，不敢容易。此二书不可偏废也。近世读东坡、鲁直诗，亦类此。”“自古以来，语文章之妙，广备众体，出奇无穷者，唯东坡一人；极风雅之变，尽比兴之体，包括众作，本以新意者，唯豫章一人。此二者当永以为法。”（《童蒙诗训》）前引《与曾吉甫论诗第一帖》中说：“《楚辞》、杜、黄，固法度所在，然不若遍考精取，悉为吾用，则姿态横生，不窘一律矣。如东坡、太白虽规摹宏大，学者难依，然读之使人敢道，澡雪滞思，无穷苦艰难之状，亦一助也。”要求诗人们在遵守“法度”的同时，突破思想壁垒，“遍考精取，悉为吾用”。李白、苏轼，是与杜、黄不同创作趣向的诗人，他认为虽然“学者难依”，但读了他们的诗作，可以洗涤胸中的沉滞，作起诗来，可以摆脱模式化的束缚，去除“穷苦艰难”的情状。同时，他提醒学诗者：

学古人文字，须得其短处。如杜子美诗，颇有近质野处，如《封主簿亲事不合诗》之类是也。东坡诗有汗漫处，鲁直诗有太

尖新、太巧处，皆不可不知。（《童蒙诗训》）

学习前人，能够取其所长，弃其所短，是十分重要的。江西诗人学习杜、黄，往往弃其所长，而取其所短。总之，吕本中认为，只有这样，才有可能体悟到诗歌创作的“活法”，才有可能“登堂入室”，在继承前人的基础上有所创新。否则，一知半解，连“庭隅”也不可望及。吕本中本人出于江西诗派，却能超越江西诗派的局限性来研究问题，实属难能可贵。

第三，强调在长期、艰苦的创作实践中体悟。在吕本中的学术思想中，一个重要的内容即“为学惟在力行”。这当然说的是修、齐、治、平问题，但对他的诗论不无影响。谢逸介绍弟子王坦夫至扬州从本中问学，临行，其赠诗云：

王郎别我春已晚，索我题诗敢辞懒。读书万卷君所闻，只要躬行不相反。……譬如逆风曳长舰，竭力正在千夫挽。君行念此须饱参，即是溪堂句中眼。（自注：无逸尝有《送吴君》诗云：“问我句中眼。”）（《临川王坦夫故从溪堂先生谢无逸学，北行过广陵见余，意甚勤，其行也，作诗送之》）

在对弟弟谈到作诗体会时，他又说：

短句篸篌引，长歌逼侧行。力探加润泽，极取更经营。（《别后寄舍弟三十韵》）

这都是说，学诗要在读万卷书的同时，努力从事创作实践。他认为，创作中遇到困惑，好比是在逆风中行驶大船，只有纤夫们毫不松懈，竭力牵挽，才能越过急流险滩，进入自由的境界。又说：

老杜云：“新诗改罢自长吟。”文字频改，工夫自出。近世欧公作文，先贴于壁，时加窜定，有终篇不留一字者。鲁直长年多改定前作，此可见大略，如《宗室挽诗》云：“天网恢中夏，宾筵禁列侯。”后乃改云：“属举左官律，不通宗室侯。”此工夫自不同矣。（《童蒙诗训》）

创作过程是不断体悟生活、不断检验“悟入”的过程，也是不断修正自我、超越自我、进入自由境界的过程。曾季貍说吕本中十六岁就写出“风声入树翻归鸟，月影浮江倒客船”[①]诗句，但我们现在所见到他最早的作品是崇宁五年（1106）的，那时，他已是二十三岁了。此前作品，很显然是他自己不满意，全部淘汰了，而“飞鸟”一联，却在大观二年（1108）所作的《晚步至江上》诗中被保存下来。今集中，其靖康前后的作品，就有很大变化，晚年也有变化。吕本中被称为“在江西派中最为流动而不滞者”[②]，实际在创作上，他经历了一个不断修正自我、超越自我的艰难过程。

三

吕本中在《外弟赵才仲数以书来论诗因作此答之》中，谈到自己的创作体会时说：

前时少年累，如烛今见跋。胸中尘埃去，渐喜诗语活。

所谓“少年累”，就是少不更事时，盲目地学江西“句法”，许多条条框框成为创作上的累赘，写起诗来，往往捉襟见

① 曾季貍《艇斋诗话》：“吕东莱诗：‘风声入树翻归鸟，月影浮江倒客帆。’此篇十六时作。作此诗尝呕血，自此遂得羸疾终其身，其始作诗如是之苦也。”

② 方回《瀛奎律髓》卷十七，吕本中《柳州开元寺夏雨》批语。

肘，不能表达思想感情；只是在去除了这些壅塞内心的“尘埃”之后，才欣喜地看到诗语渐渐活泼起来。吕本中自谓“得句法于黄、陈”，早年不可避免地受到在江西诗人流行的所谓“夺胎换骨”“点铁成金”等方法以及生硬拗折诗风的影响，后来悟出“活法”，力加探索，逐步形成了自己的风格。

“活法”和“悟入”的提出，不仅对吕本中自己的诗歌创作的探索起了十分重要的作用，而且对于在江西诗派种种理论束缚下的诗坛，无疑是一次思想的解放，受到了在创作道路上苦苦探索的诗人们的广泛认同。这可以从三个方面来理解：其一，“活法”和“悟入”，就是针对江西诗派一些诗人奉为圭臬的“夺胎换骨”“点铁成金”“化腐朽为神奇”等一类死法而提出的。这本身就是带有变革性的思维，可以启发诗人从自己设置的藩篱中走出来。其二，提倡学习优秀传统，学习不同流派、不同风格优秀诗人的优秀作品，特别是大胆指出江西派诗人奉为偶像的杜甫、黄庭坚、陈师道创作上的缺陷，可以启发诗人解放思想，拓宽视野，在更为广阔的空间领悟诗法。其三，吕本中用“活法”和“悟入”表述他的诗学理论，是有确定含义的，但它来源于不具有确定性的佛教用语，给学习、引用者留下了广泛发挥的空间。

吕本中久负诗名，与之唱和的人很多，这些人中有不少受到他的影响。如张元幹（仲宗）是以词知名的，但诗歌创作也很有成就。他早年曾从徐俯问句法，“得江西师友之传”[①]。他与吕本中唱和甚多，特别是南渡后的诗作，与吕本中的思想、风格极为相近，显然是互有影响的。在《亦乐居士文集序》中，他评价王承可的诗文说：“前辈尝云：诗句当法子美，其他述作无出退之。韩、杜门庭，风行水上，自然成文，俱名活法。金声玉

① 曾噩《芦川归来集序》。

振，正如吾夫子集大成。盖确论也。”[①]又在《跋山谷诗稿》中论诗歌创作：“又如本分衲子参禅，一旦悟入，举止神色，顿觉有异。超凡入圣，只在心念间，不外求也。”[②]可见，他对“活法”和“悟入”之说，是十分赞赏的。刘子翚（彦冲）是一位道学家，父亲刘韐是一位死于抗金的英雄。他早年学过黄、陈，后与吕本中交游。诗作能自出机杼，清朗明快。其靖康以后的作品，充满爱国情怀，《汴京纪事》二十首广为传诵。《四库提要》说他：“古诗风格高秀，不袭陈因，惟七言、近体派杂江西，盖子翚尝与吕本中游，故格律时复似之也。”也是受了吕本中的某些影响。其诗风后来影响到他的弟子朱熹。受吕本中影响最深的要算曾幾（吉甫）。他对“活法”和“悟入”是推崇备至的。曾幾与吕本中同龄，入官早于吕本中，而诗歌的成名却晚于吕本中。绍兴初，同流落岭南，两人时有唱和，他向吕请教“诗律”，吕察其“至诚”，教之“甚至”[③]。今存吕氏《与曾吉甫论诗第一帖》《与曾吉甫论诗第二帖》，就是这时所作。后来，曾幾在《读吕居仁旧诗有怀其人作诗寄之》中说：

> 居仁说活法，大意要人悟。常言古作者，一一从此路。岂惟如是说，实亦造佳处。其圆如金弹，所向若脱兔。风吹春空云，顷刻多态度。锵然奏琴筑，间以八珍具。……尝疑君胸中，食饮但风露。

曾幾的诗风，出于江西而能超越江西，抛却生硬拗折，其作品清淡而有思致，应该说，是受了吕本中“活法”的影响。吕本中卒后，曾幾一度成为江西诗坛的主盟。他活到了八十三岁，许

① 张元幹《芦川归来集》卷九。

② 张元幹《芦川归来集》卷九。

③ 曾幾《茶山集》拾遗《东莱先生诗集后序》。

多人从之学诗，如韩元吉、陆游、萧德藻、张孝祥等，他们后来都是南宋前期很有影响的诗人。

吕本中卒后，由于“活法”和“悟入”之说的影响，诗坛孕育着诗风的变革。在晚一辈诗人中，如被称为“中兴四大诗人”的尤（袤）、杨（万里）、范（成大）、陆（游），都是由此起步，迈向了南宋诗歌的发展高峰。陆游就是其中最杰出的一个。他是曾幾的入门弟子，曾说：“某自童子时读公（吕本中）诗文，愿学焉，稍长，未能远游，而公捐馆舍。晚见曾文清公，文清谓某：‘君之诗，渊源殆自紫微，恨不一识面。’某于是尤以为恨。”[①]对吕本中可谓景仰之至。后来他对别人传授学诗体会时说：

忆在茶山听说诗，亲从夜半得玄机。常忧老死无人付，不料穷荒见此奇。律令合时方帖妥，工夫深处却平夷。人间可恨知多少，不及同君叩老师。[②]

所谓“玄机”，当是曾幾向他传授“活法”和“悟入”的体会。“律令”二句，与吕本中所说的“规矩具备，而能出于规矩之外；变化不测，而亦不背于规矩也”，“作文必要悟入处，悟入必自工夫中来，非侥幸可得也”，是一脉相承的。刘克庄说：“陆放翁学于茶山，而青出于蓝。”[③]方回说：“（放翁）少师曾茶山，或谓青出于蓝。然茶山格高，放翁律熟；茶山专祖山谷，放翁兼入盛唐。”[④]

杨万里开始也是学江西派的，尤其对“活法”和“悟入”之说，颇多发挥。所以，周必大说：“诚斋万事悟活法，诲人

① 陆游《渭南文集》卷十四《吕居仁集序》。
② 陆游《剑南诗稿》卷二《追怀曾文清呈赵教授近尝示诗》。
③ 刘克庄《后村先生大全集》卷九十七《茶山诚斋诗选序》。
④ 方回《瀛奎律髓》卷二十三，陆游《登东山》批语。

有功如利涉。”[1]在《诚斋荆溪集序》，他这样说自己的学诗体会：“予之诗，始学江西诸君子，既又学后山五字律，既又学半山老人七字绝句，晚乃学绝句于唐人，学之愈力，作之愈寡。”“戊戌三朝，赐告，少公事，是日即作诗，忽有所悟，于是辞谢唐人及王、陈、江西诸君子，皆不敢学，而后欣如也。试令儿辈操笔，予口占数首，则浏浏焉无复前日之轧轧矣。”[2]这段话的关键是“忽有所悟”。即规模前人，则“学之愈力，作之愈寡”；而从前人的创作中领悟诗法，自出新意，则可以出现“浏浏焉”“前者未雠，而后者已迫”的创作状态。这就把吕本中所说的“活法”和“悟入”，用自己的创作体会进一步具体化了。近世有一位书法大师对弟子说“似我者死，舍我者生”，也是这个道理。在《江西宗派诗序》中，杨万里认为“苏（轼）似李（白）”，是“无待者神于诗者”；“黄（庭坚）似杜（甫）”，是“有待而未尝有待者，圣于诗者”。“苏、李之诗，子列子之御风也；杜、黄之诗，灵均之乘桂舟，驾玉车也。”[3]这就是吕本中所说的“有意为文者”和“无意为文者”的意思。最后，他提出“合神与圣”，把学习苏、李和学习杜、黄结合起来，融会贯通，达到诗歌的最高境界。这正是他最后摆脱江西的束缚、形成自己风格的最好注脚。所以，刘克庄说他是“欧阳公屋畔人，吕东莱派外诗。海外咸推独步，江西横出一枝”[4]。

范成大、尤袤、萧德藻皆不言学江西诗派，实际也是从学习江西开始，因受到“活法”的启发而走出江西的。范成大的诗歌风格多样，善于变化，善于吸取前代诗歌的创作经验。但他喜

① 周必大《平原续稿》卷一《次韵杨廷秀侍郎寄题朱氏涣然书院》。
② 杨万里《诚斋集》卷八十。
③ 杨万里《诚斋集》卷七十九。
④ 刘克庄《后村先生大全集》卷三十六《题诚斋像二首》之一。

用冷僻的事典和佛教用语，律诗、绝句亦时涉拗峭生涩，依稀可见江西派的影响。尤袤存诗甚少，难窥全貌。方回说他的诗“多淡”，“时出奇峭”。他自己曾声言“奚以江西为”[①]，但从仅存的诗作中，亦可看到江西诗派的影响。如《甲午春前得雪》：“残甲败鳞随处是，被谁敲折玉龙腰。”就是化用张元的“战退玉龙三百万，败鳞残甲满天飞”。该诗被纪昀斥为“粗恶”[②]，显然是受江西派“点铁成金”等说的影响。萧德藻，被杨万里誉为除杨之外的“中兴四大诗人”之一。尤袤称其诗“高古”[③]，杨万里称其诗“工致”“绝似晚唐”[④]。他早年曾从曾幾学诗，无疑是师从江西诗派，又对“活法”有所领悟。他的诗所存甚少，说“高古”，看不出来；说“工致”，是比较恰切的。如《古梅二首》《登岳阳楼》，写景、抒情，遣词、造句，都近于晚唐人。但如“百千年藓著枯树，三两点春供老枝”，“秋浩荡中遥指点，一螺许是定王城”等句，工致中又带拗折，颇近于黄庭坚的炼句方式。

这个说法由吕本中提出，经过曾幾等人的大力倡导，在当时文坛谈论“活法”与“悟入”成为风气，甚至被不同流派的诗人们所认同。张孝祥（安国）是以词得名的，但诗歌成就亦甚可观，曾被刘克庄列为中兴诗人的“大家数”[⑤]。韩元吉以为“得之于天才自然者”，他自己是力学苏轼，诗风表现为“清婉而俊逸”[⑥]。但他论诗衡文，亦往往以“活法”和“悟入”为言。在《和总得居士康乐亭韵》中，他称赞父亲：“先生义概云

① 姜夔《白石道人诗集自序》。
② 方回《瀛奎律髓》卷二十一，尤延之《甲午春前得雪》纪批。
③ 姜夔《白石道人诗集自序》。
④ 杨万里《诚斋诗话》。
⑤ 刘克庄《后村先生大全集》卷九十七《中兴绝句续选》。
⑥ 韩元吉《南涧甲乙稿》卷十四《张安国诗集序》。

天薄，千载参渠活句禅。”[1]其《题杨梦锡〈客亭类稿〉后》云：“为文有活法，拘泥者窒之，则能今而不能古。梦锡之文，从昔不胶于俗，纵横运转如盘中丸，未始以一律拘，要其终亦不出于盘。”[2]张镃（功父）是中兴四大将之一的张俊曾孙。他的诗“清新独造，于萧散之中时见隽永”（《四库提要》语）。杨万里称其“写物之工”，“绝似晚唐”，其然亦津津乐道“活法”和“悟入”。其《诚斋以〈南海〉〈朝天〉两集诗见惠，因书卷末》说：“笔端有口古来稀，妙悟奚烦用力追。南纪山川题欲遍，中朝文物写无遗。后山格律非穷苦，白傅风流造坦夷。霜鬓未闻登翰苑，缓公高步或因诗。”[3]又在《携杨秘监诗一编登舟因成二绝》之二说：“造化精神无尽期，跳腾踔厉即时追。目前言句知多少，罕有先生活法诗。”[4]姜夔也是以词名世的，诗歌成就亦高。他早年学江西，后力学晚唐，杨万里比之为陆龟蒙。然其在《白石诗说》中，论“布置”“精思”“诗病”“诗法”“意格”“句法”等语，颇与“活法”和“悟入”说有相合之处。后来，严羽作《沧浪诗话》，本是反江西诗派的，但也讲“参活句，勿参死句”，讲“羚羊挂角，无迹可求”，显然是受到“活法”“悟入”说的启发。

（原载于《江淮论坛》2004年第4期）

① 张孝祥《于湖居士文集》卷六《和总得居士康乐亭韵》。
② 张孝祥《于湖居士文集》卷二十八《题杨梦锡客亭类稿》。
③ 张镃《南湖集》卷六。
④ 张镃《南湖集》卷七。

吕本中政和三年帖的批评史意义

◎朱　刚

一、吕本中政和三年帖

吕本中（1084—1145）生活在两宋之交，曾被他的一些同代人看作当时最优秀的诗人，而在今天的研究者眼里，他主要是一个文学批评家。实际上，徽宗一朝的文化，明显地分裂为朝、野两个部分。自蔡卞力主“国是”后，王安石的“新学”“新法”被当作朝廷的“国是”确立下来，成为权威意识形态，其核心是所谓“三经义”，辅以一大堆曾经颇受嘲弄的“字说”，凡持论与之不合者，概遭排斥。而元祐大臣的后裔、后学和同情者，则或散落于民间，或处于州县低级职位上。但他们之间自有一种社会联系，叫作“师友渊源”，以此组成一个交游的圈子。作为元祐宰相吕公著长曾孙的吕本中，在这个圈子里有突出的地位，他几乎是徽宗朝文化在野部分的代表人物。这种在野的文化，当时称为“元祐之学”，所学的主要内容是司马光、范祖禹的史学，二程兄弟的哲学，以及苏轼、黄庭坚的文学。看似文、史、哲三方面都得其所宗，其实这几家学问间也有不少冲突，很难协调，如程氏弟子与苏门后学便多少延续了苏轼和程颐之间的不快局面。当然，由于徽宗朝对这几家学问的明令禁锢，相同的境遇也迫使他们互相认同。当年的吕公著曾高踞于“朔党”“洛党”“蜀党”之上，他的子孙也自可以出入于各家之门，博学广交，凭其社会地位，加以一套面目不清的“杂学”，吕本中实在是整合、统一“元祐之学”的最好人选。故南渡之后，吕氏被认为“得中原文献之传”，发表的言论都有“师友渊源所自”，也就是说，他将北宋的文化积累（所谓“中原文献”，其实也就是“元祐之学”）带入了南宋。就此而言，吕本中的成就并不仅仅在诗歌创作或文学批评方面，他在各方面所做的努力是具有整体的文化史意义的。也正因此，他的文学批评里体现出的对当代文化加以宏观把握的意识，比他的诗歌创作和具体的批评观点更值得关注。

王兆鹏先生曾著《吕本中年谱》[①]，比较详细地叙录了吕本中的生平、事迹和著述，但遗漏了一件很重要的史料，就是政和三年（1113）四月吕氏在楚州宝应写给他表弟赵承国的一个帖子。这个帖子被完整地抄录在陈鹄的《西塘集耆旧续闻》卷二，共有论学之语十七条，内容涉及文学、经学和人生修养诸方面。其末后还有一段说明，且依今时通行的标点本《耆旧续闻》转钞于下：

外弟赵承国至诚乐善，同辈殆未见其比。盖其性质甚良，不可以他人语也。若少加雕琢，少下勤苦，便当不愧古人。政和三年四月，相遇于楚州宝应，求余论为学之道甚勤，因录予之闻于先生长者本末告之，随其所问，信笔便书，不复铨次，当更求充之考人印证也。案：“考人”或“古人”之讹。[②]

陈鹄抄录了这个帖子后，又交代了帖子的来历：

① 王兆鹏《两宋词人年谱》，台湾文津出版社 1994 年版。

② 陈鹄《西塘集耆旧续闻》卷二，上海古籍出版社 1993 年版。与《涧泉日记》同一册。

东莱此帖，今藏承国之家。承国乃侍讲荥阳公之外孙也。

“侍讲荥阳公”指吕本中的祖父吕希哲（他是程颐最早的弟子）。“承国”即吕本中此帖所赠之人赵承国。但此帖后来似为吕本中孙子吕祖平所有，周必大曾见之，并为作跋云：

紫薇舍人吕十一丈，在政和初，春秋鼎盛，且方崇尚王氏学，以苏、黄为异端，而手书立身、为学、作文之法乃如此。其师友渊源，固有所自，而特立独行之操，谁能及之！近世谓以诗名家，是殆见其善者机耶？嗣孙祖平力绍家学，远示此轴，叹仰之余，辄附名于后。充之老人姓唐，讳广仁，真宗朝参政安仁之后，仲长之子也。绍熙元年正月二十五日。①

由此可见，今本《耆旧续闻》所录的“充之考人”，“考”乃“老”字之讹，今本所附的按语亦误。②也由此可以肯定，周必大所跋之帖即是《耆旧续闻》所录者。

郭绍虞先生曾注意到这个帖子，他在辑录吕本中的《童蒙诗训》时，把此帖中论诗的数条也一并辑入，还猜测此帖是吕本中

① 周必大《跋吕居仁帖》，《文忠集·省斋文稿》卷一八，《文渊阁四库全书》本。按，吕祖平为吕本中之孙，在陆游《吕居仁集序》（《渭南文集》卷一四）中亦提及。王兆鹏《吕本中年谱》据吕祖谦《东莱公家传》，列出吕好问（本中父）诸孙九人及曾孙十六人，而未详何者为本中子孙，今按南宋章定《名贤氏族言行类稿》（《文渊阁四库全书》本）卷三六“吕本中”条下云：“申公（吕公著）之孙好问，生弸中、本中。本中生大猷、大同。大同生祖平，今为桂阳太守。大猷生祖仁、祖泰。弸中生大器，大器生祖谦、祖俭。”此叙吕本中二子三孙甚明。汪应辰《文定集》卷九《豹隐堂记》谓大器、大伦、大猷、大同兄弟共筑豹隐堂以讲学，此盖统从兄弟而言，而《宋元学案》误以四人皆为弸中子，今人所编《宋人传记资料索引》及《吕本中年谱》亦沿其误，当正。

② 吕本中写此帖，之所以要“求充之老人印证”，乃是因为唐广仁此时亦住在楚州宝应。事见《东莱吕紫微师友杂志》，《丛书集成》本。

后来写作《童蒙训》的蓝本。[1]不过，此帖仅十七条，更集中、简要地概述了吕氏对当代文化的宏观把握，其价值不能被《童蒙训》所掩。它向我们透露出处在徽宗朝的元祐党人后学的基本文化态度，其中当然包括对当代文学发展导向的看法。此种看法，对南宋文学发展所产生的影响是值得充分考量的。

二、欧苏文和苏黄诗范式的确立

正如郭绍虞先生所说，吕本中政和三年帖的内容与其后来所著的《童蒙训》有重合之处，比如《童蒙训》的第一条讲学问的基础，相同的内容已见于此帖：

> 学问当以《孝经》《论语》《孟子》《中庸》《大学》为主，此数书既深晓，然后专治一经，以为一生受用。

这里提到的五部书，除了《孝经》外，另四部就是后来所谓“四书”。我们知道，“四书”崇高地位的形成，经历了较长的历史过程：大概六朝人开始注重《中庸》，韩愈《原道》一文标举《大学》之义，此后北宋皇帝的经筵上常讲这两篇，到南宋时，始由朱熹将《论》《孟》与《学》《庸》合编为“四书”。故《四库全书总目·四书类序》云：“《论语》《孟子》，旧各为帙；《大学》《中庸》，旧《礼记》之二篇。其编为四书，自宋淳熙始，其悬为令甲，则自元延祐复科举始，古来无是名也。”[2]可见标举“四书”乃是宋代“道学”成熟的标志，而吕本中写此帖时，“道学”尚处于形成阶段，且属于当时

---

① 见郭绍虞《宋诗话辑佚·童蒙诗训》，中华书局 1980 年版。

② 《四库全书总目·四书类序》，中华书局 1965 年版。

的在野文化，即“元祐之学”，其以“地下”的方式在读书人中间传播，“四书”一名还未被提出。帖中这一条，说明他对“道学”的旨趣有比较明确的把握，在“四书”地位逐渐形成的历史过程中，值得提上一笔。

当然，这个帖子的主要内容是讲文学，十七条中，有十一条是讲诗文创作的。在这个方面，吕本中的论述也非常明确地体现了“元祐党人”后学的立场：

学文须熟看韩、柳、欧、苏，先见文字体式，然后更考古人用意下句处。

学诗须熟看老杜、苏、黄，亦先见体式，然后遍考他诗，自然工夫度越过人。

自古以来，语文章之妙，广备众体，出奇无穷者，唯东坡一人；极风雅之变，尽比兴之体，包括众作，本以新意者，唯豫章一人。此二者，当永以为法。

正当苏轼、黄庭坚的诗文被朝廷禁锢的时代，吕本中却将二人的诗文奉为“体式”，即学习的典范，难怪南宋的周必大要赞叹其“特立独行之操”了。不过，更值得注意的是，周必大还指出吕氏的这种观点来自“师友渊源”，这表明它在很大的程度上已是“元祐党人”后学的共识。

如果我们仔细参详吕本中上述观点的含义，不难发现，它实际上指出了宋代文学的基本范式。这样的范式不但被用来总结北宋文学的成就，也被用以指明后学的门径，奠定了南宋文学发展的方向。文承韩柳，诗学老杜，正是北宋一代诗文创作主张几经波折后的归结，而欧苏文与苏黄诗，确是在继承韩柳文和老杜诗的基础上，淬砺其精神，推广其境域，扩展其影响，最终成为北宋文学最高成就的代表。至此，吕本中指示后辈的创作，应该是文承韩、柳、欧、苏，诗学老杜、苏、黄，即以欧苏文与苏黄诗为新的文学范式，说得更精简一些，便是以苏文黄诗为“法”。南宋文学的面貌，固然不十分单纯，但论其诗文创作，大抵受欧苏文与苏黄诗范式的影响，从整体上说，也大致符合吕本中的指示。所以，吕氏的上引数语，可推为宋代文学的一个简明的整体观，准确地道出了宋代文学的基本“经典”。这当然离不开他对当代文化的宏观把握，因为他所标榜的文学范式，正是中唐以来科举士大夫自觉倡导和进行的文化运动的结果之一。联系到吕本中此帖中对“道学”旨趣的明确把握，和他写此帖指导别人“为学之道”的目的，及其中反映出的“元祐党人”后学的立场，我们不难领会，他这种宋代文学的“整体观”，既是在文学领域内略细节而观大体，也是在更宏大的文化视野中从大观小。

吕本中所代表的徽宗朝在野文化，是被当日的“国是”所否定的，往往被朝廷贬称为“曲学”，但比较于蔡京之流粉饰盛平的“丰亨豫大”之说，这种文化态度更能得到历史的肯定。处在政治迫害之中的“元祐党人”后学，对当代文化发展状态的审视是较为清醒的，吕本中对宋代文学基本范式的揭示，表明他对当代文化、文学的来龙去脉认识得十分清晰。在今天看来，吕本中的这种认识似乎很接近我们关于北宋文学史的基本常识，也确实是南宋以后经常被重复的观点，但在北宋末年“新党”所制造的“国是”环境下，提出和坚持这样的观点，便需要一种能够穿透意识形态迷雾的识见和魄力。当然，这与来自“元祐党人”的“师友渊源”相关，就在吕本中写下此帖的三年前，苏辙曾有《题东坡遗墨卷后》诗云：

少年喜为文，兄弟俱有名。世人不妄言，知我不如兄。篇章散人间，堕地皆琼英。凛然自一家，岂与余人争？多难晚流落，归来分死生。晨光迫残月，回顾失长庚。展卷得遗草，流涕湿冠缨。斯文久衰弊，泾流自为清。科斗藏壁中，见者空叹惊。废兴自有时，《诗》《书》付西京。①

此诗对苏轼文学的推崇，便与吕本中相近。作者相信，被朝廷禁毁的苏文能被后世所传诵，就像《诗》《书》虽毁于秦火，却复兴于西汉。值得注意的是，苏辙所强调的苏文“凛然自一家”“泾流自为清”的价值，是相对于“新党”制造的“国是”环境而言的，后者虽被宋徽宗、蔡京等粉饰为史无前例的“盛世”，但在苏辙笔下被表述为“斯文久衰弊”。很显然，吕本中延续了这样的党派立场，虽然他没有显斥“国是”环境，而只是正面标举苏文、黄诗“当永以为法”。

客观地讲，作为北宋文学的一个总结，吕本中的说法也有不够全面之处，因为他把王安石及其“新党”的文学摈除在视野之外，这自是“元祐党人”子弟的立场所带来的缺陷。不过在政和三年，王安石被主流意识形态推戴为“圣人”般的存在，根本用不着吕本中来表彰。

三、从诗文“复古”到江西宗派

从韩柳到欧苏的唐宋古文史观，从老杜到苏黄的唐宋诗歌史观，虽然都有摈除王安石的明显缺陷，但自吕本中开始标榜以后，这样的观念确实影响深远。而且，即便我们愿意充分估量王安石的历史作用，也应当承认吕本中此种观念仍有其合理性。因为，若考虑到南宋的情形，则在整个赵宋一代的古文和诗歌创作中，欧苏文和苏黄诗的典范意义，确实高于王安石的诗文，尽管后者的实际成就并不逊色。

① 苏辙《题东坡遗墨卷后》，《栾城集・栾城三集》卷二，上海古籍出版社 1987 年版。

实际上，欧、苏、黄与王安石原有其共同之处，他们都是中唐后崛起的科举士大夫文化的代表人物，其诗文创作都与自觉的诗文批评相伴随，总体上是在从事以“复古”为旗帜的文化运动。从时间上说，欧阳修自是最早，他在文学方面所起的领袖作用甚大，现在一般的文学史都肯定他引领了北宋中期的一个“诗文革新运动”。不过，“革新”一词其实不符合当事者的用语习惯，这是现代人对此文学运动之成效的概括。就欧阳修等人在诗文创作上的自觉追求而言，称之为“诗文复古运动”可能更为恰当。这个运动其实包含了两个方面：文的复古与诗的复古。文的复古就是“古文运动”，承韩柳而来，至欧苏则变其雅健奇崛为平易流畅，一般认为，这是宋文的总体风格。诗的复古，或许也可称之为“宋诗运动”，这个运动经常被我们认作宋人在唐诗的艺术高峰之后难以为继而另辟蹊径之举，但宋人自己未必肯这样承认，他们之所以要改变诗风，是出于对唐诗的不满。他们认为唐人多数不识“道”，故其诗体不“正”，违背了《诗经》所代表的儒家诗学原则，只有杜甫的作品才符合他们的文化态度，所以既要汲取杜诗的艺术手法，更要继承杜甫的创作精神，旨在“正”诗体。南宋时的一本科场温习用书《古今源流至论》，就公然宣称：“诗体至国朝而始正，发于讽咏，有三百篇之意。”[①]此类科场用书是指导读书人如何持论才易于中式的，反映的自然不是写作者的个人独见，而是较普遍的习见。可见宋人以为他们的诗体比唐诗较得“三百篇之意”，至于元代以降的评论者认为宋诗更远离了“三百篇”的比兴风采，那是宋人始料未及的了。

揆情度理，“宋诗运动”与“古文运动”理应具有同样的文化关怀，体现出同样的文化态度。从这个角度来看，欧阳修所

① 林駉《古今源流至论》前集卷二“文选文粹文鉴”条，《文渊阁四库全书》本。

倡导的“诗文复古”，便只在文的方面取得了成功，诗的方面仍有待继续。故宋人多认为，欧公能正国朝的文体，却未能正诗体。王安石与苏轼的诗歌成就，当然是他们所推崇的，但在他们看来，真正完成了诗体之“正”的，乃是黄庭坚。吕本中之所以标举“江西宗派”，意也在此。

众所周知，吕本中作了《江西诗社宗派图》，后来相沿有“江西诗派”之说。不过，推求吕本中的原意，这里所谓的“宗派”，“宗”是黄庭坚，“派”是《图》里列出的二十几人。由于原《图》已不存，我们也不知他将此二十余人归了几个“派”，反正都从黄庭坚这个“宗”出来。严格地说，“江西诗派”不能包括黄庭坚本人，必须说“宗派”才包括。“派”字当依字义作“支派”解，与现代说的文学“流派”稍有不同。至于“江西”一词，很可能与更常用的“豫章”一词相似，是代指黄庭坚，而“诗社”也未必实指一个由江西人组成的唱和团体。所谓《江西诗社宗派图》，当是画出黄庭坚这个“宗”，再将传承其诗学的二十余人分作数“派”，画于其下，如此构成以诗歌为传承纽带、以“江西”（黄庭坚）为宗主的一个“社会”，与宋代其他各种行业的从事者所组织的“社会”相类。这里其实并没有“人江西”或“诗江西”的问题，大概从南宋起，人们常以诗歌的地域流派的观念来看此《图》，才产生了许多问题。吕本中的意图，并不止于揭示一个自具创作特色的诗歌流派而已，更遑论地域流派，他是要为当代诗坛树立范式。在他看来，唯有“传衣于江西”，才得诗学之正体的。黄庭坚的示范意义，不限于一个流派，他是欧阳修以后完成诗体复古的大家。这个意思，在他的《江西诗社宗派图序》中本有明确的表述，见于南宋赵彦卫《云麓漫钞》的引述：

古文衰于汉末，先秦古书存者为学士大夫剽窃之资。五言之妙，与三百篇、《离骚》争烈可也，自李、杜之出，后莫能及，韩、柳、孟郊、张籍诸人自出机杼，别成一家，元和之末无足论者，衰至唐末极矣，然乐府长短句，有一唱三叹之音。国朝文物大备，穆伯长、尹师鲁始为古文，成于欧阳氏；歌诗至于豫章始大出而力振之，后学者同作并和，尽发千古之秘，亡余蕴矣。[①]

这一段引述，如对照胡仔《苕溪渔隐丛话》前集卷四十八所引的此《序》之文，就可发现两者都不够尊重原文，都是概述性的，故互有详略。其论诗之语虽以胡仔所录较详，《序》文的总旨却要借《云麓漫钞》以存。吕本中的意思是很明确的，他以一种“复古”的观念勾画古文和诗歌的发展历史，并将黄庭坚诗歌的文化意义与欧阳修古文相提并论，如果说宋代的古文“成于欧阳氏”，则宋诗就“成”于黄庭坚。所谓“后学者同作并和”，当即指“江西诗派”，而“尽发千古之秘，亡余蕴矣”，则其功业之著绝不是一个流派所能承当的了。这个“宗派”至少是当代诗坛的正宗正派，在诗歌领域延续和完成了欧阳修倡导的“诗文复古运动”。

这样，吕本中把“江西宗派”的文化意义与“诗文复古运动”相联系，放到更大的历史视野中看，与中唐以来的文化运动相联系，将之表述为一个延续的历史过程。可见，《江西诗社宗派图》与他写于政和三年的帖子，所表达的主旨是一致的。

① 赵彦卫《云麓漫钞》卷十四，中华书局1996年版。

四、关于苏、黄二体

上文说过，吕本中的观点反映了“元祐党人”后学的文化立场，他对黄庭坚诗歌的上述看法，大致也是“元祐党人”后学的共识。当然，“元祐之学”的内部并不很一致，程颐的门下就不太欣赏苏门的文学，吕本中对此也是了解的。他所著的《东莱吕紫微师友杂志》中有这样一条内容：

尹彦明在经筵，尝从容说：“黄鲁直如此做诗，不知要何用。”①

尹彦明就是程颐晚年的弟子尹焞，其侍经筵在南宋高宗时。高宗是很喜欢黄诗的，但尹焞从容地在他面前表示对黄诗的不理解。很明显，尹焞继续着程颐的一种怪癖：不无自得地展示自己艺术感知力的贫乏，以烘托自己的道德修养。吕本中对尹焞是很尊重的，但他的“师友渊源”不限于程门，他的言行作为，也一直是要把苏门、程门，乃至全部“元祐党人”后学拉拢在一起。所以，他的观点是对徽宗朝在野文化的综合。出于“元祐党人”后学之手的另一份材料，可以印证他对黄诗的看法。

在两宋之交，文坛上流传着一篇不知谁人所作的《豫章先生传》，屡见于《苕溪渔隐丛话》的引述。其完整的形态，则保存在明代以来黄庭坚集子的某些版本中，近人龙榆生编《豫章黄先生词》时，校录了这篇最早的黄庭坚传记。今人郑永晓的《黄庭坚年谱新编》，即依龙本录附此篇于后。这篇《豫章先生传》记事晚至大观三年以后，但称徽宗为“今上”，可见其写作时间当在徽宗朝的后期。当时朝廷以苏学为异端曲学，禁止苏黄文字

① 吕本中《东莱吕紫微师友杂志》，《丛书集成》本。

的传播，而此文盛称眉山苏公及苏门四学士等，其出于“元祐党人”后学之手无疑。全篇剪裁有法，史笔老练，议论亦精到，盖“元祐党人”后学之能文有识者撰于高压之下，值得重视。篇末有一段“史赞”，对黄庭坚诗歌乃至整部北宋诗歌史作出评述：

史赞曰：自李、杜没而诗律衰，唐末以及五季，虽有以比兴自名者，然格下气弱，无以议为也。宋兴，杨文公始以文章莅盟，然至于诗，专以李义山为宗，以渔猎掇拾为博，以俪花斗果为工，号称“昆仑体”，嫣然华靡，而气骨不存。嘉祐以来，欧公称太白为绝唱，王文公推少陵为高作，而诗格大变。高风之所扇，作者间出，班班可述矣。元祐间，苏、黄并出，以硕学宏材，鼓行士林，引笔行墨，追古人而与之俱。世谓李、杜歌诗高妙而文章不称，李翱、皇甫湜古文典雅而诗独不传，惟二公不然，可谓兼之矣。然世之论文者必宗东坡，言诗者必右山谷，其然，岂其然乎？山谷自黔州以后，句法尤高，笔势放纵，实天下之奇作，自宋兴以来，一人而已。①

这样的议论，与《江西诗社宗派图序》如出一手，其作者显然与吕本中出于同样的“师友渊源”。艺术鉴赏趣味应当是千人异面的，不能如此一致，使他们的诗学观点统一起来的不是鉴赏趣味，而是相同的文化态度，包括政治立场。

当然，推崇黄诗的文化意义，除了尹焞等少数人外，“元祐党人”的后学一般都能接受，但若说黄诗的成就一定高于苏诗，“宋兴以来，一人而已”，则未必能被大家认可。所以，吕本中在政和三年帖中，将苏、黄并提，同树为宋诗的范式，是

① 转录自郑永晓《黄庭坚年谱新编》附录一《豫章先生传》，社会科学文献出版社1997年版。

更妥当的说法。苏、黄本是师弟子，苏轼又自认为欧阳修继承人，苏、黄并提不但不影响吕本中的诗学主旨，反而使其诗学所蕴含的文化态度显得更为明朗。与吕本中同时的著名诗人陈与义就有相同的说法：

诗至老杜极矣，东坡苏公、山谷黄公奋乎数世之下，复出力振之，而诗之正统不坠。[①]

在我们看来，如果不提苏轼，则吕氏为宋代诗歌所树的范式确实不够稳当，因为就南宋的诗歌发展来说，黄庭坚的影响固然极为深远，但仍不能笼括南宋诗坛所有的创作倾向。大抵南宋人的文化关怀，与北宋人较有不同。宋人都爱好史学，热衷于考史、论史，但北宋人所考所论是前代的历史，而南宋人则喜谈本朝史。有关北宋时期的绝大部分史料，是南宋人为我们收集的。对北宋士人来说，他们自觉的文化使命是继承中唐以来复古运动的精神，创建一代文化盛世，超唐轶汉，直追两周；而对于南宋人来说，他们面临的更直接的任务是继承北宋的文化，即所谓“中原文献”，他们怀念着东京的梦华，珍视一切中原文物的涓滴留存，不使其失坠。在这种心态下，北宋期间的一切文化创造，都在南宋人所要继承的范围之内。相比于北宋晚期的“元祐党人”后学，他们的继承面有所扩大，在诗歌方面，不但要继承黄庭坚，也要继承梅尧臣、欧阳修、王安石、苏轼等人。金人王若虚、元好问不能理解这种心态，认为诗歌只要写出真情实感就行，何须标举一个先人来继承——此种宏论在南宋人看来只证明其为不得文化正传的蛮貊。南宋人写作诗歌，当然也为抒情述

① 晦斋《简斋诗集引》述陈与义语，见白敦仁《陈与义集校笺》附录五，上海古籍出版社 1990 年版。

事，但同时也是在延续北宋诗歌的正脉。刘克庄对当时诗坛的创作倾向有这样的概括：

元祐以后，诗人迭起，一种则波澜富而句律疏，一种则锻炼精而情性远，要之不出苏、黄二体而已。[①]

可见，南宋的诗坛，是自觉地以苏黄诗为创作范式的。考虑到“江西诗派”的存在，我们认为，黄庭坚的影响可能更大一些，但凡对其“诗法”有所扬弃的，都以兼学苏轼为借口。苏、黄二人的示范意义在某种程度上是互相补充的。

南宋中后期，渐渐有人对苏黄诗表示不满，声称要以唐诗为法，理论上以严羽《沧浪诗话》为代表，创作上以“永嘉四灵”为代表。学术界都认为，他们所标榜的“唐诗”，实际上只是晚唐诗。晚唐诗风在南宋中后期的流行，看起来是对苏黄诗范式的突破，实际上，宋初就有隐士、僧人写作的“晚唐体”诗歌，而士大夫转向学习晚唐诗的创作倾向，也起源甚早。苏轼于诗歌创作上虽推崇李、杜，但其鉴赏趣味，已流露出对中、晚唐诗歌的别具会心。他晚年对柳宗元、司空图诗歌艺术的欣赏，就是这方面的表现。惠洪记其论诗语：“诗以奇趣为宗，反常合道为趣。”[②]这“反常合道”的“奇趣”，与严羽所谓“诗有别趣”的理论内涵，是相当接近的。其实，苏黄诗范式虽强调诗歌的文化内涵，但作为一个文艺大家的苏轼，是不难领悟诗歌的审美特性的，只不过其文化使命感更强一些，在很多场合下掩盖了他的审美趣味。而所谓“别趣”之说，及对晚唐诗的标举，不过是要求诗歌专以审美趣味为主。宋人的诗学从自觉承担文化使命到专

① 刘克庄《后村诗话》前集卷二，中华书局 1983 年版。

② 惠洪《冷斋夜话》卷五，《丛书集成》本。

门追求审美趣味，虽可许为诗学理论上的进步，却也是其文化运动走向衰落的表征。处在文化运动高潮时期的苏轼，可在承担文化使命的同时，兼具审美趣味的追求，前一方面与黄庭坚共同奠定了宋诗的基调，后一方面也开启了学习晚唐诗的创作倾向。他的弟子门客中，若抱负较大的，当然要继承其前一方面，但若专门以诗为业而淡于政治等其他文化事业的，就容易发展其后一方面，如诗僧参寥子，他的诗便有同于晚唐风格者，另一位诗僧惠洪[①]，多有论诗之语，也偏重于审美趣味、艺术手法之类，不太强调文化内涵。实际上，若把僧人的诗歌创作纳入视野，则“晚唐体”在宋代不曾断绝。

苏门的后学，也比“永嘉四灵”更早地出现晚唐诗风。杨万里《诚斋诗话》记：

> 李方叔之孙大方，字允蹈……寄予诗一篇，多有警句，如“三百年来今几秋，天地自老江自流”，如“笛声吹起白玉槃，正照御前杨柳碧”，如“可怜一代经纶业，不抵钟山几首诗”，如“后院落花人不到，黄鹂飞下石榴阴”，大似唐人。[②]

李方叔就是苏轼弟子李廌，杨万里认为其孙李大方的诗风“大似唐人”，据我们对杨万里诗学的理解，所谓“唐人”也当指晚唐。观上引的诗句，其思致幽险，气象萧瑟，也颇似晚唐，但议论新警，也兼得江西派的风骨，只不过句格比较流丽，似是兼学苏黄所致。其实，就在江西诗派中，如徐俯的绝句也有晚唐风味，杨万里更是自江西入手而转学晚唐的代表人物。所以，南宋中后期的晚唐诗风，是其来有渐的，而士大夫在

① 惠洪从未被苏轼所知，但他见过黄庭坚，也自称见过苏轼。

② 杨万里《诚斋诗话》，《历代诗话续编》，中华书局1983年版，第159页。

诗学理论上肯定晚唐，其起点却在苏轼。苏轼的堂庑本来就比黄庭坚更大，晚唐诗风貌似反苏黄范式而起，实则苏轼诗学原本也包含这个侧面。

因此，晚唐诗风的存在，并不影响南宋诗歌“不出苏黄二体而已”的总体判断。吕本中在政和三年帖中，就以苏、黄并提树为宋诗的范式，从宋诗整体的发展情形来说，是正确的。至于古文创作的方面，虽然不能忽略王安石推行“经义”的影响，但就南宋士大夫的选择继承而言，以欧苏文为宋文的范式，也基本符合史实。[①]总而言之，吕本中为我们提供的这种宋代文学的整体观，及今视之，可以接受。

五、后“古文运动”时代

如果我们愿意接受吕本中提供的宋代文学整体观，那么在此基础上，可以对宋代文学史的分期问题略做探讨。分期问题在文学史写作中是自然地存在的，但正式为宋代文学史提出分期主张的，却并不多见。陈衍编《宋诗精华录》时，曾将宋诗分为初、盛、中、晚四期，这是仿照唐诗的分期传统，而套用于宋诗。由于一般事物大致总有起、盛、衰、亡（或如佛家所谓生、住、异、灭）的过程，故四分法几乎适用于所有历史现象的分期，但也因此，它往往只能揭示事物发展的普遍规律，而未必能抓住某个事物的特性。陈衍的四分法，是以元丰以前为初宋，元丰以后尽北宋为盛宋，南渡以后为中宋，而四灵以后为晚宋[②]。这实际上是以南、北宋为大界，各分前、后两期而已。此种

① 近人刘咸炘《文学述林·宋元文派略述》云：“南宋之文，则欧、苏二派而已。策论为主，苏文最盛，序记则以欧为准。”参见朱迎平《南宋散文宗欧、宗苏辨》，《古典文学与文献论集》，上海财经大学出版社 1998 年版。

② 陈衍《宋诗精华录》卷一识语，曹中孚校注本，巴蜀书社 1992 年版。

分期法至为简便，后来作宋代文学史者多沿用之，如孙望、常国武主编《宋代文学史》[①]，就是这样分期的。我们在此种分期中很难窥知宋代文学的总体特征是如何形成和衰变的。按理说，四分法中的“盛”期应是最集中地体现其总体特征的时期，所谓“盛”理应尽可能成为对一代文学之范式的标举，但以元丰为上限，便将欧阳修古文创作的高潮期划在“盛”期之外，以南渡为下限，又将苏黄去世后的徽宗朝文学全部包笼在内，使这个“盛”期在标举范式方面不够明确。

窃以为，鉴于宋人文化使命感的强烈与文化传承意识的浓厚，其各种文化活动的历史大致都呈现“作者作之，述者述之”的面貌，即都可分成“作”与“述”两个阶段。就文学领域而言，欧苏文、苏黄诗范式的形成，是“作”的阶段，其后便是“述”的阶段。就此而言，欧阳修古文乃是“作”的大端，而徽宗朝“元祐党人”后学的文学创作，已在“述”的阶段，吕本中政和三年帖就提出了“述”的宗旨，是宋代诗文创作从“作”的阶段转向“述”的阶段的历史现实在理论上的明确揭示。此帖只讲到诗文，若论及词史，则苏轼和秦观的词也分别为宋词的豪放、婉约二体奠定了基调，也当视为宋词的范式。一代文学范式的形成，也就是这一代文学总体特征的成熟。若以此为界，将宋代文学史科判为前、后两段，是有充分的理由的。如果一定要分作初、盛、中、晚四期，则欧公断无外于“盛”期之理，而被苏辙指责为“斯文久衰弊”的徽宗朝，至少不能全部纳入“盛”期。“盛”期的基本内容应是：欧苏文、苏黄诗、苏秦词，时间上约为仁、英、神、哲四朝，与徽宗朝的前半期，前后不到一百年。在此期间，宋人在政治上经历了“庆历新政”“熙丰新法”与“元祐更化”，最后又出现了“国是”专断的局面，但军事上

① 孙望、常国武主编《宋代文学史》，人民文学出版社 1996 年版。

基本能保护边界的稳定，社会经济持续着繁荣局面，哲学上创建了“道学”，科学上留下了《梦溪笔谈》这样的巨著，史学上则完成了《新五代史》《新唐书》《资治通鉴》的编撰，文学上形成了欧苏文、苏黄诗、苏秦词范式。尽管有“新旧党争”以及与此相伴随的各种对立元素间的冲突，但其总体上仍构成一个士大夫文化的盛世，这也正是中唐以来的科举士大夫文化运动全面收获其硕果的时期。

文化“盛世”的一个突出的表现是，集政治家、思想家、文学家、学者于一身的文化巨匠型的士大夫相继崛起于朝。欧阳修、王安石、司马光、苏轼、苏辙等，都曾身居高位而领袖时流，发挥其倡导之功，他们使北宋的庙堂几乎成为一个文坛和学界。自徽宗朝以后，宋朝的庙堂上就失去了这样的文化巨匠。不过，从哲宗朝的后期起，宋代文化史也展开了另一页十分动人的画卷：苏轼、程颐晚年长期的流放生活，使真正热爱文学和哲学的青年不再心恋魏阙，而以东坡、伊川所在为斯文不坠之地，他们以绝海往见东坡为荣幸，以立雪程门、不图富贵为高节，以得其一言传授为立身治学作文之本，稍后，又有追随黄庭坚于蛮荒僻地直至终其丧事者，而士人皆仰其高风。名公巨卿从此黯然失色，“师友渊源”成为文化的命脉所在，文化事业也就通过“师友渊源”而延续，与当局可以分庭抗礼。嗣后，文学上的江西派、晚唐派、江湖派乃至遗民派，哲学上的理学派、心学派、事功派等，都托根于民间意义上的文坛和学界，与庙堂可以无干。从这个角度，我们也能看到宋代文学史的前后两期明显不同的风貌：前期是韩文、杜诗的继承者相继崛起于庙堂的历史，后期是欧苏文、苏黄诗、苏秦词的范式延续于民间的历史。在后一段历史的末尾，我们在文天祥的身上似乎又看到一点前期的风貌，这也许是有宋一代文化精神的回光返照。

身处徽宗朝的吕本中，正是在文化史的转折点上，比较集中地体现出“师友渊源”的意义，以此与朝廷所谓“国是”相抗衡。他的政和三年帖，表达出当时的文化人对此转折的自觉，是一个具有文化发展纲领之性质的重要文件。也许是一种巧合，吕本中写作这个帖子的政和三年，正好是“唐宋古文八大家”的最后一家苏辙去世的次年。这个巧合极具象征性：文学上一个时代的终结和另一个时代的起步，竟然如此迅速地被时人所自觉！故就文学批评而言，吕氏的贡献绝不只是画了一卷《江西诗社宗派图》，而更有其荦荦大者，总结前期的成就，标举一代范式，指示后学的轨辙，继往开来，厥功甚伟。

当然，以上只在宋代文学史这一断代领域的范围内考察吕氏观点的历史意义，若就本书的研究课题“古文运动”而言，则我们的考察视野自不能被朝代区划和专业领域所限。在笔者看来，“古文运动”是科举士大夫以“古文”形式表达“新儒学”思想以指导君主独裁国家的自觉文化运动。它不但造就了北宋士大夫文学的辉煌成就，也使这种文学的每一步进展都与清晰自觉的理论、批评相伴随，并且与其他文化部门的演进保持了高度的一致性。“庆历士大夫”的崛起使秉承“古文运动”精神的一代名臣成为士大夫社会的中流砥柱，但随着北宋士大夫分裂为新、旧两党，王安石和苏轼在文化态度、文学观念和创作风格上的对立被继承者不断扩大、加深，演而至于非此即彼的地步。在文学上，我们赞赏多元化的态度，故对于王、苏的对立，文学史家多数会同情苏氏。但不可否认的是，“古文运动”的目标并不只是以“古文”取代“骈文”，或者促进文学的多元化发展而已，它确实含有以士大夫对“圣人之道”的“正确”理解来指导国家、社会的理想。如果说这种理想的实现才是“古文运动”的真正成功，那么王安石及其“新党”以“国是”专断的局面，就有其出现的必然性。由于这样的局面对文学发展有扼杀的作用，故我们以“国是”环境的形成为“古文运动”的终结，并充分评价苏辙在此环境下的批判性写作。在中国文章史上，“古文运动”的成就凝结于它所产生的“经典”，就是“唐宋古文八大家”的作品。作为八大家中的最后一家，苏辙的去世标志着“经典”创作时代的结束。接下去就是八大家作品被“经典化”的时代，即后“古文运动”时代。从这个角度说，吕本中的政和三年帖，便为后“古文运动”时代写下了明确而精湛的第一页。按笔者的设想，这个时代也将突破朝代区划的框限，而延续到了“唐宋八大集”之说定型的时候。

（原为《唐宋“古文运动”与士大夫文学》第五章第四节，朱刚著，复旦大学出版社，2013年）

宋代文章学史上的吕本中

——以《童蒙训》为中心

◎李　由

在文学史上，吕本中主要以诗人、诗论家的形象出现。他的《江西诗社宗派图》、“活法”说都是诗学研究的热点。作为诗论家，吕本中既继承、总结了江西诗派的诗法理论，又提出新说，以救江西末流之弊，推动南宋诗学的健康发展。其实，吕本中对宋代文章学的发展亦颇有贡献。政和三年（1113），他在提出“学诗须熟看老杜、苏、黄，亦先见体式，然后遍考他诗，自然工夫度越过人”之前，就说过：“学文须熟看韩、柳、欧、苏，先见文字体式，然后更考古人用意下句处。”[①]后来，更有《童蒙训》为初学作文者指示门径。此书绍兴年间即被版行，在南宋颇为流行，成为一些家塾、官学的训课教材，对南宋文章学产生了较大的影响。其中吕祖谦是继承、发扬吕本中文章学思想功绩最著者，《童蒙训》是其文章学教育的重要教材，对《古文关键》的诞生亦有影响。本文即以对《童蒙训》的考察为中心，揭示吕本中在宋代文章学史上的地位和意义。

① 陈鹄撰、孔凡礼点校《西塘集耆旧续闻》卷二《吕东莱赠赵承国论学帖》，中华书局2002年版，第304页。

一、《童蒙训》的文献问题

《童蒙训》是吕本中文章学思想的主要载体。其虽名为“童蒙训”，但对于童蒙来说，它的一些内容显然有些深奥。楼昉曾概括其内容云：“自立身行己，读书取友，抚世酬物，仕州县，立朝廷，纲条本末，皆有稽据，大要欲学者反躬抑志，循序务本，切近笃实，不累于虚骄，不骛于高远，由成己以志成物。”[①]《童蒙训》理学色彩浓厚，论为学取径二程等理学家，主张“学问当以《孝经》《论语》《中庸》《大学》《孟子》为本”[②]，备载二程、周敦颐、邵雍等理学家的行事言论。其论立身行己，则主张取法北宋先贤的气节善行。又论及为官之道、作诗作文的方法等等。可见，《童蒙训》寄托了吕本中对理想士人能力素质的设想，目的是培养符合其理想的士。

在刊刻、流传过程中，《童蒙训》发生了很大的变化。其论为官之道的内容析出单行为《官箴》[③]，论诗文的内容则散见于《苕溪渔隐丛话》《仕学规范》等。郭绍虞先生做了辑佚工作[④]，虽大体可依，但由于没能参考王正德《余师录》等书，有一些遗漏，辑佚时也存在割裂原文的情况。这些内容何时遗失、为

① 楼昉《童蒙训跋》，国家图书馆藏宋绍定刊本，本文引用今传本《童蒙训》据此本。

② 吕本中《童蒙训》卷上。

③ 栗品孝《吕本中〈官箴〉出自〈童蒙训〉原本考》，《文献》2007 年第 4 期。

④ 见于郭绍虞《宋诗话辑佚》。郭先生认为论诗文的内容析出后单行为《童蒙诗训》（氏著《宋诗话考》中卷之下“《童蒙诗训》”，中华书局 1979 年版，第 169 页），所论不尽妥当，陈尚君先生已指出《永乐大典》所谓的《童蒙诗训》其内容是五言训蒙戒俗诗，与《童蒙训》并非一书（氏著《〈宋诗话辑佚〉匡补》，《中国诗学》第四辑，南京大学出版社 1995 年版）。

何遗失，尚无定论[①]。不过成书于度宗时的《诗人玉屑》、宋末赵善璙《自警编》所引用《童蒙训》论诗文、为官之道的内容多不见于今传本，可见《童蒙训》原本在整个南宋都有流传。

《童蒙训》原本的最终成书时间当是在建炎三年（1129）冬以后。《童蒙训》中，吕本中（1084—1145）称其父吕好问为东莱公，而吕好问是在建炎三年冬祀进封东莱郡侯的[②]，此后才可能有"东莱公"之称。而《童蒙训》中有"元符末……是时上皇即位"句，"上皇"是指宋徽宗[③]，鉴于宋徽宗于绍兴五年（1135）去世，宋廷于绍兴七年得知其去世的消息，《童蒙训》最终成书应在绍兴七年之前。而如果更进一步考察的话，《童蒙训》在绍兴三年时应已基本编成了。这一年，鉴于"寇贼稍定"[④]，吕本中携弟侄从桂州（今广西桂林）逾岭北至临川，聚集故人子弟与吕家子侄共学，学者中就有手抄《童蒙训》的吕祖谦之父吕大

① 今传三卷本《童蒙训》最早的是国家图书馆藏宋绍定刻本，有"绍定己丑（二年、1229）眉山李埴守郡得本于提刑吕祖烈，复锓木于玉山堂"的刊记以及嘉定乙亥（八年、1215）楼昉跋，四库馆臣认为李埴本翻刻自楼昉跋本，似乎《童蒙训》内容的遗失在楼昉跋本中已是如此。然其间疑点颇多。据楼昉跋，其本乃吕祖谦之父吕大器手抄、吕祖谦从子吕乔年校正、金华太守丘寿隽刊于吕氏祠堂。而从吕祖谦对《童蒙训》的引用看，他所使用的本子内容是完全的，可见吕氏家族传承的是全本。此外，楼昉、丘寿隽少时均习读《童蒙训》，楼昉《崇古文诀》还引用其论文之语，可见他见到的也是全本。如果其所跋之本内容遗失太多，他应能注意到，不会强调吕氏家藏本"最为精密"。我们推测今传本《童蒙训》虽载有楼昉跋，但非楼昉跋本原貌，《童蒙训》内容的遗失非始自楼昉跋本。

② 吕祖谦撰、黄灵庚校点《吕太史文集》卷十四《东莱公家传》，《吕祖谦全集》第1册，浙江古籍出版社2008年版，第221页。

③ 罗秋文《吕本中原本〈童蒙训〉研究》认为《童蒙训》作于北宋靖康（1126—1127）时，主要依据是其中有"元符末……是时上皇即位"，认为"上皇"是指宋徽宗，因此判定《童蒙训》作于钦宗时，也就是靖康时。其实即使是南宋初高宗在位时，也称徽宗为"上皇"，而称钦宗为渊圣皇帝，如李心传《建炎以来系年要录》卷一开篇即载"建炎元年春正月辛卯朔，渊圣皇帝朝道君太上皇帝于延福宫"（中华书局2013年版，第41页）。

④ 吕祖谦《吕太史集考异》卷七《题伯祖紫微翁与曾信道手简后》，《吕祖谦全集》第1册，第834页。

器。吕本中的弟子周宪说："公教人大要明是非邪正、进退出处、辞受取与之义，而躬行以尽其性。所言备载《童蒙训》《春秋说》。"[①]可见《童蒙训》是吕本中教学时使用的教材。作为"家塾训课之本"[②]，《童蒙训》应在临川授徒时被投入使用。而《童蒙训》最终成书的时间可能是在绍兴二、三年间（1132—1133）。因为建炎四年（1130）、绍兴元年（1131）吕本中侍父吕好问避乱南行，转徙各地，靡有定所，似难有充足的时间编纂《童蒙训》。绍兴二年，吕本中在桂州丁父忧，接着于绍兴三年寓居临川，这段时间比较安定，适宜写作。

至于吕本中积累素材、准备写作《童蒙训》的时间则甚早，应在政和三年（1113）以前。是年吕本中与外弟赵承国相遇于楚州，赵向其请教为学之道，吕遂录"闻于先生长者本末告之，随其所问，信笔便书，不复诠次"[③]，内容涉及修身、为学、作文之法，皆为《童蒙训》的主要类目，其中多条内容见于《童蒙训》，且《童蒙训》表述更完整。这说明《童蒙训》在这些内容的基础上进行了扩充、修改。《童蒙训》内容丰富，涉及北宋诸贤前言往行，不太可能是在短时间里一气呵成，而应经历了一个长期积累的过程，最后整理成书。这个过程差不多从吕本中三十岁开始，到五十岁结束。可见吕本中编撰《童蒙训》是经过深思熟虑的，其中蕴含的学术思想、文章学思想经过岁月沉淀，可以代表吕本中最终成熟的思想取向。

至于《童蒙训》的版行时间，《苕溪渔隐丛话》后集卷

① 周宪《题震泽记善录》，见《王著作集》附录，景印文渊阁《四库全书》，台湾商务印书馆1986年版，第1136册。

② 永瑢等《四库全书总目》卷九十二《童蒙训》提要，中华书局1997年版，第1208页。

③ 《西塘集耆旧续闻》卷二《吕东莱赠赵承国论学帖》，第306页。

二十二提到“《童蒙训》已锓板行世”[①]，其前后集皆有引用《童蒙训》，前集完成于绍兴十八年（1148），后集完成于乾道三年（1167）[②]，那么《童蒙训》的版行应当是在绍兴十八年（1148）以前。

二、吕本中文章学思想的内涵与特点

（一）

吕本中文学（包括文章学）思想与其理学思想联系紧密，这体现在他处理文道关系时以道德心性的修养为作文根本，以具体的句法修辞为余事。如教育弟子章宪、章悊“所要在守节”，“余事及文章”[③]。其屡次使用的“根柢”“波澜”之喻也生动地体现了这一点。他指出曾幾诗的问题在于“治择工夫已盛，而波澜尚未阔。欲波澜之阔，必须于规模令大，涵养吾气而后可”[④]，认为曾幾诗已有锻炼、修改的工夫，但波澜未阔，而波澜未阔源于养气不足；又云“直须识根柢，始是极波澜”[⑤]，即波澜之阔来自于根柢之深，养气应是其“根柢”之喻的内涵之一。曾幾无疑接受了吕本中的这一思想，其《李商叟秀才求斋名于王元渤以养源名之求诗》云“自古词林枝叶，皆从根柢中来。万卷须窥藏室，一尘莫点灵台”[⑥]，亦认为文章修辞乃是枝叶，皆源于“根柢”。从其诗意看，“根柢”包括学问渊博、读书万卷，以及心性修养上的洁净无

① 胡仔撰，廖德明校点《苕溪渔隐丛话·后集》卷二十，人民文学出版社1962年版，第160页。

② 郭绍虞《宋诗话考》上卷《苕溪渔隐丛话》，第81页。

③ 吕本中撰、韩酉山校注《吕本中诗集校注》卷九《叔度季明学问甚勤而求于余甚重其将必有所成也因作两诗寄之》，中华书局2017年版，第2册，第721、722页。

④ 吕本中《与曾吉甫论诗第二帖》，《苕溪渔隐丛话·前集》卷四九，第333页。

⑤ 吕本中《吕本中诗集校注》卷六《寄唐充之二十韵》，第2册，第480页。

⑥ 曾幾《茶山集》卷七，光绪二十五年广雅书局刊本。

瑕，这也应是吕本中“根柢”的一种内涵。

相比于博学，吕本中更强调通过躬行践履来不断提高心性、修养的水平。如其向谢逸弟子王坦夫解释何为“句眼”：“读书万卷君所闻，只要躬行不相反。圣人遗言凛可畏，小事未免书之简。衣冠瞻视有法则，何独文章要编划。譬如逆风曳长舰，竭力正在千夫挽。君行念此须饱参，即是溪堂句中眼。”[①]其既告诫王坦夫要博学，读书万卷，又强调要躬行实践，知行合一。《论语·尧曰》云“君子正其衣冠，尊其瞻视”，吕本中认为学者不仅要从事文章写作的训练，还应该师法圣人，为君子修身养德之学，这才是真正的“句眼”。践履工夫体现了吕本中理学思想的特点，概括地说，即吕本中所说的“圣学工夫”[②]，既包括下学上达，日用细微处一言一行皆以圣贤为标准，修身践行，“自粗至细，自微至显，但不可分粗细、微显为两事。言忠信，行笃敬，言必信，行必果，最是初学要下功夫处”[③]，又强调守节、守正，以颜渊为榜样，“少年学问要躬行，世人营营勿与争。闭户忍穷心自乐，箪食瓢饮殊不恶”[④]，贫贱不移，躬行仁义，“致严乎辞受出处，而欲其明白无；致察乎邪正是非，而欲其毫发不差”[⑤]。这些思想与二程之学颇有渊源。如论守正，杨时《二程粹言》曰：“子曰：‘处屯难之时，而有致亨之道，其惟正固乎！凡处难，能守正而不变者，鲜矣。’”[⑥]“子曰：‘学者欲得正，必以颜子为准的。’”[⑦]吕本中幼侍祖父吕希哲，希哲

① 《吕本中诗集校注》卷六《临川王坦夫故从溪堂先生谢无逸学，北行过广陵见余，意甚勤，其行也，作诗送之》，第 2 册，第 496 页。

② 《吕本中诗集校注》卷十九《即事六言》，第 4 册，第 1440 页。

③ 吕祖谦《少仪外传》卷上引吕本中《答人书》，《吕祖谦全集》第 2 册，第 4 页。

④ 《吕本中诗集校注》卷二十《送晁公庆西归》，第 4 册，第 1474 页。

⑤ 《吕太史文集》卷八《祭林宗丞文》，《吕祖谦全集》第 1 册，第 133 页。

⑥ 杨时《二程粹言》卷一，见《二程集》，中华书局 2004 年版，第 1189 页。

⑦ 《二程粹言》卷一，见《二程集》，第 1184 页。

师事程颐，本中之父好问则有“南杨（时）北吕”之称。家学之外，吕本中又从程门嫡传杨时、游酢、尹焞、王蘋等游，其重践履，强调下“圣学工夫”，带有明显的洛学色彩是自然的。

张九成曾概括吕本中的文学“词源断是诗书力，句法端从践履来”[①]，认为吕本中的文学根源于学问和践履。吕祖谦亦称吕本中“以践履为实，而刊繁文之枝叶”[②]，指出吕本中学问中践履与繁文之间的关系。这些皆符合吕本中论文的实际。

（二）

虽对文、道有价值区分，但吕本中仍重视总结、传授具体的文章法度，以指导初学。他将文看作万物之一，认为“万物一理”，“德成而上，艺成而下，其愿学者虽不同，其用力以有得，则一也”[③]，无论是形而上的道、德，还是形而下的文、艺，学习的路径是相同的，都要通过“用力”而“有得”。学道是通过勤下功夫，不断含蓄积累，而终至悟入，学文也“必要悟入处，悟入必自工夫中来”[④]，需要通过熟观、熟读诗文典范，不断地揣摩、学习，而终至悟入。因此他虽强调以“圣学工夫”为根柢，又不废“作文工夫”。这与程颐的作文害道说不同。在程颐看来，学文必要专心致志，因此必会夺人心志，使人玩物丧志，无法致力于道。《童蒙训》论学多取周、程等，论文则多取苏、黄等，可见他将“圣学工夫”与“作文工夫”视为士人教育培养的重要内容，在道学与文学间态度更为融通。

具体而言，在“作文工夫”上，他首先提出学文的师法

① 张九成《横浦集》卷四，景印文渊阁《四库全书》本，台湾商务印书馆 1986 年版，第 1138 册。

② 《吕太史文集》卷八《祭林宗丞文》，《吕祖谦全集》第 1 册，第 133 页。

③ 吕本中《紫微杂说》，《丛书集成初编》据《指海》本排印，第 10 页。

④ 《宋诗话辑佚》本《童蒙训》，第 594 页。

典范，确立了以先秦西汉经典作家、唐宋七大家为主的古文经典序列。他主张远师先秦西汉，说："文章大要须以西汉为宗"[①]，"但把秦汉以前文字熟读，自然滔滔地流也"[②]。先秦诸家中，他又主张师法《论语》《孟子》《礼记》《左传》，同时亦要参考《孙子》《列子》《庄子》《韩非子》等子书，尤其看重《论语》《礼记》简淡不厌，《孟子》议论抑扬反复，《左传》叙事有法、语有尽而意无穷，这些概括颇有眼光。至于西汉，他认为"议论文字须以董仲舒、刘向为主。《礼记》《周礼》及《新序》《说苑》之类皆当"贯穿熟考，则做一日便有一日工夫"[③]，并对西汉各期的文风所有褒贬："西汉自王褒以下，文字专事辞藻，不复简古，而谷永等书杂引经传，无复己见，而古学远矣，此学者所宜深戒"[④]。他认为"《汉高纪》诏令雄健，《孝文纪》诏令温润，去先秦古书不远，后世不能及。至《孝武纪》诏令始事文采，文亦寖衰矣"[⑤]，可见他推崇西汉不失先秦风味、较为简古的文风，有根底的议论，而反对专事词采。近则主张师法唐宋七大家，说："学文须熟看韩、柳、欧、苏，先见文字体式，然后更考古人用意下句处。"[⑥]他还主张学习曾巩的文章："曾子固诸序尤须详味"[⑦]，主张师法"三苏"进策："读三苏进策涵养吾气，他日下笔自然文字滂沛无吝啬处"[⑧]，确立了韩愈、柳宗元、欧阳修、苏洵、苏轼、苏辙、曾巩等唐宋七大家的文章经典地位。这也是唐宋七家经典序

① 《宋诗话辑佚》本《童蒙训》，第605页。
② 《宋诗话辑佚》本《童蒙训》，第605页。
③ 《宋诗话辑佚》本《童蒙训》，第603页。
④ 王正德《余师录》卷三引《童蒙训》，《历代文话》第1册，复旦大学出版社2007年版，第388页。按，《宋诗话辑佚》失收。
⑤ 《宋诗话辑佚》本《童蒙训》，第600页。
⑥ 《西塘集耆旧续闻》卷二《吕东莱赠赵承国论学帖》，第304页。
⑦ 《宋诗话辑佚》本《童蒙训》，第600页。
⑧ 《宋诗话辑佚》本《童蒙训》，第605页。

列在文章学史上的第一次呈现。诸家之中，他特别推崇苏轼，将其在文章创作上的地位等同于黄庭坚在诗歌史上的位置："自古以来，语文章之妙，广备众体，出奇无穷者，唯东坡一人。"[①]更借张耒之口说："近世所当专学者惟东坡。"[②]除七家外，他亦称赞秦观五十策有法度，对于李翱、皇甫湜亦有所取法，认为"学退之不至：李翱、皇甫湜，然翱、湜之文足以窥测作文用力处"[③]，从翱、湜之文中，可以看到他们如何取法韩愈，以为参考。

其次，在指示经典后，吕本中通过对经典文本的细读、分析，提炼出具体的布局谋篇、炼字炼句、行文等为文法度。这包括行文的抑扬反复、纡余委曲，布局上的首尾相应、有本末次第等。如论《孟子》、韩愈、曾巩之文："《孟子》'或问百里奚自鬻于秦'一章，与韩退之论'思元宾而不见，见元宾之所与者，犹吾元宾也'，及曾子固《答李沿书》最见抑扬反覆处，如此等类，宜皆详读。"[④]这三篇文字皆通过行文上的抑扬反复，阐明道理，抒发情意。布局上，他称赞秦观策论"有本末首尾，元无一言乱说"[⑤]，称赞"老杜歌行，最见次第出入本末"[⑥]，认为文章与歌行、长诗一样讲究章法布局，讲究本末次第、首尾相应。

除了这些宏观的"文字体式"外，微观的字法、句法也在吕本中的考虑范围。虽然《童蒙训》关于诗歌炼字炼句的表述更多，如论"字字当活，活则字字自响"[⑦]，但这种重视字法、句

① 《西塘集耆旧续闻》卷二《吕东莱赠赵承国论学帖》，第305页。
② 《宋诗话辑佚》本《童蒙训》，第605页。
③ 《宋诗话辑佚》本《童蒙训》，第597页。
④ 《宋诗话辑佚》本《童蒙训》，第600页。
⑤ 《宋诗话辑佚》本《童蒙训》，第601页。
⑥ 《宋诗话辑佚》本《童蒙训》，第590页。
⑦ 《宋诗话辑佚》本《童蒙训》，第587页。

法的思想一样体现在吕本中的文章学中。他接续陆机的思想，强调警策："陆士衡《文赋》云：'立片言以居要，乃一篇之警策。'此要论也。文章无警策，则不足以传世，盖不能竦动世人。……老杜诗云'句不惊人死不休'，所谓惊人语，即警策也。"[①]不管是诗歌，还是文章，都应当有这种能够"惊人"的警策句。他崇尚行文简洁，讲究"省字""省句"之法，引用刘知幾《史通·叙事》"叙事之省，其流有二焉，一曰省句，二曰省字"的说法，倡导一种简淡、简古的文风，更以《礼记·檀弓》作为典范："南宫绍之妻之姑之丧"一句中"三之不能去其一"，"进使者而问故"一句中"夫子之所以问使者，使者之所以答夫子，一'进'字足矣，丰不余一言，约不失一辞"[②]，认为《左传》在叙事之简淡高远上有不及《檀弓》者："《檀弓》与《左氏》纪太子申生事详略不同，读《左氏》然后知《檀弓》之高远也。"[③]可见在炼字炼句上，吕本中重视字句的简洁有力。

再次，在文体方面，吕本中最重视议论文，认为"学者须做有用文字，不可尽力于虚言，有用文字，议论文字是也"[④]，因此特别强调如何通过抑扬反复、纡余委曲的行文"说尽事理""说尽事情"。不过，他也很重视叙事、描写，认为"文章之妙在叙事状物"[⑤]，称赞"班固叙事详密有次第，专学《左氏》"[⑥]，"《孙子》十三篇论战守次第与山川险易长短小大之状，皆曲尽其妙，摧高发隐，使物无遁情，此尤文章妙处"[⑦]，主张叙事有次第，状物得其妙。

① 《宋诗话辑佚》本《童蒙训》，第587页。
② 《宋诗话辑佚》本《童蒙训》，第599页。
③ 《宋诗话辑佚》本《童蒙训》，第599页。
④ 《宋诗话辑佚》本《童蒙训》，第603页。
⑤ 佚名《居家必用事类全集》引吕本中语，明刻本。
⑥ 《宋诗话辑佚》本《童蒙训》，第600页。
⑦ 《宋诗话辑佚》本《童蒙训》，第604页。

最后，从总体的审美旨趣上看，吕本中追求一种简淡高远、含蓄蕴藉、语有尽而意无穷的文风。他说："东坡云：'意尽而言止者，天下之至言也。'然而言止而意不尽，尤为极至，如《礼记》《左氏》可见"①，而称赞《左传》"语有尽而意无穷，如献子辞梗阳人一段，所谓一唱三叹有遗音者也"②。这种含蓄蕴藉、一唱三叹、语有尽而意无穷的文风和效果，又源于行文上"不分明指切，而从容委曲，辞不迫切而意已独至"③。

三、吕本中文章学思想的渊源

吕本中文章学思想主要受黄庭坚及其后学的影响，同时广泛继承了欧阳修、苏洵、苏轼、张耒等庆历、元祐古文名家的思想。《童蒙训》共引前人论文之语23则，以时代次序分，为陆机《文赋》一则、刘勰《文心雕龙》一则、刘知幾《史通》一则、杜甫一则、欧阳修一则、苏洵一则、苏轼二则、黄庭坚四则、张耒三则、徐俯五则、潘大临二则、谢逸一则。其中陆机、刘勰、刘知幾、杜甫、苏轼的论文之语见于载籍，属于公共领域的知识，其他则是吕本中通过师友间的口头交流得到的，他书鲜有记载。④张耒、徐俯、潘大临、谢逸等均与他有交游。崇宁二年（1103），吕本中二十岁，在宿州与汪革、饶节、黎确、吕揆中等会课，"每旬作杂文一篇，四六表启一篇，古律诗一篇"⑤。《童蒙训》中记载的论文之语中有"潘邠老语饶德

① 《宋诗话辑佚》本《童蒙训》，第601页。

② 《宋诗话辑佚》本《童蒙训》，第599页。

③ 《宋诗话辑佚》本《童蒙训》，第599页。

④ 少数内容虽亦见于《山谷别集》《王直方诗话》，但吕本中的表述与之有差异，甚至更精准一些，可见他自有文献来源。

⑤ 吕本中《东莱吕紫微师友杂志》，《丛书集成初编》据《十万卷楼丛书》本排印，第2页。

操”者，有“谢无逸语汪信民”者，这些内容大概是从饶节、汪革那里听闻的。一些引述带有很强的现场感，如：“山谷尝谓诸洪言：‘作诗不必多……’诸洪皆以为然。徐师川独笑曰：‘……’山谷回顾曰：‘……’”[①]黄庭坚之“回顾”、徐俯之“独笑”宛在目前，这些细节应得自于当事人的转述，从交游来看，应是徐俯告知吕本中的。黄庭坚、徐俯、潘大临、汪革、饶节、谢逸皆被吕本中列入《江西诗社宗派图》。

以黄庭坚为首的江西宗派虽主要以诗论闻名，但对文法亦颇有研究。黄庭坚的许多理论，如“无一字无来处”“点铁成金”，在其原本语境中，是针对文章而论，又旁及诗歌。元祐年间，三洪、徐俯、王直方、潘大临等人因应举的需要，向黄庭坚求教作文之法。黄庭坚则取古文为典则，从古文的立意、行文、结构等方面传授文章法度，推动了宋代文章学的发展。[②]吕本中与山谷后学的交往，为其理解、承传山谷的文章学创造了条件。他的“根柢”之喻、为文师法经典的观念、古文典范的划定、对谋篇布局的讲究，都直接或间接受到黄庭坚的影响。

黄庭坚论文首先强调“根本论”，以忠信孝友、力行所闻等修心养性的道德修养作为为文的根本，而以具体的文辞写作为枝叶。吕本中的文道观念与之相近。在道德、心性修养上，吕本中强调“圣学工夫”，重日用间的躬行践履，比黄庭坚多了“二程”理学的内涵，但内在理路一致。在论曾幾诗波澜未阔、养气不足时，吕本中说“曹子建《七哀诗》之类，宏大深远，非复作诗者所能及此，盖未始有意于语言之间也。近世江西之学者，虽左规右矩，不遗余力，而往往不知出此，故百尺竿头，不能更进

① 《宋诗话辑佚》本《童蒙训》，第592页。

② 详见李由《元祐科场与黄庭坚的文章学》，《新宋学》第5辑，复旦大学出版社2016年版。

一步，亦失山谷之旨也”[①]，认为将注意力局限在辞藻锻炼上，仅在文法上讲究规矩，失去了山谷论文的本旨。而吕本中得到了这一本旨，将其体现在“根柢”“波澜”之喻中。

在具体的文法理论上，黄庭坚重法度，主张师古，“作文字须摹古人，百工之技亦无有不法而成者也”[②]，要“观古人之规摹”，“依仿其步骤”[③]，“观古人用意曲折处讲学之”[④]。吕本中“先见文字体式，然后更考古人用意下句处”与之相合。古人中，黄庭坚主张观法度于“左氏、庄周、董仲舒、司马迁、相如、刘向、扬雄、韩愈、柳宗元，及今世欧阳修、曾巩、苏轼、秦观”[⑤]，“以韩文为法”[⑥]，“可勤向董、贾、刘向诸文字，学作论议文字，更取苏明允文字读之”[⑦]。吕本中关于先秦西汉、唐宋诸大家的经典设立与此接近。在法度中，黄庭坚尤重谋篇布局、本末次第、首尾开合。《潜溪诗眼》载：“山谷言：‘文章必谨布置。’每见后学，多告以《原道》命意曲折。”[⑧]山谷后学多受此影响。黄庭坚最早将《原道》拈出作为范文，是在元祐三年（1088）或稍后指导落第还乡的潘大临的书信中：“公试读司马迁《孟子》《伯夷》《荀卿传》、韩愈《原道》，求其故，因来示教。”[⑨]《童蒙训》中载潘大临云“作长诗须有次第本末”，可见潘大临发挥了黄庭坚重视文章立意布置、行文本末次第的思想。吕本中的表叔范温也将黄庭坚的这一思想与杜诗的谋篇布局联系在一起，说：“古人律诗，亦是一片文章。语或似无

① 吕本中《与曾吉甫论诗第二帖》，《苕溪渔隐丛话·前集》卷四九，第 333 页。
② 《宋黄文节公全集·别集》卷十一《论作诗文》其一，第 1684 页。
③ 《宋黄文节公全集·正集》卷十九《与王立之承奉帖》，第 491 页。
④ 《宋黄文节公全集·外集》卷二十一《与王立之》其四，第 1370 页。
⑤ 《宋黄文节公全集·别集》卷二《杨子建通神论序》，第 1487 页。
⑥ 《宋黄文节公全集·别集》卷十九《与斌老书》其一，第 1892 页。
⑦ 《宋黄文节公全集·外集》卷二十一《与洪驹父》其二，第 1366 页。
⑧ 《苕溪渔隐丛话·前集》卷十引，第 64 页。
⑨ 《宋黄文节公全集·续集》卷一《与潘邠老》其三，第 1908 页。

伦次，而意若贯珠。”[①]诗文一律，讲求布置，是黄庭坚及其后学的特点。黄庭坚还说：“可更熟读司马子长、韩退之文章。凡作一文，皆须有宗有趣，终始关键，有开有阖”[②]，评价陈师道作文“深知古人之关键，其论事救首救尾，如常山之蛇”[③]，进一步提出首尾相应、抑扬开合的文法。而这些都是吕本中文章学的重要内容。《童蒙训》即曾载录黄庭坚之语“先立大意，长篇须曲折三致意，乃能成章”[④]，又云“老杜歌行最见次第出入本末”[⑤]，可证吕本中论谋篇布局、本末次第、首尾相应、抑扬开合，受到山谷及其后学的影响。

从更细微之处看，吕本中对黄庭坚文章学的继承还表现在引用《文心雕龙》《史通》、重视《礼记》尤其是其中的《檀弓》等方面。黄庭坚是宋代最早提出要留意《文心雕龙》《史通》论文思想的人，他对王直方说：“刘勰《文心雕龙》、刘子玄《史通》，此两书曾读否？所论虽未极高，然讥弹古人，大中文病，不可不知也。”[⑥]也曾多次书写《文赋》，留意甚多。吕本中在先唐诗文评著作中，单单引用《文赋》《文心雕龙》《史通》应该是受到了黄庭坚的影响。此外，黄庭坚也是较早鼓吹《礼记·檀弓》文法的。元祐三年（1088），他将自己刚从苏轼那里学到的为文秘诀分享给潘大临：“子瞻论作文法，须熟读《檀弓》，大为妙论。”[⑦]山谷后学多与闻此论。吕本中重《礼记》《檀弓》之简淡高远、叙事有法，当是受到了黄庭坚的影响。又如黄庭坚在写给本中表叔范温的诗中说“少游五十策，其言明且

① 《苕溪渔隐丛话·前集》卷七，第43页。
② 《宋黄文节公全集·正集》卷十八《答洪驹父书》其三，第475页。
③ 《宋黄文节公全集·正集》卷十八《答王子飞书》，第467页。
④ 《宋诗话辑佚》，第595页。
⑤ 《宋诗话辑佚》，第590页。
⑥ 《宋黄文节公全集·外集》卷二十一《与王立之》，第1370页。
⑦ 《宋黄文节公全集·别集》卷十八《与潘邠老帖》，第1887页。

清。笔墨深关键，开阖见日星"[①]，吕本中则说"文章有本末首尾，元无一言乱说，观少游五十策可见"[②]，这一细节也显示出吕本中对黄庭坚文章学思想了解深入、继承颇多。

总而言之，吕本中的文章学思想有师友渊源。在专门文章学著作匮乏的年代，在文法理论刚刚兴起的北宋，师友传授是文章学生成、传播、发展最主要的途径。吕本中的家世交游，使得他能广泛接触到前人的文章学论述，这些内容往往散见于口头交流中，有一定的私密性，而吕本中则对其加以总结、继承、发挥，保存在《童蒙训》中，传之后人。韩淲说："渡江南来，晁詹事以道、吕舍人居仁，议论文章，字字皆是中原诸老一二百年酝酿相传而得者。"[③]楼昉则称吕本中"以正献长孙，逮事元祐遗老，与诸名胜游，渊源所渐者远。渡江转徙流落之余，中原文献与之俱南，因即畴昔所闻见者，辑为是编（指《童蒙训》）"[④]，都指出吕本中对中原文献、北宋文化南传所发挥的巨大功绩。具体到文章学上看，吕本中也是将北宋古文家、文论家的文章学思想汇总、发挥、南传的功臣。

四、吕本中文章学思想的传播与影响

（一）

作为吕本中文章学思想的主要载体，《童蒙训》在南宋流传广泛。绍兴三年（1133）吕本中聚学临川（今江西抚州），绍兴五至六年在福州授学，绍兴十年直到十五年，寓居信州（今

① 黄庭坚撰，任渊、史容、史季温注，刘尚荣点校《黄庭坚诗集注》卷十九《晚泊长沙示秦处度范元实用寄明略和父韵五首》其五，中华书局2003年版，第671页。

② 《宋诗话辑佚》，第601页。

③ 韩淲《涧泉日记》卷下，《丛书集成初编》据《聚珍版丛书》排印本，第32页。

④ 楼昉《童蒙训跋》。

江西上饶），期间亦有教学活动。《童蒙训》作为吕本中训课教材，首先在其及门弟子、吕氏家族间流传。如吕祖谦之父吕大器手抄《童蒙训》，曾季貍《艇斋诗话》受吕本中诗学观念的影响，林之奇的文章教学亦受本中影响等等。此外，一些非吕门士人也开始接触《童蒙训》。如长洲（今江苏苏州）王大成《野老记闻》中有四条论文内容与《童蒙训》相同。王大成之子王楙曾介绍是书的编写背景："先人旧在唯室陈先生讲席，及见诸所从游，如和靖尹先生之流，有《野老记闻》数篇。"[①]即王大成的记述是从陈长方等人那里听闻的。《野老记闻》有一些内容与陈长方《步里客谈》相同，当是王大成闻之于陈长方。陈长方（1108—1148）师从王蘋（1082—1153），曾隐居乡里吴中，教导学者，绍兴八年（1138）进士及第后调太平州芜湖尉，后授江阴军学教授，未行，以疾终。[②]由此推测，王大成师从陈长方当在绍兴八年（1138）以前。《童蒙训》传到苏州，为陈长方所得、为王大成所闻也当在此前。吕本中与王蘋皆师事杨时，吕本中有弟子问学于王蘋，王蘋也有弟子从学于吕本中，双方及其门人交往颇多。如章宪初从杨时学，后从王蘋、吕本中学，陈长方《步里客谈》就记载："章叔度宪云：'每下一俗间言语，无一字无来处，此陈无己、黄鲁直作诗法也。'"[③]陈长方作为王蘋门人，可能即是利用师门间密切交往的便利，较早获得了《童蒙训》。此外，抚州人吴曾《能改斋漫录》也大量引用《童蒙训》。是书虽成书于绍兴二十四至二十七年间（1154—1157），但吴曾接触《童蒙训》的时间应更早。他约在绍兴元年

① 王楙撰、王文锦点校《野客丛书》附录《野老记闻》，中华书局1987年版，第353页。

② 胡百能《陈唯室先生行状》，《全宋文》第193册，卷四二六三，上海辞书出版社、安徽教育出版社2006年版，第255页。

③ 陈长方《步里客谈》卷下，《守山阁丛书》本。

（1131）至绍兴十一年（1141）隐居乡里抚州崇仁[①]，而吕本中在绍兴三年（1133）授徒临川。这一点《能改斋漫录》有详细的记载，可见吴曾对吕本中临川授学之事十分熟悉，他接触到《童蒙训》极可能得益于地缘之便。

至迟在绍兴十八年（1148），《童蒙训》版行于世，传播范围更加广泛。一些家塾、官学开始将《童蒙训》作为教材，家训、蒙训书籍亦取法《童蒙训》，而士人讨论诗法、文法也受到《童蒙训》的影响。如隆兴元年（1163）进士、江阴人丘密（1135—1208）家族就使用《童蒙训》作为家塾教材。其长子丘寿隽说："昔先公每以训子姓，某初在傅，日诵习焉。"[②]假设丘密20岁生寿隽，那么寿隽生于绍兴二十四年（1154），发蒙入学在六七岁时，当为绍兴末年，其诵习《童蒙训》当在此时。大概而言，绍兴末、乾道初，《童蒙训》曾作为丘氏家塾教育的教材被使用。此外，楼昉提到在嘉定八年（1215）以前，长沙郡学、龙溪（福建漳州）学都曾刻印《童蒙训》，可见，《童蒙训》也曾是官学爱用的参考书。孝宗、光宗时出现的训蒙书如刘清之《戒子通录》、朱熹《小学集注》、刘荀《明本释》、袁采《袁氏世范》等皆受到《童蒙训》的影响[③]。

而《童蒙训》中的诗法文法也越来越受到士人的关注。诗法方面，《苕溪渔隐丛话》《诗话总龟》《竹庄诗话》等皆大量摘录

① 吴复《能改斋漫录·后序》称在得官之前，吴曾"年十有五，随伯父入上庠，间关险阻，复归隐抚之崇仁，牧耕萝山之阳，且十年矣"（《能改斋漫录·卷前》，中华书局1960年版，第1页），直到绍兴十一年（1141）献书秦桧得官，则其在绍兴元年（1131）入太学，此后归隐抚州崇仁。

② 楼昉《童蒙训跋》。

③ 前面三种皆引用《童蒙训》，影响显见。而《袁氏世范》则明显有反《童蒙训》的倾向，袁采序云："近世老师宿儒多以其言，集为语录，传示学者……至于小说诗话之流，特贤于己，非有裨于名教，亦有作为家训，戒示子孙。"（《丛书集成初编》据《知不足斋从书本》排印，第66页）。在宋代家训中最早同时涉及"语录"及"诗话"的是《童蒙训》。

《童蒙训》。文法方面，成书于乾道六年（1170）的《文则》极可能受到《童蒙训》的影响。其中赞《檀弓》善于炼句，以“世子申生”事为例，说明《左传》叙事不及《檀弓》“言简而不疏，旨深而不晦”[①]。而《童蒙训》也同样欣赏《檀弓》之简淡高远，并以“左氏纪太子申生事”为例。二者的观点、用例高度相似，其间当有沿袭关系。成书于淳熙三年（1176）的张镃《仕学规范》专列“作文”一项，被认为是较早的辑而不作的类编式文话。是书不仅大量引用《童蒙训》，且编撰结构亦受《童蒙训》影响，如分为学、行己、莅官、阴德、作文、作诗六类，这些内容分类大多是《童蒙训》已有的。可见张镃对士人教育内容的认识、划分当借鉴了《童蒙训》。除此之外，朱熹《朱子语类·论文》、吕祖谦《古文关键》、王正德《余师录》都引用《童蒙训》并受其影响，楼昉少时即习读《童蒙训》，其《崇古文诀》也引用其中的论文之语。从地理上看，陈揆是台州临海（今属浙江）人，楼昉是鄞县（今浙江宁波）人，二人都在浙东；丘密是江阴人，王正德是海陵人（今江苏泰州），二人同处吴地；朱熹在福建，张镃寓居临安，可见《童蒙训》传播地域很广。

诸家之中，朱熹对于《童蒙训》的态度颇堪玩味。一方面他对《童蒙训》论立身、行己、为学、为官的内容评价甚高，编《小学集注》等书时多有引用；另一方面他对其中论文以苏、黄为法颇有微词，尤其大力批判苏文，与吕本中推崇苏文的立场相反。乾道年间，他曾谓吕祖谦：“向见正献公家传，语及苏氏，直以浮薄辈目之，而舍人丈所著《童蒙训》，则极论诗文必以苏、黄为法。尝窃叹息，以为若正献、荥阳，可谓能恶人者，而独恨于舍人丈之微旨有所未喻也。”[②]然而朱熹论文又不免受《童蒙训》的

① 陈揆《文则》，《历代文话》第1册，第164页。

② 《晦庵先生朱文公集》卷三三《答吕伯恭》，《朱子全书》第21册，第1429页。

影响。如门人问："吕舍人言，古文衰自谷永。"朱熹说："何止谷永？邹阳狱中书已自皆作对子了。"[①]这便是对《童蒙训》说谷永部分的讨论。朱熹对文章经典的指设，与吕本中也十分接近。如"读韩、欧、曾、苏之文，滂沛明白者拣数十篇，令写出，反复成诵，尤善"[②]，"东坡文字明快。老苏文雄浑，尽有好处。如欧公、曾南丰、韩昌黎之文，岂可不看？柳文虽不全好，亦当择。合数家之文择之，无二百篇。下此则不须看，恐低了人手段"[③]，主张学文以韩、柳、欧、曾、苏洵、苏轼六家为典范，与吕本中的唐宋七家之说相近。在学文方法上，朱熹和吕本中一样强调"熟"，说"人做文章，若是子细看得一般文字熟，少间做出文字，意思语脉自是相似"[④]，与吕本中强调"贯穿熟考""熟看韩柳欧苏"的思想是一致的。他还引用吕本中《童蒙训》记载的苏洵之说，说明读书要精熟，熟看熟读："只缘一个不熟，少间无一件事理会得精。吕居仁记老苏说平生因闻'升里转，斗里量'之语，遂悟作文章妙处。这个须是烂泥酱熟，纵横妙用皆由自家，方济得事也。"[⑤]朱熹的态度说明，即使是延续程颐作文害道说、持论甚严的理学家，也对吕本中的文章学有所认同，可见吕本中文章学在南宋士人间有广泛的影响力。

（二）

继承、发扬吕本中文章学思想功绩最著者是吕祖谦。全祖望指出吕本中"上绍原明，下启伯恭"[⑥]，即吕本中学术上承吕

① 黎靖德编、王星贤点校《朱子语类》卷一三九《论文上》，中华书局 1986 年版，第 3300 页。

② 《晦庵先生朱文公集》卷四四《答蔡季通》，《朱子全书》第 22 册，第 1993 页。

③ 《朱子语类》卷一三九《论文上》，第 3306 页。

④ 《朱子语类》卷一三九《论文上》，第 3301 页。

⑤ 《朱子语类》卷一二一《朱子十八》，第 2920 页。

⑥ 黄宗羲撰、全祖望补修《宋元学案》卷三十六，中华书局 1986 年版，第 1234 页。

希哲，下启吕祖谦，极有见地，在文章学上亦是如此。吕祖谦既有古文评点第一书《古文关键》，又有专论文章的《丽泽文说》，可谓南宋最重要、最有影响力的文章学家之一。其文章学对吕本中多有承传。一方面，吕祖谦的文章学渊源于家庭，吕祖谦之父吕大器受学于吕本中，又手抄《童蒙训》传之家庭，其家也保存了大量吕本中的著述。以《少仪外传》为例，吕祖谦在此书中大量征引吕本中的著作，如《童蒙训》《师友杂志》《杂说》《杂录》、书简等等。另一方面，吕祖谦之师林之奇是吕本中高足，尤好古文，其所编《观澜文集》可以看出吕本中的影响。如其《观澜集前序》云“文乎文乎，淡泊而有遗味，发越而有遗音者，非活不能也”[1]，将“活”字用于论文，遗味、遗音之说与吕本中尚简淡含蓄、一唱三叹的文风相合。选文中，苏轼文最多，次为韩愈、柳宗元、曾巩、苏辙、司马光、王安石，与吕本中所列典范有相合之处。而吕本中《童蒙训》提及的范文也多有入选，如陆机《文赋》、韩愈《答李翊书》、曾巩《答李沿书》、苏轼《三马赞并序》等等，吕祖谦《观澜集注》即多引用吕本中之语为注。吕祖谦继承了林之奇的古文之学。在家学、师学的影响下，吕祖谦对吕本中的文章学有了发展。

《童蒙训》是吕祖谦讲学、编书时的重要参考书。其中论为学、修身的内容被吕祖谦《少仪外传》所继承，论诗文法的内

---

① 林之奇《观澜集前序》，《全宋文》第207册，卷四六〇六，第377页。

容则为《丽泽集诗》[①]《精骑》[②]《古文关键》《丽泽文说》等书所继承，此处专论文章学。国家图书馆藏宋刊本吕祖谦《续增历代奏议丽泽集文》后附《关键增广丽泽集文》一卷，内容是论如何看文、如何作文，是吕祖谦论文之语的辑录。经考，其中一部分内容与《仕学规范》所引吕祖谦《丽泽文说》相同，一部分则与《古文关键》前的《总论看文字法》相符[③]，还有一部分内容则是摘录《童蒙训》中的论文之语，这部分共有15条。而现辑得的《童蒙训》佚文中，专论文章的有22条，兼论诗文的有14条[④]，《关键增广丽泽集文》所引占这些内容的二分之一弱。可见，《童蒙训》是吕祖谦文章教学的重要教材，对吕祖谦文章学思想、文章学教育有着重要的影响。

将《关键增广丽泽集文》与《古文关键》的具体篇章评选

① 吕本中《童蒙训》云："学诗须以三百篇、楚辞及汉魏间人诗为主，方见古人妙处，自无齐梁间绮靡气味也。"又云："读《古诗十九首》及曹子建诸诗，如'明月入高楼，流光正徘徊'之类，皆致思深远，言有尽而意无穷，学者当以此诗常自涵养，自然下笔高妙。"可见他推崇《诗经》《楚辞》以及汉魏之际的诗歌，而不喜齐梁诗。《丽泽集诗》所选诗歌从西汉开始，至汉魏间，再至唐人，直接略过了齐梁陈隋。在具体选目上，吕本中《童蒙训》以摘句的方式赞扬的李白《关山月》《淮阴书怀寄王宗成》、孟浩然《晚泊浔阳望庐山》、张耒《晨兴》《都梁亭下》《舟中晓思》、吕大临《送刘户曹》等诗均有入选。

② 据巩师本栋《〈古文关键〉考论》(《文学遗产》2020年第5期)，现藏于台湾"国家图书馆"的宋刊孤本(残)《精骑》出于吕祖谦之手，先于《古文关键》完成。是书选取的作家有：韩愈、柳宗元、李翱、《唐文粹》中的名家名篇(如杜牧《阿房宫赋》、皇甫湜《明分》等)、欧阳修、王安石、苏洵、苏轼、苏辙、曾巩、张耒、秦观、陈瓘、李清臣。这与吕本中所划定的以唐宋七大家为首，以李翱、皇甫湜、秦观等唐宋古文名家为辅的古文经典序列颇有相合之处。从细节上看，《童蒙训》云："《孟子》'或问百里奚自鬻于秦'一章，与韩退之论'思元宾而不见，见元宾之所与者，犹吾元宾也'，及曾子固《答李沿书》最见抑扬反复处，如此等类宜皆详读"。虽曾巩选文不存，但韩愈的这段文字被《精骑》摘录。

③ 据巩师本栋考证，今传本《古文关键》前《看古文要法》非吕祖谦编纂《古文关键》时所附，而是后人(吕祖谦的学生或书商)所加。这些内容又抄录了《关键增广丽泽集文》，内容只有原书的三分之一左右。

④ 因《宋诗话辑佚》本多有割裂原文处，故此处统计与之略有差异。

相结合，更能看出吕祖谦对吕本中文章学思想的继承和发展。首先，吕祖谦引用了吕本中“学文须熟看韩、柳、欧、苏，先见文字体式，然后遍考古人用意下句处”[①]的说法，在师法经典上，认同吕本中的选择，强调以韩、柳、欧、苏为法。《古文关键》选取了韩愈、柳宗元、欧阳修、苏洵、苏轼、苏辙、曾巩、张耒等八家文，将其作为学文典范，相比于吕本中提出的唐宋七家，只增加了张耒。诸家之中，吕祖谦尤重苏轼文，编有《三苏文粹》，这与吕本中尚苏文是一致的。学界认为《古文关键》对唐宋八大家古文经典的确立有重要的影响，而这是在吕本中的启发、影响下产生的。

其次，吕祖谦进一步细化、深化了如何“见文字体式”，如何“考古人用意下句处”，归纳提出了“看文字法”。这包括“第一看大概主张；第二看文势规模；第三看纲目关键，如何是主意首尾相应，如何是一篇铺叙次第，如何是抑扬开合处；第四看警策句法”[②]。第一看、第二看、第三看大体相当于“见文字体式”，即从总体上把握文章的主旨、篇法、章法、行文布局等，对应于吕本中所强调的行文上的抑扬反复、迂徐委曲，布局结构上的首尾相应，有本末次第。第四看则专注于文章的字法、句法，尤其强调看“警策句法”，《关键增广丽泽集文》引用了《童蒙训》说警策的部分，并称“若铺叙间架，令新不陈，多警策句，则亦不缓”[③]。对何处见警策，吕祖谦作了细化，即下句下字有力处、起头换头佳处、缴结有力处等等，《古文关键》就常在这些地方施加“警策”评语。

再次，吕祖谦在吕本中的基础上，极大地提高了对文章的

① 《关键增广丽泽集文》，《吕祖谦全集》第16册，第122页。《古文关键》卷前《看古文要法》亦引。

② 《古文关键》卷前《看古文要法》，本文依据日本文化元年（1804）覆清徐树屏刊本。

③ 《关键增广丽泽集文》，《吕祖谦全集》第16册，第123页。

布置、篇法、章法、行文等具体作文法则的讨论水平。吕本中虽提出要重视行文的抑扬开合、首尾呼应，但缺乏对具体篇章的分析，或者说他在私下师生间的口头交流中，会结合具体的文章做具体分析，但因缺乏合适的表述方式，这些内容在《童蒙训》中未得到记录。而吕祖谦采用评点的形式，结合文本，借助点抹符号，指出何处为起、承、转、结，缴结处如何呼应前文等等，将吕本中所说的“抑扬反复”“本末次第”落实到具体的字句上，更便于理解与学习。《关键增广丽泽集文》亦详细说明起承转结等处需要注意的事项，如“结文字要精神”“每段结处需要紧切”“转处不假助语而自连接者为上”[①]等等。这源于吕祖谦文章学教育有为举业服务的目的，因而注重结合时文的程式来讲解具体的行文方法。如《关键增广丽泽集文》云：“凡文字破题，要明白，不可晦，如破题下便须行文去。题下去要转换过得好。要入题处，段转得好。……杂文须看他节奏紧处，若意思新，转处多，则自然不缓。善转者如短兵相接，盖谓不两行又转也。讲题若转多，恐碎了。”[②]此就破题、入题、讲题等时文程式论述了如何行文，如何借鉴古文典范。

又次，在论字法、句法上，吕祖谦既继承了吕本中讲究省字、省句的思想，如评欧阳修《上范司谏书》“省文”，评《晁错论》“须看省文法”等等，又将江西诗派炼字炼句的精神移植到文法上，注重句式的独特、别致，下字的“有力”、有“眼目”。如以“炼句”评《种树郭橐驼传》“爪其肤以验其生枯，摇其本以观其疏密”，以“句法”评《高祖论》“家有主母，而豪奴悍婢不敢与弱子抗”，都指向句子的警策。评《朋党论》“莫如纣”一段“此点字处，皆提起说，如人反说话”，评

① 《关键增广丽泽集文》，《吕祖谦全集》第16册，第122页。

② 《关键增广丽泽集文》，《吕祖谦全集》第16册，第122页。

《潮州韩文公庙碑》“王公失其贵”一段“五个失字如破竹之势”，“必有不依形而立”一段“四不字亦有力”，评《春秋论》“名、实字是眼目”等等。或着眼于下字准确有概括力，或强调通过字法增强文势，或揭示如何通过下字呼应贯通文势，发挥眼目的作用，凡此皆为“字法”。强调“句法”“句眼”原是江西诗派论诗的特色，吕祖谦则将其移植到文法上。他还借鉴了“换骨”“活法”之说，称《师说》“圣人之所以为圣”一段“使袁盎传意，换骨法”，称《战国策·目录序》“说孔孟活法”[①]等等。可见，他对江西诗派的诗法理论十分熟悉。

最后，在对文风的追求上，吕祖谦固然像吕本中那样推崇“一唱三叹”[②]“词尽意未尽”[③]“含蓄”[④]的文风，认为“文字至于辞意俱尽，复能于意外得新意者妙”[⑤]，但又标举转换有力、笔力巧健、精神振发的文风。在文体上，吕祖谦虽引用吕本中之语“为文之妙在叙事状物，《左传》记列国战伐次第，叙事之妙也，韩昌黎、柳子厚诸序记可见状物之妙”[⑥]，但更重视吕本中“有用文字，议论文字是也”的观点，更看重议论文，以议论文作为教学重点。这固然是要服务于举业，但也受到吕本中文体价值观的影响。

《关键增广丽泽集文》与《古文关键》主要展现了吕祖谦的文法思想，而从总体的文道观念上看，吕祖谦也与吕本中一样，既强调“根本”“根极”，以文艺为学者余事，又重视“余事”，将其看作学之一事，讲究文章法度，体现出融通理学与文

① 以上评点均据日本文化元年（1804）覆清徐树屏刊《古文关键》。

② 《古文关键》卷下评苏洵《春秋论》。

③ 《古文关键》卷上评欧阳修《纵囚论》。

④ 《古文关键》卷上评欧阳修《上范司谏书》。

⑤ 《关键增广丽泽集文》，《吕祖谦全集》第16册，第125页。

⑥ 佚名《居家必用事类全集》引吕本中语，明刻本。亦见于《关键增广丽泽集文》，不过《关键增广丽泽集文》引文从“事之妙”开始，前脱字若干。

学的取向。如云：“学者当务本，文艺亦所当为，盖无此非学也，然当以立本为先”[①]，“文章必从根柢中来”[②]，“有本则有文……文生于本，无本之文，则不足贵”[③]。所谓“根本”仍在于个人的存养工夫，包括“持养、体察、主敬、致知、观过”[④]等等，在于“忠信”，“大抵为学之道，当先立其根本，忠信乃实德也，有此实德，则可以进德修业。……故忠信所以立本也。‘修辞立其诚’，此乃下工夫处。大抵人之于辞，当谨其所发，辞之所发，贵出乎诚。敬修于外，而不修于内，此乃巧言令色，非所谓修辞”[⑤]，有根本、有实德，方能立诚，方能“修辞”。其《读书记》讲述自己的读书生活，先经后史，最后及于“西汉书，杜子美诗，韩退之、柳子厚文，读之容丽雄深，可以起发人意，因以间文诗文，以为游息之地，而学者之事于是小成”[⑥]，可见其学问的次第本末。《祠堂记》称吕祖谦“教人则以孝弟忠信为先，以穷经躬行为务”[⑦]，可谓确实之论。陆九渊在祭文中称吕祖谦“属思纡余，摛辞绮丽，少日文章，固其余事，颜曾其学，伊吕其志”[⑧]，杨万里亦称其“穷经讲道，不但文字，闯孟之户，得程之髓”[⑨]，皆可说明吕祖谦以文为余事，其志则在孔、孟、颜、曾、周、程之道，在于理学。不过，他继承了吕本中“以广大为心”的学术品格，能够融通理学与文学，这也使他和吕本中一样受到朱熹的批评。

南宋后期，古文与道学从分裂对立走向融合共存，吕祖谦

① 《丽泽论说集录》卷六，《吕祖谦全集》第2册，第154页
② 《丽泽论说集录》卷一，《吕祖谦全集》第2册，第37页。
③ 《丽泽论说集录》卷一，《吕祖谦全集》第2册，第37页。
④ 《丽泽论说集录》卷十，《吕祖谦全集》第2册，第254页。
⑤ 《丽泽论说集录》卷一，《吕祖谦全集》第2册，第4页。
⑥ 《东莱吕太史文集·新增附录·吕集佚文》，《吕祖谦全集》第1册，第870页。
⑦ 《东莱吕太史文集·附录拾遗》，《吕祖谦全集》第1册，第820页。
⑧ 《东莱吕太史文集·附录》卷二，《吕祖谦全集》第1册，第767页。
⑨ 《东莱吕太史文集·附录》卷二，《吕祖谦全集》第1册，第756页。

被认为是这一趋势的先导，吴子良说："自元祐后，谈理者祖程，论文者宗苏，而理与文分为二。吕公病其然，思会融之。"[①]从学术渊源上看，这种思潮实发自吕本中。吕氏家学即是"以广大为心"，吕希哲幼师欧阳修门人焦先之，又学于胡瑗、孙觉、邵雍、王安石，终归于程颐，吕本中不名一师，亦其家风。对于洛蜀党争，吕希哲、吕本中都有意弥合其矛盾。如吕希哲评价苏轼讥笑程颐之事，认为是苏轼处理不当，"不如欧阳永叔之善处石守道也"[②]。《童蒙训》载欧阳修之侄孙朴曾当吕希哲的面讥笑程颐，也被吕希哲驳斥，《师友杂志》载吕希哲曾担心"苏、程相失之后，门下士各有彼此"[③]的情况，可见吕氏家族对洛蜀党争持否定、担忧的态度。吕本中《童蒙训》既广泛胪列二程、张载、邵雍、周敦颐、徐积、吕希哲等理学家的嘉言善行，又对欧阳修、孙觉、李常、苏轼、黄庭坚、张耒、秦观等庆历、元祐名家多有取则，其论学、论士人修养固然是理学家的风范，而在论诗文时，又多以苏、黄等人为法，正是吕祖谦所说的"嵩洛关辅诸儒之源流靡不讲，庆历、元祐群叟之本末靡不咨"[④]。可见，吕本中已经有意弥合周程、欧苏之裂了，吕祖谦继承了他的思想。

五、结　论

综上所述，吕本中在宋代文章学史的地位可谓承上启下。他既总结、继承北宋文章学思想，将其南传，又推动了南宋文章学

① 吴子良《筼窗集续集序》，陈耆卿《筼窗集》卷首，景印文渊阁《四库全书》第1178册，第4页。

② 《能改斋漫录》卷十，第299页。

③ 《东莱吕紫微师友杂志》，第19页。

④ 《吕太史文集》卷八《祭林宗丞文》，《吕祖谦全集》第1册，第133页。

的发展。学者认为文章学成立于宋代，确切地说是南宋，其标志之一是论文章的独立著作开始涌现[①]。我们认为北宋是宋代文章学生长、发展、酝酿的时期。尤其是从仁宗朝开始，诗文革新取得成功，古文逐渐占据优势地位，涌现出以北宋六大家为代表的作家及作品，创作的繁荣为理论、批评的兴盛奠定了基础。而渐渐兴起的师友间谈诗论文的风气，也造就了宋代早期的文章之学。以苏轼为首的苏门，如三苏、黄庭坚、张耒、秦观、李廌、唐庚等人都注重对文章法度的讨论。其中黄庭坚既向苏轼请教文章之学，又从“根本”论、师法典范、谋篇布局、篇法章法等方面揭示文章法度，传授给江西宗派中人。吕本中凭借师友交游的优势，总结、继承了北宋诸家尤其是黄庭坚及其后学散见于口头交流的文章学思想。作为理学家，他虽以道德心性修养为根本，重践履功夫，以文章为余事，但又强调作文工夫，提出由勤下功夫而终至悟入的学道、学文路径，确立了以先秦西汉经典作家、唐宋七大家为主的经典序列，提炼出抑扬反复、首尾相应、本末次第、警策句法、字句简赅等具体的文章法度。

这些思想以《童蒙训》为载体，既推动了北宋文章学的南传，又对文章学在南宋的成立起到导夫先路的作用。尤其是在绍兴年间版行之后，《童蒙训》的影响超出了吕氏家族及吕门弟子的范围，在一般士人间产生了较大的影响。家塾、官学以之为教材，促进其文章学思想在年轻学子间的普及。文论家也对其寄予

① 参王水照、慈波《宋代：文章学的成立》，《复旦学报》2009年第2期；祝尚书《论中国文章学正式成立的时限：南宋孝宗朝》，《文学遗产》2012年第1期；张志勇《再论古代文章学的“宋代成立说”：以古文运动为中心》，《深圳大学学报》2017年第3期。吴承学《中国文章学成立与古文之学的兴起》（《中国社会科学》2012年第12期）提出异议，认为中国文章学成立于魏晋南北朝，宋代是古文之学的成立。我们认为这一问题似可再做讨论。宋代以前虽有一些书信、文章、专著间或涉及文章的写作，但论述往往相对宏观简略，围绕着文章写作的方法、规则、法度展开方方面面详细的讨论，文章学是到了宋代才蔚然成风的，因此我们倾向于王水照等先生的观点。

关注，如果从南宋开始出现的文章学独立著作看，孝宗时期出现的第一部辞章学专著《文则》、较早的汇编式文话《仕学规范·作文》、语录体文话《朱子语类·论文》、第一部古文评点书《古文关键》、论文专著《丽泽文说》等都或多或少受到《童蒙训》的影响。其中，吕祖谦对吕本中文章学思想的继承发扬之功最大。他既以《童蒙训》作为文章学教育的教材，又在其基础上，借助评点的形式，深化、细化了对文章谋篇布置、章法、句法、字法等方面的讨论。吕祖谦是南宋影响最大的文章学家之一，而吕本中对其有启导之功。

吕本中在文章学史上的意义还在于其融合道学与文学的思想取向，“圣学工夫”与“作文工夫”在其思想中和谐共生。这一取向为吕祖谦、叶适等人所继承，对南宋后期古文与道学从分裂对立走向融合共存有所影响。在道学成为官方学术后，这样的思想取向在某种程度上，支撑着文章学不受极端的“作文害道”说的挤压，继续向前健康发展。南宋后期的古文选本既大量选入理学家之文，又采用评点的形式阐释文章之学，“程、张之问学，而发以欧、苏之体法”[1]成为一种被普遍认同的路径。

① 吴渊《鹤山集序》，《全宋文》第334册，第25页。

吕本中的诗歌创作

◎莫砺锋

吕本中（1084—1145），字居仁，人称东莱先生，寿州（今安徽寿县）人，生平事迹见《宋史》卷三七六本传。

吕本中兼长经学和文学，生平著作等身。他的诗歌在南宋乾道元年（1165）由沈公雅编成二十卷刊行，名《东莱先生诗集》[①]。今有《四部丛刊续编》本，乃据日本内阁文库所藏宋本影印。此外，《郡斋读书志》卷十九和《直斋书录解题》卷二十都载有《东莱外集》二卷，然近代藏书家傅增湘曾藏此书，实为三卷，现存北京图书馆[②]。今据《东莱先生诗集》和《东莱外集》统计，共收诗一千二百七十三首[③]。

吕本中年轻时作《江西诗社宗派图》，首次提出了“江西诗派”这个名称。他虽然比多数早期江西派诗人年轻得多，却与其中许多人有交往。仅在他的著作中明确记载的就有韩驹、徐俯、潘大临、洪炎、夏倪、谢逸、谢薖、晁冲之、汪革、李彭、饶节、江端本、王直方等人。吕本中在诗歌创作上也受到黄庭坚很大的影响，所以，后人便把他的名字补入《江西诗社宗派

① 曾幾《东莱先生诗集后序》，《茶山集》拾遗。按，周必大称沈公雅刻吕氏诗为“《紫薇集》二十卷”（见《题吕紫薇与晁仲石诗》，《周益国文忠公集·平园续稿》卷七），当是同书异名。

② 见傅增湘《藏园群书题记续集》卷四。此外，袁本《郡斋读书志》卷四下载有《吕居仁集》十卷，已佚。

③ 《东莱先生诗集》卷十中《堤上》一诗，已见于同书卷八，今除去不计。

图》中（参见《吕本中〈江西诗社宗派图〉考辨》）。无论是从诗歌理论还是诗歌创作的角度来看，把吕本中归入江西诗派都是很合理的。关于第一点，我们将另文讨论，现在先分析吕本中的诗歌创作。

吕本中诗歌的思想内容，有着与陈与义诗相类似的变化。在靖康事变之前，虽然吕本中未满二十岁就受到其曾祖吕公著的连累而在仕途上不甚得意[①]，但他毕竟是生于公侯之家的贵公子，过着诗酒风流的生活，其诗歌的主要内容是与友人的唱酬和个人情怀的抒发。例如下面这首诗：

喜　雨

天乞幽人一夜凉，故教微雨送斜阳。
暝阴笼树山更好，爽气侵人土自香。
多病不眠唯药裹，居闲长坐只绳床。
五年谬作江湖客，几对鲈鱼忆故乡。

此诗是崇宁五年（1106）其在宿州写的，诗中有浓重的乡愁，也夹杂着因“居闲”而生的惆怅之感和士大夫的闲情逸趣，总之不外是写他个人的思想感情。就内容而言，这是吕本中早期诗歌的代表作。

靖康元年（1126），金兵围攻汴京，不久，汴京陷落。当时吕本中正在京城之中，他目睹了爱国军民的奋勇抗敌、侵略者的残暴行为和人民遭受的巨大苦难，把这些情景一一记之于诗，并表达了忧国忧民的深沉感情。例如：

① 《宋史》卷三百七十六本传。

京城围闭之初，天气晴和，军士乘城不以为难也，因成四韵

贼马侵城急，官军报捷频。民心皆欲斗，天意已如春。魏阙方佳气，王畿且战尘。不妨来往路，经月绝行人。

守城士

北风且莫雪，一雪三日寒。不念守城士，岁晚衣裳单。衣单未为苦，隔壕闻战鼓。杀贼须长枪，防城要强弩。炮来大如席，城头且撑柱。岂不知爱身？倾心报明主。报主此其时，一死吾亦宜。未敢望爵赏，且令无事归。寄语守城士，此言吾所知。

这两首诗都写于围城之中，诗人的目光是敏锐的，他看到了“民心皆欲斗”，也关心着“岁晚衣裳单”的军士，他深知只有人民和爱国将士才能担负起保卫社稷的重任。稍后，诗人更把希望寄诸敌后的义军：“欲逐范仔辈，同盟起义师！”[①]这在当时的诗坛上是绝无仅有的空谷足音。

此外，诗人对饱经战祸的无辜人民表示了深切的同情：“城北杀人声彻天，城南放火夜烧船。江湖梦断不得往，问君此住何因缘？窜身穷巷米如玉，翁寻湿薪媪炊粥。明日开门雪到檐，隔墙更听邻家哭。”[②]他愤怒地控诉了侵略者的罪行：“昨者城破日，贼烧东郭门。中夜半天赤，所忧惊至尊。是时雪政作，疾风飘大云。十室九经盗，巨家多见焚。至今驰道中，但行胡马群。翠华久不返，魏阙连妖氛。都人向天泣，欲语声复吞！”[③]并且痛斥那些祸国殃民的奸臣：“黄事多反覆，萧兰不辨真。汝为误国贼，我作破家人！”[④]诗人对于严重的局势是忧心忡忡的：

① 《兵乱后自嬉杂诗》之一，《东莱外集》卷三。

② 《兵乱寓小巷中作》，《东莱先生诗集》卷一。

③ 《城中纪事》，《东莱先生诗集》卷十一。

④ 《兵乱后自嬉杂诗》之九，《东莱外集》卷三。

“只今胡尘暗江路，盗贼往往乘余威。良民虽在困须索，四海万里皆疮痍。”[①]但是他对于抵抗侵略的正义事业并没有丧失信心：

怀京师

北风作霜秋已寒，长江浪生船去难。客愁不断若江水，朝思莫思在长安。长安外城高十丈，此地岂容胡马傍。亲见去年城破时，至今铁马黄河上。小臣位下才则拙，有谋未献空惆怅。汉家宗庙有神灵，但语胡儿莫狂荡。

此诗慷慨激昂，气吞骄虏，是后来陆游这类作品的先驱。

总之，吕本中在靖康事变之后所写的一部分诗歌，虽然在艺术上比不上陈与义的同类作品，但吕本中能注意到人民的不幸遭遇和思想感情并反映于诗中，这是他超过陈与义的地方。

就思想内容而言，吕本中的这部分诗在当时的诗坛上是非常杰出的。后来，随着南宋小朝廷苟安局面的形成，诗人笔下又渐渐地恢复了早期的题材内容，这是十分令人感到可惜的。

吕本中少时就刻苦学诗，并以黄庭坚为学习的典范。据说他十六岁时写出了“风声入树翻归鸟，月影浮江倒客帆”的句子，“作此诗尝呕血，自此遂得羸疾终其身”[②]。他后来的诗中也时时有炼字很见功力的句子，例如“长河印晓月”[③]“老木犯新霜”[④]等。这种刻意炼字的作风，是与黄庭坚一脉相承的。黄诗的瘦硬风格对吕本中也有较大的影响，例如：

① 《阳山道中遇大风雨暴寒有感》，《东莱先生诗集》卷十二。

② 曾季貍《艇斋诗话》。按，这两句诗今见于《晚步至江上》，《东莱先生诗集》卷一。

③ 《九日晨起》，《东莱先生诗集》卷三。

④ 《试院中作二首》之一，《东莱先生诗集》卷七。

题淮上亭子

亭下长淮百尺深，亭前双树老侵寻。
暮云秋雁且南北，断垄荒园无古今。
露草欲随霜草尽，归樯时度去樯阴。
秋风未满鲈鱼兴，更有江湖万里心。

西归舟中怀通泰诸君

一双一只路旁堠，乍有乍无天际星。
乱叶入船侵破衲，疾风吹水拥枯萍。
山林何谢难方驾，诗语曹刘可乞灵。
酒碗茶瓯俱不厌，为公醉倒为公醒。

这样的诗，声调微拗，语言清瘦，铅华洗尽，旨趣幽深，确实体现了与黄诗相近的风格。谢薖说吕本中：“好诗初无奇，把玩久弥丽。有如庵摩勒，苦尽得甘味。”[①]当是指这一类诗而言。

有时，吕本中的诗中也体现了陈师道朴拙诗风的影响，例如：

登　舟

夜雨晓犹滴，怒风晴更吹。
已无行役念，宁有别离悲。
舟楫三年路，江山一月期。
东庵旧还往，不废百篇诗。

黄、陈的影响在吕本中的整个创作过程中都有体现，所以在吕本中去世以后，曾幾说：“东莱吕公居仁以诗名一世，使山谷

① 《读吕居仁诗》，《谢幼槃文集》卷一。

老人在，其推称宜不在陈无己下。”[①]赵蕃也说：“诗家初祖杜少陵，涪翁再续江西灯。陈潘徐洪不可作，阃奥晚许东莱登。”[②]都指出了吕本中与黄庭坚之间的渊源关系。

但是，更值得我们注意的是，吕本中对于诗歌艺术是有自己的独特见解的。他说：“学诗当识活法。”[③]并推崇谢朓“好诗流转圆美如弹丸”[④]的话。而这种“流转圆美”的诗风显然与黄、陈的瘦硬诗风颇异其趣。所以，吕本中一方面学习黄、陈，一方面又力图创造一种与黄、陈不同的新风格。我们通读他的诗集，就会得到这样的印象：黄、陈的影响时深时浅，但总的说来，“流转圆美”的倾向在渐渐加剧。例如：

试院中作

职事侵人畏作官，略偷身去不能还。
树移午影重帘静，门闭春风十日闲。
尚有文书遮病目，却无尘土犯衰颜。
故人何处篷笼底，看尽江南江北山。

这首诗总的风格还有点像黄诗，但被魏庆之誉为“宋朝警句”[⑤]的颔联清新自然，已露出新风格的端倪。又如下面这首诗：

柳州开元寺夏雨

风雨翛翛似晚秋，鸦归门掩伴僧幽。
云深不见千岩秀，水涨初闻万壑留。

① 《东莱先生诗集后序》，《茶山集》拾遗。
② 《书紫微集后》，《章泉稿》卷一。
③ 《夏均父集序》，见于刘克庄《后村先生大全集》卷九十五。
④ 《夏均父集序》。
⑤ 《诗人玉屑》卷三。

钟唤梦回空怅望，人传书至竟沉浮。
面如田字非吾相，莫羡班超封列侯。

方回评曰："居仁在江西派中最为流动而不滞者，故其诗多活。"纪昀则评曰："五六深至，不似江西派语。"[①]其实这首诗尚未完全摆脱瘦硬之感，在吕本中诗中还有更加流动圆美之作。例如：

春晚郊居

柳外楼高绿半遮，伤心春色在天涯。
低迷帘幕家家雨，淡荡园林处处花。
檐影已飞新社燕，水痕初没去年沙。
地偏长者无车辙，扫地从教草径斜。

语言清丽，音节和婉，一点也没有瘦硬之感了。谢逸曾说："以居仁诗似老杜、山谷，非也。杜诗自是杜诗，黄诗自是黄诗，居仁诗自是居仁诗也。"[②]此言不无过誉之处，因为吕本中在诗歌艺术上的造诣还没有达到自成一家的程度。但是应该指出，吕本中对于江西派诗风的发展是有贡献的。黄庭坚、陈师道以及他们周围的其他早期江西派诗人虽然各有不同的风格特点，但是多数人的诗风是趋向瘦硬的。而这种风格如果长期继续下去，就势必出现生硬艰涩的弊病（黄、陈的诗中已有此端倪）。比吕本中稍晚的陈与义在风格上有了很大的转变，可是他的雄浑风格在江西诗派中是一种比较特殊的现象，其后也不见有人追随。吕本中的创作成就虽然比不上陈与义，但是他首先提倡"活法"，并在创作实践

① 《瀛奎律髓》附纪昀《刊误》卷十七。
② 《东莱吕紫微师友杂志》。

中逐步以“流转圆美”矫正了生硬的缺点，这对于江西诗派诗风的转变起了较大的促进作用。与吕本中同年的曾幾曾向吕请教诗法[1]，曾幾的诗后来颇呈清新活泼之态，是与吕本中的影响分不开的。稍后，陆游自称：“某自童子时，读公（指吕本中）诗文，愿学焉。稍长，未能远游，而公捐馆舍。晚见曾文清公，文清谓某：‘君之诗，渊源殆自吕紫微，恨不一识面。’”[2]可见吕本中对南宋诗坛的影响是较大的。方回说：“老杜之后有黄、陈，又有简斋，又其次则吕居仁之活动，曾吉甫之清峭，凡五人焉。”[3]就诗歌艺术的造诣而言，吕本中当然比不上“三宗”。但如果论其对于诗派风气转变所起的作用，则吕本中确实是江西诗派发展过程中的一个关键性人物。

此外，吕本中在靖康事变时期所写的一部分诗歌，颇受杜甫沉郁诗风的影响。例如：

丁未二月上旬四首（其一）

丞相忧宗及，编氓恐祸延。
乾坤正翻覆，河洛倍腥膻。
报主悲无术，伤时只自怜。
遥知汉社稷，别有中兴年。

其二

厄运虽云极，群公莫自疑。
民心空有望，天道本无知。
野帐留黄屋，青城插皂旗。
燕云旧耆老，宁识汉官仪。

① 《东莱先生诗集后序》，《茶山集》拾遗。
② 《吕居仁集序》，《渭南文集》卷十四。
③ 《瀛奎律髓》卷二十四。

风格酷肖杜诗。还有《兵乱后自嬉杂诗》《还韩城》等诗，也都有这样的特点。曾季貍说："吕东莱围城中诗皆似老杜。"[1]确为的评。虽说杜甫的影响仅仅体现于这一部分诗，而在吕本中后来的诗歌中又消失了，但是这也说明了江西派诗人确是注重学杜的，所以仍然值得我们注意。

（原为《江西诗派研究》第六章第一节，齐鲁书社1986年版，题目为编者所加）

① 《艇斋诗话》。

吕本中诗歌创作简论

◎谢思炜

吕本中，字居仁，生于宋神宗元丰七年（1084），卒于宋高宗绍兴十五年（1145）。绍兴中曾官至中书舍人，后因反对秦桧和议，被“排击”出朝。其著有《东莱先生诗集》《外集》，此外还有一些理学著作和文学论札。由于他作了《江西宗派图》，江西诗派才正式得名，势力也逐渐扩大。他经历了北宋末、南宋初的巨大社会变动，他的诗歌创作则代表了黄庭坚之后江西诗派发展的一个重要时期。本文试对他的诗歌创作做一点粗浅分析，以便于对江西诗派的发展历史和诗歌创作成就做出全面的评价。

一、政和宣和时期的创作

吕本中的创作活动开始于徽宗崇宁年间，在政和、宣和时期逐渐成熟。这时，黄庭坚在诗坛上的影响已持续了一二十年，随着黄庭坚、陈师道等人的去世，诗坛的一个时代宣告结束，吕本中等诗人则开始经历一个更为特殊的历史时代。这个时代正是北宋政治向黑暗、腐化急剧发展的时代。

自崇宁年间起，徽宗、蔡京等人推行“绍述”政治，除了横征暴敛、大肆搜刮外，在思想文化方面则实行严厉的钳制措施，多次下令禁止传授元祐学术，焚毁苏轼和黄庭坚等人的文集、印版，政和元年竟有御史李彦章“承望风旨，遂上章论陶渊明、李杜而下皆贬之，因诋黄鲁直、张文潜、晁无咎、秦少游等，请为科禁”[①]。于是，禁止士大夫读史作诗，“士庶传习诗赋者杖一百，畏谨者至不敢作诗”[②]，新法的变质，标志着北宋地主阶级政治改革的彻底失败，而北宋前期和中期学术思想和文学创作中曾有的自由空气也一并丧失。南渡后的士人曾把这一时期的社会风气概括为：“方崇忌讳，肆谀谄，歌功颂德，陵跨唐虞，或道史书及李、杜诗章乱离之句，则众以谤讪摈切之。”[③]诗歌创作在此时处于衰落状态，也就毫不足怪了。

这一时期曾产生了“大晟词人”粉饰现实的诗歌作品，如周邦彦为蔡京祝寿诗：“化行禹贡山川外，人在周公礼乐中。”[④]过去，有的论者在批评江西诗派诗歌创作脱离现实时，曾把它与大晟词人相提并论。其实，从政治立场上看，江西诗派诗人与大晟词人是截然不同的。江西诗派诗人由于与元祐学术的密切关系，始终与“绍述”政治处于对立地位。《江西宗派图》所列基本是一些服膺元祐学术、反对“绍述”政治而很不得意的文人。从吕本中的诗歌创作来看，这一时期的江西诗派诗人也并非“肆谀谄歌功颂德”的人物，而是以“谤讪”的作品抨击了“绍述”党的黑暗政治。吕本中的诗广泛反映了政宣时代的社会现实，在那个士大夫阶层普遍沉溺于醉生梦死生活的时代显得尤为珍贵。

吕本中这一时期的诗歌，处处表现出一种同现实的对立感：

高堂食肉人，两马方踶啮。何知缊袍底，犹有不安节[⑤]。

① 见叶梦得《避暑录话》卷下，并参见《能改斋漫录》卷十二，《容斋四笔》卷十四，《文献通考》卷三十一等。

② 葛立方《韵语阳秋》卷五。

③ 胡寅《斐然集》卷十九《鲁语详说序》。

④ 见王明清《挥麈余话》卷一，亦见《能改斋漫录》卷八。

⑤ 《东莱先生诗集》卷二《秋夜示李十》。

京城尘沙深一尺，是中莫留公履迹。权门嘈嗒儿女笑，我一思之不能食[1]。

这种对立感来源于他在现实中的政治地位。吕家是所谓“巨室”，“天下之士，不出于韩，即出于吕”[2]，但基本属于旧党集团，因而在激烈的党争中一再遭到贬黜，经济地位也急剧下降，甚至到了“或日旰，灶薪不属”[3]的地步。吕本中本人则失去荫补之官，政和五年之后才做了两任主簿、士曹掾的小官。政治压迫和生活贫困，使他对现实保持强烈的对立情绪，并促使他对现实做比较清醒的观察，进而在诗歌中揭露权门倾轧、政治纷乱的现实，以及贫富悬殊、权贵横征暴敛的情况：

眼看霍霍万钱食，便就匆匆五鼎烹[4]。

少年阅人若邮传，汉廷公卿日千变[5]。

农夫责催租，日夕困大杖。那知清歌前，把酒有余量[6]。

南山雪云千尺高，北山晚田无寸毛。富儿巨家饱欲死，笑我陋巷长蓬蒿[7]。

农夫催租正苦辛，莫向零陵作奇货[8]。

在这些诗里，谴责的意识、抗争的情绪比起江西诗派前辈诗人来，显然有所加强。此外在吕本中的诗歌中，还经常表现出一

① 同上，卷四《送一上人之京师》。
② 邵伯温《闻见前录》卷三。
③ 吕祖谦《吕东莱文集》卷九《家传》。
④ 《东莱先生诗集》卷四《访张鉴秀才兄弟》。
⑤ 同上，卷五《送晁季一罢官西归》。
⑥ 同上，卷五《高邮遇大热作》。
⑦ 同上，卷三《岁晚作》。
⑧ 同上，卷十《蛇》。

种对社会前途和自身命运的忧虑和反省：

儿曹乳臭在，瞑目纷黑白。虽无未见书，颇多雌黄笔。……坐令怀抱恶，更觉天宇窄。忽忽十年事，俯仰同戏剧。①

翻云覆雨十年后，昏昏醉梦须君醒。我生未壮日向衰，疾病侵凌心已灰。②

向人怀抱终何有，过眼峥嵘得暂醒③。

这些早年的诗歌，既有抗争现实的锐气，又表露出无力改变现实的痛苦。还在青年时期，吕本中就写了大量的悼亡诗、忆旧诗，追忆那些才气充溢、卓立不群而又志愿未遂甚至穷愁潦倒的师友前辈，如追念汪革的诗句："若士不复有，斯言当伏膺。"表达对前辈风范和逝去年代的企慕，也反映了对北宋王朝无可挽回的衰败趋势的哀痛心情。这些诗歌都清楚地反映出北宋政治改革失败后社会现实进一步恶化的时代特点。

值得一提的是，吕本中一家这一时期被贬往宿州、真扬等地居住，宣和年间，吕本中又在泰州做士曹掾。东南这一地区是北宋王朝经济命脉所在，也是北宋末年大兴花石纲、搜刮最烈、社会矛盾最为激化的地区。这种经历使吕本中有可能抓住一些具有重大意义和时代特征的题材，对北宋王朝由腐烂走向崩溃的过程做出生动的记述。诗人在《邵伯路中逢御前纲载末利花甚众，舟行甚急，不得细观也……》④这首诗中，首先揭露了花石纲的兴起。《东莱先生诗集》的编者沈度把这首诗编在政和三年诗中，这年吕本中在东京谋官未成，由东京返回真州的路上遇到"御前纲"，这时诗人还

① 同上，卷一《客居书怀奉寄介然、若谷、才仲兼简信民》。
② 《东莱先生诗集》卷二《寄李尽去言》。
③ 同上，卷三《观宁子仪朝奉山堂诸石》。
④ 同上，卷六。

只得到一个“舟行甚急”“精妙奇靡之观”的速写式的印象。如果这个编年可靠的话，花石纲初兴正在政和二、三年间（1112—1113），这首诗则是这一事件的最早文字记录。其后，花石纲之祸愈演愈烈，吕本中则在《题赵丞瑞薏苡图》中借题怒斥：“君不见古来异瑞与奇祥，何曾不致南宫下！”[①]

这之后，就是接连而起的农民起义，社会到了行将解体的边缘。吕本中的一次旅行恰好从几支农民起义军中穿过，他以一首《闻南寇已平，欢快之甚，作诗五十韵》的长诗总结了这次特殊经历，也总结了政和宣和时期的创作：

腊月杭州破，骦声歙县屠。迹虽连劲越，势欲动全吴。……岂谓除关传，都非验汉符。坐看前乘没，谁救左轮朱。守将仍安枕，乡豪肯弃躯？……遇寇来淮口，迎家傍海隅。未随霜雪死，甘伴甲裳趋。每有妻孥问，宁知道里虞。荒城补泥土，旱水煮菰蒲。交友多流寓，人烟乍有无。相逢可恸哭，掩泪只长吁。羽檄邀锋数，江船取路迂。……裹粮违战地，举足值穷途。[②]

宣和二年十二月，方腊起义军攻破杭州，吕本中所在的泰州，与起义地区隔江相望，早已人心惶惶，“腊月”四句即指的这种形势。次年初，吕本中赴母丧离开泰州，沿路见到南下征讨的官军，但到处仍是守将安枕、乡豪自保、文恬武嬉的局面，不禁生出大厦将倾而无人挽救的感慨。吕本中北行至楚州，又遇到淮南宋江起义军[③]，“遇寇来淮口”十二句即述此事。吕本中在楚州曾结交一些朋友，因此有“交友多流寓”之句。这一年，京

① 同上，卷九。

② 同上，卷十。

③ 据《东都事略》卷十一：宣和三年二月“淮南盗宋江犯淮阳军，又犯京东、河北，入楚、海州”。

畿一带“盗贼”蜂起[1]，正发生在吕本中返家的路上，赴丧变成逃难，使诗人落入“举足值穷途”的境地，深刻体验到社会危机的严重程度。诗人为北宋王朝的危机“恸哭”“长吁”，称农民起义为“南寇”，在起义被镇压后感到“欢快之甚”，这都是他的阶级立场使然，不必过多苛责。但此诗在记录北宋末年特殊的时代气氛方面，具有重要的文献价值，也许是独一无二的。江西诗派一向号称师法杜甫，也一向被指责为仅从形式技巧上模仿杜甫，此诗却是从体制到内容都刻意学习杜甫融叙事抒情于一体的长篇纪事诗。这首诗代表了诗人在靖康事变之前的创作高峰，也是同一时期相对沉寂的诗坛上的一篇佳作。

毋庸讳言，吕本中的社会思想并不高明，对于农民起义爆发的原因并没有深刻的认识，因此宣和以后的一段时间内，骂“贼”之声不绝于口。此外，除了一般阶级立场限制外，吕本中身上由冠族世家带来的贵族气十分浓厚，即使穷到“灶薪不属”也是如此。如《符离行》中咒骂符离人“比屋生涯但剽劫”[2]，后人曾说明此诗原出杜甫《最能行》，但“吕诗贬之殆甚，少陵犹若隐惜也”[3]。又如诗中常常出现对役使童仆的描画。这种贵族气影响了诗人对社会矛盾的观察。北宋末年，赋税盘剥以及贪赃枉法都到了无以复加的地步，吕本中所反映的并没有达到相应的力度，在整个诗歌史上也不算突出。

尽管如此，在“方崇忌讳”的时代，吕本中反映现实仍取得了较高的成就。评价作家成绩，必须考虑每一个具体历史时期的社会环境，做一些横向比较。在政宣时代的特殊环境中，江西诗派诗人没有逃避现实，而是比较有力地反映了现实。如果按时

① 据《宋会要辑稿》一七七册第6965页，宣和三年□月十五日陈迪奏：“昨降京西提刑，专一收捕京西南北两路群贼，当年九月间，一并败获。”

② 《东莱先生诗集》卷二。

③ 叶寘《爱日斋丛钞》卷四。

代细致划分，黄庭坚等江西诗派前辈反映现实的成绩，可能比不上苏轼、张耒、张舜民等人；而吕本中反映政、宣时事，在同代人中却名列前茅。吕本中能取得这样的成绩，应当说主要是政治现实起了作用。政治派别和思想渊源方面的原因，使江西诗派处于同“绍述”政治对立的地位上。如果说苏轼、黄庭坚等元祐诗人对政治的批评，还受到党争偏见的影响，仅具有一定的合理性，吕本中等人面对的则是彻头彻尾的黑暗现实，他们对现实的抨击就超越了狭隘的党派立场，更能反映历史真实，更具合理性。江西诗派并没有完全拒绝北宋诗文革新运动重视反映时事、提倡风骨兴寄的传统，黄庭坚年轻时就曾强调诗歌“书一代之事”的重要作用①。但在政治改革失败后，在黄庭坚等人身上，失望的情绪和寻求自我完善的情绪占了上风，诗人有意避免以诗歌直接干预现实。吕本中等人则面对更为严峻的现实，已很难闭眼不看现实而保持内心平静，于是又继承了前辈诗人以诗歌写时事的传统，使诗歌创作又接近于现实。

二、靖康事变中的创作

政和、宣和时期的创作，还仅仅是为吕本中新的创作高潮做准备。社会矛盾的进一步发展，也把他的诗歌创作推入新的阶段。靖康事变一下子把宋朝的士大夫推到国破家亡的残酷现实面前，唤醒了麻木的许多人，给诗坛带来了一个创作高潮，出现了大量的抒写乱离之感的作品，为我们熟知的有陈与义的逃难诗、刘子翚的《汴京纪事》诗等。吕本中则由于在政治上始终处于逆境，对现实始终抱着冷静的批判态度，事变中又始终置身于漩涡的中心东京围城内，因此率先以沉着、愤懑的笔调写下了大

① 见范温《潜溪诗眼》，《宋诗话辑佚》本。

量直接记述这一事件的诗篇。

《东莱先生诗集》中记述这一事件的诗篇有《丁未二月上旬四首》《兵乱寓小巷中作》《城中记事》《无题》等。而尤为重要的是《东莱诗外集》中的一组《兵乱后自嬉杂诗》，共二十九首。《外集》宋以后即亡佚，人们只能从方回的《瀛奎律髓》中读到从这组诗中摘出的五首。二十一世纪二十年代，傅增湘重新发现了《外集》[①]，但孤本秘籍，未经翻印，宋诗选本和有关论著都未能加以利用。这组诗的发现，应使我们重新评价吕本中靖康事变之后的创作情况以及他在诗坛上的地位。它广泛地记述了诗人在围城中的闻见与感触，反映了靖康事件的各个方面，堪称“书一代之事”的鸿篇巨制：

晚逢戎马际，处处聚兵时。后死翻为累，偷生未有期。积忧全少睡，经劫抱长饥。欲逐范仔辈，同盟起义师（自注：近闻河北布衣范仔起义师）。（其一）

胡骑猖狂甚，连年窥两京。贪饕期竭泽，剪戮遂盈城。国论多遗策，人情疲请缨。有谁似南八，血指众心惊。（其三）

庐舍经兵火，头颅尚在门。风掀灰烬迹，月涩剑芒魂。鼠穴频遭断，燕巢犹半存。看花泪盈眼，宁忍复开尊。（其四）

碣石豺狼种，长驱出不虞。是谁遗此贼，故使乱中都。官府室如磬，人家锥也无。有司少恩惠，何忍复追呼。（其五）

黄事多反覆，萧兰不辨真。汝为误国贼，我作破家人。求饱羹无糁，浇愁爵有尘。往来梁上燕，相顾却情亲。（其九）

兵余门巷静，亲故白头新。常与贫为侣，只将愁送春。焚车绝此事，推宅望何人。但得长安信，相看眉一伸。（其十）

① 宋庆元五年黄汝嘉刻江西诗派本《东莱先生诗集二十卷外集三卷》，残存六卷，包括《外集》三卷。《藏园群书题记续集》有题记，《藏园群书经眼录》著录，现藏于北京图书馆。

四郊多属垒，何地可逃生。水水但争渡，城城各点兵。牛亡罢春种，马夺尽徙行。囊橐经抄掠，寇来浑不惊。（其十三）

遭乱心纡郁，那堪茅舍空。百年窘食事，一旦堕兵戎。授简惭词客，据鞍成老翁。欲逃无所适，朝夕泣途穷。（其十七）

汾阳六甲士，率众出中都。欲使亲平虏，翻成远避胡。操戈取金币，夺马载妻孥。汝自违天意，何缘保汝躯。（自注：谓郭京，（其十八）

君父围城内，忽逾三月期。六龙时鼿鼿，百雉日孤危。报国宁无策，全躯各有词。旄头渐低小，早晚定班师。（其二十四）

乱离仍再岁，未敢有吾庐。林下休官久，草间求活初。迹虽寄戎旅，心已混樵渔。吉语来何晚，将军□素书。（其二十五）

这组诗大多作于靖康二年（1127）春天，记载的事件相当广泛，如其五记述金兵在东京根括金银[①]，其十八记述统治者不认真备战，任用装神弄鬼的道士守城，致使东京城陷[②]，其二十四记述金兵在青城扣押钦宗等人，其二十五记述东京围城内外谋迎立恢复之事[③]。有些事件已不见于史书记载，如范仔起义事[④]。诗中描写动乱中的人情百态，也十分生动，如“水水但争渡，城城各点兵”“囊橐经抄掠，寇来浑不惊”。诗人的感情沉痛而深刻，有一些从心底涌出的精彩的警句，如“汝为误国贼，我作破家人”“欲逃无所适，朝夕泣途穷”。对统治者的谴责，则是将北宋王朝的衰落趋势同国破家亡的悲剧联系起来，如“国论多遗策，人情疲请缨”“百年窘食事，一旦堕兵戎”，其二十“平世

① 参见《三朝北盟汇编》卷七十六、九十七。

② 参见《靖康要录》卷十三。

③ 此诗似指“孟忠厚赉书劝进于大元帅”事，见《三朝北盟汇编》卷九十二。

④ 《三朝北盟汇编》卷一百二十三载，马扩上书列举河北义军首领有“王仔”，今按王仔是宣和年间的道士，行为恶劣，如系一人之两传，似应从吕本中此诗作范仔。

多忘战，今真得阵梁”。除了愤怒的谴责和沉痛的呼喊外，诗中还不乏警醒的誓词。据记载，吕本中的父亲吕好问在围城中与人“日夜密谋迎立兴复”，“并使其子夜间雪中布衣芒履传达意旨”[①]。吕本中参加了这些活动，所以在诗中表达出“欲逐范仔辈，同盟起义师”的志愿。这种“修我戈矛，与子同仇”的境界已为陆游的爱国诗开了先河，是那个时代所产生的最有光彩、最为后人珍视的思想。对于吕本中这样一个贵族气十分浓厚的作家来说，则更显得难能可贵。从风格上看，这些诗则近似于杜甫的《春望》《有感》等诗，方回评为“老杜后始有此”[②]，显然，这种相似不是勉强模仿所能达到的。诗中多处成功地化用杜甫成句，如“报国宁无策”一联，钱锺书先生指出：“从杜甫《有感》第五首的‘领郡辄无色，之官皆有词’脱胎，真可算‘点铁成金’了。”[③]《东莱先生诗集》所收同一时期的作品，也具有相同的艺术特色。这些诗应该说是江西诗派学习杜甫最成功的作品。在靖康事变后普遍的创作热潮中，吕本中由于有前期的积累，起点较高，所以率先作出反应，率先表达出投身救国事业的志愿，从反映生活的广度和思想的高度来看，他仍站在同时代诗人的前列。

建炎之后，吕本中经过几年的流离生活，还写出一些好诗，但缺少集中的和特别有力的作品，比起前一期稍显逊色。但在绍兴初，他又接连写了几篇重要的论诗文章。其中的重要观点，一是再次强调孔子的“兴、观、群、怨”说。他在《远游堂诗集序》中提出要作“无意于文之文，而非有意于文之文”，“今之为诗者，果可以使人读之而能兴、观、群、怨矣

① 见《三朝北盟汇编》卷一百二十引秦湛《回天录》、卷一百九十引吕用中状。

② 《瀛奎律髓》卷三十二。

③ 钱锺书《宋诗选注》，第132页。

乎”，“为之而不能使人如是，则如勿作”[①]。其次是继承传统的“文气说”，提出“欲波澜之阔，须于规摹令大，涵养吾气而后可”，并批评“近世江西之学者，虽左规右矩，不遗余力，而往往不知出此”[②]。这些观点是要求诗文要有为而作，强调诗歌的社会作用，强调诗人的修养、感受、激情在创作中的作用，反对江西诗派末流专在文字技巧上下功夫。其中前一个观点与同时代的重要诗论家张戒在《岁寒堂诗话》中强调的“言志”说紧密合拍，后一个观点则在陆游的“工夫在诗外”的思想中得到反映，说明了宋代诗论中的现实主义因素又有所恢复，也是诗人前一阶段创作实践的回声。

为适应反映现实和表情达意的需要，吕本中创作的风格与黄庭坚等人也有明显不同。他在创作上提倡“活法”，虽然仍讲求使事用典、句法字法，但没有生硬险拗的作风，也较少呆滞艰涩的毛病，说事言情大多明白晓畅，有些小诗写得隽永清新，耐人咀嚼，如《夜雨》：

梦短添惆怅，更深转寂寥。如何今夜雨，只是滴芭蕉。[③]

钱锺书先生把这种风格概括为“清醒轻松”[④]。当然，吕本中诗中也有失于轻率、境界不深的毛病。但值得一提的是，吕本中诗歌的爱国主义内容和反映现实的成就，后代诗论家并没有给予应有的评价。他的这些创作精神只是在南宋初年的短时期内产生了影响，为现实主义大诗人陆游的创作铺平了道路。之后，南宋诗人的生活和创作都越来越狭隘，吕本中诗为他们津津乐道的就

① 见王正德《余师录》卷三引，亦见刘克庄《后村先生大全集》卷九十五，但文字略逊。
② 《苕溪渔隐丛话》前集卷四十九引《与曾吉甫论诗帖》。
③ 《东莱先生诗集》卷五。
④ 钱锺书《宋诗选注》，第 130 页。

只有小诗“清致”“工稳”以及一两处使事造语的新奇。近来的文学史著作，则大多批评江西诗派的脱离现实，而对吕本中这样的作家缺乏更具体全面的分析。

三、贯穿全部创作的矛盾：心性与现实

吕本中虽然为反映社会现实做出了可贵的努力，但他的创作和诗论都呈现出矛盾的状态，反映现实并没有成为他坚持不懈的创作追求。这种意愿受到了来自家教、诗教以及同时代社会思潮的强有力的限制。吕本中曾记载过这样的事：

> 崇宁间，饶德操节、黎介然确、汪信民革，同寓宿州，论文会课，时时作诗，亦有略诋及时事者。荥阳公（即吕本中祖父吕希哲）闻之，深不以为然。时公疾病方愈，为作《麦熟》《缫丝》等曲诗，歌咏当世以讽止饶、黎诸公。诸公得诗惭惧，遽诣公谢，且皆和公诗，如公之意，自此不复有前作矣。①

吕希哲的诗教典型地代表了深受道学思想濡染的宋代士大夫对于诗歌的要求。他们还要求人们在任何激烈的变动面前都持“不动心”②的态度。吕本中郑重地记载这些教诲，可见深受其影响。

黄庭坚论诗文曾提出“治经术”的主张：“更须治经，深其渊源，乃可到古人耳”；“其未至者，探经术未深”③。如果不深究，往往将这些话与“读老杜、李白、韩退之诗不熟耳”之类的话等量齐观。其实，黄庭坚所谓“治经”有确定的含义：

---

① 《童蒙训》卷中。

② 《三朝名臣言行录》卷八记，吕希哲自述“不动心”，《童蒙训》卷上载，顾子敦语吕好问“学者须习不动心”。

③ 《豫章黄先生文集》卷十九《答洪驹父书》《与徐师川书》。

“读书欲精不欲博，用心欲纯不欲杂。……治经之法，不独玩其文章，谈说义理而已，一言一句皆以养心治性……以此心术作为文章，无不如意。”[①]可见，所谓“治经”即是通过“养心治性”，去作诗作文。韩驹也说：“诗言志，当先正其心志。心志正，则道德仁义之语、高雅淳厚之义自具。《三百篇》中有美有刺，所谓‘思无邪也’。先具此质，却论工拙。”[②]吕本中的《童蒙训》佚文则记载：“横渠《读诗诗》云‘置心平易始知诗’。杨中立云：‘知此诗，则可读《三百篇》矣。’”[③]江西诗派的这些诗教与吕希哲的思想相同，都来源于理学的“心性”观念。吕希哲与吕本中则都兼有道学家的身份。这种思想以具有本体论意义的“心性”取代诗歌最基本的因素情感，以此来求得在诗歌中个人情感与社会伦理原则的统一。

此外，理学家还有一种糅合道德批评与审美风格批评的倾向，对宋代诗坛产生了极大影响：

伊川谓：《诗》自有六义。……而风尤妙。盖风有含蓄意，此诗之微者也，诗之妙用尽于此矣。故曰：言之者无罪，闻之者足以戒。非诗之尤妙者乎？此所以居六义之首也。欧阳公论今之诗曰：“写难状之景如在目前，含不尽之意寄之言外。”知写难状之景如在目前，此近于六义之颂也。含不尽之意寄之言外，此近于六义之风也。[④]

---

① 《豫章黄先生文集》卷二十五《书赠韩琼秀才》。

② 《诗人玉屑》卷十三引《室中语》。

③ 据郭绍虞《宋诗话辑佚·童蒙诗训》。《篆竹堂书目》《文渊阁书目》著录“《童蒙诗训》一册”，郭先生认为即后人辑录《童蒙训》论诗文佚文。今按《永乐大典》卷三〇〇六、一〇四五九、一二〇一六、一三〇八二、一三四九四尚载有《童蒙诗训》引文，均是以五言诗讲儒家道理，可知与吕本中《童蒙训》并无关系。《宋诗话辑佚》所辑应称为“《童蒙训》佚文”。

④ 施彦执《北窗炙锞录》卷下。可与《二程遗书》卷二上“《诗》有六体，须篇篇求之”、卷二十四“《诗》有六义，曰风者，谓风动之也”等参看。

这里将《诗大序》中“温柔敦厚”的诗教与梅、欧所谓“含不尽之意见于言外”糅合在一起，提出“含蓄”的主张，借艺术批评来增加道德批评的力量。这在宋代诗论中是颇具代表性的论点。如《温公续诗话》：“古人为诗，贵于意在言外，使人思而得之，故言之者无罪，闻之者足以戒也。”《临汉隐居诗话》：“诗主优柔感讽，不在逞豪放而致怒张也。”诗论主张激进如张戒，还批评刘禹锡、白居易、温庭筠等人“皆无礼于其君者”，“岂识风雅之旨”，“皆不若子美诗微而婉也”[①]。梅、欧之下，宋诗提倡含蓄，鄙薄白居易等人，原来有这一层重要原因。难怪当时人感叹：“今之作诗者，以兴近乎讪也，故不敢作，而诗之一义废矣。”[②]

吕本中的创作明显地受到这些观念的影响。他把大量的篇幅用来表现个人净退保性、学道参禅的功夫，如长达二十韵的《学道》[③]。他还写了不少偈语式的诗，如《寄朱时发》《学视》等。[④]在接触现实时，他则有意识地控制自己，保持怨而不怒、务求含蓄的态度。上两节谈到的批评时政的诗，大多措辞温和，符合“风雅之旨”。靖康围城中，他虽然写出许多现实感极强的作品，但仍在《读易》诗中说：“闭门端坐读周易，直过新春围闭时。”[⑤]这大概即是所谓“不动心”的表现。他在绍兴初的诗论已在某种程度上突破了“心性”“含蓄”等观念的限制，但此后的创作有下降趋势。他于绍兴六年（1136）、绍兴七年（1137）两度入朝，因反对秦桧和议被排挤出朝，虽卷入和战之争，却并未亲临阵前或承担实际政务，多数时间是闲居、卧病。当南宋政权初步稳定

① 《岁寒堂诗话》卷上。

② 《韵语阳秋》卷二。

③ 《东莱先生诗集》卷三。

④ 《东莱先生诗集》卷四。

⑤ 《东莱先生诗集》卷十一。

下来之时，一般士大夫重新开始优裕的生活，他们的生活感受也就日渐枯竭，诗坛又归于沉寂。吕本中到晚年思想日趋消极，在诗中大讲“戒杀”“蔬食”[①]的道理，甚至于不能摆脱轮回说的困扰。[②]他也像苏轼、张耒等人那样，学习道家的养生之术。[③]但依靠理学观念建立的“不动心”的精神境界，并不能摒除现实世界的纷扰。吕本中等诗人只能随着社会矛盾的发展变化，在“心性”与现实的矛盾碰撞中时而倒向这一边，时而倒向那一边。

必须指出，这种理论和创作上的矛盾状况，并不限于吕本中，也不限于江西诗派，而是表现在宋代大部分作家身上，甚至也突出地表现在两位代表了北宋诗文革新运动的成就、对江西诗派产生直接影响的大作家苏轼和王安石身上。在一段时间内，江西诗派竟然统治了整个诗坛，两宋诗论很少不受它的影响。这说明，江西诗派的出现不是偶然的，它不过是以较醒目的形式表现了宋诗发展本身的矛盾。宋代地主阶级由于剥削方式的复杂、地主阶级内部关系的改变，与封建国家利益联系得更加紧密。宋代作家普遍关心政治，不仅因为他们是官僚，也是出于维护自身权益的需要。宋代一些诗人的有关现实的作品，往往直接和某些政治措施有关，往往借描写民生疾苦来印证政治施行的效果。王安石、苏轼有关新法的诗就是这样。这些诗，主要反映了作者封建政治家的立场，而缺少更高的现实主义精神。吕本中的政治诗也是如此，其中虽不乏对时政的严厉批评，但缺少对民生疾苦的深刻的、广泛的体察和同情。

宋代的社会危机暴露很快，党争激烈，仕途的黜陟升降转换

① 参见同上，卷十九《蔬食三首》《戒杀八首》。

② 《宋元学案》卷二十七引《王氏师说》。

③ 《东莱先生诗集》卷十《除日》：“纳息初闻妙”。卷十九《秋日》：“数息度黄昏。”李光《庄简集》卷一有《谪居古藤病起禁鸡猪不食与儿子攻苦食淡久之颇觉安健吕居仁书来传道家胎息之术因作食粥诗示孟博并寄德应侍郎》。《外集》还有《庐陵相遇同炼金液赠师厚直阁》诗。

迅速。士大夫尽管有用世的热忱，也要有出世的准备。融和了佛教精神的理学思想在两方面都为士大夫提供了合适的思想武器。王安石、苏轼晚年“始尽深婉不迫之趣”[①]，即是在现实的矛盾斗争中逐渐掌握了妥协和协调的方法。黄庭坚、吕本中等人的“养心治性”“置心平易”，则是进一步以这种精神把诗歌创作改变为修身养性、保持内心平衡的手段。因此，他们尽可以保持自己激烈的政治立场，做到“白刃在前，一色元祐”[②]，高呼“散牛、李之党，未如明是而去非”[③]。他们在诗歌创作中却可以持“不动心”、超脱于现实矛盾的态度。他们表现在诗歌里的感情是经过净化的，由此又影响到他们的艺术趣味：以平淡为诗的极诣，喜好外枯内膏、宁生勿俗的诗风。这种风格与包含有特殊道德要求的“含蓄”的主张结合起来，就构成了那个时代的主要审美倾向。

由吕本中的创作也可看出，笼统批评江西诗派仅从形式上模仿杜甫，也失之偏颇。宋人及江西诗派提倡学杜，是因为看重杜甫的用世精神，也因为他们所理解的杜甫符合“含蓄”“微婉”的批判标准。如果没有精神上的根本一致，他们是不会把杜甫奉为最高典范的。因此他们在合适的现实条件下，也能够写出内容深远、逼近老杜的作品，如吕本中的纪事诗。而他们有些内容庸俗的作品，也可以在杜甫作品中找到滥觞，如吕本中的《符离行》。

综上所述，吕本中创作代表了江西诗派发展中接近于现实的一个历史阶段。他的缺陷以及江西诗派创作中的矛盾是宋代社会条件和哲学思想影响以及宋诗本身矛盾的结果。

（原载于《北京师范大学学报》1987年第6期）

① 叶梦得《石林诗话》评王安石语。

② 吴坰《五总志》评黄庭坚语。

③ 吕本中为赵鼎迁特进草制词，秦桧为此深恨之。见《宋史》卷三百七十六本传及《建炎以来系年要录》卷一百二十二。

吕本中与南宋初期诗风演变

◎张　鸣

在宋诗发展史上，吕本中是一个值得重视的诗人。他在两宋之交的诗风演变过程中，起过重要的作用。

北宋后期，诗歌风格主要有两种倾向，如南宋刘克庄所说：“元祐后，诗人迭起，一种则波澜富而句律疏，一种则锻炼精而性情远。要之不出苏、黄二体而已。”（《后村诗话》前集卷二）作为《江西诗社宗派图》的作者，吕本中本人也被后人看作学习黄庭坚的江西诗派诗人。刘克庄作《江西诗派小序》就把吕本中列入其中（见《后村先生大全集》卷九十五）。南宋诗人赵蕃更把吕本中视为江西诗派的正宗。《书紫微集》诗说：“诗家初祖杜少陵，涪翁再续江西灯。陈潘徐洪不可作，阃奥晚许东莱登。”（《章泉稿》卷一）其《寄刘凝远峦》诗又说：“少陵衣钵在涪翁，传述东莱得正宗。”（《淳熙稿》卷二十）这种观点一直到清代也没有改变。《四库全书总目·东莱诗集提要》说：“其诗法出于黄庭坚。”纪昀还用“江西诗之最佳者”和“江西派之不佳者”之类的评语来评论吕本中的诗歌（见《瀛奎律髓刊误》卷十四、十五）。一般地说，吕本中诗确实有学习黄庭坚的痕迹，如《张祎秀才乞诗》：

白莲庵中张居士，梦断世间风马牛。风尘表物自无意，神仙中人聊与游。澄江似趁北城晓，苦雨不放南山秋。君当先行我继往，向吴亭东留小舟。

诗的声调拗折，语言瘦硬，铅华尽去，颇接近黄山谷诗的风调。宋末方回评此诗说："自山谷续老杜之脉，凡江西派皆得为此奇调。"（《瀛奎律髓汇评》卷二十五）言外之意是说吕本中能得黄山谷之正传。在吕本中诗集中，还常能见到一种精心锤炼、组织而成的老健简练的诗句，如《孟明田舍》诗的"往事高低半枕梦，故人南北数行书"（《东莱先生诗集》卷十）；《雪后》诗的"溪山冷淡泥三尺，故旧飘零酒一杯"（同上，卷十）；《全州与解子中向伯恭相会》诗的"中原极目山千叠，往事伤心酒一钟"（同上，卷十三）。这些诗句以高度凝聚的画面简练地概括了人生境遇和世事变迁，融进了诗人的深沉感慨。这种写法也是从山谷诗学来的。黄庭坚《寄黄几复》诗："桃李春风一杯酒，江湖夜雨十年灯。"（《山谷内集诗注》卷二）《送王郎》诗："江山千里俱头白，骨肉十年终眼青。"（同上，卷一）两相比照，即可看出吕本中上述诗句的渊源所自。

但是，学习黄庭坚只是吕本中诗歌创作的一个方面。通观他的全部创作，则很难说是简单地模仿黄庭坚。吕本中的朋友，被列入江西诗派的诗人谢逸曾说："以居仁诗似老杜、山谷，非也。杜诗自是杜诗，黄诗自是黄诗，居仁诗自是居仁诗也。"（《吕紫微师友杂志》引）谢逸对吕本中非常了解，这句话也不是一般的泛泛之论。早在北宋大观二年（1108）吕本中二十五岁时所作的《春日即事二首》（其二）就可以看出其诗风已初具面目，并非黄庭坚诗的翻版。诗云：

病起多情白日迟，强来庭下探花期。雪消池馆初春后，人倚栏杆欲暮时。乱蝶狂蜂俱有意，兔葵燕麦自无知。池边垂柳腰支活，折尽长条为寄谁？

诗写春日探花的感触，以轻快自然的笔调描写欣欣向荣的春光，抒发面对春景时的深沉感慨。三、四两句，笔调轻快，诗情清婉，诗境明丽，向来脍炙人口。理学家张九成曾称赞说：“此自可入画，人之情意，物之容态，二句尽之。”（《横浦日新录》）大约是这两句诗画面感、形象感很强的缘故吧。其实仔细体会，恐怕画是画不完的。比如这“欲暮时”三字所传达的并无实体形象的流动的时间感觉，还有从时间推移侧面烘托的倚栏人对春光无限依恋的深情，都是不能落实于画面的内容。正是这种难以落实之处，显示了诗笔的空灵轻快。这正是吕本中诗之所长。又如《别夜》：

薄酒残灯欲别情，暗萤依草不能明。悬知先入他年话，一夜蛙声连雨声。

诗写与朋友离别前夜的心情。前两句以景物暗示心情暗淡忧伤，后两句构思深巧。末句写的是离别之夜的情境，而前面加上一句“悬知先入他年话”，就从时间上把今夜的离别景况带入了今后，把今夜的实景变成了虚拟的“他年话”。就是说今夜的离别心情、环境，种种景况，都将是今后相逢时回忆友情的话题。诗人和友人的深厚友情，与友人离别时的依依不舍的心情，都通过这个巧妙构思表现出来。而诗的语言则是轻松自然，似乎并不专在字面上用力雕琢。这类轻松、流转自然的诗句在吕本中诗集中随处可见。如《暮步至江上》的“树阴不碍帆影过，雨气却随潮信来”；《试院中作》的“树移午影重帘静，门闭春风十日闲”；《追记昔年正月十日宣城出城至广教》的“江城气候犹含雪，草市人家已挂灯”；以及绝句《董村归路马上口占》的后两句“白塔忽从林外出，青山常在马头看”。总的看来，吕本中诗善于以自然、流转轻快的语言描写平常的风景，表现平凡的小事，抒发日常生活中的平凡感受，诗的题材更加平凡化、日常生活化。而作品的诗意则主要通过深刻曲折的总体构思和轻快流畅的语言之间所构成的内在审美张力来实现。这样的风格确实与黄庭坚不同，也与一般的江西诗派诗人不同，正如谢逸所说："居仁诗自是居仁诗。"

谈到吕本中诗学习黄庭坚又不同于黄庭坚而能自成面目，就不能不考察他对笼罩了北宋后期诗坛的"苏、黄二体"的态度。据陈与义说，当时一些诗人"学苏者乃指黄为强，而附黄者亦谓苏为肆"（晦斋《简斋诗集》引陈与义语），似乎不仅以苏、黄分阵营，而且是互相对立的状态。但是到了南宋中兴四大诗人登上诗坛时，这种以苏、黄分阵营的状况就不明显了。发生这种变化，有很复杂的原因，限于篇幅，此处仅谈谈吕本中在这个变化过程中所起的作用。

对于苏、黄的诗风，吕本中明确主张兼收并蓄。《童蒙诗训》说："读《庄子》令人意宽思大，敢作。读《左传》便使人入法度，不敢容易。此二书不可偏废也。近世读东坡、鲁直诗，亦类此。"又说："自古以来，语文章之妙，广备众体，出奇无穷者，唯东坡一人；极风雅之变，尽比兴之体，包括众作，本以新意者，唯豫章一人。此二者当永以为法。"北宋末年，蔡京之流当政之际，朝廷实行文化专制，从政治上、法律上严禁元祐学术，苏、黄诗文亦在严禁之列。而且由于元祐学术内部洛学与蜀学的纷争，主洛学者亦多对苏、黄持非议的态度。在这样的背景下，出身于元祐学术之洛学一派的吕本中公开提倡以苏、黄为师，不能不说很有识见胆力。他在《江西诗社宗派图》序中称赞黄诗"抑扬反覆，尽兼众体"（《苕溪渔隐丛话》前集卷四十八引）。而在《读东坡诗》中则称赞苏诗是"命代风骚第一功"。他的学生曾季貍在《艇斋诗话》中还记载说："吕东莱喜人读东坡诗。"这都说明他喜爱东坡诗并不下于喜爱山谷诗。苏轼诗歌具有行云流水般畅达的语言和豪放达观的精神。吕本中诗流转自然的特点，显然也与接受了苏诗的影响有关。另外，吕本中还是张耒的学生。张耒诗清奇疏朗，语言平易，在苏门四学士中是诗风比较接近苏轼的诗人。苏轼曾说："张（耒）得吾易。"（《文献通考·经籍考》引）在语言平易流畅这一点上，张耒受了苏诗的影响。吕本中曾以"自然奇逸"四字称赞张耒诗（见《童蒙诗训》），他自己向张耒学诗，也接受了这种风格的影响。值得注意的是他在提倡兼重苏、黄的同时，又明确地指出了他们的短处。《童蒙诗训》说，学古人文字，须得其短处，"东坡诗有汗漫处，鲁直诗有太尖新、太巧处，皆不可不知"。这就是说，既要以苏、黄为法，又不可受苏、黄的限制。他的这些观点，对苏、黄之诗采取了明智的态度，显然正是针对"学苏者乃指黄为强，而附黄者亦谓苏为肆"的风气而言的。如果深入一层看，吕本中的倡导，还不仅是对诗坛现状加以针砭，更重要的是为了探求诗歌发展的新道路而找到一个能够融苏、黄两家精神于一体的原则。这一原则就集中地体现在吕本中所提出的活法论中。活法论的理论渊源是禅学与理学，吕本中以活法论诗，始于北宋大观、政和年间：大观三年（1109）作《外弟赵才仲数以书来论诗因作此诗答之》云："胸中尘埃去，渐喜诗语活……初如弹丸转，忽如秋兔脱。"政和四年（1114）作《别后寄舍弟三十韵》云："笔头传活法，胸次即圆成。"关于活法的具体内容，他后来在南宋绍兴三年（1133）为江西诗派诗人夏倪的诗集作序时曾作了阐释："所谓活法者，规矩备具，而能出于规矩之外，变化不测，而亦不背于规矩也。是道也，盖有定法而无定法，无定法而有定法。知是者，则可与语活法矣。"（刘克庄《江西诗派·吕紫微》引）这就把重视规矩但又主张"领略古法生新奇"的黄庭坚和重视无定法但又主张"出新意于法度之中"的苏轼的精神统摄到了一起。其目的是纠正那种专门模仿黄庭坚而形成的生硬雕琢的流弊，并从创作原则上为诗歌的发展指出一条新的道路。

吕本中诗歌的轻快风格，就与他的理论追求有直接的关系。活法论主张“初如弹丸转，忽若秋兔脱”，强调诗歌语言的婉转流畅、轻快自然。吕本中在创作上的追求，正是实践自己理论主张的结果。而他兼以苏、黄为法，正是在学习黄庭坚的严密深刻的同时，以苏轼的“意宽思大”和张耒的疏朗自然来补救诗思的拘束。正是这种理论主张和实践探索，对南宋诗歌产生了较大的影响。

从宋人的评论看，吕本中在两宋之交的诗坛上有较高的地位。北宋政和元年（1111）谢逸就称吕本中为“当今之世主海内文盟者”（《东莱吕紫微师友杂志》引），南宋刘克庄则把吕本中与陈与义等并称为南渡初期诗坛“大家数”（《中兴绝句续选》序）。曾幾于《东莱先生诗集序》中说吕本中诗在当时是“独步海内”。陆游为吕本中诗集作序，更进一步指出了“一时学士宗焉”的事实（见《渭南文集》卷十四）。另外一个值得注意的事实是宋室南渡之后，出身于中原文献世家的吕本中，很自然地被南宋士大夫看作中原文化学术南传的中介。如陆游就说，北宋诸儒相望，学术文化有出汉唐之上者，南渡初，“承丧乱之余，学术文辞，犹不愧前辈，如故紫微舍人东莱吕公者，又其杰出者也”（《渭南文集》卷十四）。南宋诗人韩淲也说：“渡江南来，晁詹事以道、吕舍人居仁，议论文章，字字皆是中原诸老一二百年酝酿相传而得者，不可不讽味。”（《涧泉日记》卷下）从这些言论看，南宋士大夫推重吕本中，具有向往中原文化和接续文化正脉的深刻背景。陆游在《吕居仁集序》中称吕本中“诗文汪洋闳肆，兼备众体，间出新意，愈奇而愈浑厚，震耀耳目而不失高古”。今天看来，这个评价过高了。但如果考虑到吕本中当时的地位和上述的背景，就不会感到奇怪了。概括地说，吕本中诗歌对南宋诗歌的影响，主要在以下几个方面。

首先他提倡兼重苏、黄，把北宋诗歌的两大潮流统合到一起，逐步扭转了单纯模仿黄庭坚的风气。他在南宋初给曾幾的一封信中说：“《楚辞》、杜、黄，固法度所在，然不若遍考精取，悉为吾用，则姿态横出，不窘一律矣。如东坡、太白诗，虽规摹广大，学者难依，然读之使人敢道，澡雪滞思，无穷苦艰难之状。”（《竹庄诗话》卷一引）这正是告诫曾幾兼学苏、黄，二者不可偏废。曾幾部分诗歌具有“自然轻快”的特点（《瀛奎律髓》卷二十七方回评语），就已不是单纯模仿黄庭坚诗了。到中兴四大诗人作诗，都由学黄庭坚入手，而又突破江西诗风的局限，写出了自己的风格。他们虽有各自的途径，但不能不说与吕本中的倡导有一定的关系。

其次，吕本中总结倡导的活法论，在南宋产生了重大影响。曾幾向吕本中学诗，主要就是接受了吕本中的活法论。曾幾又把活法论传授给了陆游。陆游诗歌是时代精神的结晶，但他毕生的创作，一直把知法知变的活法论当作指导，并传授给自己的学生。南宋许多诗人都把活法论当作论诗和作诗的重要准则。特别是在南宋诗风转变方面显示了突出成绩的杨万里，更以活法作诗而著称。虽然杨万里的活法与吕本中的活法的具体内容不完全一样，杨的活法有了进一步的发展，但杨以活法作诗显然受了吕本中的启发。从吕本中到曾幾、再到陆游的递相传授的关系中，可以看出吕本中的深远影响。而杨万里以活法作诗结出丰硕的成果，同样也证明了吕本中在南宋诗风转变过程中起了重要的作用。

第三，在诗歌创作实践上，吕本中追求以流转轻快的语言表达曲折深刻的构思，这种独特的风格追求也在一定的范围内为南宋初诗风的转变作了示范。曾幾诗风的轻快显然就与吕本中的影响有关。到中兴四大诗人，范成大以流丽圆熟见长，杨万里以生动活泼著称。陆游的风格不拘一格，但最突出的特色则是圆活流转，虽其成就远在吕本中之上，但亦可看出受吕本中影响的痕迹。难怪曾幾要说，陆游诗“渊源殆自吕紫微”（陆游《吕居仁集序》引）。

关于吕本中对南宋诗人的影响，还有另外一个重要方面。他在北宋灭亡之际写了一批抒写亡国之痛的作品，反映了靖康之难在当时爱国士大夫心中造成的巨大震动，作品情感沉痛真挚。就内容的广泛和艺术的成就而言，这批诗歌在当时诗坛上当属佼佼者。特别是他的《兵乱后自嬉杂诗》二十九首，是比较早的反映靖康之难的一组巨型组诗，内容丰富，感受真切，风格沉挚，具有史诗的气势，也有史诗的价值。组诗借鉴了杜甫的诗风，同时又写出了深沉悲痛的时代特色，为后来许多表现爱国精神的诗歌作了风格上的示范。在南宋初期诗风的转变过程中，这批诗歌本身是证明诗风转变的一个重要标志，同时也在当时爱国主义诗歌创作的勃兴方面产生了较大的影响，因此应该加以重视。

（原载于《文史知识》1994年第4期）

世业中微谁料理，却收才具入风骚

——论吕本中诗歌创作

◎姚大勇

吕本中（1084—1145），字居仁，亦称东莱先生、吕紫微，寿州（今安徽寿县）人。出身于北宋世家大族，南宋初赐进士出身，除起居舍人，迁中书舍人。曾向朝廷陈恢复大计，后因触怒秦桧，被劾罢职。《宋史》卷三七六有传，今人也撰有其年谱。[①]“本中学术渊源，本于前哲，文采声誉，绝于缙绅，更历险夷，遂为耆旧。”[②]吕本中为元祐宰相吕公著曾孙，吕氏一门在北宋为名门望族，自吕蒙正起，至吕夷简、吕公著，吕氏三代先后位至中枢。吕本中祖父吕希哲为北宋理学名家，吕本中早年从杨时、游酢、尹焞受学，亦为理学中人，又喜为诗，徽宗崇宁初，所作诗即被江西诗派代表人物徐俯“大相称赏，以为尽出江西诸人右也”[③]。江西诗派另一诗人谢逸也对他“极相推重，以为当今之世，主海内文盟者，惟吾弟（按：指吕本中）一人而已”[④]。吕本中生于煊赫的书香门第，又有诗名，故时人称其“吕

① 王兆鹏《两宋词人年谱·吕本中年谱》，台湾文津出版社1994年版。

② 《宋会要辑稿》选举九之一八，中华书局影印本。

③ 吕本中《东莱吕紫微师友杂志》，《丛书集成初编》排印《十万卷楼藏书》本，以下简称《师友杂志》。

④ 见《师友杂志》。

家三相盛天朝，流泽于今有凤毛。世业中微谁料理，却收才具入风骚”[①]。吕氏从吕本中起，不独以名节，亦以文学名世，正如其先祖对北宋政坛的影响一样，吕本中对南北宋之交的诗歌发展也起了重要影响。

一

吕本中在南渡前后诗名鼎盛，他与当时诸多知名文士如韩驹、徐俯、谢逸、陈与义、曾幾、张元幹等皆有交往。崇宁年间，吕本中随侍祖父吕希哲居宿州符离，和汪革、饶节、黎确等形成了一个文会。据其自述：

> 崇宁初，予家宿州，汪信民为州教授，黎确介然初登科，依妻家孙氏居。饶德操亦客孙氏，每从予家游。三人者，尝与予及亡弟揆中由义会课，每旬作杂文一篇，四六表启一篇，古律诗一篇，旬终会课，不如期者罚钱二百。[②]

后来江西临川的谢逸、谢薖也先后来此，与吕本中结识。吕本中的《符离诸贤诗》（《东莱先生诗集》卷一，《四部丛刊》初编影印宋刻本。以下凡引此书，皆省略书名，径称卷数）历数在符离的诸位文友，可见一时相与之盛。后他来往于宿州、楚州、真州、扬州之间，与当时文士交游甚多。徽宗大观四年（1110）、政和元年（1111），徐俯、汪藻、洪刍、洪炎、苏坚、向子諲等在豫章共结诗社，吕本中也身预其中[③]，他的《江西宗派图》或即作于此时，江西诗派之名也由此而来。宣和五

① 曾续诗，见吕本中《紫微诗话》，《历代诗话》本，中华书局1981版。

② 见《师友杂志》。

③ 见张元幹《苏养直诗帖跋尾六篇》，《芦川归来集》卷九，《四库全书》本。

年（1123）夏，吕本中与陈与义、张元干、苏庠等十四人在汴京避暑资圣阁，分韵赋诗。张元干自言：“顷来京都，一日，陈去非、吕居仁诸公同余避暑资圣阁，以‘二仪清浊还高下，三伏炎蒸定有无’分韵赋诗，会者适十四人。”①建炎四年（1130），吕本中与陈与义，这两颗南渡诗坛的巨星又在广西贺州相遇，互有唱和，吕本中作《贺州闻席大光、陈去非诸公将至，作诗迎之》（卷一二），陈与义也有和诗②。据曾幾《东莱先生诗集后序》，绍兴九年（1139），他和吕本中在广西相遇，曾向吕请教诗法：“绍兴辛亥，幾避地柳州，公在桂林，是时年皆未五十，公之诗固已独步海内，幾亦妄意学作诗。公一日寄近诗来，幾次其韵，因作书请问句律，公察我至诚，教我甚至。”③吕本中也作书信两封和其谈艺论诗。④绍兴初，吕本中又和韩驹、曾纡、钱伯言等人在江西临川唱和，“绍兴初，星聚临川，唱酬妍丽，一时倾慕”⑤。吕本中晚居江西信州，并殁于此。在信州时，曾幾亦移居于此，二人诗歌往来，并先后寓居茶山广教僧舍，乡人后作两贤堂以纪念二人。⑥吕本中不仅诗文为当世所推重，而且交游甚广，将众多文士维系在一起，对于当时的诗坛，起了穿针引线的作用，促进了诗歌的交流与发展。

《东莱先生诗集》二十卷，以靖康之变为界，各占一半，吕本中的诗歌创作，却难以据此分成前后两期。北宋时，他虽为贵胄公子，因受朝廷党争影响，也一度侍祖闲居，奔波各地，此

---

① 张元干《跋苏诏君楚语后》，《芦川归来集》卷九；系年见白敦仁《陈与义年谱》卷二，中华书局1983年版。

② 《陈与义集校笺》卷二七《次韵谢吕居仁，居仁时寓贺州》，上海古籍出版社1990年版。

③ 《茶山集·拾遗》，《丛书集成初编》排印《武英殿聚珍版丛书》本。

④ 见胡仔《苕溪渔隐丛话·前集》卷四九，人民文学出版社1993年版。

⑤ 周必大《跋曾公衮钱逊叔韩子苍诸公唱和诗》，《文忠集·平园续稿》卷八，《四库全书》本。

⑥ 韩元吉《两贤堂记》，《南涧甲乙稿》卷一五，《四库全书》本。

时诗歌主要记述日常生活感受和与人的交往，抒发一己之襟抱，胸中之垒块。他年岁虽未老，却多有漂泊江湖之叹、年华老去之悲。“山似故人堪对饮，花如遗恨不重开。”（卷一《暮步至江上》）“已无行役念，宁有别离悲。舟楫三年路，江山一月期。”（卷三《登舟》）“病知前路资粮少，老觉平生事业非。无数青山隔沧海，与谁同往却同归。”（卷九《海陵病中五首》之一）道途艰难，世事茫茫，羁旅行役之苦萦绕笔端，自然而生江湖客思，希望能够归隐田园，栖身故里，“多病不眠唯药里，居闲长坐只绳床。五年谬作江湖客，几对鲈鱼忆故乡”（卷一《喜雨》）。在人世的秋风里，思乡之情更为热切。吕本中早年因作诗呕血而得羸疾终身[1]，衰病缠身，这更加重了他对生活、世路的慨叹。“一身随药囊，万事付茗碗。”（卷六《甲午送宁子仪归洛》）“事业烦诗卷，生涯在药囊。”（卷四《寄外弟赵楠材仲》）“诗囊魂礌君其浸，药里侵寻我亦聊。”（卷三《呈愚上人》）诗与药成了他人生的两大寄托，成为他自身生活的真实写照。除了记述交游、感慨身世之外，吕本中早期诗中，还有对民间疾苦的关切，对历史兴亡的喟叹，如《读史》（卷一）“陈寿谓诸葛，将略非所长。私恨写青史，千古何茫茫”，不满《三国志》中对诸葛亮的评价，为诸葛亮抱不平，表仰慕之意。此外如《谒陶朱公庙》、《读陶元亮传》（卷一）、《伍员祠》（卷四）、《侯嬴》（卷五）、《读秦碑》（卷八）、《庞公》、《卫青》、《春申君》（卷九）诸诗，慨叹古人命途偃蹇，也悲己之不遇，与前人作同声一哭，同时也以古证今，对现实危机深含隐忧。靖康风云使吕本中诗歌发生了较大的转变，表现在题材上，就是笔下更多地出现了对现实的关注，所抒发的情感也突破了个人的范围，所关注的，不再仅仅是

① 见曾季貍《艇斋诗话》，《历代诗话续编》本，中华书局 1983 年版。

一己之悲欢，而是整个时代的风云变幻。“吕东莱围城中诗皆似老杜”①，靖康之变中他所作的一些诗更是展现了金兵南下，京城被围，最后城破国亡的全过程。无需看诗的内容，仅从《东莱先生诗集》卷一一中一些诗的题目便可见他在诗中对靖康之变这一重大历史事件始终如一的关注：《京城围闭之初天气晴和，军士乘城不以为难也，因成次韵》《闻军士求战甚力，作诗勉之》《丁未二月上旬四首》《兵乱寓小巷中作》《围城中故人多避寇在邻巷者，雪晴往访问之，坐语既久，意亦暂适也》。这些诗记述了金人南侵所带来的灾难，可作诗史来看，以诗证史，也可看到民族历史上惨痛的一页。《兵乱寓小巷中作》《城中纪事》（卷一一）记述了汴京城被攻破后的惨象，仿佛晚唐韦庄的《秦妇吟》。不论是写守城时的，还是城破以后的，都有一股昂扬豪气，愤胡骑猖獗，思有以灭之，报仇雪耻，如《城中纪事》最后言道：“岂无好少年，可与共殊勋。志士或不耻，有身期报君。塞水须塞源，伐木须伐根。子莫笑短拙，荆蛮生伍员。”希望有伍子胥那样的有志之士出来，殄灭胡虏，扫清妖氛，洗雪国耻。《兵乱后自嬉杂诗》二十九首（《东莱先生诗外集》卷三，转引自《全宋诗》卷一六二七，以下凡引自此书，皆简称《外集》），这一组五言律诗也以劲健笔触记述了当时的时事风云，愤金人之入侵，痛故国之沦亡，叹生灵之涂炭，又表现出了坚贞不屈、慷慨激昂之气，唱出了时代的强音。北宋覆亡后，吕本中也加入了南迁避难的行列。建炎元年秋，离京南下，他是在“客愁不断若江水，朝思莫（暮）思在长安”（卷一一《怀京师》）的痛楚下踏上南下的征程的，此后数年间，一直在南行的道途中颠簸，沿途也留下了众多反映乱离生活的诗作。从今安徽、江西、湖南到广东、广西，他不仅以诗笔记下了一路行程

① 《艇斋诗话》。

与见闻，也记下了一路的艰辛与伤慨。待生活安定下来后，次韵，题赠，描写、记述生活中琐事琐物的诗又多了起来。与前期这类诗不同的是，此时这类诗更多了层感慨，情感更为深沉，由以前个人的悲欢移入家国兴衰的感愤。

二

吕本中早年的诗受江西诗派的影响较为鲜明，他也是以江西中人自诩。“念我江西老斫轮，久无漫鼻与挥斤。”（卷一《寄吉州若谷叔》）他十六岁时所作诗句“风声入树翻归鸟，月影浮江倒客帆”（见《艇斋诗话》），意象幽奇，选词造句大胆有力，险中求稳，透出苦吟之功，是典型的江西风调。《宿青阳驿》（卷一）：“灯火客帆尽，人烟村市幽。晚风号古木，高岸束黄流。物色淮山近，春光雾雨愁。栖迟旧游地，来豁十年忧。”写旅途客愁，通过景物的描绘，渲染出一派萧冷的意境，尤其是颔联，高古奇峭，整首诗也带着江西诗派质拙硬健的诗风特征。“长河印晓月，老木聚荒烟。”（卷三《九日晨起》）诗清冷寒寂，苍严高古，颇见推敲锻炼的苦心。这些诗选景造语工巧简劲，经过苦吟推敲，诗风苍严幽冷，意象萧瑟冷寂，透出深长的忧思愁怀，在微拗的语调中又显出一股生新兀傲之气，有时还运用江西诗人喜用的叠字间用句法，如“家事不随王事了，新愁常接旧愁生”（卷七《自曹南至阳翟追怀江上旧游呈叔弟》），“一双一只路旁堠，乍有乍无天际星”（卷九《西归舟中怀通泰诸君》）。以这样特殊的句式显出景物的连续，情感的推进。凡此种种皆可见其所受江西诗风的影响。

东莱为诗，初自江西诗派入手，而江西诗派不善学之，易流于生涩拗拙，此派先驱黄庭坚、陈师道也不免此弊，其末流甚至陷于偃蹇狭陋，佶屈聱牙，将各种句法都变成死法，失去了诗的自然之旨，面目生厌，让人不忍卒读，吕本中的诗却避开了江西中人易犯的板滞生涩的弊病，而显示出了“活”的特色。北宋末期，他奔走各地，南渡以后，身经乱离，蒿目时艰，个人的、社会的感受融入诗中，使他不仅仅是一个只满足于在前人的书本文字中寻章摘句的诗人。于同时诗人中，吕本中的诗歌眼光迥出流辈，当别人尚在江西派的各种诗法中孜孜以求的时候，他已敏锐地觉察到了尽守成法之弊。他明确标举“活法”“悟入”之说的几篇文章，如《夏均父集序》[①]、《与曾吉甫论诗》两帖[②]皆作于南渡以后，而此种思想在北宋时就已形成。他在大观三年（1109）所作的《外弟赵才仲数以书来论诗因作此诗答之》中云：“胸中尘埃去，渐喜诗语活。孰知一杯水，已见千里豁。初如弹丸转，忽如秋兔脱。旁观不知妙，可爱不可夺。”他说诗重“活”，希望诗能如弹丸、脱兔一般流转圆美，迅捷自如。北宋末另一江西诗派中人谢薖也记吕本中的论诗之语曰：“自言得活法，尚恐宣城未。”[③]可见吕本中的弹丸之喻，活法、悟入之说，北宋时就已形成，非如今人所认为的是晚年南渡后才提出。弹丸之喻，出于南齐谢朓，也为苏轼所服膺：“谢朓尝语沈约曰：‘好诗圆美流转如弹丸。’故东坡《答王巩》云：‘新诗如弹丸。’又《送欧阳弼》云：‘中有清圆句，铜丸飞柘弹。’盖诗贵于圆熟也。余以谓圆熟多失之平易，老硬多失之干枯，能不失于二者之间，则可与古之作者并驱耳。”[④]吕本中学诗初学江西，与江西诗派中人多有交往，《江西宗派图》也出于他手，但他也欣赏东坡诗，谓其是“命代风骚第一功”（《外

① 见刘克庄《江西诗派小序・吕紫微》，《历代诗话续编》本。

② 见胡仔《苕溪渔隐丛话・前集》卷四九。

③ 谢薖《读吕居仁诗》，《谢幼槃文集》卷一。谢薖卒于政和六年（1116），于此也可知，吕本中此说在北宋时已为人所知。

④ 胡仔《苕溪渔隐丛话》前集卷三八引《王直方诗话》。

集》卷三《读东坡诗》），他的学生曾季貍也谓“吕东莱喜令人读东坡诗”[①]。他对江西诗派的流弊觉察甚早，倡活法、悟入之说，弹丸之喻，有以矫之，力图以圆熟救老硬，以苏济黄，宋诗的开山梅尧臣也谓“苦词未圆熟，刺口剧菱芡”（《依韵和晏相公》）。追求诗歌的流畅婉转，吕本中接续的，也是这一传统，非是哪一家的言辞，而是宋人的共同的美学追求。“居仁说活法，大意欲人悟”[②]，居仁以活法救死法，以悟来寻活法，以功夫为悟人之途，在江西末流不善学诗，使诗法“偃蹇狭陋，尽成死法”后，重新为人指出了作诗门径。这也影响了当时及后世许多人的思想与创作，“后山论诗说换骨，东湖论诗说中的，东莱论诗说活法，子苍论诗说饱参，入处虽不同，然其实皆一关捩，要知非悟入不可”[③]。其中东莱对活法的论说，最为透彻、详备，后来中兴诗坛大家陆游所言之“诗家三昧”[④]，实亦东莱所言之活法。“一个‘法’，一个对‘法’的‘悟’，是宋代诗学特别是江西诗学演化的轴心。”[⑤]吕本中的“活法”和“悟入”理论，是针对江西末流的诗弊而发，促进了江西诗派的发展，反映了在新的历史条件下，苏、黄两派诗风融合的趋势。谓吕本中为南渡前后诗坛的理论前驱，殆不为过。

三

相对于同时拘守成法的诗人，吕本中之诗更多地显示出“活”的趋向。方回《瀛奎律髓》（上海古籍出版社1986年4月汇

---

① 《艇斋诗话》。

② 曾幾《读吕居仁旧诗有怀其人作诗寄之》，《永乐大典》卷九〇三引《江湖集》，中华书局影印本。

③ 《艇斋诗话》。

④ 见拙作《陆游“诗家三昧”新探》，《学术月刊》1999 年第 1 期。

⑤ 萧华荣《中国诗学思想史》，华东师范大学出版社 1996 年版。

评本）中即以“活”来概括吕本中诗：

嗣黄、陈而恢张悲壮者，陈简斋也。流动圆活者，吕居仁也。清劲洁雅者，曾茶山也。（卷一）

居仁在“江西派”中，最为流动而不滞者，故其诗多活。（卷一七）

居仁诗专主乎活。（卷二〇）

居仁主活法，而去非格调高胜，举一世莫之能及。（卷二三）

老杜之后，有黄、陈，又有简斋，又其次则吕居仁之活动，曾吉甫之清峭，凡五人焉。（卷二四）

作为早慧的诗人，吕本中的诗歌取材在靖康之变、南渡初期发生了巨大转变，这是时势使然，而他的诗风，在北宋后期，便已显得活泼不板滞，与流行的江西诗风有异。南渡后流离途中所作的《柳州开元寺夏雨》（《外集》卷一），诗思流畅，意境清幽，描绘景物自然真切，且和人之情意融合一处，余味悠远，流动而不板滞。而他在北宋徽宗大观二年（1108）所作的《春日即事二首》之二（卷一）便已显出清新流畅的特色：

病起多情白日迟，强来庭下探花期。
雪消池馆初春后，人倚栏干欲暮时。
乱蝶狂蜂俱有意，兔葵燕麦自无知。
池边垂柳腰支活，折尽长条为寄谁？

久病初起，且是日暮时分，诗中仍可让人感受到自然和畅的气息、蓬勃的生机。颔联未多着墨，对人情物态的描绘极为简练传神。方回谓居仁“其诗宗‘江西’而主于自然”[1]。此联如“清水出芙蓉”，没做刻画，运用白描手法，人与景相互掩映，自见情致。颈联描景状物活泼自然，富含人的情意，化用前人成句，不着痕迹，自出新意。其政和四年（1114）所作的《春晚郊居》（卷六）也颇为自然：

柳外楼高绿半遮，伤心春色在天涯。
低迷帘幕家家雨，淡荡园林处处花。
檐影已飞新社燕，水痕初没去年沙。
地偏长者无车辙，扫地从教草径斜。

此诗写春天的愁思，景物与人情合为一体。首联以景物的遮掩，烘托感情之浓烈、深挚。颔联首句借用杜牧《题宣州开元寺水阁，阁下宛溪，夹溪居人》中的句子“深秋帘幕千家雨”，本写秋景，稍加改换后反用之写春景，也颇自然真切。颈联仿佛只是信笔将所见之景原生态地采撷入诗，不做雕饰，以清淡之笔显出景物特征，也切合时令特征，自然传神。雨、花、燕、水，点染出一派融合的春光，也透露了自己的怅惘、无奈。整首诗清新流畅，含思婉转。现在学者评之为“语言清丽，音节和婉，一点也没有瘦硬之感了”[2]，“作为江西诗派的正统风味的生新瘦硬已消除几尽”[3]。对于当时流弊已起的江西诗派，吕本中与它虽有渊源，却不墨守成法，他的诗在当时堪称别调、异响。吕本中作诗在北宋时就已摆脱江西诗派的生硬之病，南渡后所作诗是他前期诗风的自然延续，只是增加了悲慨苍凉之气。

除了七言律诗之外，吕本中的古诗和绝句中，“活”的倾

① 方回《瀛奎律髓》卷四，上海古籍出版社 1986 年版。
② 莫砺锋《江西诗派研究》，齐鲁书社 1986 年版。
③ 许总《宋诗史》，重庆出版社 1997 年版。

向也很明显。大观三年（1109）在真州所作的《正月十三日河堤上作》："雨着河堤柳着烟，小楼灯火又今年。东风不与行人便，留滞长亭十里船。"（卷二）全诗小巧清新，将前人成句自然化用进诗中，在对小楼灯火、河堤上下的描绘中，自然透出如春雨般迷蒙的客思春愁。宣和四年（1122）暂归阳翟时所作的《董村归路马上口占》（卷一〇），似是随口吟成，毫不着力，景物也似知人意，自然地呈现在人眼前，正是在人与景物的相和相应中显出诗风的清幽淡远。建炎中由岭南北归时所作的《连州阳山归路三绝》（卷一二），运笔也是自然有力，在对异乡景物的描绘中见出世路风尘、北归之心，特别是第二首"稍离烟瘴近湘潭，疾病衰颓已不堪。儿女不知来避地，强言风物胜江南"，以疾病衰颓之身见奔波流离之苦，借用同是战乱中所作的杜甫《月夜》中"遥怜小儿女，未解忆长安"的笔意，以儿女之"不知"烘托世事之可悲。与前期作品不同的是，这时期的作品融入了更多的家国恨事，感慨遥深。他的绝句有时尚显得清新、轻快，古诗则更是诗思流畅，笔墨淋漓。他在靖康围城中及城破后所作诗，直接涉笔现实，不避兵火，不多雕饰，写得惨烈沉痛，南行后所作也道出了奔波流离之苦。《黄池西阻风》（卷一一）写途中被阻，笔触奇恣劲健，描绘风浪，回首往事，感叹飘零，忧心前途，思绪流动，笔墨纵横无羁。祁阳浯溪石崖上的《大唐中兴颂》碑，为唐元结撰，颜真卿书，北宋黄庭坚、张耒、潘大临等皆有题咏。吕本中甚喜潘大临之作。在经历了和安史之乱相似的靖康之变以后，吕本中在南行途中，在五月挥汗如雨的时节，写"浯溪一见《中兴》碑，便有清风濯烦暑"（卷一三《浯溪》），见了《大唐中兴颂》碑，别有一番滋味在心头。他热切盼望在经历巨变以后，国事能够中兴。他并非一味地赞颂李唐的中兴之业，而是思虑深沉，探究导致祸败的根源，并不仅归咎于安禄山一人，对战乱以后朝廷上下仍不思进取的局面深为痛心："纷然大历上元间，文恬武嬉主则孱。但知追咎一禄山，袖手不作如旁观。"（卷一三《语溪》）吕本中对于李光弼、郭子仪、张巡、许远这样的中兴功臣、节义之士衷心推诩，对于误国群小则是予以痛斥。诗中说的是前朝之事，显露出的却是对现实的关切。全诗感情激荡，落笔如风雨，和江西派诗显然有别。

在南渡前后诗坛上，吕本中诗风显示出流动圆活的特色，但并未流于率意浮滑，虽为理学中人，但工力为诗。南渡前后，身世之感、家国之恨，都倾注在诗中，使得他的诗在流畅圆转的同时，又有坚苍的骨力，质实而不虚浮。他的感叹自身、蒿目时艰的诗作，都体现出了重骨力的特点，感情丰沛真挚，而语句并不多加雕刻，运用成语也力求凝练浑成。陈岩肖谓其诗"多浑厚平夷，时出雄伟，不见斧凿痕"①，与"声韵拗捩，词语艰涩"的江西诗格自是有异，显示出南渡前后诗歌的新变趋向。

（原载于《中国韵文学刊》2003年第2期）

① 陈岩肖《庚溪诗话》卷下，《历代诗话续编》本，中华书局1983年版。

重读吕本中：政治倾向与诗史情怀

◎祝尚书

黄庭坚《东坡先生真赞三首（其一）》称苏轼“嬉笑怒骂，皆成文章”，说明山谷十分赞赏苏轼诗文的淑世精神。然而，在私密度更高的《答洪驹父三首（其二）》中，山谷却又写道：“东坡文章妙天下，其短处在好骂，慎勿袭其轨也。”[①]这似乎有些矛盾。其实在说长道短中，黄庭坚所表达的是对创作道路的选择，主张文学应与政治保持距离，甚至两不相干。因此，山谷诗很少对敏感的时事问题发表意见。这里的原因很复杂，盖与当时的政治氛围、个人性格有关。黄诗的创作倾向，对诗坛特别是江西派诗人影响很大，本文不论。而吕本中则大不相同，若将他的诗作与他周围的诗人如挚友曾幾、饶节、谢逸等比较，众人所处时代相同，又志同道合，然而政治态度、思想内涵的区别十分明显，前者颇有东坡之风，而后者更接近黄诗。对此，学术界很少论及。吕本中（1084—1145），字居仁，寿州（今安徽寿县）人，生长于京师开封（今属河南），元祐宰相吕公著曾孙。他是后期江西诗派领袖，著有《东莱先生诗集》二十卷、《外集》三卷，存诗一千二百多首。其诗歌多为朋友间唱酬赠答，感事抒怀，但随处流露出对徽宗朝黑暗政治的憎恶、对金侵略者的仇根、对国家兴亡的关切，态度鲜明，对当时诗坛疏离

① 《黄庭坚全集》卷一八，四川大学出版社 2001 年版，第 474 页。

政治的倾向进行了有力的反拨。本文试论之。

一、“匣里出鸣剑，眼中除眯糠”：对党祸的憎恶

自宋神宗支持王安石变法以降，赵宋王朝的政治版图中就存在一个挥之不去的阴影：支持新法者（新党）与反对者（旧党）各自形成了针锋相对的阵营，进行着长时间的斗争。哲宗元祐中，旧党获胜，司马光、吕公著共为宰相，几废尽新法，新党人物于是失势，相次被贬废。但随着哲宗驾崩，徽宗继位，新党头目蔡京为相，时势出现了大逆转。这时，斗争矛头已与维护“新法”没什么关系，而是以“绍述”为名，提出所谓禁“元祐学术”的口号[①]，对旧党采取了激烈的报复行动，如籍元祐党人名单、刻所谓《元祐奸党碑》等等，对旧党进行严厉打击。徽宗崇宁元年（1102）九月，吕本中祖父吕希哲（公著子）入元祐党籍，废居宿州（今属安徽）。其子吕好问、孙吕本中随侍。由于党祸的酷烈，吕氏家族这时已由鼎盛迅速衰落，家中数百口，常常连吃饭都成问题[②]。本中与祖、父一同忍受着困乏的物质生活，而精神生活却很丰富：这时的吕氏已不单单是官僚家族，更是著名的文化家族，对学术、文化的研习与传播，是他们应对贬谪的精神支柱。

吕本中《童蒙训》卷下载：

① 所谓“元祐学术”，南宋初蜀中作家李石写道：“王安石以新说行，学者尚同如圣门一贯之说，僭也。先正文忠公苏轼首辟其说，是为元祐学，人谓蜀学云。时又有洛学，本程颐；朔学，本刘挚，皆曰元祐学。相羽翼以攻新说，卒之不胜，稔成乱阶，尚同之过也。仰惟靖康定正国是，投其徒于四裔，凡悉力以尊崇元祐学者，皆得为专门名家，轼其倡也。”（李石：《苏文忠集御叙》，《方舟集》卷一三，影印文渊阁《四库全书》本）这段话概括了王安石新学与“元祐学”（包括蜀学、洛学、史学）斗争的历程，而且明确指出所谓“元祐学”的魁首就是苏轼。

② 吕祖谦《东莱公（好问）家传》：“再更党祸，家愈窭，或日旰灶薪不属，公上奉二亲，下任数百指之责。”（《东莱吕太史文集》卷一四，《续金华丛书》本）

崇宁间，饶德操节、黎介然确、汪信民革，同寓宿州，论文会课，时时作诗，亦有略诋及时事者。荥阳公（吕希哲）闻之，深不以为然。时公疾病方愈，为作《麦熟》《缫丝》等曲诗，歌咏当世，以讽止饶、黎诸公。诸公得诗惭惧，遽诣公谢，且皆和公诗，如公之意，自此不复有前作矣。[①]

吕希哲是位道学家，又是个正统的官僚，不能容许年轻人“略诋及时事”，而要求他们“歌咏当世”。当然，鉴于崇宁间的黑暗政治，其间也不乏长辈的护犊之情。然而，所谓“如公之意”大约只是几个年轻人的幌子，他们对“当世”已是一肚子不满，要他们去“歌咏”，固然不得不接受，但在“接受”中大打“折扣”，在现存吕本中诗集中，仍保留了有不少“诋及时事”的作品。这反映在如下几个方面：

首先，赞美、同情元祐党人及不受奸臣利诱的后辈。年轻人喜欢交友，而吕本中最早结交的知心朋友，便是他祖父的门人饶节、汪革等。饶节（1065—1129），字德操，临川（今属江西抚州）人。数举进士不第，从吕希哲学。他曾是曾布的门客，因两人政见不合，遂出家为僧，住邓州香岩寺，法名如璧，自号倚松道人。著有《倚松老人诗集》十四卷（今传《江西诗派》本仅二卷）。汪革（1071—1110），字信民，亦临川人。家贫好学，于绍圣四年（1097）登进士第，历潭州教授，是时官宿州教授。后当改官，蔡京欲其附己，授宗子博士，革辞，改楚州教授。事迹见晁说之《汪信民哀辞》[②]、周彦约《青溪汪先生（革）传》[③]。著有《青溪集》十七卷，久已失传。从上述饶、汪二人的简历可知，他们似乎都长着“傲骨”，具有独立的政治立场，绝

① 吕本中《童蒙训》卷下，影印文渊阁《四库全书》本。

② 《嵩山景迂生文集》卷二〇，《四部丛刊续编》本。

③ 程敏政编《新安文献志》卷七七，影印文渊阁《四库全书》本。

非应声附和之徒。崇宁间，他们不顾世俗之见，毅然投奔吕氏门下，其对元祐党人的同情，已无须用言语表达。吕本中对他们的行为和政治品格大加赞誉，作《符离诸贤诗》曰：

符离虽陋邦，贤士稍罗列。德操青云器，议论辈前哲。外貌发英华，中心莹冰雪。介然特立士，劲气刚于铁。攘臂辨是非，孰能逃区别。信民粹而和，名利诚难悦。汩没稠人中，独抱云松节。伟哉二三子，实乃邦家杰。……[①]

又独赞汪革兄弟道："汪子（革）宦不进，四海漫声名。有弟（汪莘）极磊落，气宇和而清。三冬文史足，十年书剑成。……轻肥置度外，辛苦抱遗经。"[②]又曰："大汪（革）矫矫云间鹤，老谢（谢逸）森森涧底松。"[③]

应当说明，吕希哲是道学家，饶节、汪革等以及吕本中在其门下问学，"问"的无疑是道学（南宋称理学），即前文注引李石所说"元祐学"中的"洛学"，这在当时被视为"异端"而遭严禁。师从元祐党人并接受"异端"教育，这本身就带有鲜明政治色彩，而吕本中还作诗对诸人进行赞美，称其为"邦家杰"，其政治胆魄已不言而喻。

其次，敬重元祐党人。《师友杂志》曰：

政和中，本中自扬州随侍先君子（好问）沿檄至静海（按：即通州，今江苏南通），涂经海陵，日陪马丈巨济游。凡累日，乃过静海，任丈德翁，日得请见。任丈志刚气直，都不少

① 《东莱先生诗集》卷一，《四部丛刊续编》影印宋乾道刊本（以下简称《诗集》，不再注）。

② 《赠汪莘叔野》，《诗集》卷二。

③ 《阅旧诗卷有怀》，《诗集》卷五。

屈，真王佐才也。马丈论事有体，纡余委曲，不与物竞，世亦罕能及者。[①]

按：马涓，字巨济，阆州南部（今四川南部县）人，元祐六年（1091）状元，入党籍，其时贬官海陵。本中诗集中（卷九）有《寄马巨济察院时监泰州酒得宫祠归南京》诗。任丈德翁，即任伯雨，字德翁，眉州眉山（今四川眉山市）人，因党籍编管通州。上揭《寄马巨济察院时监泰州酒得宫祠归南京》诗曰：

新春款南园，积雨寒不歇。起望海陵城，幸未还往缺。闻公得安还，未放车轨折。毫端倒江海，胸次湛明月。东风片帆来，乃复为此别。田园到荒芜，岁事有曲折。不见南山松，高卧拥霜雪。鬓髯凛可畏，此岂念容悦。愿公考其然，一向鼻头说。

马涓尝为监察御史，故称“察院”。诗人以南山松喻之，并称“鬓髯凛可畏”，并不在让人看着舒服。“愿公”二句，向鼻头说，即黄庭坚所谓“向鼻头参”，其《谢王炳之惠石香鼎》诗曰：“法从空处起，人向鼻头参。”任渊注引《楞严经》曰：“香严童子言，见诸比丘烧沉水香，香气寂然，来入鼻中。我观此气，非木非空，非烟非火，去无所著，来无所从。由是意销，发明无漏，如来印我，得‘香严’号。”所谓“无漏”，谓断除烦恼，清净离欲，以了脱生死。此言若上官欲求容悦，可学香严童子，让他用鼻子闻闻沉水香，看他能否因香发智，除其垢染，归于清净。

除上述外，吕本中尝与张耒、张舜民等元祐党人交往，并有诗，如《诗集》卷一《送文潜归因成一绝奉寄》、卷二《奉怀张

① 吕本中《东莱师友杂志》，陆心源《十万卷楼丛书》本。

公文潜舍人二首》等，同时还与元祐党后人颇有交谊，为他们鸣不平。如在《赠孙广伯》诗中，诗人首先赞扬御史中丞孙觉在朝时德邵功高："昔者中丞公，事主以一德。从容进退间，多士所取则。……至今门下士，必以身许国。"[①]然而，就是这样一位忠心为国的大臣，绍圣中"以觉元祐党，夺职，追两官"[②]。其孙孙广伯，名衎，敢于为其祖申冤，同上诗曰："空拳入善阵，匹马见勍敌。不嫌不识察，但恨无此获。欲赤莫如丹，欲黑莫如墨。吾尝持此言，以辨主与贼。苟无牛羊害，则有天地塞。君能但拙直，亦莫忘黑白。"在黑白颠倒、天地闭塞的时代，是没有是非曲直可言的。

再次，为元符上书人鸣不平。吕本中交结并与之唱和最多的，除元祐党人及其子孙外，还包括元符上书人。本来，元祐党人与元符上书人有很大不同，前者基本上是吕本中的前辈，他们大多曾位高权重，在元祐间曾担任过重要职务；而后者多为初仕不久甚至未仕的年轻人，凭着满腔热情上书言事，不料误投罗网，落得与前者同样的命运。[③]作为"党人"子孙的吕本中，已经"命定"了他的生活环境：与新党格格不入，昔日亲友也避之唯恐不及，余下的就只有所谓"奸党"了，他别无选择地被裹挟其中，不能自拔。在《寄外弟赵柟材仲》诗中，他说：

残羹得共啜，薄酒要同尝。匣里出鸣剑，眼中除眯糠。未容窥突奥，虚自倚门墙。指点飞鸿路，何人识故乡。[④]

① 《诗集》卷五。

② 《宋史》卷三四四《孙觉传》，中华书局 1977 年版，第 10928 页。

③ 《宋史》卷一九《徽宗纪》：徽宗崇宁三年（1104）六月戊午，"诏重定元祐、元符党人及上书邪等者合为一籍，通三百九人，刻石朝堂"。

④ 《诗集》卷四。

他是说，因生性眼中容不得半点杂物（按：眯糠，糠入目中），也难怪吃尽苦头。除他这位表弟外，张益中，便是他朋友圈中可以甘苦“共啜”“同尝”的另一个“危险”人物。张益中名裕，字益中，登绍圣元年（1094）进士第，因元符末上书获罪，见《师友杂志》。按，《宋会要辑稿·职官》六八之一：崇宁元年（1102）九月十四日，诏开具元符三年（1100）臣僚章疏姓名，张裕在“邪上尤甚”。在元符上书人中，他是罪名最重者之一。所谓“元符末上书”事，需补充作简要介绍。元符三年哲宗崩，徽宗即位，未改元。中书舍人曾肇上疏曰：“治道在广言路。以言赏人，犹或畏缩不进；以言罪人，人将钳口去矣。”会日食，四月朔，故事当降诏求直言，上命肇草诏，能具述意。“诏下，投匦者日千百人，元祐士大夫再以赦甄叙，或复旧职典方面。”[1]曾肇所草诏为《元符日食求言诏》，略曰：“朕方开谠正之路，消壅蔽之风。其于鲠论嘉谋，唯恐不闻；闻而行之，唯恐不及。其言可用，朕则有赏；言而失中，朕不加罪。朕言惟信，非事空文；尚悉乃心，毋悼后害。”[2]崇宁后，徽宗完全背弃了由他批准的诏书中的承诺，与蔡京一起，对当时上书人严加追究，此即所谓“元符末上书人”案。吕本中是时居真州，张益中贬居宝应县。吕本中曾作《山阳宝应道中与汪信民兄弟、洪玉父、杜子师、张益中日夕过从，自过高邮，不复有此乐也，因作此诗寄怀》诗，从诗题中即可看出，张益中虽是官定的“罪人”，而在吕本中眼里，却与老朋友汪革兄弟、洪炎（玉父）等一样。他又作《寄张益中》诗道：

五年望张子，兀坐四壁空。今晨千里来，如热濯清风。笑

---

① 《名臣碑传琬琰之集》下卷二〇《曾肇传》，影印文渊阁《四库全书》本。

② 《皇朝文鉴》卷三一，《四部丛刊初编》本。

谈不改旧，怜我衰病攻。斯人旧豪气，颇似陈元龙。只今更省事，终岁两颊红。何知珊瑚树，却倚尘埃中。晁侯夙所敬，见渠如见公。网罗枝出脚，远逐冥冥鸿。同会得王郎，敲门夜相从。殷勤一杯酒，目送西归鸿。人生少如意，此乐难再逢。君家老季鹰，高韵留吴松。风流远孙在，一棹何时东。不嫌道里远，为我略从容。[①]

视诗中两人的“亲密度”，盖不在兄弟之下。他们见面并没有说愁道怨，而用“忧国忘家、有救世之意”的陈元龙（登）为喻[②]，又言他是具有深谋远虑的张翰的后代，一旦扑出罗网，就会是高飞九天的鸿鹄（神鸟），以表达对这位“邪上尤甚”的朋友的崇高敬意。

又如唐充之，吕本中将他与张益中等量齐观，有诗道：“老松本自岁寒外，良马不畏长途驱。饥年百室仰粟廪，暑路六月悬冰壶。”[③]一个如老松，一个似良马；一个如众人仰食的粮仓，一个似六月天赖以解渴的冰壶。然而唐的命运却极坎坷。陈瓘《唐充之墓志铭》曰：“充之姓唐氏，讳广仁，充之字也。其先幽州人……中元祐六年进士第……当改官，坐元符末上书，命格不下。调监寿州开顺口盐矾酒税，未赴，丁母忧。服阕，监苏州酒税务。郡守李尚书孝寿，治尚峻猛，不任僚属。充之权幕官，敢与论曲直，苏人多赖之。后守盛待制章，于充之为姻家，初与充之善。郡人朱氏有势焰，守所歆慕，众皆帖帖屈随，而充之一切自异，著憎慢之迹，守不能堪，众或怒置充之于狱，吹毛无实，以酤酒点饶为罪。充之既废，贫困不能北归，居楚之宝应，益以读书教子为事。又七年，以疾卒于家，宣和己亥（元

① 《诗集》卷二。

② 语见《三国志·魏书》卷七《陈登传》，中华书局1982年版，第229页。

③ 《赠唐充之兼简益中》，《诗集》卷五。

年，1119）五月丙辰也。”[1]据墓志铭云，墓志所据即吕本中所作行状。又据《宋会要辑稿·职官》六八之二，在元符上书人中，唐广仁为“邪中”。如此世道人心，如此官场，正直的官吏不仅没有出路，甚至没有活路。

吕本中又作《寄唐充之二十韵》，对唐氏不只停留在同情、哀伤层面，而是更深层次地揭示社会黑暗的根源。他写道：

> 小儿成项领，烈士吐心肝。许下少文举，吴中无伯鸾。直须识根柢，始是极波澜。念此欲谁语，想公还自宽。屡成长剑倚，得洗夜虫酸。邂逅终年别，殷勤一笑欢。已除舌本强，仍斫鼻端漫。直节群公念，高名四海间。相期更无事，所祝在加餐。……[2]

“项领”一词出《后汉书·吕强传》：为人清忠奉公，上疏陈事曰：“……陛下不密其言，至令宣露，群邪项领，膏唇拭舌，竞欲咀嚼，造作飞条，陛下回受诽谤。”李贤注引《毛诗》曰：“驾彼四牡，四牡项领。”注：“项，大也。四牡者，人君所乘驾，今但养大其领，不肯为用。喻大臣自恣，王不能使也。”此以“小儿”喻指蔡京等权势人物，谓其势力坐大。而“烈士”，则指元祐旧党及元符上书人，他们正备受迫害，虽披肝沥胆，仍无处申说。更可悲的是，世上既缺少如孔融（字文举）那样敢于揭露大奸者，也没有不与其合作如梁鸿（字伯鸾）那样的高士，而正直如唐广仁，空有倚剑长叹，无可奈何。

吕本中与元符上书人唱和者甚多。再如崔鹏（1057—1126），字德符，阳翟（今河南禹州）人。元祐九年（1094）进

① 陈瓘《唐充之墓志铭》，《皇朝文鉴》卷一四四，《四部丛刊》初编本。
② 《诗集》卷六。

士。以元符上书入邪等。吕本中在《诗集》卷十《宿田舍》诗中，有“尚想崔夫子，冬来体更臞”句，“崔夫子”即其人。又作《与崔德符、田元邈别后奉寄》[①]《寄崔德符》[②]等诗，此不再论。

官场的派别斗争，又叫“党争”，情节严重的称“党祸”，历史上并不鲜见，汉、唐皆有之，有时甚至很难辨别其中的是非。但徽宗时代的所谓“元祐党祸”，已与神宗时代伴随推行与反对变法而出现的新、旧党争不同，已完全变质为蔡京一伙结党营私，借“绍述”为名，行固权保位之实，手段无所不用其极，成了一股黑暗势力。这严重破坏了社会良知，大大削弱了宋王朝的统治，最后导致亡国。因此，吕本中对党祸的憎恶，已超出了个人恩怨，成为正义与邪恶之辨。

二、“牛山所种木，日在斤斧厄”：对国是的深忧

上节引《赠孙广伯》诗中，有“欲赤莫如丹，欲黑莫如墨。吾常持此言，以辨主与贼。苟无牛羊害，则有天地塞”数句，将“牛羊害”与“天地塞”作为国家衰败的两大主因。在《拟古（其二）》中，诗人写道：

寒鸡不能晨，苦雨自朝夕。上为云雷巢，下乃龙蜃宅。坐怀阴外天，缺月挂残魄。少来可喜人，牖户陈玉帛。平生千万言，略省二三策。牛山所种木，日在斤斧厄。念君十年心，使我双鬓白。[③]

是诗约作于徽宗大观间，其时虽党祸有所缓解，但整个形

① 《诗集》卷一〇。
② 《诗集》卷一一。
③ 《诗集》卷四。

势并未有根本改变。寒鸡、苦雨、云雷巢、龙蜃宅，仿佛鬼魅世界，我们不难感悟这些诗歌意象的意蕴。“牛山”二句，典出《孟子·告子》上：“孟子曰：牛山之木，尝美矣，以其郊于大国也，斧斤伐之，可以为美乎？是其日夜之所息，雨露之所润，非无萌蘖之生焉，牛羊又从而牧之，是以若彼濯濯也。人见其濯濯也，以为未尝有材焉。此岂山之性也哉？”赵岐注：“牛山，齐之东南山也，邑外谓之郊。息，长也。濯濯，无草木之貌。牛山木尝盛美，以在国郊，斧斤、牛羊使之不得有草木耳，非山之性无草木也。”显然，这是以“牛山”喻指宋王朝，谓其已遭奸人破坏，弄得快草木不生。破坏者为谁？乃“牛羊”，与上引《赠孙广伯》同义，其喻义不言而喻。诗人以“拟古”为题，用十分含蓄的语言，又出自儒家经典，似乎不关“时事”，但明眼人很容易体会到诗人对国是一塌糊涂的愤懑、对国家前途的深深忧虑。

而《蛇》诗，则是以拟人化的方式表达更加敏感的主题：

山云楼起风旋磨，百毒乘阴出相贺。中庭夜夜蛇作堆，草堂病夫愁欲破。时须兵子设符咒，更遣狸奴旁坐卧。虽非当道白帝子，恐是多年老书佐。蛟龙变化未可量，草莽连岗足逋播。农夫催租正苦辛，莫向零陵作奇货。①

“老书佐”，《三国志·魏书·管辂传》：“管辂字公明，平原人也。”管辂精卜筮。“辂往见安平太守王基，基令作卦，辂曰：‘当有贱妇人，生一男儿，堕地便走入灶中死。又床上当有一大蛇衔笔，小大共视，须臾去之也。又乌来入室中，与燕共斗，燕死，乌去。有此三怪。’基大惊，问其吉凶，辂曰：

① 《诗集》卷一〇。

'直客舍久远，魑魅魍魉为怪耳。儿生便走，非能自走，直宋无忌之妖将其入灶也。大蛇衔笔，直老书佐耳。乌与燕斗，直老铃下耳。'”是诗构思十分巧妙。“蛇”为“老书佐”“老铃下”变化而来，它是什么东西，不必解释，已人心自明。正因为有了这蛇群，民不聊生，只得逃亡，而“蛇”们还忙不迭地向朝廷贡“奇货”。郦道元《水经·资水注》引《晋书·地道记》：（零泉）县“有香茅，气甚芬香，言贡之以缩酒也”。零泉县后来改名为零陵县。所谓“作奇货”，我们可以对“奇货”有多种设想，而是诗约作于政和末，很容易使读者想到花石纲。诗疑以零陵奇货香茅代指花石纲，直将纲运官吏比作穷凶极恶的蛇群。

花石纲乃北宋末奸臣为满足徽宗骄奢淫逸的欲望而设的纲运名，又称“花纲”“御前纲运”，专为皇帝搬运花木、奇石之类玩物，凡读过《水浒传》的人，对此都不陌生。以向宦官行贿得幸的朱勔之流，即以纲运官发迹，“凡林园亭馆以至坟墓间，所有一花一木之奇怪者，悉用黄纸封识，不问其家，径取之。有在仕途者，稍拂其意，则以违上命文致其罪，浙人畏之如虎。花纲经从之地，巡尉护送，遇桥梁则撤以过舟，虽以数千缗为之者，亦毁之不恤”[①]。当时太学生邓肃曾“作诗十一章，言守令搜求扰民，用事者见之，屏出学”[②]。吕本中亦作《邵伯路中逢御前纲载末利花甚众，舟行甚急，不得细观也，又有小盆榴等，皆精妙奇靡之观，因成二绝》[③]以讽之：

花似细薇香似兰，已宜炎暑又宜寒。心知合伴灵和柳，不许行人仔细看。

① 龚明之《中吴纪闻》卷六《朱氏盛衰》，影印文渊阁《四库全书》本。

② 《宋史》卷三七五《邓肃传》，第11603页。所作《花石诗》十一章并序，见《栟榈集》卷一，影印文渊阁《四库全书》本。《宋史全文》卷一四系诗于宣和元年十一月。

③ 《诗集》卷六。

玉桧盆榴作队来，异香相趁不相猜。从今闭向深宫里，莫学江湖自在开。

灵和柳，《南史》卷三一《张绪传》：“刘悛之为益州，献蜀柳数株，枝条甚长，状若丝缕。时旧宫芳林苑始成，（宋）武帝以植于太昌灵和殿前，常赏玩咨嗟，曰：‘此杨柳风流可爱，似张绪当年时。’其见赏爱如此。”[①]这是“明目张胆”地抨击昏君奸臣，诗人已出离愤怒，不再用曲笔了。与《蛇》诗相似，诗人在所作《记夜》中，亦以动物寓其意。诗曰：

残暑薰炙人，客梦不得长。忽蒙千里风，慰此六尺床。……中宵有臭虫，其大如蛣蜣。排闼触屏帐，怒欲凌空翔。熟视不得名，但见两翼张。《本草》所不载，《尔雅》所未详。夏虫盛百族，此物尤猖狂。东窗不得睡，幸无疾病妨。惜哉有知物，点污此微凉。人生要更事，美恶无不尝。悉除粪壤念，顿悟服食方。去为千丈松，凛然冲雪霜。慎勿学瓜瓠，置身篱落傍。

诗人说使他难以入眠的“臭虫”，“其大如蛣蜣”“不得名”。蛣蜣，一名蜣螂，黑甲，翅在甲下，啖粪土，喜取粪作丸而转之，盖即俗所称屎壳郎。《庄子·齐物论》：“蛣蜣之智，在于转丸。”与《蛇》诗一样，所谓“臭虫”不过是个虚拟的虫子，它如此“猖狂”，其实是个“有知物”，是个食“粪壤”的东西——它象征的是人，而干的却是卑劣的勾当：深夜闯入别人家胡作非为，让人不得安宁，与无知的“虫”没什么区别。诗人于是说，人类应当与食粪壤的虫子相区别，堂堂正正，像冲霜冒雪的高松，不要如瓜瓠般寄身篱下，狐假虎威，没

① 《南史》卷三一《张绪传》，中华书局1975年版，第810页。

有独立的人格。

宣和七年（1125）下半年，金兵在叛臣郭药师之流的带领下，分两路进军南下，一时战火遍野，黑云压城。这时，吕本中曾游西宫，作《游西宫有感》诗，道：

种种不如意，悠悠无复听。漫寻村路好，似得片时醒。水隐城坳白，山来树杪青。晚田收袯襫，残日度笭箵。兴入山阴道，诗如历下亭。荒原子胥庙，千载想仪刑。①

先解释两个生僻词语：袯襫，即蓑衣；笭箵，装鱼的竹筐。二者皆农夫渔父生活、生产用具。要读懂这首诗，必须明白“西宫”是什么。所谓西宫，即景灵西宫，乃徽宗即位后专为神宗、哲宗两位先帝和徽宗母后所建神庙，地址在开封穿过驰道的西边，其规模极为宏大。“凡为屋六百四十区。经始于元符三年十月之甲子，不逾岁而成。涓日迁奉亲祠，永为不祧之庙。”②如此神圣的地方、壮丽的工程，诗人却不置一词，而将目光投向“村路”和劳作的农、渔民，看看这些最底层的劳苦大众的生活，似乎才有“片时醒”的感觉。在金兵南侵势如破竹的危急时刻，诗人想到了王羲之“每行山阴道上，如镜中游”的对大好山河的眷念，以及杜甫“海右此亭古，济南名士多”的对优秀文化的赞美。然而江山如彼，而国是又如此，诗人的感情极为复杂。他不禁要问：天下危在旦夕，何以至此？这追问勾起的往事太不堪，他不禁想到了伍子胥，那位勇于报仇雪恨的古代英雄。当然，他不可能怪罪昏君，要报仇的对象，是使国家濒于严重危机的奸臣。

① 《诗集》卷一一。

② 王应麟《玉海》卷一〇〇《元符景灵西宫》，影印文渊阁《四库全书》本。

我们再回到本文的开头。吕本中虽直接“诋及时事”的作品不算太多，但他惯用比拟、拟人等手法，表达那些难以直言的思想，特色鲜明，爱憎分明。在徽宗时代黑暗、恐怖的政治生态中，此可谓空谷足音。很多年后，吕本中在《答朱成伯见赠四首（其四）》中写道：“昔在中朝时，每从贤俊游。酒酣握手叹，预怀今日忧。”[①]这类表达诗人政治情怀的诗歌，应当正是当日“握手叹”过的话题，而他敏锐的目光，早已预见到“大事”不妙，不幸被言中，后来都一一成为现实。

三、“欲逐范仔辈，同盟起义师”：对中兴的渴望

以钦宗靖康元年（1126）正月金兵第一次围城（包围京师开封）为标志，“靖康之难”像天崩地坼似的，突然降临在大宋国的首都。是年闰十一月，金兵又第二次围城。几个月后，北宋政权灰飞烟灭。这是赵宋王朝的转折点，也是中国历史上的重大事件。建炎元年（1127）秋，吕本中惊魂未定，匆匆逃离开封，抵达宣城（今属安徽）避难，从此流寓于南方各地达十八年，直至逝世，再也没有回到他日思夜想的故乡。国恨家仇激发了他的创作欲，他写下了许多具有丰富政治内涵也有较高艺术质量的诗歌作品。

吕本中是金人两次围城的亲历者。围城之初，吕本中颇有信心，作《京城围闭之初天气晴，和军士乘城不以为难也，因成四韵》诗，曰：“贼马侵城急，官军报捷频。民心皆欲斗，天意已如春。”又作《守城士》《闻军士求战甚力，作诗勉之》等诗，以励士气。但到次年初作《丁未（靖康二年）二月上旬四

① 《诗集》卷一二。

首》《城中纪事》等诗时[①]，其方知“天意”已经不存，赫赫大宋王朝远比他想象的更腐朽无能。《城中纪事》真实地记录了围城中的所见所闻所感，今人读来，仍感触目惊心：

生平足艰窘，可叹不可言。两遭重城闭，再因群盗奔。今兹所值遇，我岂不与闻。脱身保儿女，恐辜明主恩。傍徨不忍去，敢计生理存。昨者城破日，贼烧东郭门。中夜半天赤，所忧惊至尊。是日雪政作，疾风飘大云。十室九经盗，巨家多见焚。至今驰道中，但行胡马群。翠华久不返，魏阙连妖氛。都人向天泣，欲语声复吞……[②]

诗中袒露了诗人保家与卫国的矛盾心情，也展现了其忠君爱国的形象。是时开封城已破，繁华的帝都淹没在一片火海之中。王朝灭亡已成现实，悲愤之余，吕本中决意报仇：“塞水须塞源，伐木须伐根。子莫笑短拙，荆蛮生伍员。”[③]虽“无可奈何花落去”，但他并没有绝望，而将希望寄托在“中兴”上。上引《丁未二月上旬四首（其一）》曰：

丞相忧宗及，编氓恐祸延。乾坤正翻覆，河洛倍腥膻。报主悲无术，伤时只自怜。遥知汉社稷，别有中兴年。

应当特别指出，诗题记下“丁未上旬”这个时间点，极为重要。“丁未”为钦宗建炎元年，是年二月初六，金人废徽、钦二帝，另立异姓张邦昌为帝，见《三朝北盟会编》卷七八引《伪楚录》。故“丁未二年上旬”，实为北宋灭亡的国难日。吕本中记

① 以上诸诗，皆见《诗集》卷一一。
② 《诗集》卷一一。
③ 《城中纪事》，《诗集》卷一一。

下这个刻骨铭心的时刻，带有鲜明的政治色彩。也就是说，北宋灭亡时，最早提出“中兴”口号的，正是吕本中。

靖康间，吕本中作有组诗《兵乱后自嬉杂诗》（以下简称“杂诗”）二十九首[1]，描述了靖康之难中广大百姓遭受的巨大苦难，如《杂诗（其二）》：

羽檄连朝莫，戎旃匝迩遐。未教知死所，讵敢作生涯。东郭同逃户，西郊类破家。萍蓬无定迹，屡欲过三巴。

又其三：

庐舍经兵火，头颅尚在门。风掀灰埸迹，月涩剑铓魂。鼠穴频遭断，燕巢犹半存。看花泪盈眼，宁忍复开尊。

元方回编《瀛奎律髓》[2]，从二十九首中选了五首，评论道：“老杜后始有此。”这是中肯的。用血泪凝成的惊心动魄的诗句，真实地记录了将近九百年前发生的那场惨绝人寰的大血案，亦如杜甫诗，完全可称“诗史”，堪为不朽。

在《杂诗》二十九首中，吕本中除揭示金统治者的残暴、贪得无厌和人民遭受的巨大灾难外，也揭露了宋统治集团的腐朽与荒谬。这里举一首就够了。《杂诗》其十八：

汾阳六甲士，率众出中都。欲使亲平虏，翻成远避胡。操戈取金币，夺马载妻孥。汝自违天意，何缘保汝躯。

① 《东莱先生外集》（以下简称《外集》）卷三，《中华再造善本丛书》本，北京图书馆出版社 2006 年版。《瀛奎律髓》卷三二署吕祖谦作，误。

② 本文用李庆甲《瀛奎律髓汇评》本，上海古籍出版社 2005 年版。

“汾阳六甲士”之“汾阳”指郭京（郭京乃山西汾阳人）。或称其“能施六甲法，可以生擒二将而扫荡无余。其法用七千七百七十七人。朝廷深信不疑，命以官，赐金帛数万，使自募兵，无问技艺能否，但择其年命合六甲者。所得皆市井游惰，旬日而足”。金兵围城危急时，郭京“乃启宣化门出……引余众南遁。是日，金人遂登城”。其事详见《靖康要录》卷一〇、《宋史·孙傅传》等。在国家生死存亡的紧急关头，昏庸的大臣们却将守城重任委于一群骗子、妄人，实在是历史上仅见的大笑话，千载而下，令人扼腕。可见北宋末的统治集团已经腐朽、堕落到无以复加的地步，若其国不亡，反倒是怪事。

《杂诗》的巨大价值，还在于诗人倾泻了心头压抑已久的积愤，使后人更真切地了解当时人们的心理，甚至是历史的真相，并让后人由此汲取血的教训。如《杂诗（其六）》斥责叛将道：

叛将斩关入，通衢列众兵。军声逐飞瓦，杀气暗前旌。事定愁方剧，身危梦尚惊。乾坤空纳纳，何处寄余生。

叛将之首，当数郭药师。郭药师乃铁州（今辽宁盖州东）人。辽募辽东人为兵、药师为帅，辽亡，以涿、易二州归宋，副王安中守燕山。金完颜宗望军至三河，郭药师兵败降金。后从宗望攻宋，让宗望悬军深入，而获全胜。这样一个反复无常的小人和叛徒，朝廷居然让其守燕山，不能不说是宋统治集团的致命失误。

又其九：

万事多反复，萧兰不辨真。汝为误国贼，我作破家人。求饱羹无糁，浇愁爵有尘。往来梁上燕，相顾却情亲。

“汝为”二句，简直是血泪控诉，不仅是为元祐党人及其子孙，更为千千万万遭受战争蹂躏的普通百姓。统治者的胡作非为，最后“埋单”的是平民百姓。李庆甲《瀛奎律髓汇评》卷三二收此诗，引冯班批曰：“第三、四可赠荆溪。”[①]所谓“荆溪”，盖指王安石。但徽宗以后国事日非，与王安石及其变法的关系已不大，若欲追责，蔡京党固然脱不了干系，而将国家推向灭亡的，首恶恐怕就是徽宗皇帝赵佶，只是吕本中没有说出来。

灾难既已发生，发泄、追责是必须的，但若只停留于此，又远远不够，更重要的是如何从中汲取教训。《杂诗（其二十）》：

平世多忘战，今真得阵梁。燕云拥豺虎，陆晋失金汤。汉将争奔北，胡兵尚崛强。何当合余烬，戮力共勤王。

《史记·主父偃列传》引《司马法》曰：“国虽大，好战必亡；天下虽平，忘战必危。”和平、安宁、祥和固然是民众的普遍愿望，但和平必须用战争守护，若因安宁祥和而“忘战”，则十分危险。北宋近一百七十年，尽管内忧外患不断，但大体是平安的，这很容易被表象所掩盖，一旦发生如靖康之难这样的突发事件，民不知兵，将不能战，必然国将不国，只能束手就擒。燕云（今河北、北京一带）早有外敌虎视眈眈，而陆晋（今山西、山东一带）却没有战备[②]，一旦生战，便如吕本中所说“汉将争奔北，胡兵尚崛强”，这就是平日“忘战”的可怕恶果。宗泽于建炎二年（1128）三月向高宗上《乞回銮疏》，略曰：“偶缘玩习，太平之久，文武恬嬉，狃于骄淫矜夸，忘战守之备，遂致

① 《瀛奎律髓汇评》中册，第 1354 页。

② 按：陆，代指山东。《史记·建元已来王子侯者年表》第九：“陆，灾川靖王子。”《索隐》：“《表》在寿光。”（《史记》卷二一，中华书局 1959 年版，第 1114 页）按：寿光，今属山东潍坊市。

仇方横肆。”[①]亦即此意。吕本中还认为，当时之计只有收拾残兵败将（余烬），万众一心，聚在新皇帝（高宗）周围，或可有救。

《杂诗》二十九首规模宏大，内涵丰富。最后，我们还可指出组诗的一个亮点，即第一首。诗曰：

晚逢戎马际，处处聚兵时。后死翻为累，偷生未有期。积忧全少睡，经劫抱长饥。欲逐范仔辈，同盟起义师。

末句诗人自注道：“近闻河北布衣范仔起义师。”范仔起义事，史籍失载，事不详[②]，大约他曾组织义军抗金。其起义事既已传到开封，当时当有一定影响。“欲逐范仔辈”，无疑只是文人的“狠话”，实际上吕本中不可能去参加“起义”，心“向往之”也就够了。若不是金兵把人逼到绝路，吕本中也不会有这个念头。

事实上，靖康中各地民众自发进行反抗和自卫之事，文献中并不少见。《杂诗（其二十六）》曰：“重到江头宅，荒残足叹嗟。新乌忽栖树，旧犬已辞家。……相亲为部曲，弓剑作生涯。”“江头宅”，《杂诗》中又称“江上宅”，指吕氏在阳翟的老宅，战乱中已被毁。杜甫《暮秋枉裴道州手札率尔遣兴寄递呈苏涣侍御》：“阵前部曲终日死。”郭知达集注引旧注曰：“部曲，队伍也。”此指大户人家聚众组建的自卫队。“生涯”，生活，谓以习武为事。《靖康要录》卷一〇载靖康元年（1126）十一月二十日枢密院札子：“或有逃散去处，山林自专

① 《宗忠简集》卷一，影印文渊阁《四库全书》本。

② 按慕容彦逢《摛文堂集》卷七（影印文渊阁《四库全书》本）有范仔加官制，谓其人为入内文思使，与“布衣”不合，且慕容氏卒于政和七年（1117），则起义之范仔，当是另一人。

结已成队伍，许具名申所在官司，不拘军人百姓，亦许自效，随事便宜，四面攻讨。其所杀获，随事以闻。”据此，各地组织队伍自保自救，已成合法之事。上引吕诗中所谓“相亲为部曲”，盖当时阳翟也曾有过此类武装组织，但吕本中是否曾参加或参与谋划，甚至他是否曾练习过弓剑，不得而知。

开封城破，徽、钦二帝做了金人的俘虏，北宋灭亡。吕本中对这座“帝京”已无可留恋，于建炎元年（1127）秋拖家带口逃到宣城，从此走上流亡之路，已见前述。在去宣城途中，他作《怀京师》，诗曰：

北风作霜秋已寒，长江浪生船去难。客愁不断若江水，朝思莫思在长安。长安外城高十丈，此地岂容胡马傍。亲见去年城破时，至今铁马黄河上。小臣位下才则拙，有谋未献空惆怅。汉家宗庙有神灵，但语胡儿莫狂荡。[①]

这里所谓“长安”，即代指开封。显然，吕本中抱着强烈的“恢复”梦想，真以为赵宋江山有祖宗、神灵护佑。宣城也不是安全之地，于是其一家子继续南行，“连年走遐方，所至若邮传”[②]，于绍兴元年（1131）初到达桂林，作《呈折仲古四首》，有句曰：“谢安肯为苍生起，早为吾君了中兴。”又作《夜坐有感》诗，有句曰：“中原北望四千里，三年不见南飞雁。……岭南无瘴便可老，江头有酒犹堪唤。”[③]流亡十年后，约绍兴六年（1136），又作《感怀》诗，曰：

十年南北长为客，万里江山半是乡。梦里题诗随意了，醉中

① 《诗集》卷一一。

② 《初至桂林二首》其一，《诗集》卷一三。

③ 以上见《诗集》卷一三。

书字不成行。燕思公子归来早，草忆王孙恨更长。枕上不知多少事，觉来依旧熟黄粱。[①]

绍兴八年，吕本中五十五岁，由坚决主战的宰相赵鼎荐引，终于有了一次入朝做官、为君“了中兴”的机会。是年二月，授试中书舍人，又兼侍讲、兼权直学士院。八月，兼史馆修撰。但是，朝中主战、主和两派的斗争无法调和，吕本中终于与主和派首领秦桧交恶，于是被诬与赵鼎结党，被劾罢官。“早为吾君了中兴”的梦，真成了“觉来依旧熟黄粱”。所有这些，乃官场的敏感话题，吕本中没有用诗歌表达，但在离朝后所作《离行在即事三首》中，仍隐约地透露了不少信息：

昏旦黄村（尘）里，经营谢独清。看人长麈尾，怀我短灯檠。旧交分穷达，斯文鼎重轻。边声授明主，礼乐谢诸生。[②]

原来行在所杭州与昔日开封一样，买官鬻爵盛行，达官显贵将战和之责推给皇帝，而自己却沽恩结党，以享荣华富贵。总之，吕本中的“中兴”梦彻底破灭了。七年后，即绍兴十五年，诗人走完了多灾多难的一生，客死于信州（今江西上饶）寓所。

靖康之后，外有侵略与反侵略、内有战与和，朝廷存在双重斗争，前者关系到民族大义，后者关系到国家兴亡。吕本中以一介文人且瘦弱多病之身，虽不能力挽狂澜，但用自己的笔记录了那个悲惨的时代，并为“中兴”事业孜孜不倦地奋斗着、期待着，表现出一个传统知识分子应有的担当，是值得充分肯定的。

吕本中《紫微诗话》记曰：“曾元嗣续，政和间尝作《十友

① 《外集》卷三。

② 《离行在即事三首》其一，《外集》卷一。

诗》，盖谓颜平仲岐、关止叔沼、饶德操节、高秀实茂华、韩子苍驹，及余诸人，凡十人也。其称予诗云：‘吕家三相盛天朝，流泽于今有风毛。世业中微谁料理？却收才具入《风》《骚》。’”曾续是说，北宋年间吕氏家族出了三位宰相，即吕蒙正、吕夷简和吕公著。到吕本中这代，已家境衰败，做官通达的很少，但出了位大诗人，将国恨家仇、世事变迁用诗歌记录下来——他就是吕本中。他的诗继承了《诗经》《楚辞》传统，将永传后世。曾续赠诗在政和间，但他的诗似乎是对吕本中一生的总结。

综上论，无论在党祸年代，还是面对外族入侵，吕本中始终关心国家、民族命运，诗歌创作紧贴时代脉搏，作品中政治态度鲜明，思想内涵丰富，继承了《诗经》《离骚》以来的优秀文学传统，是一笔宝贵的精神财富。应当说明，在国家危亡之际，抒发保家卫国情怀、反对外族入侵的诗人不止吕本中一个。比如陈与义，他也写过许多类似的诗篇，但终是蕴藉有余，而激昂不足。盖因他在徽宗朝没有身受党祸之害的切身体验，靖康间京师陷落时又正在陈留丁外艰[①]，未亲历开封保卫战血与火的洗礼。因此，吕诗更真切感人，在当时影响也更大。可以说，吕本中用自己的作品对江西派疏离政治的创作倾向进行了有力反驳，为后江西诗派青年诗人如陆游、杨万里等指明了创作方向。《四库提要·剑南诗稿提要》曰：“（陆）游诗法传自曾幾，而所作《吕居仁集序》又称源出居仁，二人皆江西派也。然游诗清新刻露，而出以圆润，实能自辟一宗，不袭黄、陈之旧格。”其他如杨万里、范成大等中兴诗人，莫不深受其影响。特别是陆游，他关心国事，一生主张抗金并曾亲临前线，可谓渊源有自。

［原载于《北京大学学报（哲学社会科学版）》2019年第1期］

---

① 见胡穉《简斋先生年谱》，吴洪泽等主编《宋人年谱丛刊》第7册，四川大学出版社2003年版，第4541页。

宋代吕氏家族学术特点述略

◎汪　俊

吕氏家族在宋代门户之盛，可称是衣冠世家。自从吕蒙正于太平兴国二年（977）擢进士第一，先后在太宗、真宗朝为宰相始，其家族便代有名臣：吕夷简、吕公著父子分别于仁宗、神宗、哲宗三朝相继为相；吕公绰为翰林侍读学士，权知开封府，吕公弼在神宗朝为枢密使，吕公孺为哲宗时户部尚书；公著子吕希哲为神宗朝崇政殿说书，吕希纯为中书舍人；希哲子吕好问建炎初为尚书右丞；吕好问子吕本中南渡后在高宗朝累迁中书舍人兼直学士院……家族内其他成员，立朝为官或外出典郡知州者，亦不可胜计。凡一百数十年间，吕氏家风未替，人才迭出。其中最具代表性的人物之一，便是南宋著名理学家、婺学代表人物吕祖谦。所以《宋元学案·武夷学案》云："北宋公相家之盛，莫如吕氏、韩氏，其子孙皆能以学统光大之。"这是一个在宋代历史和文化诸多方面都留下广泛影响的家族。今考其家族的学术主要特点，大抵有四个方面，曰：一，以儒为本；二，不名一师；三，浸染禅学；四，热心文事。以下即以其家族中主要成员为例略作论述。

一、以儒为本

宋代北方以士大夫为主体的人文风尚之一大特点，便是经史之学特别发达。作为“北宋公相家之盛”的吕氏家族，久居京师，世代为官，自然与这种人文风尚相一致，其家风向来以儒学为本，注重道艺性命之学。关于这一点，前人论述亦多。如史称吕蒙正“质厚宽简，有重望，以正道自持”（《宋史・吕蒙正传》），又称吕夷简“以儒学起家，列位辅弼”（《宋史・吕夷简传》），又称吕公著“自少讲学，即以治心养性为本……量闳而学粹”（《宋史・吕公著传》）。至吕希哲、吕好问，虽因崇宁党禁而长期沉沦困顿，但他们多与当世名儒交游，致力经术，终亦以儒学名于时。吕本中《师友杂志》云：“荥阳公初以师礼事伊川，后从诸老先生甚众。后来程门弟子，如谢显道、杨中立，亦皆以师礼事荥阳公。”吕希哲的年龄要比谢良佐、杨时等人大一些，早年又与程颐一道同学于胡瑗，后来才转而向程颐问学，但谢良佐、杨时诸人身预“程门四君子”之列，在伊川门人中的地位是很特殊的，然而他们竟“以师礼事”吕希哲，可见吕希哲当时在程门弟子心目中的地位甚高。《宋元学案・荥阳学案》亦云：“荥阳之可以为后世师者，终得力于儒。”吕好问虽无经学著述传世，但当南北宋之际，在儒林声望亦甚著，时人将吕好问与程门高足杨时并称，分别作为北方儒学和南方儒学的代表人物：“宣和之季，故老踵相蹑下世，独公与杨公中立无恙。诸儒为之语曰：‘南有杨中立，北有吕舜徒。’盖天下倚以任此道者唯二公云。”（吕祖谦《东莱集》卷十四《东莱公家传》）吕本中承此家学渊源，得父祖之遗，于儒家经典造诣亦深，他也是当时著名的理学家。朱熹对吕本中“发明道学之功”亦甚为推重。其《跋吕舍人帖》云：“吕公之言，所以发明讲道修身之法详矣。学者审其先后缓急之序而用力焉，其入圣贤之域也孰御？”又说：“绍兴紫微吕公，名德之重，一言一动，皆有法戒。”（《晦庵集》卷八十三《跋吕舍人〈青溪类稿〉》）至于吕本中的从孙吕祖谦，史载其“学以关、洛为宗，而旁稽载籍，不见涯涘”（《宋史·吕祖谦传》）。南宋中期，吕祖谦与著名理学家朱熹、张栻鼎足而立，被称为“东南三贤”。《宋元学案·东莱学案》又云：“宋乾、淳以后，学派分而为三：朱学也，吕学也，陆（九渊）学也。三家同时，皆不甚合。朱学以格物致知，陆学以明心，吕学则兼取其长，而复以中原文献之统润色之。门庭径路虽别，要其归宿于圣人，则一也。”由以上的概括叙述可见，吕氏家族至少从吕蒙正到吕祖谦的一百多年来一直保持着相当显著的以儒为本的传统，且成就甚高，代有人才，影响至大。故黄宗羲、全祖望所编《宋元学案》，为吕氏家族成员专门立学案者就达四人：吕公著《范吕诸儒学案》、吕希哲《荥阳学案》、吕本中《紫微学案》、吕祖谦《东莱学案》；而其家族成员之姓名附见于其他学案者，又达7世18人之多。吕氏家族是有宋一代涌现理学家最多的一个家族，为其他家族所不及。这可视作吕氏家族以儒为本的家学传统的显著特征。

二、不名一师

宋代经学在其发展中形成了不同的门派，论之者谓：“言经学者主安定，言数学者主康节，言理学者主二程，此国朝诸儒之学也。言经学者不合于数，言数学者不合于理。”（《古今源流至论别集》卷四《儒学同异》）吕氏一门多属理学家流，但在学术思想上采取了“不名一师”的态度。所谓“不名一师”，主要指吕氏家族的学术师承统绪并不纯一。其家学传统虽然是以儒为本，以关、洛为宗，注重道艺性命之学，体现了宋代儒学的基本特色，但并不仅仅墨守一家之说，对于诸儒立论不同之处，亦未尝苟同，而往往是折中诸家，兼取其长，表现出一种严谨求善的态度，具有开放性和兼容性。在宋代新儒学产生过程中，在分门分户、各自立说的文化背景下，独吕氏家族的学术风格达到了广闻多师、唯善是从的境界。故时人多称之不立涯岸，不作党同伐异之论，以博采之实，收集益之功。今考吕氏治学“不名一师”的提法，最早当出自《宋元学案》对吕希哲和吕本中的评论：

荥阳少年，不名一师。初学于焦千之，庐陵之再传也，已而学于安定、学于泰山、学于康节，亦尝学于王介甫，而归宿于程氏。集益之功，至广且大。然晚年又学佛，则申公家学未醇之害也。（《宋元学案·荥阳学案序录》）

大东莱先生为荥阳冢嫡，其不名一师，亦家风也。自元祐后，诸名宿如元城、龟山、廌山、了翁、和靖以及王信伯之徒，皆尝从游，多识前言往行以畜其德。而溺于禅，则又家门之流弊乎！（《宋元学案·紫微学案序录》）

“不名一师，亦家风也”的评价，相当准确地指出了吕氏家族的学术特点。我们若从地域角度来观察，吕希哲所从之师，南北参半，彼此间学术自多异同。较重要者为：二程讲性理之学，邵雍讲象数之学，欧阳修重疑经创新，王安石则因政治需要，创立“新学”。但吕希哲最终“归宿于程氏”，则其所得似仍以北方之学为主。即便如此，北方学者中，孙复之学与二程有所不同，二程也与邵雍有异；而南方学者中，焦千之、王安石虽然同出欧阳修门下，但二人所学不同，且王安石“新学”与欧阳修也有区别，更不用说南北学者之间的差异了。如何将这些不同的从师来源统一起来呢？吕希哲并非不加辨别地全盘接受，而是有自己的标准。吕本中《紫微杂记》曾记载其祖吕希哲的从师原则是“德无常师，主善为师”，“不主一门，不私一人，善则从之”，强调一个“善”字，以为学术标准。吕本中也是如此。据《宋史·吕本中传》载：“（本中）祖希哲师程颐，本中闻见习熟。少长，从杨时、游酢、尹焞游。三家或有疑异，未尝苟同。”吕希哲、吕本中不是死守门户，而是以“善”为其主要取舍标准和学术归依，这是一种气量广博的严肃态度。自吕希哲、吕本中以后，这种学风和态度在其家族中便代代相传。

不仅吕希哲与吕本中祖孙二人有此“家风”，吕氏家族其他成员亦大都如此。其代表性人物还有吕好问和吕祖谦。吕好问除了得父祖之传的家学渊源外，《宋元学案》又谓其曾从胡瑗门人田述古、张载门人田腴以及李潜等人问学。吕祖谦亦师承交游甚广，《宋史·吕祖谦传》谓：“祖谦之学本之家庭，有中原文献之传。长从林之奇、汪应辰、胡宪游，既又友张栻、朱熹，讲索益精。”凡当代名儒，吕祖谦皆与游处，广为汲取，以采众长。《宋元学案》极为赞赏吕祖谦学风平和端正、气量宏博：“小东莱之学，平心易气，不欲逞口舌以与诸公角，大约在陶铸同类以渐化其偏。”（《东莱学案序录》）在十分看重师承授受系统、门户森森、党同伐异的集团意识很浓的宋代理学家中，吕氏家族的这种兼取诸家、转益多师、唯善是从的开放性学风确实独树一帜，难能可贵。因此，人称吕氏家族成员“多识前言往行以蓄其德”，尤其宋室南渡之后，虽然“衣冠渡江”，但是“文物尽失”，在一定程度上出现了文化断层的情况，“中原文献之传独归吕氏，其余大儒弗及也”（《宋元学案·紫微学案》）。吕氏家族将“中原文献之学”传播到南方地区，为北方经史文化的南传起了巨大作用，在一定程度上正是得益于这种“不名一师”的优秀家风。

三、浸染禅学

禅学在宋代为士大夫所普遍接受，这是人所共知的事实，所谓“两宋诸儒门庭径路，半出入于佛、老”（《宋元学案·西山真氏学案》）。但其时北方士人受正统的儒家学说影响较深者，往往不甚喜佛。如叶梦得所云："熙宁以前，洛中士大夫未有谈禅者。"（《避暑录话》卷上）洛阳为北方文化的中心区，从洛中士大夫对佛禅的态度，可以看出北方士大夫对佛禅的一般态度。今观石介、司马光等人多有辟佛排佛的言论，终其一生立场不变。还有些人虽然也看佛书，暗中吸取佛学禅家的思辨精华，而在公开场合却又不愿很爽快地承认，如理学家二程、邵雍等皆是。但好佛喜禅是吕氏家学的一个重要特征，他们对此也并不隐讳。今天我们虽未见到吕蒙正学佛的直接史料，但他早年曾依僧寺九年，佛禅对他的生活和思想应该是有影响的。吕氏家族成员自吕夷简以后，就不断有好禅喜佛的记录。如吕夷简曾编纂佛典《景惇新修法宝录》21卷，今存14卷。宋人笔记载吕公著喜佛："吕申公素喜释氏之学，及为相，务简静，罕与士大夫接，惟能谈禅者，多得从容。于是好进之徒，往往幅巾道袍，日游禅寺，随僧斋粥，谈说理情，觊以自售，时人谓之'禅钻'。"（《却扫编》卷上）吕公著的喜谈释氏之学，竟被好事之徒钻了空子，成为他为政的一个弱点。受此家学影响，吕希哲、吕希纯亦颇喜禅学。吕本中亦如此，其《师友杂志》记载了他早年好禅之事："予尝答立之书，晁以道京师适见之，极相称赏，但言不合说得佛学太多。"立之是王直方的字，吕本中曾将他列入《江西诗社宗派图》。王直方去世于大观三年（1109），其时吕本中约二十五六岁，由此可知他很早就浸染佛学了。《宋元学案·紫微学案》说吕本中"溺于禅"，又指出这是其家风使然："惟是其于释氏之学，有未尽斥者，则荥阳之遗风也。"我们今天从吕本中的诗歌中，亦可见到很多与僧人往还酬赠之作。直到南宋中期的吕祖谦，吕氏家族皆保持了好禅这一家学特点，所以也因此多受人们攻讦。如南宋理学家朱熹，虽然自己也沾溉佛学，却又多据此指责吕氏之学为"杂"。《宋元学案》更从程朱学统出发，凡涉及吕氏家族中人，都要批评其浸润禅学是“佞佛”“溺于禅”，是学术不纯的表现，是其“家门之流弊”“家学未醇之害”。其批评虽然未必正确，但从另一方面也证实了吕氏一门浸染禅学的确不浅。

宋代士人的喜佛好禅之习，对文学尤其是诗歌理论和创作产生了较大的影响。黄庭坚和陈师道论诗已有禅学的因素。南宋初，江西诗派论诗就掺有许多禅学理论，其中吕本中起了很大的推动作用。他论诗主张“悟入”“活法”，其《夏均父集序》云：“学诗当识活法。所谓活法者，规矩备具，而能出于规矩之外，变化不测，而亦不背于规矩也。”《与曾吉甫论诗第一帖》又说：“悟入之理，正在工夫勤惰间耳，如张长史公孙大娘舞剑，顿悟笔法。如张者，专意此事，未尝少忘胸中，故能遇事有得，遂造神妙。”曾幾《读吕居仁旧诗，有怀其人，作诗寄之》云：“学诗如参禅，慎勿参死句……居仁说活法，大意欲人悟。”吕本中的学生曾季貍在《艇斋诗话》中也说：“后山论诗说‘换骨’，东湖论诗说‘中的’，东莱论诗说‘活法’，子苍论诗说‘饱参’，入处虽不同，然其实皆一关捩，要知非悟入不可。”综合吕本中与江西诗派诸人的这些论述，可以看到，他们的主张有相当的一致之处，都是要求在创作方法上由开始的受诗法约束，而最终达到抛却诗法、臻于自由，在驱遣诗歌语言和营造意象上“遂造神妙”，即“活法”的诗歌境界。由“悟入”而达到“活法”，而“悟入”又主要从“功夫”中来，先要有相当的积累，然后再努力达到出神入化之境，这一过程有些类似于将北禅宗所主张的“渐修”和南禅宗所提倡的“顿悟”相结合，从前者的方法出发而达到后者的境界，所以人们称这些主张近于佛家禅宗话头，是有一定道理的。这反映了江西诗派的创作理论深受禅学影响。而明确将二者结合起来并产生影响的是吕本中，他的“悟入”“活法”的主张在南北宋之际起了相当重要的作用，也对江西后学以及南宋中期陆游、杨万里等人产生很大的影响。所以，吕氏家庭的浸染禅学，其意义不仅仅在学术上是其开放型学风之一端，而且契合宋代佛禅对江西诗派的影响过程，对江西诗派诗学理论的充实以及在南宋的发展，也起到了一定的作用。对此，我们又不可等闲视之了。

四、热心文事

刘克庄说："为洛学者皆崇性理而抑艺文。"（《后村题跋》卷八《黄孝迈长短句跋》）宋代北方士大夫多重视经史学术，于诗词文学虽也广为涉猎，甚至有人造诣颇高，但一般说来多视之为外道，不甚用力。故北方是理学家史学家多而文学家少，北方士人的文化成就亦往往以经史之学超过文学。吕氏一族在宋代经史学术领域有很高的造诣和贡献，然而不废辞章，亦重视文学创作，在诗文方面也颇有成就，可以称得上是宋代北方地区最具有文学色彩的理学世家。

今天人们提起吕氏家族的文学成就，多只道吕本中，其实吕氏家族早期成员就已开始了文学创作，其成就亦得到了人们的承认和赞誉。如吕蒙正有《文集》二十卷行于世（《名臣碑传琬琰集》上卷十五《吕文穆公蒙正神道碑》）。欧阳修《六一诗话》也称吕蒙正未第时已有诗名。《邵氏闻见录》卷七载吕蒙正"微时"居洛阳龙门山读书，曾有诗云："八滩风急浪花飞，手把鱼竿傍钓矶。自是钓头香饵别，此心终待得鱼归。"又有句云："怪得池塘春水满，夜来雷雨起南山。"此诗及句咏钓鱼咏春雷，皆用以言志，寓情于景，寓志于事，语虽平淡而晓畅有味，自是内行作手。吕本中四世祖吕夷简，《直斋书录解题》卷二十集部诗集类著录有其诗集《吕文靖集》五卷，且曰："文靖不以文鸣，而其诗清润和雅，未易及也。"对其评价颇高，且作品数量有五卷之多，可知吕夷简的确精于此道。惜《吕文靖集》

今已不传，今仅《全宋诗》收入其诗11首。至于吕本中的曾祖吕公著，亦文学政事俱优。据《直斋书录解题》卷十七集部别集类著录，吕公著有《吕正献集》二十卷，惜今亦不传，今《全宋诗》收入其诗18首。吕希纯亦能诗，今《全宋诗》收入其诗较多，达20首。吕希哲曾经从欧阳修、王安石学，故亦善诗文。当崇宁党禁时，吕希哲、吕好问父子居淮泗间，江西诸君子如汪革、谢逸等人从其问学，研讨经史佛禅之外，颇亦涉及文事，有唱和赋咏传世，今《全宋诗》亦收入吕希哲诗6首。其门下有4人后来成为江西诗派的重要成员。江西诗派之形成，与吕希哲在淮泗间的活动亦大有关系。

吕好问虽不以诗名，但他亦有较高的艺术修养，其诗歌作品今尚有存者。据吕本中《紫微诗话》载：

东莱公元祐中《西池诗》云："游人初避热，多傍柳阴行。"崇宁中闲居符离，尝步至村寺，作诗赠僧云："柳外阴中一铎鸣，老僧拄杖出门行。自言老病难看读，只坐蒲团到五更。"

东莱公尝言："少时作诗，未有以异于众人，后得李义山诗，熟读规摹之，始觉有异。"

东莱公深爱义山"一春梦雨常飘瓦，尽日灵风不满旗"之句，以为有不尽之意。

以上吕本中所说的"东莱公"，皆指其父吕好问。东莱为吕氏郡望，吕好问建炎间进封东莱郡侯，本中因以尊称其父。然南渡之后，人们习以"东莱先生"称吕本中，后又用来称吕祖谦。为作区别，方回《瀛奎律髓》遂又以"大东莱"指"吕本中"，小东莱指吕祖谦。实不知吕本中在《紫微诗话》《师友杂志》中，早就屡以"东莱"指称其父吕好问。但《瀛奎律髓》

影响甚大，人们遂以为“东莱”仅是吕本中、吕祖谦祖孙二人之称。而《全宋诗》编者或因此之故，竟将吕好问遗漏，未收录其诗。兹将《紫微诗话》中有关资料详细引录，以见吕好问于诗歌亦颇有造诣。他深爱李义山诗，“熟读规摹之”，与江西派诗人对李义山的态度相接近，应当受到人们的重视。

吕本中更是经术与文章并重，他是吕氏家族中文学成就最高的。南宋李弥远说他“问学之醇，不悖于道；发为词章，炳然其华”（《筠溪集》卷四《吕本中太常少卿》制词）。南宋理学家林之奇曾从吕本中学，据他记载：“吕紫微未二十岁时，有《滕王阁诗》，其两句云：‘小艇原从天上来，白云自向杯中落。’前辈作者已服其精当矣。此虞梦符之说也。余记得旧闻诸吕逢吉言：舍人少时有诗云：‘春尽茅檐低着燕，日高田水故飞鸥。’苏黄门见之云：‘此人他日当以诗名天下。’”（《拙斋文集》卷一《记闻》上）则当吕本中少时，曾下功夫刻苦学诗，也得到苏辙的赞赏，可知已具相当的水平。到了南北宋之交时，吕本中诗名已高，崇宁初徐师川见其诗“大相称赏，以为尽出江西诸人右也”（《师友杂志》）。政和初，谢逸寄书给吕本中，也极为推许：“当今之世，主海内文盟者，惟吾弟一人而已。”（《师友杂志》）南宋曾幾亦称：“东莱吕公居仁以诗名一世，使山谷老人在，其推称宜不在陈无己下。”又说：“绍兴辛亥，幾避地柳州，公在桂林，是时年皆未五十，公之诗固已独步海内。”（《茶山集拾遗·东莱先生诗集后序》）因为吕本中的文学成就非常突出，后人往往不以理学家视之，而直视之为诗人文学家矣。诗歌之外，吕本中骈文也写得很好，他还是吕氏家族中写小词数量最多的人。近人赵万里共辑得其词27首，为《紫微词》一卷。

吕祖谦虽是南宋理学家“三先生”之一，与朱熹、张栻、陆九渊等人齐名，但他在南宋理学家中可以说是最重视文学辞章的一个人。吕祖谦曾经说过：“辞章，古人所不废。然德盛仁熟，居然高深，与作之使高、浚之使深者，则有间矣。愿更留意于此。”（《宋元学案·东莱学案》）此处强调了修德是作文的基础，这不仅是理学家的认识，也为宋代文学家们所认同。以“道”统“文”，这是古代中国文人的一大传统，宋代士人大都说过类似的话头，吕祖谦这句话的意义并不在此，而在于他要“留意于此”的不废辞章之学的态度，这与理学家流欲以经学取代辞章是有区别的。所以朱熹对此很不以为意，指责他说：“伯恭是个宽厚底人，不知如何做得文字，却似个轻儇底人。”（《朱子语类》卷一二二）吕祖谦的文学创作成就亦相当丰富，今有诗文集《东莱集》四十卷传世。四库馆臣不甚喜宋代讲学家流，但称道吕祖谦《东莱集》“词多根柢，不涉游谈……在南宋诸儒之中，可谓衔华佩实”（《四库全书总目·东莱集提要》），评价甚高。另外，吕祖谦又曾编纂唐宋古文家文选集《古文关键》两卷。以理学家身份动手编纂属于辞章之学的文人选集，这在宋代尚属首例。吕祖谦从唐宋古文运动的承传脉络出发，“取韩愈、柳宗元、欧阳修、曾巩、苏洵、苏轼、张耒之文凡六十余篇，各标举其命意布局之处，示学者以门径”（《四库全书总目·古文关键提要》），“于体格源流，具有心解”（《四库全书总目·东莱集提要》）。其卷首的总论《看古文要法·看诸家文法》中，还特别提到了王安石、苏辙、秦观、晁补之等人的文章。吕祖谦编选的这个文集选本很有特色，指导古文写作门径与名家名作鉴赏兼而有之。同时，虽然他在书中没有明确提出“唐宋古文八大家”的说法，但已经选入了“八大家”中除王安石、苏辙之外的六家作品，且在“看诸家文法”中，又首先论及王安石与苏辙之文。所以，在这个选本中，实际上已经具备了“唐宋八大家”之雏形。我们由此也可以看出吕祖谦极具文学史家的眼力。他的这个选本，可以说在很大程度上已开始对唐宋古文运动进行了理论总结，且直接影响了明代朱右、茅坤等人的论文观点和选文取舍标准。虽然自明代以来，才正式出现“唐宋八大家”的提法，但吕祖谦《古文关键》实肇其端，功不可没。当时南宋理学家们受到吕祖谦此举的启发和影响，也多有类似的文选著作问世，如楼昉《崇古文诀》、真德秀《文章正宗》、谢枋得《文章轨范》等等。虽然他们都未脱以理学论文的讲学家习气，但已经不再是一味注重心性之学、强调文章的载道说理了，而是重视了文章的体式发展之源流脉络，以及命意布局用语等创作方法和写作技巧，在一定程度上可以说是促进了理学与文章即经术与文学的融合。吕祖谦晚年又奉旨编纂了体现北宋一代文学成就的诗文合集——《宋文鉴》。他搜采大量公私藏书，所得各种宋人文集约800家，博观约取，精心抉择，终于成书150卷，为后人留下了大量的珍贵作品。关于此书的编纂原则，吕祖谦曾表述道：“国初文人尚少，故所取稍宽。仁庙以后，文士辈出，故所取稍严……或其人有闻于时，而其文不为后进所诵习，如李公择、孙莘老、李泰伯之类，亦搜求其文，以存其姓氏，使不湮没。或其尝仕于朝，不为清议所予，而其文自亦有可观，如吕惠卿之类，亦取其不悖于理者，而不以人废言。”（吕乔年《太史成公编〈皇朝文鉴〉始末》）可见他在编《宋文鉴》时，除载道经世之作即重要的思想史、政治史资料外，主要是有意识地保存了北宋一代文章，除了作品的思想性（所谓“不悖于理”）的标准，还注意了所选诗文的艺术性标准和作家作品的广泛代表性，而不是仅仅用理学家的狭隘眼光来做这项工作。我们以今天的目光看来，《宋文鉴》实可称得上是一部高质量的北宋一代文学总集。而其成书于吕氏家族成员之手，绝非偶然，我们应该将其视为吕氏家族经史与文学结合、不执一偏的百年家风涵养之功的必然结果。

吕氏家族与宋代文学的发展关系极为密切，这主要就体现在吕本中撰《江西诗社宗派图》和吕祖谦编《古文关键》《宋文鉴》三件事情上。我们无论从家族渊源、家学学风，还是从家族在历史上所处地位、所掌握的文献资料等诸方面来看，这些在宋代文学中起着举足轻重的重要文献，皆出于吕氏家族成员之手，看似偶然，实属必然。吕本中“言理学则折衷二程，论诗文则取法苏黄”（郭绍虞《宋诗话考·童蒙诗训》），说明了吕氏家族成员积极参与和努力促进宋代南北文化的交融，促进宋理学、佛禅与文学尤其是诗歌的交融和影响。吕祖谦则代表了吕氏家族成员，以其独特的身份、地位和眼光，充分利用其家族“独得中原文献之传”的优势，对北宋一代文学进行总结。他们的这些活动，对宋代文化发展的贡献特大，意义深远。

［原载于《扬州大学学报（人文社会科学版）》2001年第1期］

吕本中著述考

◎王兆鹏

宋南渡之际的诗坛领袖吕本中，是一位学者型的诗人。平生著述甚富，计有《春秋集解》《官箴》《童蒙训》《紫微杂说》《师友杂志》《东莱先生诗集》《紫微词》《紫微诗话》《轩渠录》《吕居仁集》《吕居仁奏议》《痛定录》《江西诗社宗派图》《吕文靖公事状》等。本文拟对吕氏著述的存佚情况、传刻版本及其源流作一系统考察。

一、《春秋集解》三十卷

赵希弁《郡斋读书志附志》卷五上著录："《春秋集解》三十卷，右东莱先生所著也。长沙陈邕和父为之序。"[①]陈振孙《直斋书录解题》卷三著录"《春秋集解》十二卷"[②]，武英殿本《解题》谓"吕祖谦撰"，而卢文弨校本《解题》作"吕本中撰"。《文献通考·经籍考》卷十引"陈氏（振孙）曰：吕本中撰"。由此可证《解题》原当为"吕本中撰"，因吕本中、祖谦俱称东莱先生，故后人误题作吕祖谦撰（详下）。

至若该书卷数，《解题》《文献通考》俱作十二卷。《宋

① 赵希弁《郡斋读书志附志》卷五，《宋元明清书目题跋丛刊》第二册，中华书局2006年版，第135页。

② 陈振孙《直斋书录解题》卷三，上海古籍出版社1987年版，第65页。

史·艺文志》亦作十二卷。《宋史》本传作“《春秋解》一十卷”。《四库全书总目》卷二十七《春秋集解》辨云：“《春秋集解》三十卷（内府藏本），宋吕本中撰。旧刻题曰‘吕祖谦’，误也。本中字居仁……学者称为东莱先生，故赵希弁《读书附志》称是书为东莱先生撰。后人因祖谦与朱子游，其名最著，故亦称为东莱先生。而本中以诗擅名，诗家多称‘吕紫微’，‘东莱先生’之号稍隐，遂移是书于祖谦，不知陈振孙《书录解题》载是书，固明云本中撰也。朱彝尊《经义考》尝辨正之，惟以《宋志》作十二卷为疑。然卷帙分合，古今每异，不独此书为然。况振孙言是书自‘三传’而下，集诸儒之说，不过陆氏、两孙氏、两刘氏、苏氏、程氏、许氏、胡氏数家，而采择颇精，全无自己议论。以此本考之亦合，知旧刻误题审矣。惟《宋志》此书之外，别出祖谦《春秋集解》三十卷，稍为抵牾。疑宋末刻本已析其原卷，改题祖谦，故相沿为异，史亦因之重出耳。祖谦年谱备载所著诸书，具有年月，而《春秋集解》独不载，故其确证。不必更以他说疑也。”①

此书传本今有《四库全书》本、通志堂刊本（今有影印本），作三十卷。纳兰成德序云：“《春秋集解》三十卷，赵希弁《读书附志》云：‘东莱先生所著也，长沙陈邕和父为之序。’按，成公（吕祖谦）年谱凡有著述必书，独是编不书。《宋史》本传，公所著有《易》《书》《诗》而无《春秋》，惟《艺文志》于《春秋集解》三十卷直书成公姓名。考吴兴陈氏《书录解题》有《春秋集解》十二卷，云：‘吕本中撰。’且撮其大旨，谓自‘三《传》’而下集诸儒之说，不过陆氏、两孙氏、两刘氏、苏氏、程氏、许氏、胡氏数家而已，其所择颇精，却无自己议论。合之是编，诚然。盖吕氏自右丞好问徙

① 永瑢等《四库全书总目》卷二十，中华书局1965年版，第219页。

金华，成公述《家传》，称为东莱公，而本中为右丞子，学山谷为诗，作《江西宗派图》，学者称为东莱先生，以之名集。然则吕氏三世，皆以东莱先生为目，成公特最著者尔。朱子尝曰：‘吕居仁《春秋》，亦甚明白，正如某《诗传》相似。’窃疑是编为居仁所著，第卷帙多寡不合，或居仁草创，而成公增益之者。与序其端，用质淹通博洽之君子。倘获善本有陈和父序者，予之疑庶可以释矣。康熙丙辰二月纳兰成德容若序。”[①]

丁日昌《持静斋书目》卷一所载，即通志堂刊本。《增订四库简明目录标注》卷三谓有“日本安政五年萨摩府学重刊乾隆本。附名号归一图二卷，年表一卷”，亦罕见。

二、《官箴》一卷

宋理宗宝庆三年丁亥（1227）陈昉刻并序。陈序云：“昉颛蒙之资，蚤膺吏事，尘嚣驰骛，无所津梁。既得此书，稍知自勉，敬锓于梓，与有志者同之。宝庆丁亥岁三月既望，永嘉陈昉谨书。”[②]陈刻本不传，今传宋本为宋末咸淳刻《百川学海》本，作一卷。周中孚《郑堂读书记》卷二十八载《官箴》一卷，乃《百川学海》本。陆心源《皕宋楼读书志》卷三十六载“宋刊本一卷”，并谓“后录宝庆陈昉书”，未知是否为陈氏原刻本。傅增湘《双鉴楼善本书目》卷二亦著录宋刊本《官藏》一卷，《宋史·艺文志》亦载之。

明代有成化四年（1468）邢让刻并跋本，今藏中国国家图书馆，此本为邢让手书刻本。瞿镛《铁琴铜剑楼藏书目录》卷十二载《官箴》一卷，并云：“此明成化戊子河东邢逊之让为国子监

① 吕本中《春秋集解》卷首，《影印文渊阁四库全书·经部》第150册，第20页。
② 吕本中《官箴》卷末，《影印文渊阁四库全书·子部》第602册，第656页。

祭酒，手写以刻，书兼行、楷，古雅可爱。让有后跋。”[①]张金吾《爱日精庐藏书志》卷三十所载，即邢刻本。

清代有《四库全书》本，《学津讨源》本，道光十五年（1835）叶廷琯家抄本（今藏南京图书馆）。沈德寿《抱经楼藏书志》卷二十九著录有抄本《官箴》一卷，今不传。

今通行本有《丛书集成初编》本（据《百川学海》本排印），亦作一卷。

三、《紫微杂说》一卷

赵希弁《郡斋读书志附志》卷五上载：“《东莱吕紫微杂说》一卷、《师友杂志》一卷、《诗话》一卷，右吕本中字居仁之说也。郑寅刻之庐陵。”[②]《直斋书录解题》卷九著录：“《师友杂志》一卷、《杂说》一卷，吕本中撰。”[③]《文献通考·经籍考》卷三十七因之。宋刻本，今俱不传。

今传本有明穴砚斋刻本、《四库全书》本、《指海》本、《十万卷楼丛书》本、《丛书集成初编》本等。

此书或题吕祖谦撰。《四库全书总目》卷一二一《紫微杂说提要》云：“旧本题宋吕祖谦撰。又有别本，则但题《东莱吕紫微杂说》，而不著其名。今考赵希弁《读书志》载《东莱吕紫微杂说》一卷、《师友杂志》一卷、《诗话》一卷，皆吕本中居仁之说……以为出祖谦之手。不知本中尝官中书，人故称曰紫微。若祖谦仅终于著作郎，不得有紫微之称。又书中有‘自岭外归之语，而本中《东莱集》有避地过岭诗，于事迹适相合，其为

① 瞿镛《铁琴铜剑楼藏书目录》卷十二，上海古籍出版社 2000 年版，第 304 页。

② 赵希弁《郡斋读书志附志》卷五，《宋元明清书目题跋丛刊》本，中华书局 2006 年版，第 151 页。

③ 陈振孙《直斋书录解题》卷九，上海古籍出版社 1987 年版，第 281 页。

本中所撰无疑也。”[①]

《持静斋书目》卷三、《浙江采集遗书总录》已集、《皕宋楼藏书志》卷五十七，俱载抄本《紫微杂说》一卷，不经见。

四、《师友杂志》一卷

赵希弁《郡斋读书志附志》、《直斋书录解题》、《文献通考·经籍考》俱有著录（已见前）。然宋刻本不传。《皕宋楼藏书志》卷五十七所载旧抄本，今亦未见。今传本唯明穴砚斋刻本、《十万卷楼丛书》本及据此排印的《丛书集成初编》本，题《东莱吕紫微师友杂志》。

陆心源《仪顾堂集》卷五《重刊〈师友杂志〉〈紫微杂说〉序》云：“《师友杂志》一卷、《紫微杂说》一卷，宋吕本中撰。《郡斋读书志》《书录解题》皆著于录，四库杂家类据浙江所进《紫微杂说》著录，而缺《师友杂志》。此从穴砚斋抄本传录，‘廓’字下注御名，犹存宋本旧式。《读书志》称郑寅曾刻之庐陵，或即从庐陵本出欤？宋以后无刻本。余恐其久而益微，校录付梓，缺者仍之。”[②]陆氏所刻，即《十万卷楼丛书》本。《宋史》本传谓本中有《师友渊源录》五卷，或即此书。

五、《童蒙训》三卷

《童蒙训》的版本源流有三：

1.一卷本系统。宋刊一卷本，唯《直斋书录解题》卷九有著录，《文献通考》仍之。后世无传本。

---

① 永瑢等《四库全书总目》卷一二一，中华书局1965年版，第1042页。

② 陆心源《仪顾堂集》卷五，清光绪二十四年刊本。

2.三卷本系统。今所知宋刊三卷本，凡五刻：长沙郡刻本，龙溪学刊本，吕巽伯据吕大器手写付刊本，嘉定八年乙亥（1215）金华太守邱寿隽据吕本重刻本，绍定二年己丑（1229）金华太守李埴据邱刻重刊本。楼昉《童蒙训序》云：

昉儿时侍乡长老，尝从旁窃窥所谓吕氏《童蒙训》者，其间格言至论，粗可记者一二。稍长，务钻厉举子业，而亲旧几案上亦不复有此书矣。世道之升降，于此可占也。客授金华，太守丘公先生语次及之，且曰："昔先公每以训子侄，某初在傅日诵习焉。将求善本刻之学官或太史祠中，使流布于世。"昉因从臾成之。曰："书出于吕氏，刻于祠堂，宜也。"会公有民曹之命，乃出钱五万，以从初约。吕公巽伯乔年家所藏本，最为精密。前此长沙郡、龙溪学皆尝锓本，而讹舛特甚。丘公所诵习者，未知何所从得也。初舍人吕公以正献长孙，逮事元祐遗老，与诸名胜游，渊源所渐者远。渡江转徙，流落之余，中原文献，与之俱南，因即畴昔所闻见者辑为是编。仓部既手写而藏之，巽伯又是正而刊之，庶几可以传矣。书之所载，自立身行己、读书取友、抚世酬物、仕州县、立朝廷，纲条本末，皆有稽据。大要欲学者反躬抑志，循序务本，切近笃实，不累于虚骄，不骛于高远，由成己以至成物，岂特施之童蒙而已哉！虽推之天下国家可也。巽伯属记始末，因辄附所闻于其后，是亦丘公之志焉尔。公名寿隽，字真长，文定公之嫡长子云。嘉定乙亥中秋日四明楼昉谨书。①

仓部，指本中长侄大器。巽伯，为祖谦从子。邱出钱五万刻

① 据陆心源《皕宋楼藏书志》卷三十九引，中华书局1990年版，上册，第436—437页。按，《影印文渊阁四库全书》本《童蒙训》卷末所附楼序多有阙文。

此书十四年后，郡守李埴又据以重刻。宋本卷末有题识云：“绍定己丑郡守眉山李埴得此本于详刑使者东莱吕公祖烈，因锓木于玉山堂，以惠后学。”[①]

李刻本传至清代。杨绍和《楹书隅录初编》卷三载：“宋本《童蒙训》三卷二册一函。每半叶十行，行二十字。卷末题款云：‘绍定己丑，郡守眉山李埴得此本于详刑使者东莱吕公祖烈，因锓木于玉山堂，以惠后学。’卷首末有‘莫氏寿朴堂记’‘都氏元敬’‘南濠居士’‘张佚之印’‘黄复之印’各印。是书明时有覆本，行式无异，然较之原刻，则东施效颦矣。宜自胜朝以来，已为吴中莫，都诸名家鉴赏也。”[②]此本有李埴题款，自当是李氏重刻本，而非邱刻本。《艺芸书舍宋元本书目》子部载宋版《童蒙训》三卷，或亦为李刻本。

明清之世，传刻、传抄宋本，俱从李刻本出。《皕宋楼藏书志》卷三十九著录“仿宋刊本”《童蒙训》三卷，内有楼序、李跋。《增订四库简明目录标注》所载“明仿宋刻本”，或与皕宋楼所藏为同一本；同书又载有康熙四十四年（1705）吴江姚氏仿宋刊本，张清恪公刊本，清杨以增刊本，日本仿宋本等[③]，俱作三卷。《铁琴铜剑楼藏书目录》卷十三载有王嗣贤手抄宋本，亦作三卷，并有李埴跋。《郑堂读书记》卷三十六著录有“影钞宋刊本”《童蒙训》三卷，并云：“《四库全书》著录。《书录解题》《通考》俱作一卷。盖据所见本并三卷为一卷也……是本则又影钞绍定己丑眉山李埴所刊本，后有埴识语，称得于其后裔祖烈而锓诸木云。”[④]《浙江采集遗书总录》已集、《增订四库简明

① 据陆心源《皕宋楼藏书志》卷三十九引，上册，第 437 页。

② 杨绍和《楹书隅录初编》，王绍曾等整理订补《订补海源阁书目五种》齐鲁书社 2002 年版，上册，第 169 页。

③ 邵懿辰、邵章《增订四库简明目录标注》，上海古籍出版社 1979 年，第 389 页。

④ 周中孚《郑堂读书记》卷三十六，上海书店出版社 2009 年版，第 560 页。

目录标注》俱载有桐乡张履祥评本，亦作三卷。

今传三卷本有《四库全书》本、同治三年（1864）刊《当归草堂丛书》本、《保赤汇编》本、《托跋廛丛刻》本、清乾隆二十年（1755）王嗣贤抄本（即铁琴铜剑楼著录本，今藏中国国家图书馆）等。

3.二卷本系统。此系明代坊间据宋李埴刻本翻刻，并三卷为二卷。《钦定天禄琳琅书目》卷七载：“《童蒙训》，宋吕本中著。上下二卷，前宋楼昉序。昉序作于宋宁宗嘉定八年，称金华太守邱公长隽出钱五万，镌刻于吕氏祠堂。此本书末别行刊绍定己丑郡守眉山李埴……以惠后学。按，绍定己丑为绍定二年，去嘉定八年已阅十有四载，则吕祖烈所藏，即邱长隽所刊，以置吕氏祠堂者。李埴特取而翻刻其版耳。此本又从李版翻出，樵刻再三，故字画不能圆劲，纸亦不佳，系坊间所印行者也。”[①]《善本书室藏书志》卷十五所载“明覆宋本”《童蒙训》二卷，亦为明坊间“翻于李本者也”。

胡玉缙《四库全书总目提要补正》卷二十八《童蒙训》三卷下谓：“高钧儒《续东轩遗集》有是书跋云：‘朱子纂《小学》，引是训者，是本间有未见，岂玉山堂刻已非吕氏原本欤？’”[②]《宋元学案》卷三十六《紫微学案》引全谢山《跋宋椠吕西垣童蒙训》曰：“紫微先生《师友杂志》《杂说》诸书，大略与《童蒙训》三卷互相出入，无甚异同也。记晁公武《读书志》曾引《童蒙训》中语，谓秦淮海自过岭后，诗严重高古，自成一家，与其旧作不同。而今无之，然则尚非足本邪？然读楼迂斋序，则是本乃紫微从子仓部弸中（鹏按，弸中乃本中弟，非从子）所手钞，大愚（祖俭）子乔年所是正，不应尚有脱落。或者

① 于敏中等《钦定天禄琳琅书目》卷七，中华书局 1995 年影印《清人书目题跋丛刊》本，第 153—154 页。

② 胡玉缙《四库全书总目提要补正》卷二十八，中华书局 1964 年版，第 745 页。

公武误指《紫微诗话》以为是书，未可知也。”[①]

六、《东莱先生诗集》二十卷、外集三卷

是集宋代有两种刻本。一为孝宗乾道间沈公雅编年辑刻本。曾幾《东莱先生诗集序》云：“沈公之子公雅以通家子弟从居仁游，居仁称之甚。乾道初元，幾就养吴郡，时公雅自尚书郎擢守是邦，暇日裒集居仁诗，略无遗者，次第岁月，为二十通，锓板置之郡斋。盖居仁之知沈氏父子也深，故公雅编次之也备。”“乾道二年四月六日赣川曾幾题。”[①]周必大《益公题跋》卷二《题吕紫微与晁仲石诗》亦云：“乾道二年四月六日赣川曾幾题。”[②]周必大《益公题跋》卷二《题吕紫微与晁仲石诗》亦云：“乾道元年，平江守沈公雅刻《紫微集》二十卷，以岁月为先后。”[③]《紫微集》，即《东莱先生诗集》，因本中又称紫微，故周必大通称该集为《紫微集》。沈公雅，名度，武康人。隆兴二年（1164）十一月至乾道二年（1166）七月知平江府。[④]曾幾序作于乾道二年（1166）四月，《东莱先生诗集》即刻于此时。

《季沧苇书目》载有宋版《吕东莱集》二十卷四本，《传是楼宋元本书目》亦载“宋本《东莱诗集》二十卷四本”，《书舶庸谈》卷六载宋刊本《东莱先生诗集》二十卷，俱当为沈公雅刻本，或据沈本翻刻之宋本，盖卷数与沈刻本二十卷卷数相合。又《藏园群书经眼录》卷十四载：“《东莱诗集》二十卷，宋刊本，版匡高六寸二分，宽四寸九分，半叶十一行，每行二十字，白

---

① 黄宗羲原著，全祖望补修《宋元学案》卷三十六，中华书局1984年版，第1236页。

② 吕本中《东莱先生诗集》卷首，《宋集珍本丛刊》第38册，第769页。

③ 周必大《益公题跋》卷二，《丛书集成初编》本。

④ 范成大《吴郡志》卷十一，江苏古籍出版社1986年版，第149页。

口，左右双阑。前有乾道二年曾幾序。按，此本结体方严，当为杭州刊本。”[①]鹏按，此本行格款式与《四部丛刊续编》影印日本内阁文库藏宋沈公雅刻本相同，藏园藏本亦当为沈刻本。是沈刻本非独流传于日本，本土至清末亦尚有传本，惜今已不知下落。

二为庆元五年（1199）黄汝嘉刻《江西诗派》本。此本系黄汝嘉据沈刻本增刊，作二十卷、外集三卷，今存六卷，其中二十卷中残存十八卷至二十卷，凡三卷，外集三卷全，原为傅增湘藏书，今藏中国国家图书馆。《宋集珍本丛刊》已影印收入，寻检甚便。傅氏《藏园群书题记》卷十四《宋江西诗派本东莱先生诗集三卷外集三卷书后》云：

吕居仁诗集，近代藏书家目录皆系旧钞，《四库全书》著录所据者亦马裕泰所进钞本，盖宋刊绝少流传，元明以后亦无复刻。邵氏批注《简明目》言有明刊，余之未见，其言羌无故实，恐系误记也。近时崇尚江西诗派，于东莱诗尤以不得见宋本为憾。日本内阁文库藏有乾道刊本二十卷……已由《四部丛刊续编》中印行，海内学者咸拭目惊叹，欣出意表，谓此惊人秘籍，何图于海外获之。不知吕诗宋刊，吾国固未尝断种，且十数年前已为鄙人所收，储之双鉴楼中。其诗集虽已畸残，而外集三卷，自直斋著录以后，数百年来，已亡佚不可复期……《东莱先生诗集》，宋庆元刊本，存第十八、十九、二十，凡三卷，又外集三卷。半叶十行，每行二十字，白口，左右双栏，版心上方记字数若干，下方记刊工姓名……《诗集》于上鱼尾下标“东莱集十八”等字，外集标“东莱外一”等字。每卷首行，书名下空四格，题“江西诗派”四字。《诗集》后有乾道二年四月六日赣川曾幾题二叶，题前下注“增刊”二字。外集前有目录四叶，目后

① 傅增湘《藏园群书经眼录》卷十四，中华书局1983年版，第122页。

题“庆元己未校官黄汝嘉增刊”一行……按，内阁文库藏本据曾幾题跋，知为乾道二年沈公雅刻于吴门郡斋者，故于“慎”字下注“御名”。余本为庆元己未黄汝嘉刻，后于沈本三十四年，避讳已至“敦”字，而“慎”字亦仅缺末笔矣。举残存三卷与沈本对勘，诗题次第相同，篇中小注亦合，文字绝少差异，知黄氏即依沈本重梓，未尝以意变更也……考陈氏《直斋书录解题》载《东莱诗集》二十卷、外集二卷，今目录宛然具存，知“二”实为“三”字之讹。然自陈氏误录于先，马氏《经籍考》遂承讹于后，世人竟莫知其非者。至《宋史·艺文志》，则只存《诗集》二十卷，而不著外集，盖其时已久湮逸矣……又，此集每卷咸题“江西诗派”四字，知即江西诗派之丛刻也。①

《直斋书录解题》卷二十所著录《东莱诗集》二十卷、外集二卷，即庆元黄汝嘉刻本，唯外集原为三卷，讹为二卷（详上）。又，钱谦益《绛云楼书目》载有“《东莱先生诗集》《续集》”，曹寅《楝亭藏书目》卷四载有“《东莱先生诗集》，宋本，宋吕本中著。二十三卷，曾幾序，一函八册”，当为宋黄刻本，盖其卷数相合，惟绛云楼藏本之外集写作“续集”。观曹氏书目作二十三卷，一函八册，当是全帙。傅增湘藏本，或即曹氏原藏流出而残存者。前引傅增湘《书后》谓此书为“五六百年不传之书”，间有未确，实则清世原有藏本与著录，唯绝少流传也。傅氏失考《绛云楼书目》与《楝亭藏书目》，故谓此本为“五六百年不传之书”。今予以拈出，亦见傅氏藏本其来有自，非天降之秘也。

今传《东莱先生诗集》二十卷抄本甚伙。计有：

明抄本（藏于华东师范大学图书馆，有清王礼培校并

① 傅增湘《藏园群书题记》，上海古籍出版社1989年版，第722—723页。

跋），每半叶十行，行十九字，黑口。傅增湘原藏有明写本。然与此本不同。《藏园群书经眼录》卷十四载："《东莱先生诗集》二十卷（题《紫微集》），宋吕本中撰。明写本，九行十八字，口上题'《紫微集》'。后有乾道二年曾幾跋，卷末有'庆元己未校官黄汝嘉重修'一行。钤有'清森阁书画印''石研斋秦氏藏'诸印。明何良俊、清秦恩复旧藏。"[①]明抄本十行十九字，藏园藏本九行十八字，显非一本。

清初吕留良家抄本，傅增湘、张宗祥校并跋，中国国家图书馆藏。

清初抄本，清谢珊峤校并跋，半叶十一行，行二十一字，无格，上海图书馆藏。《结一庐书目》载有"衎斋马氏钞本，又一部旧抄本，谢珊峤藏书"。"又一部旧抄本"或即谢氏校跋清初钞本。

《四库全书》本。四库本卷十乃宋刊江西诗派本外集卷一之窜入，编次不足据。《藏园群书经眼录》卷十四云："余藏有宋刊江西诗派本，残存卷十八至二十，外集卷一至三，凡六卷，以四库本校之，则外集之第一卷为四库本之第十卷，是四库本之编次不足据也。查四库本为马氏所进钞本，必是估人用残本改窜，以充全帙者。"[②]

清南昌知圣道斋抄本，许乃普校，半叶十行，行二十字，无格，上海图书馆藏。傅增湘曾藏有知圣道斋原藏旧写本，然与此本不同。《藏园群书经眼录》卷十四载，《东莱先生诗集》二十卷，"旧写本，十行十九字。六卷后有'庆元己未校官黄汝嘉重修'。钤彭元瑞知圣道斋藏印"。

清抄本，丁丙跋。南京图书馆藏。《善本书室藏书志》卷

① 傅增湘《藏园群书经眼录》卷十四，中华书局1983年版，第1223页。
② 傅增湘《藏园群书经眼录》卷十四，中华书局1983年版，第1222页。

三十载马衎斋原藏旧抄本，即此本。

清抄本，佚名校，半叶十一行，行二十一字，无格，中国国家图书馆藏。

清抄本，半叶十行，行二十字，无格，上海图书馆藏。

清抄本，佚名批校，浙江图书馆藏。

清抄本，半叶十行，行十九字，无格，苏州大学图书馆藏。

旧抄本，书末有题字二行："庚寅仲夏十四日南阳村重钞，季夏十四毕，无隐记。"原为李盛铎藏书，北京大学图书馆藏。该馆又藏有清嘉庆抄本一部。

清抄本，复旦大学图书馆、天津师范大学图书馆、黑龙江大学图书馆各藏一部。

以上各种二十卷抄本，源流不清。虽卷数与宋沈刻本同，然非据沈刻本传抄，实多依宋沈刻本、宋黄汝嘉刻江西诗派本拼合而成。

另，《皕宋楼藏书志》卷八十二载有《东莱先生诗集》二十卷精抄本、东洋（日本）影写宋刊本，《铁华馆藏集部善本书目》载有二十卷抄本八册，《孝慈堂书目》载有二十卷抄本四册，《爱日精庐藏书志》卷三十一载有二十卷精抄本，下落不明。

今传本中又有题《紫微集》者，卷数亦作二十卷，中国国家图书馆藏有二部。《文瑞楼藏书目录》卷六所载抄本亦作《紫微集》二十卷，并谓"前有庆元二年陆游序，后有乾道二年曾幾跋及陈慥题识"。既有陆游序，知非据宋沈公雅原刻本传钞，盖沈刻本在乾道二年（1166），陆序在此后三十年之庆元二年（1196），且陆序非为《东莱先生诗集》而作（详后）。陆序乃后人移入诗集。又《紫微集》即《东莱先生诗集》，非本中别有一诗集名《紫微集》者（参前引周必大跋）。

又，《东莱先生诗集》二十卷刻本，明清之世，唯有咸丰九年（1859）吕隽孙刻本。然吕刻本差讹甚多。傅增湘曾用宋黄汝嘉刻本与吕刻本相校，见吕刻本“差讹之处甚伙，小注咸删落无存，三卷之中补正至一百六十余字。其尤足诧怪者，则第十全卷与沈本无一首相符，而检余本（鹏按，即黄刻本）核之，正为外集之首卷。且（吕氏）新刻于此卷缺字空行；弥望盈幅，取校宋刻，幸皆缀完。凡所补正，殆近二百言。羼杂凌乱，至斯而极，殊不可解。余以私意测之，此集年代旷远，辗转移写，此卷适亡。幸其时外集尚存，无知市估，遂移取首卷，以弥其阙，不知其作诗岁月与前后卷迥不相接，识者一展卷而疑其罅漏。然非亲睹宋刊，又焉能破其作伪之迹耶！”[1]

七、《吕居仁集》十卷，今佚

此为吕本中文集，系其孙祖平自其诗之外辑其文为若干卷，陆游为之序。陆游《吕居仁集序》云：“公（本中）平生所为诗既已孤行于世，嗣孙祖平又尽裒他文，凡若干首，为若干卷，而属某为序。……庆元二年九月既望，中大夫提举建宁府武夷山冲佑观山阴陆某谨序。”[2]所谓吕诗“已孤行于世”，乃指其诗集仅收诗而无文，故吕祖平裒辑本中平生所为文章而成此文集若干卷。据《宋椠袁本昭德先生郡斋读书志》卷四下所载“《吕居仁集》十卷”，知此集为十卷。《遂初堂书目》亦载有《吕居仁集》，无卷数。

然衢本《郡斋读书志》卷十九作“《东莱集》二十卷，外集二卷”，而无《吕居仁集》。今按，衢本《郡斋读书志》作《东莱集》二十卷、外集二卷，当从《直斋书录解题》所载窜入。《东莱集》有外集者，为庆元五年（1199）黄汝嘉刻，《吕居仁集》亦

① 傅增湘《藏园藏书经眼录》卷十四，中华书局 1983 年版，第 1222 页。

② 陆游《渭南文集》卷十四，《四部丛刊》本。

为庆元二年（1196）裒辑成书，而《郡斋读书志》原稿成书于绍兴二十一年（1151），早于本中诗文集之辑刻四十余年，本中诗、文集何以能入载《读书志》中？窃疑晁氏《读书志》原稿并未载本中诗、文集，亦不可能得见四十余年后所出之书。

后淳祐九年己酉（1249）赵希弁校正《读书志》时，始将吕集增入。淳祐己酉黎安朝序《读书志》云："昭德先生《读书志》四卷，盖所得南阳井氏藏书也。……赵希弁，公族之秀，博学好古，藏书亦富，遂以属之校正，因即其所藏之目参焉。已载者不复取，未有者补其缺。其间互出者，盖详略之不同，文义之或异，而后来诸贤之所著述，亦藉以概见，益为五卷，别以《读书附志》并锓诸梓。"[①]据此可知，赵希弁在校正《读书志》原稿时，确曾将晁公武未见之"后来诸贤之所选"增入其中，以"补其缺"，并益原书四卷为五卷。本中诗、文集见载其间，亦当是赵希弁所增入。

八、《紫微词》一卷

近人赵万里辑本。吕本中词，宋以来向无辑本流传，历代公私藏书目亦无著录。近人赵万里《校辑宋金元人词》自《乐府雅词》《中兴以来绝妙词选》等辑得本中词一卷，题作《紫微词》。《全宋词》据以入录，稍有增补，共收词27首。

九、《紫微诗话》一卷

袁本《郡斋读书志》卷五上著录："《东莱吕紫微杂说》一卷、《师友杂志》一卷、《诗话》一卷。"《皕宋楼藏书志》卷一一八载有宋刊本《东莱吕紫微诗话》一卷，《抱经楼藏书志》

① 晁公武《郡斋读书志》卷首，宛委别藏本。

卷六十三、《双鉴楼善本书目》卷四亦载宋刊本一卷。《双鉴楼善本书目》卷四又载有明刊本一卷。

今传最早之刊本为宋刻《百川学海》本，题《东莱吕紫微诗话》一卷。《丛书集成初编》本即据此排印。其次为明弘治冯忠刊《宋诗话五种》本、《说郛》本、《津逮秘书》本、《四库全书》本、《历代诗话》本、萤雪轩本、《笔记小说大观》本，俱题《紫微诗话》一卷。“此诸本中多寡不一，《说郛》为节本，余均足本。然《百川》本有‘从叔大有少时诗云“范睢才拊穰侯背，蔡泽闻之又入秦”，不减王荆公得意诗也’一条，为《津逮》本及《历代诗话》本所无。惟《萤雪轩》本从《百川》本出，亦有此条，此当为最足本矣。”①

十、《轩渠录》一卷

凡十三则，辑录宋苏轼、强渊明、米芾、范直方、司马光、刘贡父等人滑稽逸事。最早记载此书为吕本中作者，为元人元怀《拊掌录》：“东莱吕居仁先生作《轩渠录》，皆纪一时可笑之士。余观诸家杂说中亦多有类是者。暇日裒成一集，目之曰《拊掌录》。不独资开卷之一笑。亦足以补《轩渠》之遗也，延祐改元立春日辗然子书。”②

今有《说郛》本、《五朝小说》本、《五朝小说大观》本、《历代笑话集》本、上海扫叶山房《宋人小说》石印本、上海文艺出版社据扫叶山房本影印《中国笔记小说文库·宋人说粹》本，俱作“宋吕居仁”撰。

今按，此书系后人托名伪作，或经后人增补。盖其中载有

① 郭绍虞《宋诗话考》上卷，中华书局1979年版，第44页。

② 元怀《拊掌录》，宛委山堂本《说郛》卷三十四，《说郛三种》，上海古籍出版社1988年版，第4册，第1578页。

“绍兴十七年五月初，临安大雨雹”一则、“绍兴辛巳（三十一年）冬，女真犯顺”一则。而吕本中早于绍兴十五年（1145）去世，如何能得知卒后绍兴十七年（1147）、三十一年（1161）之事？显系伪托，至少有后人增补。

十一、《吕居仁奏议》

久佚。见尤袤《遂初堂书目·章奏类》，无卷数。此后历代书目无著录。

十二、《痛定录》

久佚。徐梦莘《三朝北盟会编》卷七十四引“吕本中《痛定录》曰‘前此上在青城斋宫，无聊，何栗奏宜赋诗以遣兴，乃以孙觌、汪藻应制上诗，用“时”字韵。觌诗曰：“噬脐有愧平燕日，尝胆无忘在莒时。”藻诗曰：“虏帐梦回惊日处，都城心切望云时。”有以此达贼帅酋，见“在莒”之句，又斥其为“虏帐”，因摭此为名，遂迟留车驾’”[①]。李心传《建炎以来系年要录》卷一亦曾引及《痛定录》，该卷甲辰日纪事原注云：“此以孙觌奏状、吕本中《痛定录》参修。本中又云：‘上诗曰：“噬脐有愧平燕日，尝胆无忘在莒时。”藻诗曰：“虏帐梦回惊日处，都城心切望云时。”有以此达敌帅，敌见“在莒”之句，又斥其为“虏帐”，因摭此为名，遂迟留车驾。’按，金人留驾，乃其素议，至是始以金银不足为词，非因此诗也。据觌所奏，当时亦不用‘时’字韵。盖本中得于传闻。”[②]

① 徐梦莘《三朝北盟会编》卷七十四，上海古籍出版社 1987 年版，第 56 页。
② 李心传《建炎以来系年要录》，中华书局 1988 年版，第 29 页。

《痛定录》，宋以来公私藏书目俱无著录，是宋时传本即绝少。

十三、《江西诗社宗派图》一卷

南宋初，有丰城石刻本。范季随《陵阳先生室中语》云："家父尝具饭，招公（指韩驹）与吕十一郎中昆仲。吕郎中（指吕本中）先至，过仆书室，取案间书读，乃《江西宗派图》也。吕云：'安得此书，切勿示人，乃少时戏作耳。'他日，公前道此语，公曰：'居仁却如此说。'《宗派图》本作一卷，连书诸人姓字。后丰城邑官开石，遂如禅门宗派，高下分为数等，初不尔也。"[①]杨万里《诚斋集》卷七十九《江西宗派诗序》亦有"《江西宗派图》，吕居仁所谱"，"谢幼槃之孙源所刻石"云云。范季随所言丰城邑官石刻当即谢源刻本。

今知最早记载《江西宗派图》之内容者，为胡仔《苕溪渔隐丛话·前集》卷四十八："吕居仁近时以诗得名，自言传衣江西，尝作《宗派图》，自豫章以降，列陈师道、潘大临、谢逸、洪刍、饶节、僧祖可、徐俯、洪朋、林敏修、洪炎、汪革、李錞、韩驹、李彭、晁冲之、江端本、杨符、谢薖、夏倪、林敏功、潘大观、何觊、王直方、僧善权、高荷，合二十五人，以为法嗣，谓其源流皆出豫章也。其《宗派图序》数百言，大略云……"[②]其后则有赵彦卫《云麓漫钞》卷十四云："吕居仁作《江西诗社宗派图》，其略云……宗派之祖曰山谷，其次陈师道无己……凡二十五人，居仁其一也。"[③]南宋末王应麟《小学绀珠》卷四亦载有《江西诗社宗派图》25人姓名。

---

① 范季随《陵阳先生室中语》，《说郛》卷四十三，《说郛三种》，上海古籍出版社 1988 年版，第 2 册，第 704 页。

② 胡仔《苕溪渔隐丛话·前集》卷四十八，人民文学出版社 1962 年版，第 327 页。

③ 赵彦卫《云麓漫钞》卷十四，中华书局 1996 年版，第 244 页。

清初张泰来，又以王应麟所引列25人为“定本”，作《江西诗社宗派图录》。张氏《江西诗社宗派图录》云：“犹恐世远言湮，即举二十五人之姓氏，索其详而不可得，乃纪厥爵里，遍览群籍，摭拾遗事，录其有关于宗派图者，人各立一小传，编次成帙，名曰《江西诗社宗派图录》，俾后之学诗者得以览焉。”[①]《图录》首述吕本中所定派，次总论，次小传，次与客问答。有《知不足斋丛书》本、《昭代丛书》本、《清诗话》本、《丛书集成初编》本。

《江西诗社宗派图录·吕本中小传》谓本中“所作《宋论》四十篇，审时度势，洞若观火”。历代载籍俱未见有吕本中作《宋论》事，不知张氏何所据而云然？宋吕中有《大事记讲义》一书[②]，张氏或因此书而误记。

十四、《吕文靖公事状》

今佚。汪应辰《文定集》卷十《题吕文靖公事状》云：“右《吕文靖公事状》，公之孙中书舍人本中所论次也。文靖相仁宗，得君之专，行政之久，他人莫敢望焉。而其辅赞弥缝，精微曲折，史册有不能尽者，此事状所为作也。”又云：“是书之作，盖亦有不得已焉尔。”观此句，则《吕文靖公事状》亦成“书”并别刻单行。然历代公私书目俱无著录。吕文靖，即本中高祖吕夷简，汪氏谓本中为文靖“公之孙”，不确。

（原载于《江苏文史研究》1995年第1、2期）

① 张泰来《江西诗社宗派图录》，《清诗话》，上海古籍出版社 1978 年版。

② 张其凡《〈大事记讲义〉初探》，《暨南学报》，1999 年第 2 期。

吕本中佚文小考

◎白晓萍

吕本中，字居仁，是两宋之交江西诗派的著名诗人，其资料主要见于傅璇琮先生所编《黄庭坚与江西诗派》“吕本中”卷和王兆鹏先生所著《吕本中年谱》（载其《两宋词人年谱》，台北文津出版社1994年版）二书。后者详细介绍了史籍中有关吕本中著述的记载，包括成卷的著作以及从文献中辑出的单篇散作，并对吕作的版本、卷数、真伪、存佚等一一做了考辨，内容较为完备翔实。鉴于吕本中的作品未被统一收录结集，故不免有所遗漏。今笔者于地方志和宋代文集中发现几篇吕本中作品，未见上述二书，他人亦未论及，当为居仁佚文，录此备考。

（一）《宣州新学序》

《宣州新学序》一文收于《光绪宣城县志》卷三一，署为宋吕本中作（限于篇幅，原文不录）。文中有“建炎三年某月某日学始成”“前沧州教授李宏，宣人也，叙学者之意而求记于东莱吕本中……”云云[①]。据文中自叙，知此序乃建炎三年（1129）居仁应宣州李宏之请而作。序文首先表达了对上古圣贤教学的倾慕之情，相较之下，当世士人学之甚难，非“穷探力索”不可；其

① 李应泰《光绪宣城县志》，江苏古籍出版社 1998 年版，第 740 页。

后简叙宣州新学的修建情况，最后对宣州学者在兵火抢攘之际不忘讲学之举大为赞许，并提出应追学古代圣贤的期望。

今考，李宏（1088—1154），字彦恢，宣城人，历沧州学教授，宣和五年（1123）任宣州旌德县守，事见《南涧甲乙稿》卷二〇《李公墓志铭》。居仁父吕好问建炎元年（1127）七月知宣州，故居仁建炎元年末至二年随父寓宣州，时李宏尚在旌德任上，两人当于此时相交。李宏深受好问赏识，也与居仁感情甚笃。《建炎以来系年要录》卷一六二载[①]，绍兴二十一年（1151）七月，李宏罢官，殿中侍御史汤允恭言其过，谓“吕本中得罪名教，而宏附以为重，其识趣可知”。两人交情可见一斑。又，居仁建炎三年（1129）已离宣，辗转江西各地。临别时，居仁与李宏有诗歌唱和，诗见《东莱诗集》卷一一《水西与李彦恢相从余将取旌德趋徽州彦恢先归旌德相候彭元任亦自太平县来相送遇于三溪驿遂同过旌德道中呈二子三首》，李宏和诗见《全宋诗》第29册《和吕居仁泾县旌德道中见寄三首》[②]。后宣州新学修成，李宏求记于居仁。

（二）《蜜蜂赋》

《蜜蜂赋》为居仁现存两赋之一。该赋刊于吴曾《能改斋漫录》卷一五[③]：“东莱先生吕居仁作《蜜蜂赋》，略云‘早出暮归，聚房以居，生理甚微。桧花菊英，反为身害。虽云甚甘，终以是败。既夺之食，又腊其雏，以侑尔酒，以为尔娱。醉而咀嚼，鼓舌自如。人之不仁，一如是乎’云云。盖东莱不察，凡今

① 李心传《建炎以来系年要录》，文海出版社1980年版，第5168页。

② 傅璇琮《全宋诗》，北京大学出版社1991年版，第18891页。

③ 吴曾《能改斋漫录》，台湾商务印书馆影印文渊阁《四库全书》本1986年版，第797页。

宣州所出蜂子，非蜜蜂也，乃山间火蜂……蜂子，今所在山野有之，但不如宣州多耳。”文中两次提及宣州，大概为建炎初居仁寓居宣州期间所作。

（三）《六子哀词》

《六子哀词》亦为居仁现存两赋之一。笔者偶检林之奇《东莱集注类编观澜文集》，见卷一六有吕紫微《六子哀词并序》一文[①]（限于篇幅，原文不录）。按：吕本中曾为中书舍人，世称“吕紫微”。序云：“余行天下，得友五人焉，曰余杭关止叔沼，临川汪信民革，谢无逸逸，大梁夏节夫旐，王立之直方。予之与五人者友，惟五子之为信，洛阳张思叔绎，则予愿交之而未得也。然皆不免死矣，予哀之如骨肉也……甲午岁，余来维扬，深居无事，遍考古今之文人骚词之为而后识其大概，则并颂六子之德，以见余平昔之志焉。”[②]

据王谱考定，吕好问政和四年（甲午岁，1114）在扬州司漕任上，居仁此年随父居扬州，这与序文所言“甲午岁余来维扬”事实相符。文中悼念亡故的六位挚友，其中汪革、谢逸、王直方为江西诗派诗人，分别卒于大观四年（1110）、政和二年（1112）和大观三年（1109），三人与居仁交谊深厚，居仁诗文中多有提及，详情可参看《黄庭坚和江西诗派》一书。另考，张思叔绎，年三十，从伊川先生程颐问学，深为伊川赏识，《宋史》卷四二八有传。《伊洛渊源录》卷一二记其“后伊川一年卒”[③]，既知程颐卒于大观元年（1107），则张绎必卒于大观二

① 林之奇《东莱集注类编观澜文集》，台湾商务印书馆宛委别藏本1981年版，第257—263页。

② 《东莱集注类编观澜文集》，第258页。

③ 朱熹《伊洛渊源录》，文海出版社1969年版，第329页。

年（1108）。夏侯旄，见《宋元学案》卷三五，京师人，与吕本中为忘年交，《东莱诗集》卷一八有《闲居感旧偶成十绝》，其六便是赠夏侯旄之作。关沼，见《宋元学案》卷三五，从龟山杨时学，与居仁为学友。后两人资料甚少，其言行只见于吕本中《官箴》《师友杂志》《紫微杂说》，故卒年不得考。正文以骚体写成，抒写六位友人的立身行事和志趣学养，辞藻华美，情深意切。又据“霜已坠而草枯”“岁宴日晚兮”诸语，知作于秋冬之际。

（四）《净梵院记》

《净梵院记》见于《嘉定赤城志》卷二九“仙居寺院”[①]条：“净梵院在县西南一十五里，梁天监中建，国朝宣和中僧梵臻重建。”之后便引吕本中《净梵院记》全文（限于篇幅，原文不录）。记文首先提出“佛之为说与孔子不异”的观点，之后谓妙湛禅师思慧“道德誉望震耀一时”，其教授弟子颇有本末，如前所言。其次叙述台州仙居县净梵院经历宣和盗起、寺院被毁、僧梵臻重新修建的始末。文末有“梵臻旧从妙湛师游……院成，妙湛属本中为记”云云。据文中所言，知此记为宣和年间居仁应妙湛之请而作。

吕本中一生耽于禅学，与当时名僧多有往来，此作亦是居仁嗜佛的一个佐证。今考，妙湛禅师思慧（1071—1145），钱塘人，参谒法云大通善本禅师，历住雪川道场法席、径山净慈寺、京师智海寺，又移显亲、黄蘖，终住福州雪峰寺，《嘉泰普灯录》卷八有传。妙湛法师在两宋之交享有盛名。《鸿庆居士

① 陈耆卿《嘉定赤城志》，中华书局影印本《宋元方志丛刊》1990年版，第7505页。

集》卷三二《径山照堂一公塔铭》载[①]：“当是时，智海院妙湛师思慧者具正法眼，为世导师，道俗宗向，如佛出世，一时丛林之盛，听法坐下常数百人。”可见声望之高。诗人廖刚、张元幹等均赠诗与他。又，所谓“宣和盗起”，应指起于宣和二年（1120）十二月、平于次年秋的方腊之乱，文中既言“数年而工毕”，则此记应作于宣和末。

（五）《杨文靖公行状》

《杨文靖公行状》今存于朱熹《伊洛渊源录》卷一〇，原文已佚，此为节略文。笔者检《伊洛渊源录》，见卷一〇有胡安国所撰“杨文靖公墓志铭”，有句云“公讳时，字中立，姓杨氏，既没逾年，诸孤以右史吕本中所次行状来请铭”[②]，又于同卷发现吕本中所撰的这篇行状。案，杨时，字中立，福建南剑州人，谥文靖。从二程先生问道，学者称龟山先生。后倡道东南，从学者甚众，居仁亦尝从其问学。据《宋元学案》卷二五[③]，知杨时卒于绍兴五年（1135）四月，该文应作于此时之后。胡安国在《墓志》中称居仁为“右史”，所谓“右史”，即唐以后中书省起居舍人的别称。据《建炎以来系年要录》卷一〇三[④]和卷一一〇[⑤]，知居仁任起居舍人在绍兴六年（1136）七月至七年四月间，则该文当作于这一时期。

［原载于《浙江大学学报（人文社会科学版）》2004年第3期］

① 孙觌《鸿庆居上集》，台湾商务印书馆影印文渊阁《四库全书》本1986年版，第328页。
② 《伊洛渊源录》，第261页。
③ 黄宗羲《宋元学案》，中华书局1986年版，第947页。
④ 《建炎以来系年要录》，第1680页。
⑤ 《建炎以来系年要录》，第1781页。

主要论文（论著）索引

一、整理与相关研究著作

1.谢思炜《吕本中（传）》，载《新编宋才子传笺证》，傅璇琮主编，辽海出版社，2017年。

2.祝尚书《吕本中年谱》，载《新宋学》第七辑，王水照、朱刚主编，复旦大学出版社，2018年。

3.沈晖点校《东莱诗词集》，黄山书社，1991年。

4.陶夕佳点校《官箴》，三秦出版社，2006年。

5.韩酉山《吕本中诗集校注》，中华书局，2017年。

6.韩酉山辑校《吕本中全集》，中华书局，2019年。

7.祝尚书《吕本中诗集笺注》，上海古籍出版社，2021年。

8.龚鹏程《江西诗社宗派研究》，文史哲出版社，1983年。

9.莫砺锋《江西诗派研究》，齐鲁书社，1986年。

10.欧阳炯《吕本中研究》，文史哲出版社，1992年。

11.王兆鹏《两宋词人年谱·吕本中年谱》，台湾文津出版社，1994年。

12.韦海英《江西诗派诸家考论》，北京大学出版社，2005年。

13.伍晓蔓《江西宗派研究》，巴蜀书社，2005年。

14.曾明《诗学"活法"考索》，商务印书馆，2019年。

二、期刊论文

1.王卓《吕本中谈“悟入”有理》，《古代文学理论研究（第十辑）》1985年第1辑。

2.谢思炜《吕本中与〈江西宗派图〉》，《文学遗产》1985年第3期。

3.莫砺锋《吕本中江西诗社宗派图考辨》，《文史》1986年第26辑。

4.谢思炜《吕本中诗歌创作简论》，《北京师范大学学报》1987年第6期。

5.张晶《宋诗的“活法”与禅宗的思维方式》，《文学遗产》1989年第6期。

6.张毅《论活法》，《中国诗学》1992年第2辑。

7.张鸣《吕本中与南宋初期诗风演变》，《文史知识》1994年第4期。

8.王兆鹏《吕本中著作考》，《江苏文史研究》1995年第1、2期。

9.王锡九《论吕本中的七言古诗》，《扬州师院学报（社会科学版）》1996年第1期。

10.黄宝华《〈江西诗社宗派图〉的写定与〈江西诗派〉总集的刊行》，《文学遗产》1999年第6期。

11.朱刚《吕本中政和三年帖与宋代文学整体观》，《首届宋代文学国际研讨会论文集》，复旦大学出版社，2001年。

12.姚大勇《〈江西宗派图〉本名考》，《江海学刊》2001年第1期。

13.汪俊《宋代吕氏家族学术特点述略》，《扬州大学学报（人文社会科学版）》2001年第1期。

14.姚大勇《〈江西宗派图〉作年考》，《江海学刊》2001年第3期。

15.白晓萍《吕本中诗歌初探》，《绍兴文理学院学报（哲学社会科学版）》2002年第5期。

16.姚大勇《世业中微谁料理，却收才具入风骚——论吕本中诗歌创作》，《中国韵文学刊》2003年第2期。

17.束景南《黄庭坚的“心法”——江西诗派“活法”美学思想溯源》，《浙江大学学报（人文社会科学版）》2003年第6期。

18.伍晓蔓《〈江西宗派图〉写作年代刍议》，《四川大学学报（哲学社会科学版）》2004年第2期。

19.吴莺莺《吕本中与江西诗派》，《合肥学院学报（社会科学版）》2004年第4期。

20.韩酉山《谈吕本中的“活法”》，《江淮论坛》2004年第4期。

21.白晓萍《吕本中佚文小考》，《浙江大学学报（人文社会科学版）》2004年第2期。

22.伍晓蔓《北宋末山谷后学的双重整合与〈江西宗派图〉》，《文学遗产》2005年第4期。

23.程磊《清新婉丽中的缱绻情致——浅论吕本中词的特点》，《宜宾学院学报》2005年第8期。

24.叶宽《论吕本中对江西诗派的沿袭与超越》，《咸宁学院学报》2007年第1期。

25.粟品孝《吕本中〈官箴〉出自〈童蒙训〉原本考》，《文献》2007年第4期。

26.韩酉山《清、慎、勤:为官的基本准则——说吕本中的〈官箴〉》，《安徽史学》2007年第4期。

27.杜海军《吕祖谦受学吕本中吗?——与刘玉敏商榷兼论吕祖谦学术渊源于吕本中》，《中国哲学史》2008年第1期。

28.韩酉山《吕本中与“中原文献之传”》，《江淮论坛》

2009年第3期。

29.邓国军、曾明《诗学“活法”说不始于吕本中——兼论胡宿对西昆体的继承与突破》，《文学遗产》2009年第5期。

30.施小琼《吕本中诗学思想及其影响浅论》，《巢湖学院学报》2010年第2期。

31.罗莹《论吕本中“活法”说的系统性》，《社会科学辑刊》2011年第3期。

32.祝尚书《吕本中“活法”诗论针对性探微》，《中山大学学报（社会科学版）》2011年第4期。

33.曾明《吕本中“活法”说文本考》《西南民族大学学报（人文社会科学版）》2011年第4期。

34.徐娥《吕本中“活法”说之我见》，《韶关学院学报》2013年第1期。

35.曾明、王进《吕本中诗学“活法”说考论——从“江西诗派”的“句法”“音律”“锻字炼句”等说起》，《西南民族大学学报（人文社会科学版）》2013年第7期。

36.李小荣《庐山诗社与江西宗派关系略说》，《文学遗产》2013年第4期。

37.王建生《两宋之际诗、道冲突与平衡——以吕本中为中心》，《北方论丛》2014年第5期。

38.王进、曾明《吕本中诗学“活法”说探源》，《河南师范大学学报（哲学社会科学版）》2014年第5期。

39.曾明《吕本中“活法”说探源——从儒、释、道互补说起》，《西南民族大学学报（人文社会科学版）》2014年第5期。

40.孙明材《吕本中“活法”及“活法诗”论》，《学术交流》2014年第7期。

41.韩酉山《略论吕本中的诗歌创作》，《江淮论坛》2015年第4期。

42.左志南《吕本中“活法”说内涵生成的理学观照》，《新疆大学学报（哲学·人文社会科学版）》2016年第6期。

43.黄之栋《性理风骚一例收——论理学对吕本中及其诗歌的影响》，《广州大学学报（社会科学版）》2016年第11期。

44.罗莹《论吕本中词的创作成就》，《牡丹江大学学报》2016年第9期。

45.范金晶《因缘际会中的偶然:吕本中〈江西宗派图〉新论》，《西南交通大学学报（社会科学版）》2017年第1期。

46.陈小辉《〈全宋诗〉之吕本中、曾幾、白玉蟾诗重出考辨》，《河南教育学院学报（哲学社会科学版）》2017年第1期。

47.范金晶《论吕本中与其〈江西宗派图〉》，《中州学刊》2017年第2期。

48.任竞泽《文体学视域下的吕本中“活法”论》，《学术界》2016年第9期。

49.顾友泽《吕本中诗歌的多重渊源及影响》，《南通大学学报（社会科学版）》2017年第3期。

50.连凡《〈宋元学案〉对东莱吕氏家学的评价——以吕希哲、吕本中、吕祖谦为中心》，《江汉大学学报（社会科学版）》2017年第5期。

51.殷洁《论吕本中“活法”对杜甫立意观的接受》，《湖北第二师范学院学报》2017年第9期。

52.祝尚书《吕本中年谱》，《新宋学》2018年第1辑。

53.殷洁《论吕本中的师承渊源》，《盐城师范学院学报（人文社会科学版）》2018年第1期。

54.顾友泽、朱蕾《吕本中诗歌的“活法”策略及影响》，《聊城大学学报（社会科学版）》2018年第3期。

55.裴传永《“有官者之龟鉴”——吕本中〈官箴〉研究》，《理论学刊》2018年第6期。

56.王开春《吕本中“少时戏作”说探微》，《宜春学院学报》2019年第2期。

57.刘跃进《望今制奇，参古定法——评〈诗学“活法”考索〉》，《光明日报》2020年1月27日。

58.靳晓岳《〈江西诗社宗派图〉的流传与〈百家注东坡诗〉的成书》，《新宋学》2020年第1辑。

59.傅蓉蓉《禅机与“活法”——宋代诗僧雪窦重显的诗学观》，《光明日报》2022年1月24日。

60.侯体健《“江西诗派”研究的新创获——读祝尚书〈吕本中诗集笺注〉》，《中华读书报》2022年5月11日。